西南财经大学全国中国特色社会主义政治经济学研究中心
中国式现代化系列研究报告

数字经济的政治经济学研究报告

（2017—2022）

盖凯程　韩文龙　主编

中国社会科学出版社

图书在版编目（CIP）数据

数字经济的政治经济学研究报告：2017—2022 / 盖凯程，韩文龙主编 . —北京：中国社会科学出版社，2022.9

ISBN 978-7-5227-0983-3

Ⅰ. ①数⋯ Ⅱ. ①盖⋯ ②韩⋯ Ⅲ. ①信息经济—政治经济学—研究报告—中国—2017－2022 Ⅳ. ①F492

中国版本图书馆 CIP 数据核字（2022）第 207473 号

出 版 人	赵剑英
责任编辑	王　衡
责任校对	王　森
责任印制	王　超

出　　版	中国社会科学出版社
社　　址	北京鼓楼西大街甲 158 号
邮　　编	100720
网　　址	http://www.csspw.cn
发 行 部	010-84083685
门 市 部	010-84029450
经　　销	新华书店及其他书店

印　　刷	北京明恒达印务有限公司
装　　订	廊坊市广阳区广增装订厂
版　　次	2022 年 9 月第 1 版
印　　次	2022 年 9 月第 1 次印刷

开　　本	710×1000　1/16
印　　张	23.75
插　　页	2
字　　数	354 千字
定　　价	128.00 元

凡购买中国社会科学出版社图书，如有质量问题请与本社营销中心联系调换
电话：010-84083683

版权所有　侵权必究

总　　序

中国式现代化是在中国特色社会主义革命、建设、改革和发展实践中，由中国共产党领导和全体中国人民共同努力，通过不断解放和发展社会生产力，实现经济、政治、社会、文化和生态等领域从不发达阶段向发达阶段转变的崭新过程。中国式现代化是适合中国具体国情的现代化道路，它既遵循了各国现代化过程的基本规律，又具有社会主义特质和中国特色。

立足新发展阶段，坚持以习近平新时代中国特色社会主义思想为指导，立足中国实际，系统阐释当代中国马克思主义经济学最新成果和独创性观点，系统梳理中国特色社会主义政治经济学学科的思想来源、理论探索进程和阶段性理论特征，系统研究中国式现代化建设中提出的重大理论和实践问题，助力建构中国自主的经济学知识体系是新时代赋予我们的使命和责任。

西南财经大学作为全国中国特色社会主义政治经济学研究的重镇，在新时代的伟大征程中，我们凭借厚重的学术实力、学科优势和人才优势，瞄准国家、西部等重大需求，着力推动重大理论创新、重大决策研究、高层次人才培养、话语传播和国际交流，努力推动建设"中国气派、西部特色、西财风格"的中国特色社会主义政治经济学学科体系、理论系统和话语体系。西南财经大学政治经济学研究团队充分发挥国家重点学科优势和国家级研究平台优势，深入研究和阐释中国式现代化的理论内涵和实践路径，形成了一批具有思想性、系统性、学理性的研究成果，为推动中国特色社会主义政治经济学学科体系、理论系统和话语体系贡献了西财力量。

　　当前和今后很长一个时期内，我们将心怀"国之大者"，立足"四为服务"，坚定"四个自信"，增强"四个意识"，做到"两个维护"，为建设具有中国特色、中国风格、中国气派的哲学社会科学作出应有贡献，为培育经济学拔尖创新人才作出更大贡献。

目　录

第一章　新时期技术创新与中国经济周期性波动的再思考 …………… 1
　一　引言及文献回顾 ……………………………………………………… 1
　二　马克思和熊彼特关于技术创新的周期理论及其新发展 ………… 4
　三　新一轮技术革命的新特点 …………………………………………… 9
　四　技术创新与经济周期性波动的关联性分析 ……………………… 13
　五　新时期技术创新对我国经济周期性波动的影响 ………………… 19
　六　结语 …………………………………………………………………… 25

第二章　工业智能化的政治经济学分析
　　　　——基于"技术—劳动过程—劳资关系"三维作用机制 …… 28
　一　"技术—劳动过程—劳资关系"三维作用机制 ………………… 29
　二　工业智能化对资本主义劳动过程的重塑 ………………………… 35
　三　工业智能化条件下资本主义劳资关系的新变化 ………………… 39
　四　结语和启示 …………………………………………………………… 43

第三章　去技能化理论被证伪了吗
　　　　——基于就业极化与技能溢价的考察 ……………………… 46
　一　技能的内涵及其测度 ………………………………………………… 49
　二　就业极化——非常规性工作的膨胀与常规性工作的收缩 …… 54
　三　技能溢价与总体技能要求变化 ……………………………………… 58
　四　去技能化理论被证伪了吗 …………………………………………… 66

第四章　AI 正在危及人类的就业机会吗
——一个马克思主义的视角 ···································· 71
一　问题的由来 ·· 71
二　农业社会有没有失业 ·· 72
三　失业是工业社会的专有术语 ···································· 75
四　新需求和新产业能对冲失业吗 ································· 77
五　生产力发展的要义：更多的自由时间，而非更多的
　　工作岗位 ··· 78
六　"全面自由发展"何以可能 ······································ 80
七　结语 ··· 82

第五章　世界处在巨变的前夜
——一个马克思主义的观察维度 ································ 84
一　预感与无知 ·· 85
二　困惑与出路 ·· 88
三　改变与方向 ·· 89
四　结语 ··· 93

第六章　人工智能与当代资本主义的经济社会矛盾
——基于大卫·哈维的理论视角 ································ 95
一　资本是什么：大卫·哈维的社会矛盾理论逻辑 ············· 96
二　人工智能的发展：大卫·哈维社会矛盾理论的反思 ········ 100
三　人工智能的突破：大卫·哈维社会矛盾理论的
　　实践悖论 ··· 104
四　分析与比较：社会矛盾如何解决 ······························ 109

第七章　人工智能与中国劳动力供给侧结构性改革 ············ 115
一　人工智能发展现状 ··· 115
二　人工智能对劳动力供给侧结构的影响 ························ 118

  三 人工智能影响劳动力供给侧的经济学分析……………… 123

  四 当代中国劳动力供给侧结构性改革的措施……………… 126

第八章 数字经济变革及其矛盾运动………………………………… 131

  一 数字化对积累的物质条件的变革及其矛盾……………… 131

  二 数字化对积累的劳动要素的变革及其矛盾……………… 136

  三 数字化对社会劳动生产过程的变革及其矛盾…………… 139

  四 数字经济中的资本主义社会基本矛盾…………………… 150

  五 启示：发挥中国特色的制度优势促进数字生产力发展…… 152

第九章 技术周期、经济高质量发展与稳定金融

    ——中国经济动能转换的金融—技术路径………………… 156

  一 世界技术竞争格局的演进与中国技术路径的变革……… 159

  二 中国进入多重技术周期交叠区间：三阶段+转折点……… 169

  三 技术周期阶段交叠衍生多重金融风险…………………… 174

  四 建立支持创新的金融—技术路径………………………… 179

第十章 平台经济反垄断与保障国家经济安全……………………… 185

  一 平台经济的内涵与运作方式……………………………… 186

  二 平台经济反垄断理论基础………………………………… 188

  三 平台反垄断与国家经济安全……………………………… 192

  四 应对措施…………………………………………………… 196

第十一章 平台经济全球化的资本逻辑及其批判与超越…………… 200

  一 资本是驱动平台经济全球化的主导力量：

    一个批判的视角…………………………………………… 200

  二 资本驱动下平台经济全球化的生产关系透视…………… 206

  三 平台经济全球化与资本积累矛盾的新变化……………… 212

四　中国应对：以"共建共享共治"的理念推动平台经济
　　　　健康发展 ·· 218

第十二章　数字化的新生产要素与收入分配 ·················· 222
　　一　马克思的生产条件分配理论 ···························· 224
　　二　数字化的新生产要素参与收入分配 ···················· 229
　　三　数字化新生产要素的占有与收入分配 ················· 233
　　四　结论及启示 ·· 237

第十三章　数字劳动过程及其四种表现形式 ·················· 240
　　一　数字劳动的概念辨析 ···································· 240
　　二　从传统劳动过程向数字劳动过程的演变 ············· 241
　　三　数字劳动过程的四种表现形式 ························ 244
　　四　结语 ··· 252

第十四章　数据要素参与收入分配：理论分析、事实依据与
　　　　　　实践路径 ·· 254
　　一　相关文献综述 ··· 254
　　二　数据要素参与收入分配的理论分析 ··················· 256
　　三　数据要素参与收入分配的事实依据 ··················· 262
　　四　数据要素参与收入分配的实践路径 ··················· 266

第十五章　数字经济发展缩小了城乡居民收入差距吗 ······· 271
　　一　数字经济发展与缩小城乡居民收入差距内在逻辑 ··· 273
　　二　模型设定、变量选取与数据说明 ······················ 275
　　三　实证分析 ·· 277
　　四　结论与政策建议 ·· 283

第十六章　中国数字经济发展水平及演变测度 ······ 285
- 一　文献综述 ······ 286
- 二　数字经济发展水平指标的建构、测度与分析 ······ 288
- 三　中国数字经济发展水平的区域时空差异 ······ 295
- 四　结论及政策建议 ······ 308

第十七章　谁更担心在人工智能时代失业
——基于就业者和消费者双重视角的实证分析 ······ 311
- 一　文献回顾与理论基础 ······ 312
- 二　数据、变量与模型设定 ······ 320
- 三　结果与分析 ······ 322
- 四　结论与启示 ······ 334

第十八章　平台经济下"受众商品论"再审视
——基于马克思主义政治经济学视角 ······ 336
- 一　传统媒体时代：斯麦兹的"受众商品论"及其发展 ······ 338
- 二　社交媒体时代：商品化究竟是什么 ······ 347
- 三　福克斯的"互联网产销者商品理论" ······ 351
- 四　结语 ······ 356

第十九章　数据商品的价值与剥削
——对福克斯用户"数字劳动"理论的批判性分析 ······ 359
- 一　研究背景 ······ 359
- 二　福克斯用户"数字劳动"理论 ······ 361
- 三　产生数据的活动是劳动吗 ······ 364
- 四　数据商品的价值创造与剥削关系 ······ 366
- 五　数据所有权归属与"隐私悖论" ······ 368
- 六　结语 ······ 370

第一章　新时期技术创新与中国经济周期性波动的再思考*

一　引言及文献回顾

改革开放以来，中国高速的经济增长备受瞩目。然而，正如熊彼特所言："事实是，经济体系并不是连续地和平滑地向前运动，大多数不同种类的逆运动、退步、事变的出现，阻碍着发展的道路。"[①]近年来，随着国际政治、经济形势的波云诡谲以及我国经济从"三期叠加"到"三去一降一补"，加之新一轮技术革命已悄然而至，我国经济发展进入了新时期，经济增长速度逐步趋缓，经济增长方式正在实现由单纯依靠劳动和资本投入增加的"新古典增长模式"向主要依靠技术创新的"内生增长方式"的转变。在这一新的历史时期，如何正确看待中国的经济形势并准确实现吐故纳新，寻找新的增长动力，成为当前我国经济发展亟须解决的重大课题，而对经济周期性波动所处阶段做出合理性判断自然也属题中应有之义。目前，对于我国经济周期运行所处阶段的争论层出不穷，主要观点可大致归纳为两种。一种认为，我国经济运行已经成功步入新周期的起点，且即将

---

* 本章作者：丁任重、徐志向。原载于《南京大学学报》（哲学·人文科学·社会科学版）2018年第1期。

① [美]约瑟夫·熊彼特：《经济发展理论》，何畏、易家详等译，商务印书馆2017年版，第247页。

进入上升期,增长呈"V"形;另一种则认为,我国短期出现的经济增速回升现象实属"昙花一现",经济增长仍将处于换挡期,长期呈现"U"形发展。尽管各类观点持有者都对部分宏观经济数据进行了定量分析以或多或少证实了自己的观点,但大都缺乏理论性与系统性。

事实上,不同的经济周期理论对经济周期性运行的判断标准各不相同,而且每个周期理论都是在综合考察了研究者所处的历史背景及现实经济发展阶段的基础上提出的。对于我国新时期经济周期的研究及判断,同样需要从我国的现状出发,立足于经济转型的客观要求,充分考虑要素(劳动、资本、技术)之间的相互替代关系。我们认为,目前我国正处于由新一轮技术创新驱动的创新周期阶段,主要基于以下两点。一方面,我国目前正处于经济转型换挡期。首先,人口红利逐渐消失,尽管劳动力资源依然丰富,但是劳动年龄人口增长速度缓慢,人口结构逐步趋于畸形,人口老龄化问题日趋严重。其次,资本投资后劲不足,短期内尽管我国固有的高储蓄率不会出现明显下降,但是随着经济发展方式的转变,进一步扩大消费,创造消费新需求成为主导,加上人口老龄化问题的加剧,必将导致未来一段时期内储蓄率的下降,从而降低资本供应量。另一方面,世界经济形势不明朗。"黑天鹅"事件引起的不确定性增加,贸易保护主义甚至"去全球化"趋势明显,我国经济发展的全球化红利正面临逐步消退的危机。从而,新的科技创新红利已然成为我国目前经济发展的主要推动力,新的技术进步衍生新的资源优势,技术创新水平的不断提高、科学技术贡献率的稳步增加无疑是影响国家发展新阶段经济周期性运行的主导因素。因此,对于如何正确认识新一轮科技革命的新特点、准确把握技术创新与经济周期性波动的内在关联及影响机制等问题的回答,具有一定的理论意义和现实意义,本章试图采用定性与定量分析相结合的方法予以进行探讨。

国内外有关技术创新与经济周期关系研究的文献着重从两个方面进行:一是技术创新与经济增长的关系;二是技术创新过程的不同时期与经济周期性波动的不同阶段的对应关系。前者实质上是从技术创新对经济增长的激励与贡献的角度出发，讨论技术创新与经济增长之间的数量关系，以期去伪存真，提高各国及地区对技术创新的重视度；而后者则是以经济周期性波动为基础，研究不同的创新类型及创新所处的不同时期对经济波动的影响，进而得出缓解经济周期性波动的政策，以达到"削峰填谷"、保障经济可持续发展的目标。后者也是本章研究的主要内容。熊彼特较早对这一问题进行了研究，他通过将一个经济体系分成不同的三类，即循环流转过程、发展过程、阻碍后者未受干扰的进程的过程，来分析导致经济周期性波动的原因。他认为，企业家成批地出现，即创新，是经济繁荣产生的唯一原因，进而理论证明了创新与经济周期之间存在着必然的联系。自熊彼特开创性的成果之后，Aristizabal-Ramirez 等基于 2006—2012 年 147 个国家的面板数据信息，采用 Hansen[①] 的阈值回归方法对创新与增长之间可能存在的非线性关系进行了检验，结果表明，创新和增长之间的关系并非线性的，且只有高水平的创新才能促进经济增长[②]。另外，从中国经济转型的背景出发，技术创新是促进经济周期运行的最终原因，并且制度创新在其中起到了一定的约束作用，主张在鼓励技术创新的同时要保证制度的及时跟进[③]。

综上所述，尽管长期以来国内外的相关研究对技术创新与经济周期性波动之间的关系做出了巨大贡献，成果斐然，但依然存在着一些不足之处。一方面，当前国内外学者对经济周期的研究大都将目光集中于盲目追求理想的数学模型上，而对传统的规范性分析却置若罔闻；另一方面，对于新一轮技术创新所表现出的新特点没有实现全面、准确的认识，从而也就不能对我国新阶段技术创新与经济周期的关系做出客观的理解和判断。鉴于此，本章首先对马克思和熊彼特关于技术创新的周期理论及其在当代的新发展做了系统阐述；其次，在详细分析了新一轮技

[①] Hansen, B. E., "Threshold Effects in Non-dynamic Panels: Fatimation, Testing and Influence", *Journal of Econometrics*, 1999, 93 (2), pp. 345–368.

[②] Aristizabal-Ramirez M., G. Canavire-Bacarreza, F. Rios-Avila, "Revisiting the Effects of Innovation on Growth: A Threshold Analysis", *Applied Economics Letters*, 2015, 22 (18), pp. 1474–1479.

[③] 吴晓波、张超群、窦伟：《我国转型经济中技术创新与经济周期关系研究》，《科研管理》2011 年第 1 期。

术创新的新特点的基础上，利用基于数值排序的非参数统计方法——灰色关联分析——对我国技术创新与经济周期性波动的关联度进行了测算；最后，使用脉冲响应函数方法研究了新时期技术创新对我国经济周期性波动的影响。

二 马克思和熊彼特关于技术创新的周期理论及其新发展

马克思曾指出："正如天体一经投入一定的运动就会不断地重复这种运动一样，社会生产一经进入交替发生膨胀和收缩的运动，也会不断重复这种运动。"[①] 由此可以看出，马克思和恩格斯早在19世纪40年代就已经开始了对于资本主义经济周期性运动的考察。马克思关于技术创新的周期理论主要包含两个方面：一方面，马克思把机器大工业看作经济周期的可能性向现实性转化的物质基础。他认为，"一旦与大工业相适应的一般生产条件形成起来，这种生产方式就获得一种弹力，一种突然地跳跃式地扩展的能力"[②]，而"现代工业具有十年一次的周期，每次周期又有各个周期性的阶段"[③]。这意味着一方面机器大工业不仅能够扩大生产力，改善生产方式，而且构成了经济周期性运行的前提条件。另一方面，马克思将经济周期性失衡和周期性得以恢复的物质基础归因于固定资本的更新。当经济进入停滞阶段，迫于竞争的压力，各资本家将争相开启新一轮的固定资本投资，由于投资而导致的生产力的发展，促进了社会资本平均有机构成的提高，从而利润率表现出了趋于下降的规律，而受资本主义生产方式对自身发展限制的影响，不断与资本价值增值的目的发生冲突，如此循环往复，便产生了经济的周期性运动。另外，马克思在《资本论》中描述利润率趋向下降规律时表明："价格下降和竞争斗争也会刺激每个资本家通过采用新的机器、新的改良的劳动方法、新的结合，使他的总产品的个别价值下降到它的一般价值以下，就是说，提高既定量劳动的生产力……这样，周期会重新通

---

① ［德］马克思：《资本论》第一卷，人民出版社2004年版，第730页。
② ［德］马克思：《资本论》第一卷，人民出版社2004年版，第519页。
③ ［德］马克思：《资本论》第一卷，人民出版社2004年版，第734页。

过。"① 这也就意味着马克思所说的"新一轮固定资本投资"实质上就是我们现在所理解的技术创新的过程。因此，尽管马克思在其理论思想中没有明确地提出"创新"的概念，而是大量采用了"新机器""新改良的劳动方法""新结合""技术进步""生产工具的迅速改进""科学的进步"等说法，但他无疑是将技术创新与经济周期结合研究的鼻祖，为熊彼特创新经济周期理论奠定了坚实的基础。

继马克思之后，美国经济学家熊彼特在20世纪30年代提出了"创新周期理论"。熊彼特认为仅从外部因素出发来研究经济的周期性波动是远远不够的，必须从经济活动内部寻找原因。他在《经济发展理论》中用"企业家"的"创新"活动来解释经济的周期波动，指出："长达半世纪左右的长波周期，是由那些影响深远、实现时间长的创新活动所引起的。确切地说，这种创新活动是指以产业革命为代表的技术创新活动。"② 他的理论贡献主要表现在两个方面：一方面，首次提出了"创新"与"企业家"的概念。一是将"创新"活动分为五种情况——采用新产品、运用新的生产方法、开辟新市场、原材料等的新的供应来源以及实现新组织；二是将新组合的实现称为"企业"，职能是实现新组合的人们称为"企业家"，并将"企业家"看作资本主义的"灵魂"，是"创新"的主要组织者和推动者；三是将"创新"归为发明、创新与模仿三个过程。熊彼特假设发明是一种新产品或新的生产过程的发现，而创新是新发明的首次应用或者是现有产品和工艺的改进过程，以适应不同的市场需求。当某个企业家通过创新获得了超额利润以后，必然会吸引大批的模仿者进入，这一过程的持续最终将会导致投资的过度，引致经济危机爆发。随后经济进入调整阶段，企业家又开始创新活动，于是带来了下一轮周期。另一方面，建立了自己的周期理论体系。首先，熊彼特认为创新是繁荣产生的唯一原因，而繁荣又构成了"不景气"的唯一原因。他指出："繁

---

① [德]马克思：《资本论》第三卷，人民出版社2004年版，第284页。
② [美]约瑟夫·熊彼特：《资本主义、社会主义和民主主义》，绛枫译，商务印书馆1979年版，第86页。

荣会从自身创造出一种客观的情形，而这种客观的情形，即使忽略了所有的附属物和偶然的要素，也将使繁荣结束，轻易地导致危机，必然地导致萧条。"① 其次，对于周期的实际长度，熊彼特明确指出："没有理论可以从数量上来解释，因为它明显地要依靠个别情况的具体数据。"但他依然给出了一般性的回答："经过一段时间，直到新企业的产品能够出现在市场之前，繁荣结束，萧条开始。"② 最后，熊彼特建立了"三种周期"体系，认为经济系统中存在很多的周期在同时进行，并得出了1个康德拉季耶夫周期约包含6个朱格拉周期且相当于18个基钦周期的结论。

当代进步经济学家斯威齐曾评价，"尽管熊彼特的理论与马克思的理论具有某些惊人的相似之处，但两者之间依然存在着根本上的理论差别"③。我们认为，斯威齐的说法有其可取之处。一方面，毋庸置疑，熊彼特的创新周期理论是在马克思关于"创新"的周期理论基础上建立的，是发展的马克思主义经济周期理论。二者共同点主要可以归纳为以下几点：第一，强调技术创新的重要性。马克思认为："由于劳动过程的组织和技术的巨大成就，使社会的整个经济结构发生变革，并且不可比拟地超越了以前的一切时期。"④ 同时指出："资产阶级除非对生产工具，从而对生产关系，进而对全部社会关系不断地进行革命，否则就不能生存下去。"⑤ 而熊彼特也毫不掩饰地将技术创新摆在了资本主义经济发展的至高无上的位置，他认为，没有"创新"就没有资本主义，既没有资本主义的产生，更没有资本主义的发展⑥。第二，强调技术创新的溢出效应。马克思认为，"一个工业部门生产

---

① ［美］约瑟夫·熊彼特：《经济发展理论》，何畏、易家详等译，商务印书馆2017年版，第269页。
② ［美］约瑟夫·熊彼特：《经济发展理论》，何畏、易家详等译，商务印书馆2017年版，第244页。
③ Sweezy P., *The Theory of Capitalism Develmoent*, 1942, New York: Oxford University Press, pp. 94 – 95.
④ ［德］马克思：《资本论》第二卷，人民出版社2004年版，第44页。
⑤ ［德］马克思、恩格斯：《共产党宣言》，人民出版社2014年版，第30页。
⑥ ［美］约瑟夫·熊彼特：《经济发展理论》，何畏、易家详等译，商务印书馆2017年版，第9页。

方式的变革，会引起其他部门生产方式的变革"①。熊彼特同样指出，一个或少数几个企业家的出现可以促使其他企业家的出现，于是又可促使更多的企业家以不断增加的数目出现②。第三，同时强调"创新"的内涵和外延。不仅将创新过程局限于技术层面，还延伸到产品的创新、生产方法的创新等方面。如马克思所说，"劳动生产力是由多种情况决定的，其中包括：工人的平均熟练程度，科学的发展水平和它在工艺上应用的程度，生产过程的社会结合，生产资料的规模和效能，以及自然条件"③。第四，强调"企业家"精神。马克思认为，"在机器的发明中，起作用的不是工厂手工业工人，而是学者、手工业者甚至农民等"④。由此可以推断，马克思早于熊彼特之前就已经注意到了"企业家"在"创新"过程中的重要性。第五，强调信用和创新的内在联系。马克思将信用看作生产力与生产关系矛盾运动的纽带，信用的发展促进了危机的潜在可能性向现实性的转化。熊彼特也指出，资本主义信用制度在各国都是从为新的组合提供资金而产生并从而繁荣起来的。第六，采用矛盾分析方法。马克思将资本主义经济周期性运动归因为生产方式基本矛盾冲突周期性失衡的结果。熊彼特也采用了同样的分析方法，用三对相应的矛盾对企业家行为进行了细致的描绘，矛盾具体表现为两个真实过程的对立、两种理论工具的对立以及两种类型人物的行动的对立。

另一方面，二者存在着本质上的区别——马克思谴责资本主义，而熊彼特却是资本主义的"热心辩护人"⑤。首先，马克思在肯定了技术创新在资本主义社会发展中的巨大作用的同时，对其采取了深刻的批判态度。他将机器运作的本质看作生产剩余价值的手段，认为机器的大量使用使工人家庭全体成员不分男女老少都受到了资本的统

---

① [德]马克思：《资本论》第一卷，人民出版社2004年版，第440页。
② [美]约瑟夫·熊彼特：《经济发展理论》，何畏、易家详等译，商务印书馆2017年版，第260页。
③ [德]马克思：《资本论》第一卷，人民出版社2004年版，第53页。
④ [德]马克思：《资本论》第一卷，人民出版社2004年版，第404页。
⑤ [美]约瑟夫·熊彼特：《从马克思到凯恩斯十大经济学家》，宁嘉风译，商务印书馆1965年版，第3页。

治。其次，马克思明确指出："随着大工业的发展，资产阶级赖以生产和占有产品的基础本身也就从它的脚下被挖掉了。它首先生产的是它自身的掘墓人。资产阶级的灭亡和无产阶级的胜利是同样不可避免的。"① 这充分表明了资本主义经济周期性运动所产生的经济危机现象实质上只是现有矛盾的暂时的暴力解决，根源在于资本主义生产方式的基本矛盾，资本主义在其自身范围内只能使危机得到缓解而无法根除。而熊彼特忽视了资本主义生产关系与生产力的矛盾运动，将技术创新看作资本主义经济周期性运动的唯一根源，从而掩盖了资本主义的剥削关系，误判了资本主义的历史命运。

  在马克思和熊彼特的关于技术创新周期理论的基础上，美国经济学家 Mensch 提出了技术创新经济学②。他认为，经济的周期性波动是由于经济结构的不稳定而引起"技术僵局"从而促使基础技术进行创新的过程。通过进一步的论证得出了经济的长期波动并不是连续的波形而是断续的"S"形的结论。随后，荷兰经济学家 Landes 提出了创新寿命周期长波论，他把技术——尤其是基础技术创新——看作经济波动的主要动因③。他认为，基础技术创新的介绍、扩散、成熟、衰落阶段分别与经济周期波动的复苏、繁荣、衰退、危机阶段相对应，繁荣和衰退形成上升阶段，危机和复苏形成下降阶段。另外，英国经济学家 Freeman 等提出了制度创新经济学理论④。他认为，长波与技术创新、劳工就业具有很大的关系。从长远的角度看，政府的科学技术政策可以起到促成创新、扩大就业的效果。尽管以上理论均从不同角度考察了创新对经济周期运行的作用，但其理论核心均是以创新为主题，故一般统称为"新熊彼特主义"。无论是马克思、熊彼特还是"新熊彼特主义"，他们区别于其他西方经济周期理论的最大特点就在

---

① ［德］马克思、恩格斯：《共产党宣言》，人民出版社 2014 年版，第 40 页。
② Mensch, G., *Stalemate in Technology: Innovations Overcome the Depression*, New York: Ballinger, 1979.
③ Landes, D. S., *The Unbound Prometheus: Technological Change and Industrial Development in Western Earope From 1750 to the Present*, Cambridge: Cambridge University Press, 1981.
④ Freeman, C., J. Clark, L. Soete, *Unemployment and Technical Innovation*, London: Frances Printer, 1982.

于将技术创新看作影响经济周期波动的内在因素,强调技术创新在推动经济增长过程中具有无可比拟的决定性的作用。马克思曾断言:"社会的生产方式的变革,生产资料改革的这一必然产物,是在各种错综复杂的过渡形式中完成的。"① 这也就意味着当前我国所处的经济转型时期无疑是变革生产方式、提高技术创新能力的最佳时期。关于技术创新的周期理论为我国在新时期研究经济转型和经济周期性波动提供了理论支撑和指导思想,也对我国在新时期如何正确理解和把握新一轮技术革命的新特点提出了更高的要求。

三 新一轮技术革命的新特点

技术革命作为经济发展的助推器,在不断自我革新的进程中,也潜移默化地促进了人类社会的全面自由发展。一方面,从世界发展的角度来看,考虑到与世界经济长周期波动相对应,自英国发生第一次产业革命以来,世界经济已经经历了四次技术革命,推动着人类社会发展分别进入了"蒸汽时代""电力驱动时代""大规模生产时代""信息和远程通信时代"。另一方面,从我国的发展历程来看,自改革开放以来我国科技事业的发展也大致可以划分为四个阶段:1978—1985年,改革初期,科学技术受到初步重视;1985—1995年,提出"科学技术是第一生产力"的论断并引导科学技术为经济建设服务;1995—2005年,实施科教兴国与人才强国战略;2005—2020年,提高自主创新能力,建设创新型国家。然而,纵观每次技术革命的爆发以及技术发展政策的实施都伴随有其独有的特征,不同程度地影响着产业格局和社会进步。当前随着世界经济新格局的变化以及我国发展进入新阶段,包括互联网经济(如电商、互联网金融、新型网络社交平台、在线教育等)、人工智能(如汽车驾驶、语言翻译、证券交易、法律服务、人脸识别技术等)、生物新技术(如生命工程、器官移植、远程医疗等)、共享经济(如共享汽车、单车、民宿、设备仪器、知识付费等)以及大数据在内的新一轮技术革命也应运而生,世界经济

---

① [德] 马克思:《资本论》第一卷,人民出版社2004年版,第544页。

社会发展已经完全步入了"知识经济""数字经济"以及"创新经济"时代。受到人口基数大、互联网普及程度高以及新一轮技术革命所具备的独特优势等因素的影响，未来我国或将成为应用新一轮技术创新成果最广泛的国家。以人脸识别技术为例，前瞻产业研究院发布的《中国人脸识别行业市场前瞻与投资规划分析报告》显示，2016年我国人脸识别行业市场规模已超过10亿元，且预计2021年，人脸识别市场规模将达到51亿元左右。

因此，相比较而言，新一轮技术革命进一步推动了社会生产力的发展，无论从广度还是深度上都比以往几次技术革命所带来的影响更加深远，呈现了一系列新的特点。大致可归纳为以下几点：第一，重塑国际产业新格局，产业结构趋于模糊化。首先，新一轮技术革命显著降低了企业的运作成本，一定程度上弱化了发达国家劳动力的成本劣势，在充分考虑了库存、成本以及市场等因素之后，部分劳动密集型产业在发达国家变得有利可图，由此可能进一步推动以美国为代表的发达国家的"再工业化"进程，从而改变世界产业格局；其次，由于近几年服务业比例过快增加且效率不高而导致的制造业"空心化"与经济"脱实向虚"风险的存在，致使许多国家正在逐步向"制造业+服务业+高科技"三者有机融合的发展模式转变，产业发展规律与路径也已经逐渐转向了服务型制造业与高科技服务业，从而打破了第二、第三产业之间固有的界限，使产业结构划分逐渐趋于模糊。

第二，互联网新经济行业蓬勃发展，高新技术产业有望跃升为第一支柱产业。伴随着由互联网应用的普及而导致的信息消费的井喷式增长，2013—2016年，我国规模以上互联网接入及相关服务、互联网信息服务、软件和信息技术服务、其他互联网服务企业营业收入年均增长率分别为21.5%、32.4%、17.5%和28.0%[①]，互联网作为新经济行业发展态势空前高涨。另外，国家统计局数据显示，2015年全年我国高技术产业增加值比规模以上工业快4.1个百分点，所占规模以上

---

① 王晓易：《为产业转型升级经济持续发展注入新动能》，网易，http://money.163.com/17/0824/06/CSJ65THR002580S6.html。

工业比重为11.8%,比上年提高1.2个百分点。其中,电子及通信设备制造业增长12.7%,航空、航天器及设备制造业增长26.2%,信息化学品制造业增长10.6%,医药制造业增长9.9%。按照这一速度推断,未来高技术产业必将成为推动我国经济增长的新动能。

第三,技术创新成果转化为经济效益的时间急剧缩短,产品生命周期展现出新的特征。受每次技术革命的广度及深度的影响,在18世纪由技术创新转化为产品效益的年限约为100年,19世纪缩短至50年,到20世纪40年代以后平均为7年,而新一轮技术革命的产品更新周期则已经下降到了3—6个月①。这一特征的凸显主要得益于新一轮技术革命使互联网、大数据、人工智能等技术实现了有机跨界融合,显著提高了企业生产的柔性化程度。企业可以根据市场需求导向制定高效生产决策,有效缓解由于信息不对称而导致的社会再生产过程中的比例失衡问题,从而在提高产品的多样化和个性化的同时缩短了产品的生产和交付周期。

第四,提升了金融业的风险管理能力,优化了金融服务体验。伴随着人工智能、大数据、超级计算等新科技在金融领域的深度融合与快速发展,新一轮技术革命对金融业的影响同样不容小觑。一方面,通过金融高科技的应用提高了对金融风险预警与防范的科学性和针对性,能够及时有效地帮助金融机构解决可能存在的包括道德风险与系统性风险等在内的内部风险。同时,还可以通过实时监控客户资金的异常流动来应对外部风险,以保障金融机构的健康运行。另一方面,通过高科技的运用,不仅能够提高金融行业的信息处理能力,缓解中小企业的融资成本高筑现象。而且,能够提高金融交易的监管效率,改变金融机构的行为方式,以更好地满足多样化的客户需求。

第五,就业结构发生新变化,知识型劳动者占比大幅度增加。目前,随着制造过程的数字化与智能化水平的提升,知识劳动者已然成了社会劳动结构中的主力军。同时,据国家统计局数据显示,截至2015

---

① 刘美平:《高科技服务业引领的创新供给规律和路径》,《社会科学研究》2017年第3期。

年年底我国工业机器人已达32996台，同比增长21.7%。未来，在越来越多的领域，人工智能将快速超越人类。牛津学者指出，在未来十年的时间里，人工智能技术将变得足够先进，并将消灭40%以上的职业①。这就意味着，在不久的将来大量的安保、记者、收银员、助理、司机、交易员以及客服等都可能失去自己原有的工作。

第六，应用范围广泛，涉及产业发展及人类生活的各个领域。李晓华认为，人工智能已经在搜索引擎、图像识别、翻译、新闻推荐和撰稿、金融投资、医疗诊断、工业生产、无人驾驶汽车等领域得到了广泛的应用。在很多情况下，人工智能甚至不以可视的形态存在②。

由此可以看出，包括人工智能在内的新一轮技术革命不仅与科学、军事、经济有着密切的关联，而且对政治、文化、教育、卫生以及人们的生活方式，甚至思维方式都产生了深远的影响。

总之，新一轮技术革命的冲击不可阻挡，面对"逆全球化"思潮兴起与贸易保护主义倾向抬头的国际政治经济形势，目前我国参与经济全球化的发展过程也相继进入了新的阶段。瑞士经济学会2015年的调查报告指出，我国的经济全球化指数为49.8，而发达国家的经济全球化指数均高达90左右，这说明单纯地仅仅依靠对外开放来带动我国经济实现成功转型并不现实。因此，只有大力提高自主创新能力，坚定不移地推进创新经济，才能保证经济的稳定增长，有效推动我国开启新一轮的经济周期。改革开放至今，尽管我国科技投入不断提高，企业在科技创新中的地位也日益凸显。但是，《全球创新指数》③数据显示，2015年我国创新指数仅为47.47，较发达国家（如瑞士为68.3、美国为60.1，英国为62.42）而言，仍然存在着较大的差距，无论是创新投入还是创新产出都存在着巨大的进步空间。然而，值得庆幸的一点是，我国的创新效率指数一直稳居世界前列，这也就意味着我国在建设创新型国家方面

---

① 《人工智能带来生活巨变，未来10年将消灭40%以上的职业》，http://www.sohu.com/a/168753209_533056。

② 李晓华：《人工智能是什么？》，《人民日报》2017年8月2日。

③ 《全球创新指数2015》，http://www.gov.cn/xinwen/2016-08/11/5098842/files/f43fab0e2bac4df592e85712e6ace37e.pdf。

存在着独特的优势，只要能够牢牢把握住新一轮技术革命的机遇，营造良好的创新政策环境，新一轮周期的复苏阶段将很快历历可辨。

四 技术创新与经济周期性波动的关联性分析

通过以上理论分析可以得知技术创新与经济周期性波动之间存在着必然的联系，二者关联度的大小势必将决定技术创新对经济周期的影响程度。目前，对于关联度的测算主要有两种方法，一是相关系数测度，二是灰色关联度测度。基于灰色系统理论是从模糊数学的研究角度出发对"部分信息已知，部分信息未知"的不确定性系统的运行行为及演化机制进行研究，从而能够有效解决统计数据有限、数据灰度较大问题的特点，故我们选择第二种方法来对技术创新与经济周期的关系进行定量分析。

首先，从世界经济发展视角来看。考虑到数据的可获得性，选择1989—2015年世界高科技出口占制成品的出口比例作为技术创新的衡量指标。根据测算，世界及部分国家经济增长率与高科技出口占制成品出口比例之间的灰色综合关联度均已超过0.5，表明二者之间存在较强的关联性（见表1-1）。从图1-1同样也可以粗略看出二者具有较好的拟合程度。

表1-1 世界及部分国家高科技出口占制成品出口比例与经济增长率之间的关联度

发达国家	关联度	发展中国家	关联度
美国	0.6804	中国	0.6044
英国	0.5481	俄罗斯	0.5754
法国	0.7767	印度	0.8290
德国	0.7852	巴西	0.6203
日本	0.5857	埃及	0.6881
均值	0.67522	均值	0.66344
世界	0.7839		

资料来源：世界银行原始数据计算所得。

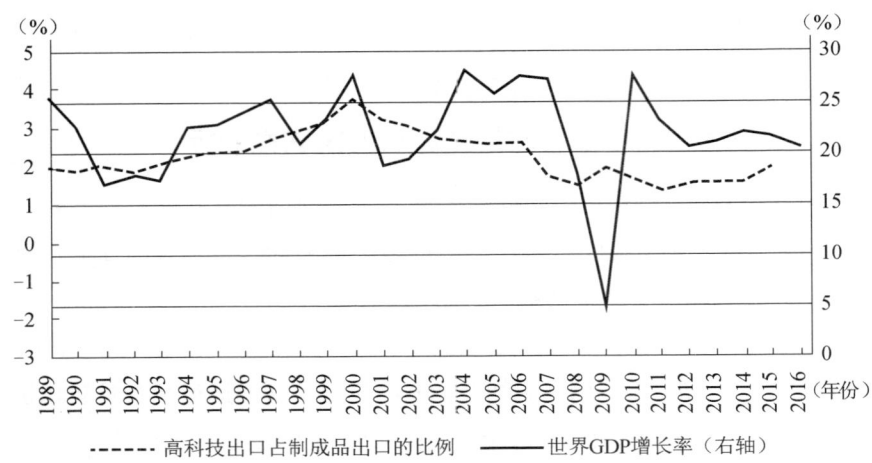

图 1-1　世界经济增长率与高科技出口占制成品出口比例的变动趋势
资料来源：世界银行。

一方面，发达国家与发展中国家高科技出口占制成品的出口比例与经济增长率之间的关联度均值并没有显著差别，说明经济增长对技术创新的依赖程度与各个国家的经济发展水平关系不大。同时，值得注意的是，尽管印度高科技出口占制成品的出口比例不足10%，远低于其他国家的20%—30%的水平。但是，印度高科技出口占制成品出口比例与经济增长率之间的关联度却高居首位，从而体现了印度经济增长对技术创新的依赖程度。另一方面，按照"峰—峰"法判断，整段时期世界经济大致经历了三次周期性波动，包括1989—2000年、2000—2004年、2004—2011年。与之相对应的，高科技出口占制成品出口比例从1989年到2000年经历一段较长的上升期后，在2000年与经济增长率几乎同时达到了最高值，之后便逐渐下降，并从2006年开始，下降幅度显著增加，直到2008年才得以逐步回升，且近几年呈现出了较强的上升态势。在这期间技术创新增长阶段的经济波动幅度与频率明显低于技术创新下降阶段，也就意味着经济繁荣阶段与技术创新增长的拟合度要优于经济衰退阶段。因此，这一现象不仅在一定程度上印证了马克思和熊彼特关于技术创新的周期理论，而且可以激励我们做出进一步猜想：繁荣阶段技术创新与经济周期运行的关联度要高于衰退阶段。

其次，从我国的经济发展视角来看。一般常用的技术创新指标主要有 R&D 经费投入与人员数、专利、科技论文数以及高技术产品贸易额等，但是考虑到这些数据只是反映了技术创新活动的不同侧面，不能准确衡量技术创新综合过程对经济周期的影响。因此，我们选择用全要素生产率增长率的变化来表示技术创新的冲击[①]。其中 GDP 与固定资产投资额均为按相应指数折算后的实际值，资本存量的计算方法为永续盘存法，全要素生产率的计算采用数据包络分析法，计算结果如表 1-2 所示。一方面，单纯从表 1-2 可以看出，近几年全国各区域全要素生产率增长率都出现了不同程度的下降，且只有西南地区的全要素生产率增长率连续为正数，这与西南地区对人才吸引的重视度的提高以及投资的增加是密不可分的；另一方面，从图 1-2 显示的全国全要素生产率增长率与经济增长率的变动趋势来看，全要素生产率增长率的变化也表现出了一定的周期性特征。且在完整的经济周期内，全要素生产率增长率的变化较为频繁。其中，以 2008 年前后的波动最为强烈，这主要归因于国际金融危机的冲击重创了经济的创新活力，而随着我国适时采取的经济政策刺激，改善了创新环境，又重新将其拉回了高位。然而，尽管全要素生产率增长率呈现了较大的波动，但仍然与经济增长率表现出了较好的拟合，二者关联度为 0.6644，且在经济繁荣阶段（1999—2007 年）二者的拟合程度明显高于经济衰退阶段（2008—2015 年）。在此值得注意的一点是，拟合程度并不能完全代表关联程度。虽然繁荣阶段全国全要素生产率增长率与经济增长率两条曲线较为接近，但在衰退阶段（特别是 2009 年以后）全要素生产率增长率的每一次变动都对经济起到了一定的拉动作用，表现为较强的协同性。因此，前文的猜想在此产生了质疑。

[①] 所选样本包括我国除西藏以外的八大经济区域，分别为东北地区（辽宁、吉林、黑龙江）、北部沿海（北京、天津、河北、山东）、东部沿海（上海、江苏、浙江）、南部沿海（福建、广东、海南）、黄河中游（山西、内蒙古、河南、陕西）、长江中游（安徽、江西、湖北、湖南）、西南地区（广西、重庆、四川、贵州、云南）、大西北地区（西藏、甘肃、青海、宁夏、新疆），时间范围是 1997—2015 年。

表1-2　1999—2015年全国及八大经济区域全要素生产率增长率　　单位:%

年份	全国	东北地区	北部沿海	东部沿海	南部沿海	黄河中游	长江中游	西南地区	大西北地区
1999	-0.73	7.04	-11.46	-4.39	1.17	3.16	8.01	13.47	8.40
2000	0.28	3.47	3.43	0.38	3.00	-11.79	2.63	-32.76	-7.62
2001	0.18	-1.93	-36.32	-4.42	-1.72	-36.12	-37.32	-66.98	-33.07
2002	0.64	-9.61	-45.44	-5.27	-5.99	-51.56	-56.18	331.62	-61.64
2003	0.91	-66.96	245.12	-53.83	-58.84	306.21	243.78	7.33	310.16
2004	0.09	70	-2.77	37.41	50	11.57	4.52	-59.60	1.94
2005	0.09	82.78	-1.87	84.06	73.73	-19.64	-1.40	-44.78	-1.12
2006	0.18	8.87	-68.91	4.55	-1.13	-72.48	-59.28	319.90	-58.47
2007	0.99	4.83	-6.14	-4.62	-1.52	0.48	-12.60	2.37	-3.52
2008	-2.32	-6.88	233.18	-5.50	-2.78	251.18	170.40	-70.43	138.14
2009	-0.09	-47.49	0.54	-48.32	-51.19	4.45	9.54	20.16	3.83
2010	1.28	-40.37	-8.36	-44.15	-46.74	-9.95	-3.91	184.20	-6.10
2011	-1.26	203.77	-64.78	249.34	283.79	-73.17	-64.93	-1.83	-57.64
2012	-1.1	1.09	109.81	5.69	1.27	150.80	74.52	-70.81	63.58
2013	-0.92	1.15	57.81	-6.54	4.88	58.53	57.52	104.20	39.28
2014	-1.40	-0.76	-5.04	-3.23	-2.93	7.67	6.98	48.48	-0.52
2015	0.57	-8.49	-8.76	-3.97	-10.59	-8.37	-8.21	4.62	-5.51

注:以1998年为基期;原始数据主要从《中国统计年鉴》及中国国家统计局网站获得,且计算结果均保留了两位小数。

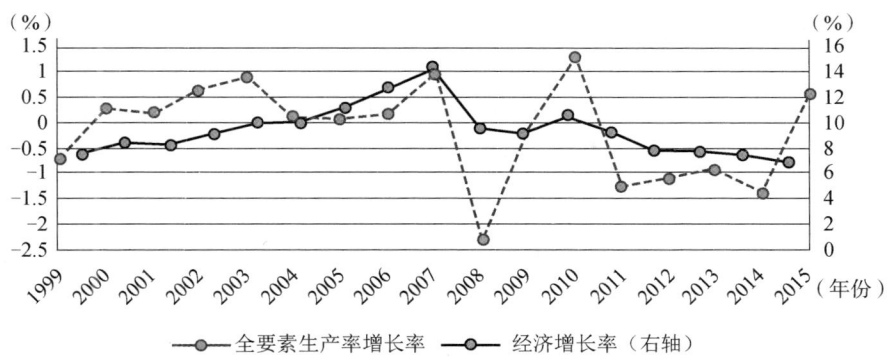

图 1-2 中国经济增长率与全要素生产率增长率的变动趋势

资料来源：中国国家统计局。

另外，从全国及八大经济区域全要素生产率增长率与经济增长率波动的具体关联度来看。一方面，从表 1-3 可以看出，全国及八大经济区域全要素生产率增长率与经济增长率的关联度均超过了 0.5，说明我国的技术创新变化速率与经济周期性运行之间着实存在着较强的关联性。其中，东北地区全要素生产率增长率与经济增长率的关联度最强，为 0.7521，超过了全国水平。相比较而言，沿海地区二者关联度最弱，且彼此之间差距不大。造成这一现象的主要原因可从两个方面进行分析：一是受我国各区域经济增长方式的影响。东北地区曾一度作为我国的重工业发展基地，以优先发展工业和资源型产业为主要发展战略。而我国沿海地区主要以发展劳动密集型产业为主，轻纺织业占工业生产的比重较大，并且兼顾第二、第三产业同时发展。正如熊彼特所言，"创新是繁荣产生的唯一原因"[①]，"而繁荣首先实现于工业厂商（工厂、矿山、船舶、铁路等）的生产中"[②]。这就意味着，从马克思和熊彼特的研究可以推断，机器的发明使用以及创新活动的产生大都首先发生在工业部门，尤其偏向于重工业。因此，东北地区的技术创新与经济运行

---

① ［美］约瑟夫·熊彼特：《经济发展理论》，何畏、易家详等译，商务印书馆 2017 年版，第 263 页。

② ［美］约瑟夫·熊彼特：《经济发展理论》，何畏、易家详等译，商务印书馆 2017 年版，第 246 页。

之间固然存在着很强的关联性,而沿海地区尽管具有引进技术的独特优势,但经济发展对技术创新的依赖程度远不如东北地区高。二是受技术创新激励机制的影响。众所周知,我国东北地区工业企业中国有企业占有突出地位,而沿海地区由于市场经济发展较为活跃,企业大多具有竞争性。熊彼特认为企业在一定程度上的垄断性质对于技术创新具有很大的促进作用,这不仅能给企业带来许多政治倾斜,而且会使企业承担更多的国家使命,从而有利于满足企业技术创新的资金需求,增强技术创新的动力。

表1-3 全国及八大经济区域全要素生产率增长率与经济增长率波动的关联度比较

区域	关联度	排名	区域	关联度	排名
东北地区	0.7521	1	黄河中游	0.5426	5
长江中游	0.6221	2	南部沿海	0.5305	6
大西北地区	0.6091	3	东部沿海	0.5276	7
西南地区	0.6024	4	北部沿海	0.5267	8
全国	0.6644	—		—	

注:本章所测算的关联度均为综合关联度。

最后,从经济周期运行的不同阶段全要素生产率增长率与经济运行的关联度比较来看。根据表1-4的结果显示,不论繁荣阶段还是衰退阶段,全要素生产率增长率与经济运行的关联度都在0.5以上,说明在整个经济周期运行的各个阶段,技术创新与经济波动持续保持着较强的关联性。其中,全国全要素生产率增长率与经济运行的关联度在繁荣阶段确实低于衰退阶段,从而印证了上文提及的关于曲线的拟合程度并不完全等同于变量之间关联度的观点。然而,在包括全国在内的9个经济区域中,有7个地区的全要素生产率增长率与经济增长率的关联度在繁荣阶段明显高于衰退阶段,东北地区差距最为明显。

表 1-4　　　　经济周期不同阶段全要素生产率增长率与
经济运行的关联度比较

区域	繁荣阶段	衰退阶段	区域	繁荣阶段	衰退阶段
东北地区	0.8214	0.5571	黄河中游	0.6115	0.5685
长江中游	0.6014	0.5617	南部沿海	0.6168	0.5131
大西北地区	0.6185	0.5258	东部沿海	0.5819	0.5262
西南地区	0.5899	0.5456	北部沿海	0.5244	0.5319
全国	0.6735	0.7124	—		

因此，我们完全可以证实之前关于繁荣阶段技术创新与经济周期运行的关联度要高于衰退阶段的猜想。而尽管熊彼特在他的经济周期理论中有提到，一个或者少数几个企业家的出现可以促使其他更多企业家成组或成群地以不断增加的数目出现，从而表明了繁荣阶段创新与经济增长的较强关联性。但是，对于经济处在衰退阶段的整个过程中并没有明确地指出二者之间的具体联系并与繁荣阶段进行比较分析。所以，对于这一猜想的证实不仅实现了理论上的细微突破，而且对于经济政策的制定具有些许的指导作用，从而不乏一定的理论意义和现实意义。

五　新时期技术创新对我国经济周期性波动的影响

鉴于新时期的技术创新是一次波及全世界且影响深远的技术革命，故首先从我国经济周期性波动与世界经济周期性波动之间的关系着手分析。如图 1-3 所示，我国与世界经济的周期性波动具有以下几点一般性特征。一是 1962—2016 年，按照"谷—谷"法划分，我国与世界宏观经济同样都经历了 9 轮完整的周期波动，每一轮周期的平均持续时间为 6 年，与朱格拉中周期理论基本相符。二是经济周期波动的幅度逐渐缩小，频率逐步降低，稳定性逐渐增强。20 世纪 90 年代之前，我国与世界经济波动均较为频繁，而之后尽管 2009 年世界经济曾一度跌入历史最低谷，但总体来看宏观经济波动（尤其是我国）呈现出了趋于稳定的迹象，具体表现为波峰有所下降，波谷显著上升，波幅显著下降，且每个经济周期内的平均经济增长率有所降低。三是我国经济周期波动的对称性明显高于世界。世界经济在 1990 年之前总体表现为"陡升缓降"的态势，特别是 1975—1982 年周期内，仅用 1 年时间就达到了 1976 年的最高点，随后经历了整整 6 年的下降阶段，呈现出了显著的"宽带现象"。1990—2005 年则转变为"缓升陡降"的趋势，经历 2008 年国际金融危机之后，对称性表现尚不明显。四是我国经济周期性波动与世界经济周期性波动之间具有一定的协动性。其中，1997 年亚洲金融危机之前协动性最强，1997 年之后，世界经济的波动频率和幅度均比我国剧烈，协动性也出现减弱。主要原因可能在于，我国具有的明显的制度优势，在一定程度上缓解了经济的剧烈波动。此外，1962—1981年，世界经济增长率变化先行于中国经济增长率变化，先行时间约为 1年。1981—2000 年世界经济增长率较中国经济增长率变化则相对滞后，滞后时间呈现了逐渐增加的趋势。随后，二者表现出了较高的同期性，也就是说，随着我国参与经济全球化程度的加深，我国已经基本融入了世界经济的变化格局中。

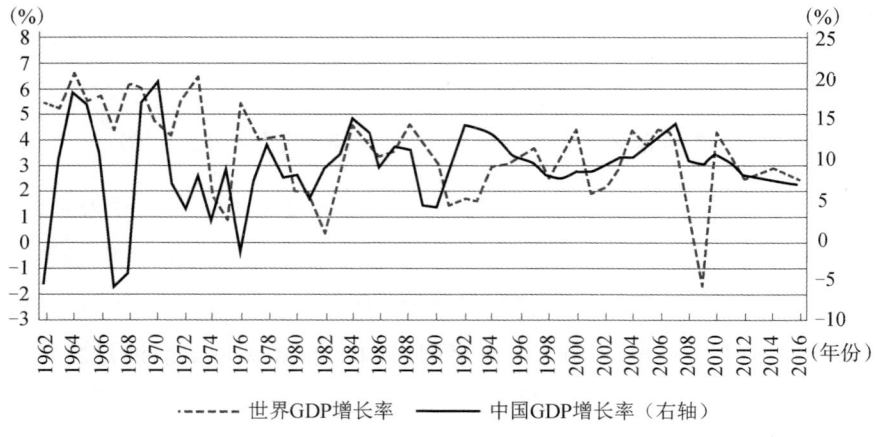

图 1-3 中国与世界 GDP 增长率的变动趋势

资料来源：世界银行。

其次，来看我国技术创新对经济周期性运行的影响关系。我们采用三种当今流行最广的技术创新衡量指标以从不同侧面来分析我国技术创新过程对经济周期性波动的影响。一是用研发支出占GDP的比例作为创新投入的衡量指标；二是用高科技出口占制成品出口的比例作为创新产出的衡量指标；三是用全要素生产率作为衡量技术创新的综合指标。另外，考虑包括GDP增长率在内的四类数据的同期可获得性，我们按照"谷—谷"法，选择1999—2016年这一个完整的经济周期（暂且认为目前我国经济已经探底）来进行分析。根据图1-4显示的各指标变化趋势可以看出以下几点。第一，创新投入方面。除了研发支出占GDP的比例持续稳定增加，其余变量均出现了不同程度的波动，意味着我国对技术创新投入的支持力度逐渐提高，这也是保障技术创新活动顺利进行的条件和前提。然而，尽管如此，我国研发支出占GDP的比例依然低于发达国家水平（2.5%左右），甚至低于世界平均水平（2%左右）。因此，我国需要继续不遗余力地增加创新投入。第二，创新产出方面。高科技出口占制成品出口的比例出现了波动，波动特征与经济周期性波动基本吻合，且表现出了一定的先行性，先行时间约为1年。经济繁荣阶段，创新产出的增加对经济具有明显的拉动作用，上升幅度较为平缓，并没有剧烈的短周期性波动出现，此阶段可以归为熊彼特的"创新吸收过程"。经济衰退阶段，2007年以后创新产出出现了小幅波动，但总体处于均衡状态，表明技术创新进入了新一轮的发明和孕育阶段。当前，随着人工智能、生物新技术等新一轮技术创新成果的出现及应用，同时考虑到1年的先行期，尽管时下我国经济形势尚不明朗，但新周期的开启必然指日可待。第三，创新投入与产出共同作用的结果。图1-2可以更加明显地表明，全要素生产率增长率与经济增长率的变化之间具有同期性，且全要素生产率增长率的波动特征深刻影响了经济增长率的波动特征。一方面，全要素生产率增长率的波动频率影响着GDP的波动频率。1999—2015年全要素生产率增长率共发生了10次波折，而经济增长率发生了7次，且前者的每一次变化都会带动后者做出相应的变化。另一方面，全要素生产率增长率的波动幅度影响着GDP增长率的波动幅度。排除2015年全要素生产率增长率激增的情况，在经济繁荣阶段，全要素生产率增长率增加了1.72个百分点，GDP增长率增加了6.56个百分点。经济衰退阶段，全要素生产率增长率约下降了2.39个百分点，GDP增长率下降了6.93个百分点。平均而言，1单位的全要素生产率增长率的变化将带动GDP增长率发生3.35个单位的同方向变化。

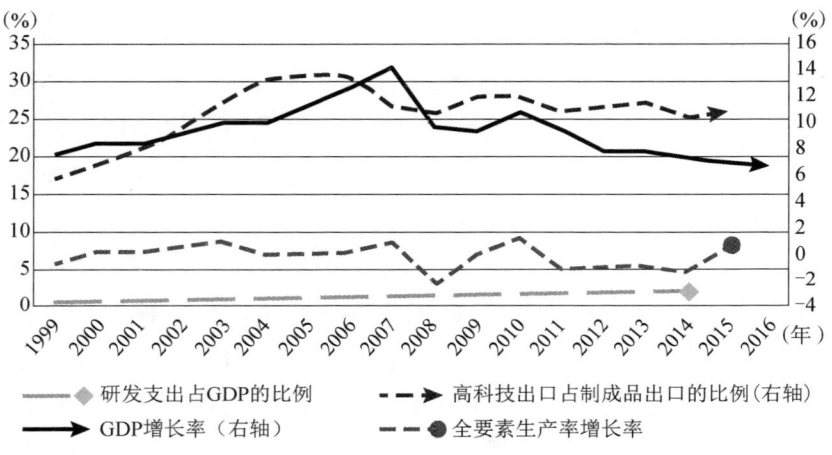

图1-4 中国技术创新与经济增长率的变动趋势

资料来源：中国国家统计局直接获得或计算而来。

接着，运用脉冲响应函数方法，从长期的角度再一次来验证我国技术创新对经济周期性波动的影响关系。此处，用GDPZ表示GDP增长率，用TFPZ表示全要素生产率增长率。样本时间范围依然为1999—2015年，考虑到GDPZ序列本身为非平稳序列，所以我们采取逐期差分法得到全国GDPZ的1阶差分，单位根检验表明两个变量都是平稳序列。同时，对数据做了协整检验，二者存在协整关系，说明GDPZ与TFPZ之间着实具有长期的均衡关系。通过建立包括GDPZ和TFPZ两个变量的VAR模型，给全要素生产率增长率一个正的冲击，采用广义脉冲方法得到关于GDP增长率的脉冲响应函数图，如图1-5所示。其中，横轴表示冲击作用的滞后期间数（单位：年度），纵轴表示 GDP 增长率的响应。实线代表脉冲响应函数，揭示了 GDP 增长率对全要素生产率增长率的冲击的反应；虚线表示正负两倍标准差偏离带。从图 1-5 中可以看出，当在本期给全要素生产率增长率一个正的冲击后，在第 1 期对全国 GDP 增长率将会产生最大的正向影响，之后这一正向影响逐渐减弱，直至对经济增长产生一定的抑制作用后出现回升，到第 7—8 期逐渐趋于 0，这与图 1-4 所示的繁荣阶段的持续时间十分匹配。整个过程与前文所述的熊彼特技术创新经济理论也是相吻合的，即当"新组合"成群地出现时，新的经济结构的产品和劳务就可以到达它们的市场，使企业家的需求迅速增加，从而极大地提升了整个商业界的购买力，带动了经济的增长。但由于新的组合在时间上并不是均匀分布的，而是一种跳跃式的干扰，所以，一次创新对经济的影响程度必定会随着对旧产品和劳务的"清算""调整""吸收过程"的完成而逐渐减弱，直至"在商品和劳务流程中就很少或者没有增加（事实上在消费品的产出中可能是一次减少）。与此同时，由于信贷开展的结果和其他途径，生产者和消费者的支出将会增加"①，进而对经济增长率的提高产生了一定的抑制作用。然而，这种抑制作用并不会一直持续下去，随着经济体系中创新领域的逐步减少，各企业（尤其是国有企业）将审时度势调整生产策略以适应这种状况，导致经济小幅回升，并最终达到"均衡位置"②。如此，一轮完整的经济周期结束了，直到出现下一次技术创新冲击才可以开启新一轮的经济周期。而面对新一轮技术革命成果的纷至沓来，我国经济运行新周期早已曙光乍现。

最后，基于新一轮技术革命所表现出的新特点，新时期技术创新对我国经济周期的影响也将产生一些新的变化。主要表现为以下几点。第一，经济周期长度的变化。新时期技术创新成果转化为经济效益的时间急剧缩短，加快了产品更新换代的速率，从而使经济周期的长度具有缩

---

① ［美］约瑟夫·熊彼特：《经济发展理论》，何畏、易家详等译，商务印书馆 2017 年版，第 299 页。
② 熊彼特此处所说的"均衡位置"指的是技术创新对经济增长的影响达到了均衡，而具体的经济增长状况受技术创新的冲击时而进入了"不景气阶段"，也就是衰退阶段。

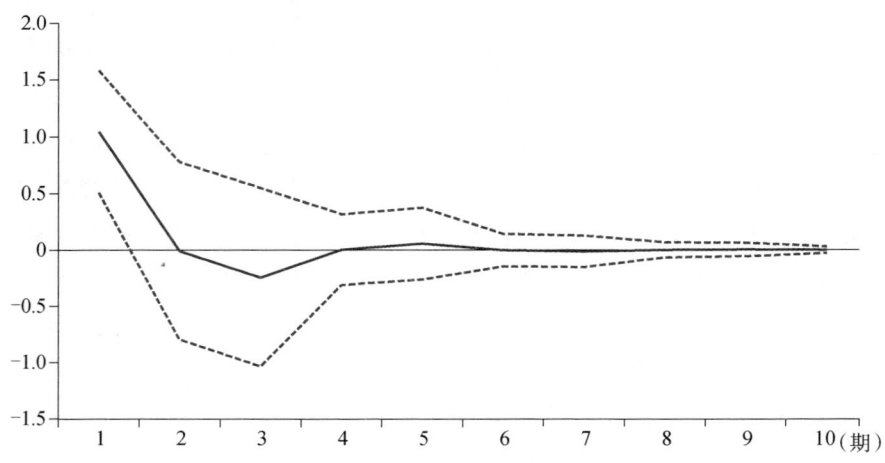

图 1-5　全国全要素生产率增长率冲击引起经济增长率变动的响应函数

短的趋势。一方面，产品的生产和交付周期急剧缩短，降低了繁荣阶段的持续时间；另一方面，新发明、新组合的孕育时间的下降缩短了衰退阶段持续的时间。第二，经济周期波动幅度的变化。伴随着人工智能、大数据、超级计算等新科技在金融领域的深度融合与快速发展，新一轮的技术创新大大提高了金融业的风险管理能力。而金融业作为国民经济的"血液"，它的稳定发展是避免和缓解经济危机大范围爆发的有力屏障。因此，新时期经济周期的波谷具有上升的趋势，经济周期的幅度将逐渐减小。第三，经济周期波动频率的变化。新时期，随着大数据与互联网新经济行业的蓬勃发展，"制造业+服务业+高科技"三者有机融合的发展模式必将造成产业结构逐渐趋于模糊化，第二、第三产业之间的固有界限将逐渐淡化，从而使企业之间由于信息不对称与信息不完全而导致的社会再生产比例失调的问题能够得到及时、有效缓解，进而降低经济周期性波动的频率。第四，经济周期平均位势的变化。平均位势是指每轮经济周期的平均经济增长率。一旦人工智能在经济领域内得到普及应用，必将提高生产效率，带来劳动生产率的大幅上升，从而促进经济的增长。第五，新时期的经济周期将呈现出"缓升缓降"的态势。每一次技术创新在产业之间的渗透过程并不是一蹴而就的，由于新时期的技术革命应用范围十分广泛，涉及产业发展及人类生活的各个领域，所以每一次技术创新从一个行业波及其他各个行业所消耗的时间必将受到创新广度和深度的影响而有所增加，相应地，也就增加了繁荣阶段的持续时间。同理，衰退阶段也将呈现出缓慢的态势。因此，通过以上分析可以得出结论：新时期技术创新的冲击将会使我国经济周期表现出周期长度缩短、波动幅度减小、平均位势上升、波动频率降低的"缓升缓降"的总体特征。

总而言之，尽管目前我国经济周期所处阶段扑朔迷离，学术界众说纷纭。但是，根据以上定量与定性相结合的分析结果：我国经济波动与世界经济波动之间的同期性和协动性明显增强，且当前世界经济出现向好势头，有关国际组织预计，2017年世界经济有望增长3.5%[①]；我国全要素生产率增长率的波动与经济增长率波动之间表现为明显的同向性和关联性；我国技术创新冲击对经济周期的影响具有十分显著的正向效应，且影响时间为7—8年，等同于我国本轮经济周期繁荣阶段的持续时间。此外，面对上一轮技术创新红利的消失殆尽，再加上世界经济已经进入回暖复苏的崭新阶段的事实，充分表明了新一轮技术创新的潮流已经涌现。因此，种种迹象促使我们得出同一个结论：我国经济即将开启新一轮的周期性运行，经济复苏阶段指日可待。

六　结语

技术创新作为推动经济增长的关键步骤，是经济周期由衰退转向繁荣的动力源泉。马克思和熊彼特早在19世纪和20世纪就对技术创新与经济周期性波动之间的这一关系的研究做出了理论性的贡献。尽管二者所代表的阶级利益大相径庭，但他们在关于创新的周期理论方面仍存在着不可胜计的共识。如今，在新一轮技术革命成果接踵而至的特殊时期，创新也表现出了许多新的特征，无论是影响广度还是深度都较之前更为深远。因此，如何将马克思和熊彼特的理论应用于指导新时期的经济实践中，并实现新的发展，对于准确理解和把握当前技术创新与我国

---

① 习近平：《坚持开放包容　推动联动增长》，《人民日报》2017年7月8日第2版。

经济周期性波动之间的关系尤为重要。本章选择运用数据包络分析方法计算出的全国及八大经济区域1999—2015年的全要素生产率增长率作为技术创新冲击的综合衡量指标，并采用灰色关联分析方法与脉冲响应函数分析方法对技术创新与经济周期性波动之间的关联性及技术创新冲击对经济周期性波动的影响进行了定量分析。结论如下：第一，从全球视角来看，技术创新与经济周期性波动之间的关联性并不会因为各国或各地区的宏观经济发展水平的不同而出现较大差异；第二，我国东北地区技术创新与经济周期性波动之间的关联性明显要高于其他地区；第三，从一般性的角度来讲，我国技术创新在繁荣阶段与经济周期运行的关联度要高于衰退阶段；第四，随着经济全球化进程的加快，我国经济周期性波动与世界经济周期性波动之间表现出了明显的同期性和协动性；第五，我国技术创新冲击对经济周期的影响具有十分显著的正向效应，1单位全要素生产率增长率的波动将带动经济增长率发生约3.35个单位的同方向变化，且持续时间为7—8年；第六，新时期技术创新的冲击将使经济周期表现出周期长度缩短、波动幅度减小、平均位势上升、波动频率降低的"缓升缓降"的总体特征。总之，当前我国已经进入了新周期的起点，经济即将开启新一轮的周期性运行。

2016年以来，随着我国《"十三五"国家科技创新规划》《国家创新驱动发展战略纲要》等一系列重要文件的颁布，充分表明创新作为拉动新一轮经济增长的动能之一，在我国国家宏观经济政策层面已经受到了高度的重视。然而，要想实现从资源依赖型向创新驱动型发展模式的华丽转变并非易事。因此，基于本章的研究结论，对新时期我国创新经济政策的进一步完善提出以下几点建议。一是要继续加大创新投入力度，营造良好的市场环境和创新政策环境。一方面，长期以来，虽然我国的创新投入占GDP的比例稳步增长，却不及世界平均水平，与发达国家更是相差较大。因此，新时期一定要把握新一轮技术创新革命的重要机遇，加大创新投入的力度。另一方面，要建立完善的市场机制，营造公平竞争的市场环境。尤其在经济衰退阶段，竞争是促进企业创新的主要推动力。同时，要加快实施激励创新的税收政策和金融政策，完善知识产权管理和保护体系。二是面对近年来东北经济一蹶不振的困境，要增强关于东北地区技术创新对经济增长具有重大推动作用的认识，充分发挥国有企业作为创新主体的绝对优势，对东北地区的创新激励给予必要的政策倾斜，通过政策引导和资源重组来培育东北地区的创新驱动型产业。三是要继续坚持对外开放，统筹用好国际国内两个市场、两种资源。当前，要以"一带一路"倡议为契机，抓住沿线各国的资源禀赋特点，积极推进各国之间在教育、科技等领域的交流与合作，扩大开放的空间和范围，在经济全球化进程中努力实现互利共赢。四是要继续深化供给侧结构性改革，促进产业结构优化升级，加快新旧产业更替。一方面，要把握好全球"工业4.0"战略的发展机遇期，努力推动传统产业朝信息化、智能化、绿色化和服务化方向转型升级；另一方面，要加快发展战略性新兴产业和支柱产业，确保节能环保、新能源、新材料、新能源汽车、生物、高端装备制造业、新一代信息技术等产业成为我国产业结构优化升级的中坚力量。

第二章　工业智能化的政治经济学分析*
——基于"技术—劳动过程—劳资关系"三维作用机制

人工智能、大数据、云计算、物联网等数字技术的产生和发展预示着工业经济社会迎来深刻变化。随着人工智能加快向工业制造业领域渗透，智能制造、数字制造等新兴制造模式大放异彩。具体到资本主义生产方式中，智能化技术重新界定和描刻了资本主义劳动过程的内涵特征与特定样式，而关于智能化技术对生产关系产生的重大影响引发了广泛争论。归结起来，一类观点侧重于强调工业智能化对提高劳动生产率和改善工人工作内容、工作方式的积极作用[1]，另一类观点则侧重于批判工业智能化在给资本带来高额利润的同时加重了对工人的剥削[2]。马克思是通过联系资本主义劳动过程分析资本主义生产关系性质来揭示和批判资本主义生产方式的内在矛盾的。在《资本论》《政治经济学批判（1857—1858年手稿）》等著作中，马克思详细阐述了自然力、科学和机器的应用对资本主义劳动过程和劳资关系的影响。本章围绕由马克思的相关论述生发而来的"技术—劳动过程—劳资关系"三维作用机制，探讨了工业智能化背景下资本主义劳动过程具体样态的新特点以及与之相适应的劳资关系的新特征。

＊ 本章作者：盖凯程、李孟杰。原载于《财经科学》2022年第6期。

[1] Arun Sundararajan, *The Sharing Economy*: *The End of Employment and the Rise of Crowd*-*Based Capitalism*, Cambridge: The MIT Press, 2016.

[2] 姚建华主编：《数字经济中的劳工组织》，商务印书馆2020年版，第187页。

一 "技术—劳动过程—劳资关系"三维作用机制

随着英国率先完成工业革命,机器生产在纺织、采矿、铁路等基本工业部门中已占据明显优势,人类社会由此步入蒸汽时代。作为一种全新的技术现象,机器向各个生产部门渗透的结果是极大地提高了社会劳动生产力,"资产阶级在它的不到一百年的阶级统治中所创造的生产力,比过去一切世代创造的全部生产力还要多,还要大"①。联系当时发生的种种经济和社会变革,马克思通过对资本主义劳动过程的分析,揭示出劳资之间的对抗性矛盾及其将导向的长期趋势和结果,进而形成了研究工业资本主义制度运行规律的完整理论范式。

(一) 机器生产对资本主义劳动过程的塑造

1. 按照机器的技术逻辑分解直接生产过程

马克思指出,"大工业的原则是,首先不管人的手怎样,把每一个生产过程本身分解成各个构成要素"②。随着手工劳动被简化为操作机器的"划一的连续的运动"③,许多原本要经过人工方式才能完成的工序,都可以交给自动机体系去执行,而工人的技能和力量则日益为看管机器的简单动作所替代。按照机器生产原则分解劳动过程,也使直接生产逐步摆脱了主观经验和精力的束缚。在机器工厂中,"每个局部过程如何完成和各个局部过程如何结合的问题,由力学、化学等等在技术上的应用来解决"④。换句话说,机器大工业有别于传统生产方式的显著特点在于,它是一种"分解成为自然科学的自觉按计划的和为取得预期有用效果而系统分类的应用"⑤,在很大程度上受到"一般社会知识"和"一般智力"⑥ 的控制和改造,从而工厂内部劳动生产力的发展也主要表现为固定资本等物的属性。在此情况下,单个工人在科学、自然力

---

① [德] 马克思、恩格斯:《共产党宣言》,人民出版社2014年版,第32页。
② 《马克思恩格斯文集》第5卷,人民出版社2009年版,第559页。
③ 《马克思恩格斯文集》第5卷,人民出版社2009年版,第484页。
④ 《马克思恩格斯文集》第5卷,人民出版社2009年版,第437页。
⑤ 《马克思恩格斯文集》第5卷,人民出版社2009年版,第559页。
⑥ 《马克思恩格斯文集》第8卷,人民出版社2009年版,第198页。

和社会的结合劳动面前早已显得微不足道,他们的作用和力量趋于消失,以至于被当作"单纯的活的附件"①并入与自身相互独立和异化的死机构,而机器体系则因活劳动的加入由死复生成为劳动过程中的"主人"。

2. 以"扬弃"的形式再现了工场手工业分工

机器生产虽然消除了手工业分工的技术基础,以劳动的平等化或均等化替代了劳动等级制,以生理差别替代了人为差别,但却"在它的资本主义形式上再生产出旧的分工及其固定化的专业"②。具体而言,工厂中的自动机体系以各个局部工作机代替了原来的各个局部工人,工人现在被固定在根据机器功能划分的局部专业上,从而"工场手工业所特有的以分工为基础的协作又出现了"③。只不过,在这种场合,他们之间只有简单的协作关系,并不形成像手工业生产那样有组织的、联系紧密的工作小组。这种改变原有样态而再现的分工也预示了资本越来越依靠劳动资料尤其是固定资本来榨取工人的剩余劳动。例如,机器的资本主义应用就创造了将劳动时间延长至劳动力耗费量最大的强大动机,"如果说机器是提高劳动生产率,即缩短生产商品的必要劳动时间的最有力的手段,那么它作为资本的承担者,首先在它直接占领的工业中,成了把工作日延长到超过一切自然界限的最有力的手段"④。此外,机器还是一种增加劳动强度的有效手段。由于机器操作很容易实现标准化,资本家可以让同一工人在相同时间内看管更多的机器,扩大工人的劳动范围,而经过改良的机器也能推动工人把更多的原材料、辅助材料转化为产品,使不变资本吮吸的劳动和剩余劳动大大增加。

3. 劳动条件使用上的节约

分工的扩大和机器的更广泛使用是以生产的物质条件和人身条件积聚为前提的。劳动过程中各类生产要素的大量聚集,客观上要求劳动条

---

① 《马克思恩格斯文集》第8卷,人民出版社2009年版,第186页。
② 《马克思恩格斯文集》第5卷,人民出版社2009年版,第560页。
③ 《马克思恩格斯文集》第5卷,人民出版社2009年版,第436页。
④ 《马克思恩格斯文集》第5卷,人民出版社2009年版,第463页。

件摆脱个体小生产规模的限制，进而转化为"社会结合的劳动的条件"①。这种劳动条件的大规模应用本身以工人的集体协作和分工为前提，资本家因此可以利用劳动的社会性质来节约不变资本支出。然而，即便在这种状况下，资本家实际提供的劳动条件，无论就数量和质量来说，也还是低于结合工人共同消费时所要求的最低界限。因为在他们看来，提供宽敞的劳动场所、安装通风设备等措施与纯粹为利润而生产的精神是绝对相悖的。首先，竞争迫使资本家在生产成本上精打细算，为了减少不变资本支出，资本家往往让工人在危险和脏乱的生产环境中进行劳动，"即使是在真正的工厂也缺乏保障工人安全、舒适和健康的一切措施……同样，车间拥挤，通风很差，等等"②。其次，资本家把大量工人集中在一起进行联合劳动，是为了不费分文地利用工人的结合劳动所形成的集体生产力，使其成为利润增长的源泉。再次，资本主义劳动过程中"不变资本的节约表现为一个对工人来说完全异己的、和工人绝对不相干的条件，工人和它完全无关……生产资料使用上的这种节约……表现为资本的一种固有的力量"③。由此可见，资本的一个趋势是靠牺牲工人来实现劳动条件的节约，它在改善工人劳动环境和劳动条件方面表现得十分吝啬。

（二）机器生产对资本主义劳资关系的影响

1. "产消不和谐"导致劳资矛盾尖锐

在真正的机器体系中，整个生产过程"是由一系列各不相同而又互为补充的工具机来完成"④。一方面，这种以蒸汽为动力、以连续性为外在强制条件、以流水线生产为主要特征的制造模式，强调工艺创新和产能扩张，容易造成对市场需求的忽略，从而导致生产相对过剩。另一方面，竞争机制迫使资本家尽可能让工人在一定时间内生产出更多的产品，因为这样能使他的商品变得更便宜。但是，产量扩大意味着需要实

---

① 《马克思恩格斯文集》第7卷，人民出版社2009年版，第93页。
② 《马克思恩格斯文集》第7卷，人民出版社2009年版，第104页。
③ 《马克思恩格斯文集》第7卷，人民出版社2009年版，第99页。
④ 《马克思恩格斯文集》第5卷，人民出版社2009年版，第436页。

现的产品数量也比以前增加了。在工人工资被限制在平均需求水平的前提下，"资本家努力是结果，除了必须在同一劳动时间内提供更多的商品以外，换句话说，除了使他的资本的价值增殖的条件恶化以外，并没有得到任何好处"①。可见，"产消不和谐"阻碍了剩余价值的实现，企业生产经营效益不能增进劳资双方的共同利益，使资本利润和劳动者工资完全处于对立的状态。这种对立关系反映在工厂内部，就是资本家"通过私人立法独断地确立了对工人的专制"②，使工厂充当了工人的"最终法庭"。在这里，资本家可以随心所欲地颁布和解释工厂条例，以便为克扣工人工资找到合理的借口；而由此给工人造成的紧张和不安，也能迫使他们付出更多的劳动。

2. 传统生产方式中的剥削更加残酷

机器大工业引起了家庭劳动、手工作坊和工场手工业的革命，但"社会生产方式的变革，生产资料改革的这一必然产物，是在各种错综复杂的过渡形式中完成的"③，也就是说，机器不能一下子占领全部生产部门。那些尚未被工厂制度完全征服的生产形式，尽管在大工业的影响下褪去了单调乏味的色彩，但作为畸形的混合产物，它们一开始就显示出工厂制度的许多消极因素。由于自身技术条件落后，劳动效率低下，加之机器大工业加剧了竞争，现代工场手工业、现代家庭劳动等传统生产方式对工人的剥削"比在真正的工厂中还要无耻"④，这里到处充斥着滥用劳动力、掠夺工人劳动条件和生活条件、将劳动时间延长到极致的现象。当然，正如工厂制度本身的发展历程那样，对劳动力不受限制的剥削终究会因为达到一个转折点而引起社会监督。随着工厂法的实施范围不断扩大，陈旧的传统工业逐渐丧失了"它们竞争能力的唯一基础"⑤，并加速向机器生产和工厂制度转变。这一过程必然伴随众多小手工作坊和家庭手工业的破产，而随着停滞过剩人口失去最后的避难

---

① 《马克思恩格斯文集》第1卷，人民出版社2009年版，第738页。
② 《马克思恩格斯文集》第5卷，人民出版社2009年版，第488页。
③ 《马克思恩格斯文集》第5卷，人民出版社2009年版，第544页。
④ 《马克思恩格斯文集》第5卷，人民出版社2009年版，第532页。
⑤ 《马克思恩格斯文集》第5卷，人民出版社2009年版，第547页。

所，资本主义社会的"安全阀"也会遭到破坏。这使资本主义生产过程的对抗性矛盾进一步成熟起来，从而为社会革命的到来创造了前提条件。

3. 产业后备军规模日益扩大

工人阶级被划分为"现役军"和"后备军"，是资本主义生产方式的必然产物。首先，特殊的资本主义的生产方式与资本积累是互为前提、相互补充的，"两种经济因素由于这种互相推动的复合关系，引起资本技术构成的变化，从而使资本的可变组成部分同不变组成部分相比越来越小"①。受资本有机构成不断提高机制的影响，"资本主义积累不断地并且同它的能力和规模成比例地生产出相对的，即超过资本增殖的平均需要的，因而是过剩的或追加的工人人口"②。其次，出于减少不变资本价值量的考虑，资本家越来越倾向于削减直接生产过程中工人的数量，此时"每一个资本家的绝对利益在于，从较少的工人身上而不是用同样低廉甚至更为低廉的花费从较多的工人身上榨取一定量的劳动"③。为了达到这一目的，资本家一方面迫使在业工人从事过度劳动，进而用同样多的可变资本推动更多的劳动；另一方面则用非熟练工人、女工和儿童等取代熟练工和成年男性，并使其沦为相对过剩人口。产业后备军规模的扩大，不让资本对劳动的总需求赶上资本自身数量的增长，并把工资限制在了符合资本增殖需要的界限内。这样一来，工人的社会地位将不断降低，横在资本家和劳动者之间的社会鸿沟会越来越大，以至于"社会的财富即执行职能的资本越大，它的增长的规模和能力越大……工人阶级中贫苦阶层和产业后备军越大，官方认为需要救济的贫民也就越多"④。

（三）技术、劳动过程与劳资关系之间的逻辑关联

《资本论》第 1 卷的序言这样写道："我要在本书研究的，是资本

---

① 《马克思恩格斯文集》第 5 卷，人民出版社 2009 年版，第 721 页。
② 《马克思恩格斯文集》第 5 卷，人民出版社 2009 年版，第 726 页。
③ 《马克思恩格斯文集》第 5 卷，人民出版社 2009 年版，第 732 页。
④ 《马克思恩格斯文集》第 5 卷，人民出版社 2009 年版，第 742 页。

主义生产方式以及和它相适应的生产关系和交换关系……本书的最终目的就是揭示现代社会的经济运动规律。"① 为了对资本主义生产方式的基本性质做出科学解释，马克思的分析不仅从宏大叙事角度呈现了资本主义生产有机体的动态演化规律，还具有探究企业组织劳动过程及其借以在其中活动的生产关系、劳资关系的微观向度，从而使生产力决定生产关系这一基本原理在社会生产的微观层面得以具体化。

在《政治经济学批判（1861—1863 手稿）》中，马克思阐明了技术、劳动过程与劳资关系之间的逻辑关系："社会劳动的生产力发展了，并且只有随着这些变化一起，才有可能在直接生产中大规模应用自然力、科学和机器。因此，在这里不仅是形式上的关系发生了变化，而且劳动过程本身也发生了变化……物质形态的这种改变构成了资本关系发展的基础……劳动生产率的这种提高和生产规模的这种扩大，部分地是资本关系发展的结果，部分地是资本关系发展的基础。"②

从马克思的论述中可以看出，技术进步将引起资本主义劳动过程工艺条件和组织方式的变革，直至形成"一种使劳动过程的现实性质及其现实条件都发生变化的生产方式"③。一方面，劳动过程会为资本主义生产关系的发展设定限度④，由使用机器这种劳动资料而形成的"特殊生产方式"彻底改变了劳动对资本的形式上的从属关系，以至于"在资本家和工人之间——在生产内部——的关系中，以及在双方彼此的社会关系中，都发生完全的革命"⑤，从而劳动日益在实际上从属于资本。另一方面，技术不仅是一个生产力概念，而且还是社会经济关系的表现，只有当劳资关系发展到适合特定技术应用的程度时，劳动过程才会因"一般社会知识"⑥变成了直接的生产力而发生质变。而在机器工厂中，尖锐的劳资矛盾使技术被广泛用于劳动过程控制，工厂的全部生

---

① 《马克思恩格斯文集》第 5 卷，人民出版社 2009 年版，第 8—10 页。
② 《马克思恩格斯文集》第 8 卷，人民出版社 2009 年版，第 383—384 页。
③ 《马克思恩格斯文集》第 8 卷，人民出版社 2009 年版，第 516 页。
④ 胡莹：《论数字经济时代资本主义劳动过程中的劳资关系》，《马克思主义研究》2020 年第 6 期。
⑤ 《马克思恩格斯文集》第 8 卷，人民出版社 2009 年版，第 385 页。
⑥ 《马克思恩格斯文集》第 8 卷，人民出版社 2009 年版，第 198 页。

产运动都从机器出发，导致工人只能无条件服从机器的自我运转，并由此创造出一种"兵营式的纪律"①。可见，劳资关系反过来会和技术条件一起塑造劳动过程的具体样态。

综上所述，在马克思分析机器大工业的理论逻辑中存在着"技术—劳动过程—劳资关系"这样一种三维作用机制，其逻辑联系如图 2-1 所示。本章基于此机制，将围绕劳动过程、劳资关系的新变化对工业智能化展开分析。

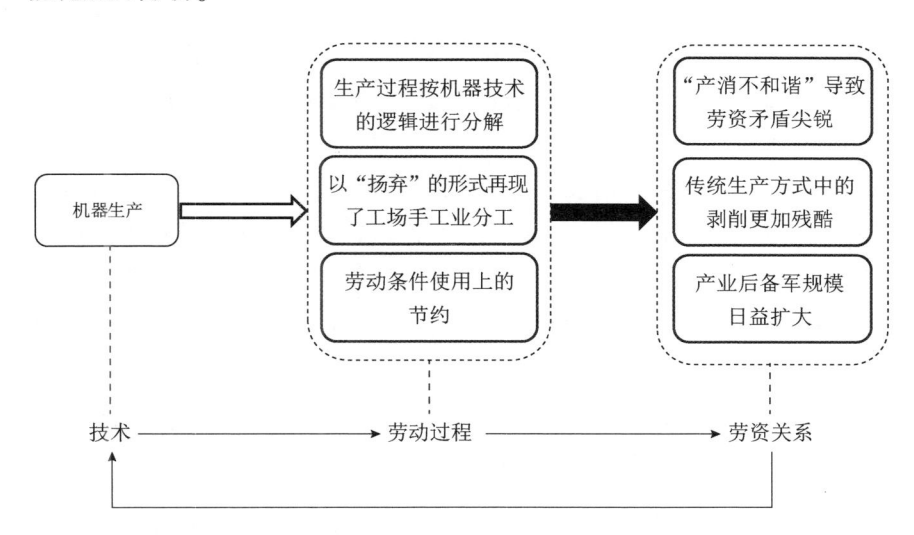

图 2-1 技术、劳动过程和劳资关系之间的逻辑关联

二 工业智能化对资本主义劳动过程的重塑

工业智能化是第三次工业革命进入下半段后带来的生产力的跃升，而第三次工业革命本身又是对前几次工业革命的新突破和新裂变，这集中体现在广义的机器性质的质变，即从替代体力劳动向替代脑力劳动的转变上②。机器替代人是工业革命造成的必然结果，但前几次技术革命产生的替代效应更多表现在体力劳动上，脑力劳动的替代程度只达到半

---

① 《马克思恩格斯文集》第 5 卷，人民出版社 2009 年版，第 488 页。
② 贾根良：《第三次工业革命与工业智能化》，《中国社会科学》2016 年第 6 期。

智能自动化的水平。如今，随着工业互联网、精密传感技术、超强数据处理算法等智能技术与工业制造业的联系越来越密切，生产过程被赋予了不以人体机能和知识技能为转移的智能生产率。智能设备对脑力劳动的广泛替代，使工业智能化生产条件下的资本主义劳动过程呈现出有别于传统工业经济劳动过程具体样态的新特点。

（一）智能化生产对机器技术逻辑的继承和发展

机器的技术逻辑是将复杂的手工劳动分解为一道道简单的工序，然后将这些工序交给机器体系去完成。这一技术逻辑也体现在智能化生产过程中。首先，工业智能化为自动机器体系增添了"智能控制装置"，使其拥有了自己的"大脑"和"中枢"。随着机器的智能化程度不断提高，物质、能量变换被信息、功能交换所替代，所以工业智能化表现为对复杂信息的处理和分析。在智能化生产过程中，人工智能技术可以将人脑的复杂信息处理活动加以"分解"或浓缩为源代码，而通过这种分解和简化，即使在只能专门进行二进制数值运算的计算机上也可以得到"胜任"[①]。其次，智能算法作为一种用系统的方法描述解决问题的策略机制，一旦将信息导入算法程序，智能设备就会像机器加工原材料、辅助材料一样，按事先设计好的流程处理各类信息，使信息处理工作实现标准化、规范化和程式化。再次，资本主义生产过程在经过人工智能分解和重构后所产生的各种问题，已经远远超过力学、化学等自然科学所能及的范围，需要计算机科学、信息科学、软件科学和机器人学等新兴综合性科学来解决，从而劳动过程在更大的程度上受到了人类精神生产力的控制和改造。

由于工业智能化引起的生产方式变革也是以劳动资料为起点的，工人在劳动过程中必须按照智能化技术的逻辑去实现人机互动，比如用智能设备能够理解的形式化、符号化的语言或命令进行操作。因此在这种场合，工人是智能设备的"有意识的器官"，而智能设备本身表现为支配这些器官的"大脑"。随着单个人工智能发展成人工智能体系，智能

---

① 肖峰：《〈资本论〉的机器观对理解人工智能应用的多重启示》，《马克思主义研究》2019年第6期。

化生产将通过一个超级人工智能中心,把数千万台的智能设备连接起来,合成一个超大型平台①。到那时,智能设备对人能力的超越将更加"全面",不仅体力劳动在量上还要继续缩减,许多脑力劳动在量的方面也会变成从属要素,这必将使工人对技术的服从进一步加深。

(二) 生产系统的智能化和柔性化并未消除劳动异化

依托信息物理生产系统(CPS),企业大部分生产活动都能在"智慧工厂"或"虚拟车间"中完成,生产系统的智能化、柔性化得到极大提升。首先,智能制造系统可以实现生产设备控制的"模块化"和"集成化",单个设备作为智能工厂中的一个模块,通过材料传输系统连接,可以被集成到工厂的智能终端平台上,以达到系统性控制的效果。其次,智能制造中的网络化协同模式有利于加强劳动过程中的分工协作。涵盖多个领域的智能化技术要求将具备不同知识或技能的工人聚集起来形成协作团队,而基于网络化协同,跨层级、跨部门的数据互通和业务互联成为常态。这种扁平化的管理通过提高团队协作效率,促进了工艺过程的持续改进和创新②。最后,智能制造系统通过将计划、采购、生产、销售、服务等环节紧密衔接在一起,能够有效整合供应链上的物流、商流、信息流,促使制造系统由聚焦产品质量控制转向根据用户端的价值需求调整功能,从而实现柔性定制、敏捷供应。可见,智能制造系统反映的工业关系较机器工厂时期有所不同,工人通过思维、语言甚至简单的肢体动作就能实现人机交互,马克思描绘的"一般社会知识变成直接的生产力"③ 和"工人站在生产过程旁边"④ 的劳动场景,已经清晰地展现在世人面前。

尽管智能化生产要求增加数字人力资本积累,但从事关键核心技术开发的科研人员只是全部雇员中的冰山一角,绝大多数工人还是作为

---

① 汤潇:《数字经济:影响未来的新技术、新模式、新产业》,人民邮电出版社2017年版,第32页。
② 胡莹:《论数字经济时代资本主义劳动过程中的劳资关系》,《马克思主义研究》2020年第6期。
③ 《马克思恩格斯文集》第8卷,人民出版社2009年版,第198页。
④ 《马克思恩格斯文集》第8卷,人民出版社2009年版,第196页。

"活的附属物"① 服务于智能设备。在"虚拟车间"中，不同工人分别负责编程设计、数据解读、设备维护等局部职能，他们无法通晓整个智能化生产系统；随着人工智能技术融入生产过程的各个场景，工人更是只需通过智能终端便能完成看管和调节机器的任务。因此，企业没必要再专门培养精通智能化生产原理的工人，而那些已经掌握复杂机械操作原理或熟悉机械运转诀窍的工人也将逐渐失去立足之地。由于工业互联网在分析和处理实时工业数据、优化工业软件等方面具有显著优势，智能工厂越来越依赖平台提供的数据和数字化基础设施进行生产运营管理，其利润的一部分也随之转化为平台的信息租金收入。为了弥补损失的利润，智能工厂除了进一步提高自动化水平，还会延长劳动时间或提高劳动强度甚至压低工人工资。这无疑会加剧工厂内部的劳资冲突。

（三）资本对劳动的控制越来越隐蔽和高效

在社会生产和再生产过程中，劳动力是一种"可变因素"，只要充分发挥这一因素的潜力，在不追加投资的情况下也有可能扩大生产规模。因此，劳动的控制和监督水平对于资本榨取剩余价值量的大小有着重要影响。在机器工厂时期，劳动监督职能通常由资本家本人或监工、经理等"特种雇佣工人"承担。当前，随着智能化技术广泛应用于劳动过程，劳动控制逐渐摆脱了手工操作形式，变得像产品和服务生产那样能够实现"流水线""自动化"作业。例如，网络卫士通过分析员工的邮件发送记录、网页浏览记录、鼠标点击频率等活动，能够实时了解和监控员工的工作状况，并对"偷懒""怠工"等行为发出警告；亚马逊仓库为工人配备的可穿戴追踪装置可以记录他们的行动轨迹、与别人交流等行为，并在工人工作速度"放慢"时发出警告②。利用数字技术对劳动过程进行控制，可以减少经理、监工等资本家代理人同工人直接接触的机会，从而在一定程度上缓和劳资矛盾；同时，技术监督增强了劳动过程控制的标准化和规范化，资本家很难再像机器工厂时期那样靠

---

① 《马克思恩格斯文集》第 5 卷，人民出版社 2009 年版，第 486 页。
② 赵敏、王金秋：《资本主义智能化生产的马克思主义政治经济学分析》，《马克思主义研究》2020 年第 6 期。

对工人进行"琐细偷窃"的手段来肆意盘剥工人。

工业经济时代的"罚金簿"被"匿名"和"虚拟化"的数字系统替代后,资本对劳动过程的控制显得更加"理性""公正"。然而,数字资本主义的劳动控制本质上也是一种剥削和榨取剩余劳动的手段。借助各类应用程序和传感设备,资本家得以窥视工人的一举一动;智能工厂俨然如一个严密的"隐形囚笼",无处不在的"监狱式规则"[①]使工人必须严格遵守工作纪律,进而为绝对延长劳动时间和提高劳动强度并举创造了条件。其次,智能化技术应用于劳动控制还会引申出一个新的"经济学悖论",即劳动自主性增强与资本家对劳动的控制空前强化并行。一方面,"云端制"的分工协作模式使劳动者不受科层制约束,可以灵活完成工作任务;另一方面,借助大数据、智能算法,工厂对劳动者实施"量化自我"和"精确管理"[②],以迫使其自觉提高工作密度、加快工作节奏,进而加剧其相互间竞争。在一些特殊场合,例如订单紧急时的加工或组装工厂、欠发达国家的采矿部门,运用智能化技术控制劳动过程会再现工业化早期资本盲目榨取剩余劳动的情形。这种突破正常界限的剥削给工人造成了巨大的生理和心理伤害。

三 工业智能化条件下资本主义劳资关系的新变化

不同时期资本主义劳动过程中技术创新和劳动分工的发展推动着劳资关系的演变,而资本主义劳动过程又是借以一定的劳资关系进行的,劳资关系反映了资本主义劳动过程的本质。资本主义智能化生产的劳动过程具有二重性,由此决定了资本借以在其中活动的数字劳资关系的性质不是单一的,而是二重的。因此,对资本主义劳资关系的分析,不仅要反映其随着智能化物质生产形态的形成而呈现出的新样态,还要揭示在发展资本的智能生产率的那些关系中所产生的压迫力量。

[①] 崔学东、曹樱凡:《"共享经济"还是"零工经济"?——后工业与金融资本主义下的积累与雇佣劳动关系》,《政治经济学评论》2019年第1期。

[②] 崔学东、曹樱凡:《"共享经济"还是"零工经济"?——后工业与金融资本主义下的积累与雇佣劳动关系》,《政治经济学评论》2019年第1期。

（一）从事简单劳动的低技能劳动者将变成"无用阶级"

机器大工业对劳动时间的节约而引致的"无价值生产"① 迫使资本必须通过变革劳动过程的技术条件和组织形式来更加彻底地利用工业制造部门，进而为资本积累开辟新的价值源泉。因此，智能化技术的资本主义应用绝不是为了把工人从单调、繁重的工作中解放出来，蕴含着解放潜能的新技术又一次蜕变为制造过剩人口的强有力的杠杆。随着资本主义劳动过程的智能化特征不断增强，维护智能化生产体系的仅仅是为数不多站在生产过程旁边的操纵者和协调者，包括许多脑力劳动在内的"直接形式的劳动"都将被贬为直接生产中的从属要素。因此，有别于马克思的相对过剩人口叙事，在智能化生产体系中，经由数字技术改造和赋能的劳动资料改变了劳动的基本形式，从事脑力劳动的工人将成为相对过剩人口和产业后备军的主体部分，而只掌握体力劳动经验技巧的工人则会脱离生产劳动者序列，变成蜷缩在庞大产业后备军旁的"绝对过剩人口"②。

机器生产虽然也会把工业制造领域中的劳动者抛入产业后备军，但因为工人很容易就能学会机器操作，所以即便失去了原来的工作，也不会因被排挤出"现役劳动军"而变得"毫无工作"。工业智能化延续了"用更简单的和更低级的工作来代替复杂和较高级的工作"③ 的过程，游离的工人越多，对资本越有利。但是，由于智能化生产对人的替代更加全面——从体力劳动延伸到脑力劳动，那些没有经过数字化、智能化知识技能培训的低技能工人将难以进入新生产体系，进而沦为纯粹的"无用阶级"④。需要强调的是，"无用阶级"并不是指对社会没有任何贡献的群体，其实质是因一部分工人无法满足资本增殖需要而被排挤出

---

① 赵敏、王金秋：《资本主义智能化生产的马克思主义政治经济学分析》，《马克思主义研究》2020 年第 6 期。
② "绝对过剩人口"代指工业智能化时代"彻底失去被资本剥削资格的工人"，这里的"绝对"仍是相对意义上的，或者说是同资本增殖需要的一种关系。
③ 《马克思恩格斯文集》第 1 卷，人民出版社 2009 年版，第 741 页。
④ ［以色列］尤瓦尔·赫拉利：《未来简史：从智人到智神》，林俊宏译，中信出版社 2017 年版，第 286 页。

生产劳动领域，换言之，所谓"无用"和"有用"的划分完全是一种资本视角的叙事，而非社会发展逻辑使然。到了共产主义阶段，技术进步将不会造成任何失业，个人在不同工作岗位之间的转换是为了充分发展自由个性。资本主义智能化生产以能否增殖资本来界定社会成员的存在意义，意味着只要劳动能力不为资本所用，个人就将彻底失去生存发展的权利，以至于陷入需要官方救济才能过活的绝对贫困境地。

(二) 资本家有动力对工人进行人力资本投资

工业智能化的发展水平主要取决于智能生产率①，而智能生产率的构建和提升又有赖于复杂脑力劳动的投入，特别是数字人力资本积累。这似乎与前述提到的智能化生产将导致部分脑力劳动者的技能贬值、低技能体力劳动者失去生活来源相矛盾。但实际上，智能化技术革命带来的后果是双重的，它在消灭既有的复杂劳动的同时，还会创造出新类型的复杂劳动。因此，尽管智能化技术会造成机器对人的大规模替代，但"一般社会知识"②重要性的提升可以在一定程度上抑制活劳动作用的减弱。机器生产与智能化生产的根本区别在于，在前一种技术经济范式下，"工人变成了一种简单的、单调的生产力"③，资本家用机器替代活劳动，主要是为了从较少的工人的身上最大限度地榨取无酬劳动。相反，在智能化生产系统中，劳动者的核心人力资本不再是毫无内容的、简单枯燥的机械操作，也不仅是以半智能自动化机器为基础的生产方式所要求的掌握复杂机械原理、熟悉机械操作流程，而是具备准确追踪消费热点和理解市场结构，同时能参与产品设计、研发并制造一体化"并行"创新过程的能力，因而不能简单地将这种具有稀缺性和差异性的创造性劳动视为企业的经营成本，它还是企业参与市场竞争的战略性资产④。

与智能化生产相适应的数字知识型劳动是一种比社会平均劳动更高

---

① 贾根良：《第三次工业革命与工业智能化》，《中国社会科学》2016 年第 6 期。
② 《马克思恩格斯文集》第 8 卷，人民出版社 2009 年版，第 198 页。
③ 《马克思恩格斯文集》第 1 卷，人民出版社 2009 年版，第 739 页。
④ 黄群慧、贺俊：《"第三次工业革命"与中国经济发展战略调整——技术经济范式转变的视角》，《中国工业经济》2013 年第 1 期。

级、更复杂的劳动，较普通劳动力需要更高的教育费用，生产它需要花费较多的劳动时间。所以，与机器大工业时代通过片面提高劳动强度、使工人的特殊技巧失去价值来榨取剩余劳动的情形不同，直接生产过程中体力和经验技巧普遍向信息科学、数字技术等"一般社会知识"① 转换，使"培养社会的人的一切属性"成为数字经济时代"以资本为基础的生产的一个条件"②。因此，资本家将有更大的动力培训和教育工人，尤其是提升工人的数字素养和数字技能水平，从而使其作为新技术范式下"具有尽可能丰富的属性和联系的人，因而具有尽可能广泛需求的人生产出来"③。

（三）劳资之间的收入差距呈现扩大趋势

智能化生产无论表现为何种形式，从工艺方面来说都是对劳动过程的机械化、自动化水平的进一步延伸和增强，其在取代旧技术经济范式的过程中会排挤劳动力，从而劳动收入份额较之资本收入份额将下降。同时，除了消灭传统车间内部的工作岗位，智能化生产还将促进信息、咨询、商务、人力资源培训等知识密集型服务业的发展。由于从事这种服务业的雇佣工人的劳动通常是高于平均劳动的熟练劳动，他们的报酬较一般工人更优厚，故而能够对劳动收入份额减少产生一定的反作用。可是，在资本主义生产方式下，这类工人的工资从长期来看也有下降的趋势。首先，随着知识密集型服务业内部分工的深化，劳动能力越来越只需片面地发展，并且这种发展费用逐渐不再由资本家负担，因为工人的熟练程度会通过分工的不断细化而自动发展起来。其次，随着高等教育、职业教育、工商管理知识和实践的普及，可以从那些以前受不到教育或职业资质较低的阶级中招到合适的工人，进而加强了工人间的竞争。因此，智能化生产引起的新工作创造即便对劳动力的总体需求有所增加，但也难以抑制工资水平在长期中趋于下降。

在那些直接受到新技术冲击的部门中，劳资之间的收入极化将表现

---

① 《马克思恩格斯文集》第 8 卷，人民出版社 2009 年版，第 198 页。
② 《马克思恩格斯文集》第 8 卷，人民出版社 2009 年版，第 90 页。
③ 《马克思恩格斯文集》第 8 卷，人民出版社 2009 年版，第 90 页。

得更为明显。智能化技术要求新的人力资本结构与之相适应，但是劳动力市场的调整却相对缓慢，毕竟人力资本积累是一个长期投入的过程，需要从教育理念到教育制度的全面变革。这种劳动力供需不匹配的结构性差异将引起"恩格尔停顿"，即技术范式转化期间出现工人工资增长停滞、贫困扩大和生活条件趋于下降等现象[①]。此时，政府若不能及时矫正收入分配领域的不公现象，并对劳动力市场进行积极干预，就会导致贫富差距迅速拉大、工人的社会地位不断下降，直至"在一极是财富的积累，同时在另一极，即在把自己的产品作为资本来生产的阶级方面，是贫困、劳动折磨、受奴役、无知、粗野和道德堕落的积累"[②]。

另外，智能化生产除了使劳资收入的差距扩大，还会造成从事高技能复杂劳动的核心员工与从事简单劳动的外围员工之间的分化。由于智能工厂主要依靠数字技术实现对劳动过程的指挥和控制，只需要为数不多的有数字科学知识或高级数字技能的工人长期、稳定地融入智能生产系统，而那些负责设备操控、维修、安装等职能的工人则作为边缘群体被排除在智能工厂核心员工的范围之外。这与马克思所描绘的操作机器的工人及其助手构成工厂工人的核心群体，而工程师、机械师等"高级工人"不属于工厂工人范围的情形已有很大区别[③]。工人内部分化所导致的结果是破坏工人的集体组织力，使原先统一的工人阶级逐渐走向解体，从而劳资集体谈判等确保合理工资水平的机制的效力也遭到了削弱。

四　结语和启示

工业智能化在传统工业制造领域掀起了一场新技术革命，它正在以数字化、智能化的逻辑全方位重塑资本主义劳动过程，进而引起资本主义劳资关系的深刻变革。正如工厂制度虽然蕴含着解放工人的因素却无法自动实现这一目标，资本主义限度内数字劳资关系的形成和发展丝毫

---

① 杨虎涛：《人工智能、奇点时代与中国机遇》，《财经问题研究》2018年第12期。
② 《马克思恩格斯文集》第5卷，人民出版社2009年版，第743—744页。
③ 《马克思恩格斯文集》第5卷，人民出版社2009年版，第483—484页。

没有改变剥削的实质，它只是进一步掩盖了资本主义生产方式的对抗性矛盾，因而不可能让劳动者获得解放。首先，对于从事低技能体力劳动的工人来说，智能化技术将使他们沦为"无用阶级"，以至于从相对贫困滑向绝对贫困。其次，随着智能化生产使劳动的基本形式和内涵由体力转向脑力①，对劳动者的知识水平和职业资质也提出了更高要求，企业有更大的动力对工人进行人力资本投资。再次，智能化技术引发了新一轮"机器换人"，从而劳动收入份额相较于资本收入份额将下降；尽管分工和职业类别深化会增加劳动密集型领域的就业，但却无法抑制劳资之间收入差距的扩大，而且不同技能的劳动者之间也会发生分化。值得注意的是，工业智能化还将深刻影响国际经济关系。发达国家凭借对先进智能化生产技术的垄断，会进一步强化"中心—外围"不平等的国际分工体系，发展中国家在制造业方面的比较优势将不复存在，但只要能够及时抓住数字技术革命的机会窗口，大力推动产业结构优化升级，还是有机会实现"弯道超车"②。关于这一点本章并未予以详细阐述，而是准备在后续的研究中进行探讨。

马克思关于机器大工业的论述告诉我们，必须在特定的社会制度背景下来研究机器技术的应用。基于资本主义私有制的使用，智能设备无疑会变成剥削和压迫工人的新手段，从而"劳动条件和劳动产品具有的与工人相独立和相异化的形态"③将随着人工智能的发展而发展成为更加尖锐的对立。我们并不否认，工业智能化条件下的人机工作界面是友好的，劳动者在生产过程中也能获得一定的自主权，并且由于采用新技术对工人数字化知识技能的要求更高，人力资本的重要性日益提升，工人的处境和地位与《资本论》中所描绘的情况已有所不同。然而，"生产剩余价值或赚钱"是资本主义生产方式的绝对规律，工人"吃穿好一些，特有财产多一些，不会消除奴隶的从属关系和对他们的剥削，同

---

① 张新春：《人工智能技术条件下资本主义劳资关系演化与启示》，《当代经济研究》2018年第12期。

② 贾根良：《第三次工业革命与新型工业化道路的新思维——来自演化经济学和经济史的视角》，《中国人民大学学报》2013年第2期。

③ 《马克思恩格斯文集》第5卷，人民出版社2009年版，第497页。

样,也不会消除雇佣工人的从属关系和对他们的剥削"[①]。只要资本主义制度继续存在,新技术就会异化为资本剥削工人的越来越精巧和文明的手段。只有当新技术革命的一切成果归联合起来的工人阶级共同支配,也就是把它们置于自由生产者有意识、有计划的控制之下时,新技术才能真正增进社会全体成员的福利。中国作为发展中的社会主义大国的客观国情要求我们必须及时抓住数字技术革命的机会窗口,借助工业智能化加快推动工业制造领域转型升级、提质增效,不断增强我国工业制造业的国际竞争力。同时,有别于资本主义国家的智能化生产以增殖资本为目的,社会主义中国的智能化生产应以实现经济社会发展为目标、提高人民生活水平为根本导向。这需要坚持基本经济制度,尤其是坚持公有制的主体地位,通过分类推进国有企业数字化转型来更好发挥国有经济服务于高质量发展的职责和使命。

[①] 《马克思恩格斯文集》第 5 卷,人民出版社 2009 年版,第 714 页。

第三章　去技能化理论被证伪了吗*
——基于就业极化与技能溢价的考察

资本主义发展过程中劳动的去技能化问题一直是政治经济学关注的焦点。马克思和布雷弗曼（Harry Braverman）认为，机械化、自动化的发展必然导致劳动的"去技能化"，从而削弱劳动者对劳动过程的控制权。马克思强调："变得空虚了的单个机器工人的局部技巧，在科学面前，在巨大的自然力面前，在社会的群众性劳动面前，作为微不足道的附属品而消失了。"[①]布雷弗曼沿袭了马克思的观点，指出："劳动过程的每一个步骤，尽可能地脱离专门知识和专门训练，都变成简单的劳动。与此同时，对那些还能有专门知识和能受专门训练的少数人，就尽可能地摆脱简单劳动的负担。"[②]布雷弗曼称其为"概念"与"执行"的分离。他还特别强调——即使是脑力劳动的工作，同样也会遵循"概念"与"执行"分离的原则进行再分[③]。

对于马克思和布雷弗曼的观点，也有相当一部分经济学家持不同意见。早在20世纪七八十年代，就围绕着这一问题展开过持久而激烈的

---

* 本章作者：杨虎涛、冯鹏程。原载于《当代经济研究》2020年第10期。
① 《马克思恩格斯全集》第23卷，人民出版社1972年版，第463—464页。
② [美]哈里·布雷弗曼：《劳动与垄断资本》，方生等译，商务印书馆1979年版，第77页。
③ [美]哈里·布雷弗曼：《劳动与垄断资本》，方生等译，商务印书馆1979年版，第105页。

争论。例如，弗里德曼（Friedman Andy）就指出，布雷弗曼并未拓展对这两个方面的研究——资本对劳动的镇压存有局限，而生产过程中工人的自治同样存在局限性；这就迫使资本家寻找工人可接受的控制手段，使工人做出有限度的妥协，最终使资本家和工人在对抗与妥协中实现各自的利益诉求①；布若威（Michael Burawoy）指出，资本家不得不"制造同意"，以诱导工人进行合作，而不是破坏②；也就是说，工作组织是资本和劳动共同创造的——部分是资本与劳动之间斗争的结果，部分是相互的经济利益促成的合作的结果。不难看出，尽管存在着不同的观点，但争论的核心并不在于去技能化含义中的"技能简化"，而在于：由于工人的二重性，既是资本的对象，又是创造性的、活的主体的存在，他们是否就可以如此简单而被动地失去了对劳动过程的控制权。

不同于政治经济学对劳动过程控制权和劳动组织形式的侧重，劳动经济学主要关注的是技能要求的变化及其带来的劳动力市场结构变化与不平等问题。劳动经济学关于技术进步偏向性的一些研究表明，技术进步对劳动的影响并非只是单纯的替代，由于技术进步更多地体现为提高生产过程和技术的复杂度，技术进步与技能劳动更易表现出互补关系，即技术进步伴随着工人技能水平的提高③。大量实证研究也表明，技能偏向型技术进步的确增加了对技能劳工的需求，这一点在信息通信技术革命以来体现尤为明显④。从劳动过程控制考察，卡佩利（Peter Cappelli）和谢勒（Peter D. Sherer）也认为，新的技术和新的管理方法客观

---

① Friedman Andy, "Responsible Autonomy Versus Direct Control over the Labour Process", *Capital and Class*, 1977, 1（1）, pp. 43 – 57.

② ［美］迈克尔·布若威：《制造同意——垄断资本主义劳动过程的变迁》，商务印书馆2008年版。

③ Per Krusell, Lee E. Ohanian, Jos-Victor Ros-Rull, et al., "Capital-skill Complementarity and Inequality: A Macroeconomic Analysis", Econometrica, 2000, 68（5）, pp. 1029 – 1053.

④ Daron Acemoglu, Pascual Restrepo, "Robots and Jobs: Evidence from US Labor Markets", NBER Working Paper No. 23285, 2017; David H. Autor, Frank Levy, Richard J. Murnane, "The Skill Content of Recent Technological Change: An Empirical Exploration", *Quarterly Journal of Economics*, 2003, 118（4）, pp. 1279 – 1333.

上增加了就业的灵活性和劳动的自主权[1]；舒潘（Tino Schuppan）强调，技术变革使劳动过程既不是技能化也不是去技能化的过程，而是再技能化的过程[2]；这意味着技能要求是一个结构性转换的过程，并不能用单纯的"去技能"来加以形容。

在反复强调现代资本主义复杂化和多样化程度提高的基础上，霍奇森（Geoffrey M. Hodgson）则更明确地指出，不仅"去技能化假说在证据和论点上都得不到支持，而且，普遍去技能化的预言是不会实现的"[3]，因为从资本主义的分工程度和产品复杂性上看，经济的复杂性显然在提高，而产品复杂性的增加和平均技能水平的提高是相关的。霍奇森断言："普遍去技能化在理论上是可能的，但既没有实现，也非不可避免。"[4] 他援引弗里德里克·L. 普赖尔（Frederic L. Pryor）的论断："虽然就实质性的技能而言，在某些产业的确发生了去技能化，但整个经济普遍去技能化这种观念代表的是意识形态战胜了常识。对由于转移到服务业而出现的实质性技能水平的下降的担心也是没有根据的。相反，证据清楚地表明，整个工作结构正在转向需要更多数据分析、更普遍的教育和更特殊的职业准备的工作。"[5]

技能要求提高与去技能化相悖吗？或者说，如果总体技能要求提高是现代资本主义发展的主要表现之一，是否就证伪了去技能化命题？从马克思以及布雷弗曼的理论本质而言，去技能化和技能要求二者有相关性，但并不完全一致，前者强调的是劳动过程控制和对技能垄断权的消解，而后者只是着眼于劳动力市场的需求变化。但正如哈维（David Harvey）所指出的那样，马克思强调的是"从熟练劳动到简单劳动的还

---

[1] Cappelli Peter, Peter D. Sharer, "Spanning the Union/Nonunion Boundary", *Industrial Relations*, 1989, 28 (2), pp. 206–226.

[2] Schuppan Tino, "E-government at Work Level: Skilling or De-skilling?", Hawaii International Conference on System Sciences, IEEE, 2014.

[3] [英] 杰弗里·霍奇森：《资本主义的本质，制度、演化与未来》，张林译，格致出版社2019年版，第283页。

[4] [英] 杰弗里·霍奇森：《资本主义的本质，制度、演化与未来》，张林译，格致出版社2019年版，第283页。

[5] [英] 杰弗里·霍奇森：《资本主义的本质，制度、演化与未来》，张林译，格致出版社2019年版，第283页。

原有一个本质性的尺度，即资本主义在多大程度上创造了易于再生产、易于替换的技能"。而且，马克思的确"没有精细地考察工资决定过程的细节或它的等级秩序"①。从这个意义上说，对技能要求变化的研究，同时也是考察资本主义是否以及在多大程度上创造了易于再生产、易于替换的技能。因此，观察长时段内劳动技能的总体和结构性变化，恰好构成了观察去技能化过程的一个必要视角。

一 技能的内涵及其测度

无论是对劳动经济学还是政治经济学而言，技能的内涵及其测度都极为重要，但同时也极为困难。布雷弗曼的去技能理论，就因其单一维度的控制概念②和对技能定义的不足③而备受批评。而在劳动经济学中，技能的内涵和测度方法也一直备受争议。20世纪80年代，在类似DOT这样的数据库建立起来之后，斯彭纳（Kenneth I. Spenner）就指出，技能的定义和测度都十分匮乏，具体而言，就是技能的单一化维度、缺乏定义、缺乏测度方法，即使间接测度也无法供研究使用④。而即使数十年之后，这种处境也并不会改观⑤。

技能定义和测度的困难，主要源自技能具有多重维度。技能同时包含了主观和客观、个体和社会、历史和将来等多重含义，从不同的维度去定义和测度技能，尤其是通过间接方法去评价技能，就必然会产生偏差。例如，侧重于易于控制的技能与侧重于语言、逻辑、数学能力的技能构成，就其内涵和测度都不可能重叠，而个体的技能也并不等同于社会的技能，过去通过教育习得或干中学获得的技能在现在可能不再是技

---

① [英]大卫·哈维：《资本的限度》，张寅译，中信出版社2017年版，第212页。
② Stephen Wood, "The Deskilling Debate, New Technology and Work Organization", *Acta Sociologica*, 1987, 30 (1): 3–24.
③ [美]菲利普·安东尼·奥哈拉：《政治经济学百科全书》，郭庆旺译，中国人民大学出版社2009年版，第788页。
④ Kenneth I. Spenner, "Deciphering Prometheus: Temporal Change in the Skill Level of Work", *American Sociological Review*, 1983, 48 (6), p. 824.
⑤ Michael J. Handel, Peter Cappelli, Harry Holzer, et al., "Measuring Job Content: Skills, Technology, and Management Practices", Discussion Paper No. 1357–08, 2008.

能，等等。但这并不意味着理解和评价技能就是不可能的，重要的是，对技能的讨论必须相统一在同一维度上。因此，从劳动经济学的劳动技能变化研究的视角去审视去技能化问题，在技能维度、技能内涵和测度方式上，就应尽可能地选择劳动经济学中那些更切合马克思和布雷弗曼的去技能理论中所定义的技能。

马克思关于技能的定义散见于《政治经济学批判1861—1863年手稿》的诸多章节中（如机器、自然力和科学的应用、分工和机械工厂、工具和机器等），以及《资本论》关于相对剩余价值生产的若干章节中。在这些论著中，马克思主要论及的是，在劳动对资本的实际从属中，作为机器附属物的工人，如何出现脑力和体力劳动的分离、手艺和工匠技能的消失以及单纯的看管机器的技能对上述技能的替代。如，"分工使这种劳动力片面化，使它只具有操纵局部工具的特定技能。一旦工具由机器来操纵，劳动力的交换价值就随同它的使用价值一起消失……工人阶级的一部分就这样被机器转化为过剩的人口，也就是不再为资本的自行增殖所直接需要的人口"①。阿德勒（Paul S. Adler）在梳理了相关研究后，认为马克思的技能包含了三层含义——技能的复杂性、劳动的自治性和技能的社会结构，并总结道：技能表示的是劳动任务的技术内容——劳动者与劳动对象的关系以及劳动者所使用的工具，具体表现形式有手工与认知、制造与服务等②。而在布雷弗曼那里，技能在传统意义上和精通一种工艺密切相关——既要懂得生产中所需材料和过程，又要操作的纯熟灵巧；而工艺技能的分解和生产的社会化破坏了技能的概念，留给工人的就只是一种残缺的、不完全的概念——纯熟灵巧，用以衡量技能的标准也随之缩短到这一尺度③。比奇（Veronica Beechey）也指出，关于技能的定义主要有三种：客观意义上的能力、

---

① ［德］马克思：《资本论》第一卷，人民出版社2004年版，第495页。
② Paul S. Adler, "The Future of Critical Management Studies: A Paleo-Marxist Critique of Labor Process Theory", *Social Science Electronic Publishing*, 2007, 28 (9), pp. 1313–1345.
③ ［美］哈里·布雷弗曼：《劳动与垄断资本》，商务印书馆1979年版，第297—298页。

对概念和执行的控制能力、社会定义的职业地位①。尽管马克思和布雷弗曼从历史进程和社会建构维度赋予了技能多重含义，但就其去技能化的技能含义而言，无疑更多的是在"从属资本、被控制和去垄断"的意义上。

由于直接度量技能存在诸多困难，劳动经济学中多采用间接方法测度技能。其中，典型的测度方法如下。第一，用人力资本概念替代。通过教育年限、教育投资和收益来评价技能，这是最为简单，也最易于取得数据的概念。但这一做法的缺陷十分明显。首先，同样的教育投资对不同个体而言可以导致不同数量或不同市场价值的技能；其次，劳动力市场并不总是充分利用现有的技能，这也就是说，教育可能被劳动力市场用作能力的信号，而并不等同于市场实际使用的技能水平；最后，技能也并不止于教育过程，不仅教育所习得的技能可能会持续贬值，而且这一方式也忽略了如干中学、工作培训等技能获取的——也是更为重要的——其他途径。第二，通过职业头衔词典（Dictionary of Occupational Titles，DOT）、就业质量调查（Quality of Employment Survey，QES）等反映工作内容的数据库来表征工作技能。这方面的工作最早始于20世纪70年代，之后虽有大量的类似数据库试图对其优化②，但总体上仍然存在明显弊端。首先，工作内容的变化并非完全对应技能的变化；其次，行业类别、职称头衔的变化也不能对应工作内容的变化；最后，此类大型职业数据库的设计多出自应用心理学家，主要是为职业咨询而设计的，指标选取和针对目的和社会科学研究存在差异。这使"在实践中往往是基于数据的可用性，而

---

① Veronica Beechey, "The Sexual Division of Labour and the Labour Process", in S. Wood ed., *The Degradation of Work*, London: Hutchinson, 1982.

② 此外，David 和 Kahn 则使用美国发布在网上的职位空缺数据研究技能需求的变化，理由是，这一数据不仅仅涵盖雇主对工作技能要求的详细信息（如职业、行业、教育和经验要求），还包括大量详细的工作要求——从一般技能（如解决问题或协商）到特殊功能（如熟练使用 Java 和 SQL 等专业软件），更重要的是，这些数据使我们超越现有工作的限制，并考察即使在狭窄的职业类别中，是否存在劳动力市场技能回报。参见 Deming David, Kahn Lisa B., "Skill Requirements Across Firms and Labor Markets: Evidence from Job Postings for Professionals", *Journal of Labor Economics*, 2018, 36 (S1), pp. S337 – S369。

不是理论相关性和研究设计"①。从而,"高质量数据的贫乏"可能是间接估计技能变化所面临的主要问题②。

本章认为,马克思和布雷弗曼的去技能化理论固然强调了技能的复杂性、劳动的自治性和技能的社会结构,但缘木求鱼地根据工作内容和职业头衔去反推技能测度,反而背离了去技能化中的技能本意。正如哈维所指出的那样,马克思毫无疑问并不认同从熟练劳动到简单劳动的还原会使劳动大军的同质化达到任何一种技能都不复存在的程度,这种还原指的是垄断性技能的消亡和灵活技能模式的创造,后者让劳动者的替换更容易了③。这即是说,从技能的易于替换和易于获得去考察技能变化,更符合去技能化理论的本意。

按照这一思路,有两类技能测度方法比较符合去技能化中的技能要求,一种是由奥特和阿西莫格鲁等④所提出的认知与手动、常规与非常规的组合划分方法;另一种则是劳动经济学中的技能溢价测度。

同样是根据劳动内容,奥特(Autor David)和阿西莫格鲁(Acemoglu Daron)将常规(Routine)和非常规(Non-routine)以及认知性(Cognitive)和操作性(Manual)作为主要的区分维度,这就构成了四种技能的组合:常规性认知、常规性操作、非常规性认知和非常规性操作,如图3-1所示。常规性技能是指遵循一个明确的指南、规则进行选择或操作就可以完成的工作技能;反之,如果一项工作无法依赖于明确的指南和规则,而是需要弹性的、创造性的、问题解决导向的以及与人互动的技能才能完成,那么这个工作就是非常规性的。

---

① Michael J. Handel, Peter Cappelli, Harry Holzer, at al., "Measuring Job Content: Skills, Technology, and Management Practices", Discussion Paper No. 1357-08, 2008.

② Kenneth I. Spenner, "Deciphering Prometheus: Temporal Change in the Skill Level of Work", *American Sociological Review*, 1983, 48 (6), p. 824.

③ [英] 大卫·哈维:《资本的限度》,张寅译,中信出版社2017年版,第212页。

④ David H. Autor, Frank Levy, Richard J. Murnane, "The Skill Content of Recent Technological Change: An Empirical Exploration", *Quarterly Journal of Economics*, 2003, 118 (4), pp. 1279-1333; Acemoglu Daron, Autor David, "Skills, Tasks and Technologies: Implications for Employment and Earnings", *Handbook of Labor Economics*, 2011, 12, pp. 1043-1171.

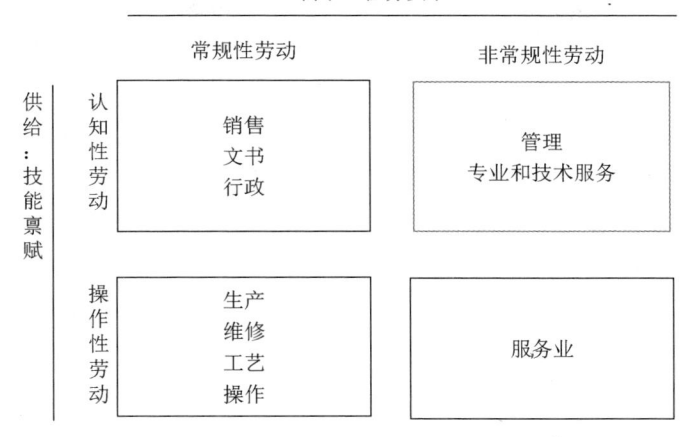

第三章 去技能化理论被证伪了吗

	需求：任务要求	
	常规性劳动	非常规性劳动
认知性劳动	销售 文书 行政	管理 专业和技术服务
操作性劳动	生产 维修 工艺 操作	服务业

供给：技能禀赋

图 3-1　美国非农私人部门主要行业对应的劳动性质

常规性技能，无论是认知性的还是操作性的，本质上都是已经被化约为易于替换和易于培训的技能，它们虽然要求工人具有读懂、遵从指令及适应程序化任务的能力，这种技能，用哈维的话说，就是"抵消了劳动的退化倾向，这样的技能虽然与传统的手艺技能非常不同，但却意味着一种新的工人被创造出来了，而马克思所强调的去技能往往意味着垄断性的技能直接转变为非垄断性的技能"[①]。因此，从这一意义上说，奥特和阿西莫格鲁的常规工作，就可以表征为成功的"去技能"工作，而非常规性的认知活动和操作活动，因其无法被化约为程序化活动，其劳动过程和劳动效率仍高度取决于劳动者本身的能动性和创造性，可以表征为未实现的"去技能"。同时，认知性和操作性的区分，也符合马克思的脑力与体力的区分和布雷弗曼的"概念"与"执行"的区分。

第二种能体现去技能化的技能内涵的方法，则是劳动经济学中的技能溢价测度。所谓技能溢价，是指高技能劳动对低技能劳动的超额报酬，具体体现为不同技能劳动的工资差距比值。在劳动经济学中，技能溢价一般被归结为偏向型技术进步。但长时段的技能溢价表现，同时也为观察去技能化和总体技能要求提供了依据。原因如下：第一，在一个

[①] [英]大卫·哈维：《资本的限度》，张寅译，中信出版社2017年版，第198页。

确定的高低技能的等级分类下，如果更多就业转向具有更高技能要求的工作，则意味着整体劳动技能的"升级"；相反，如果就业转向低技能的工作，则预示着整体劳动力技能要求下降。因此，考察高低技能劳动的溢价比值，不仅可以反映技能需求的结构性变化，同时结合高低技能从业人员占比，还能体现总体和平均劳动技能要求的变化。第二，技能溢价不仅只是偏向型技术进步作用的结果，技能劳动的供求变化本身也在其中扮演着重要角色。如果一种高技能劳动是易于替换和易于培训的，即易于被去技能化的，那么在一定时期内，这种高技能劳动的供给必然大规模增加，从而抑制技能溢价；相反，如果一种高技能劳动难以被去技能化，其供给势必是缓慢的，相较于易于被去技能化的其他行业的溢价比值就可以长期内稳定在较高的水平。

二 就业极化——非常规性工作的膨胀与常规性工作的收缩

根据奥特和阿西莫格鲁的四种技能的组合的划分，劳动经济学的相关研究表明，从20世纪70年代至今，美国的就业市场明显呈现出结构极化现象。即常规性认知工作和常规性操作工作的就业份额下降，非常规性认知工作和非常规性操作工作则呈现出两极膨胀。由于非常规性认知工作更多地体现为科研、管理等高技术、高薪酬的职业，非常规性操作工作更多地体现为非稳定的、低薪酬的临时服务业，这种极化同时也意味着收入不平等的加剧。Acemoglu 和 Autor 指出，极化主要体现为高技能就业的大幅增加和中技能工人被自动化技术所替代[1]。

贾莫维奇（Nir Jaimovich）和宋（Henry E. Siu）的研究同样表明，在1982—2017 年的35 年时间里，美国劳动力市场的主要特点就是典型的就业极化，体现为高技能（非常规性认知）和低技能（非常规性操作）就业岗位的增加，以及中等技能（常规性）工作岗位的不断流失，如图3-2 所示；从具体指标上看，非常规认知职业就业比例从1982 年的29% 上升到2017 年的40%，常规职业就业比例从1982 年的约56% 下降到2017 年的

---

[1] Acemoglu Daron, Autor David, "Skills, Tasks and Technologies: Implications for Employment and Earnings", *Handbook of Labor Economics*, 2011, 4, pp. 1043 – 1171.

42%，非常规手工职业就业比例从1982年的15%增长到2017年的18%[①]。

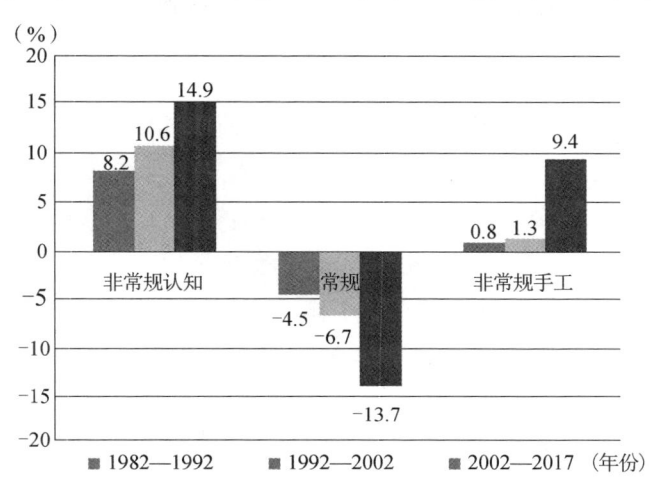

图3-2 不同时段各群体就业份额变动百分比

常规性工作一般集中在制造业和规则程序明确的服务业中。Cortes等的另一项研究表明，常规性工作的总体缩减主要是由常规性操作这类体力劳动的缩减所导致的[②]；这与Acemoglu和Autor[③]的研究一致，但他们进一步的研究表明，常规性认知工作的缩减比例相对要少得多，1979—2014年，常规性工作总体减少了9.3%。其中，常规性操作工作减少了8.1%，而常规性认知工作只减少了1.2%。而伯尔曼（Eli Berman）更早的研究则表明，事实上，作为典型的常规性操作工作，制造业中的蓝领工人在20世纪70年代就已经开始急剧缩减，其中1973年蓝领工人占总工人数比例为71.4%，1979年为68.1%，到1987年下降为62.8%[④]。

---

① Nir Jaimovich, Henry E. Siu, "Job Polarization and Jobless Recoveries", NBER Working Paper, No. 18334, 2018.

② Cortes Guido Matias, Nir Jaimovich, Henry E. Siu, "Disappearing Routine Jobs: Who, How, and Why?", NBER Working Paper, No. 22918, 2016.

③ Acemoglu Daron, Autor David, "Skills, Tasks and Technologies: Implications for Employment and Earnings", *Handbook of Labor Economics*, 2011, 4, pp. 1043-1171.

④ Eli Berman, John Bound, Zvi Griliches, "Changes in the Demand for Skilled Labor within U.S. Manufacturing: Evidence from the Annual Survey of Manufacturers", *The Quarterly Journal of Economics*, 1994, 109 (2), pp. 367-397.

常规性工作的减少通过两种渠道。一是全球化过程中的外包，其典型表现是发达国家的中等技能常规性工作减少，而中国等发展中国家的中等技能常规性工作上升，另一个渠道则是偏向型技术进步所带来的替代效应。普遍认为，常规性工作的消失和信息通信技术革命以来计算机的使用，以及近年来大数据、人工智能的发展有着密切关系，有研究者甚至认为工作极化是一种计算机化（Computerlization）的直接结果①，认为计算机化剔除了中等技能的、依赖明确规则和程序就可以完成工作任务的常规性工作，尤其是常规性操作的工作。与此同时，尽管计算机化的进程也补充了高技能的、难以自动化的工作，比如问题解决为导向的、创造性的和人际互动的工作，但在计算机化的过程中，对常规性认知和非常规性认知的影响是非均衡的，常规性认知工作中只有可标准化、电子化和责任明确的工作，才有可能被计算机化，而这些领域相对有限，如文员、售货员等。这也是为什么相关研究都表明，常规性认知工作的缩减比例相较于常规性操作工作要少得多的原因。

在极化两端递增的非常规性工作中，非常规性认知工作的增长速度远比非常规性操作工作更为迅猛。贾莫维奇和宋的研究表明，1967—2017 年，美国的就业结构中，非常规性认知岗位增加了 59 个对数点，这种递增从 20 世纪 60 年代末期就已经开始，只是幅度较小，但 70 年代中期之后迅速上升，如图 3-3 所示②。这一点同样与计算机为代表的技术革命密切相关，因为由技术所执行的任务越来越多地要求非常规性的分析和认知任务③；之所以如此，是因为大数据、人工智能等技能偏向型的技术与人的诸如思维（批判性思维）、

---

① Almeida Rita K., Fernandes Ana Margarida, Viollaz Mariana, "Does the Adoption of Complex Software Impact Employment Composition and the Skill Content of Occupations? Evidence from Chilean Firms", Policy Research Working Paper, No. 8110, 2017.

② Nir Jaimovich, Henry E. Siu, "Job Polarization and Jobless Recoveries", NBER Working Paper, No. 18334, 2018.

③ Almeida Rita K., Fernandes Ana Margarida, Viollaz Mariana, "Does the Adoption of Complex Software Impact Employment Composition and the Skill Content of Occupations? Evidence from Chilean Firms", Policy Research Working Paper, No. 8110, 2017.

逻辑、理解、预测、创造性与好奇心等高阶认知行为之间的强大的互补性①。

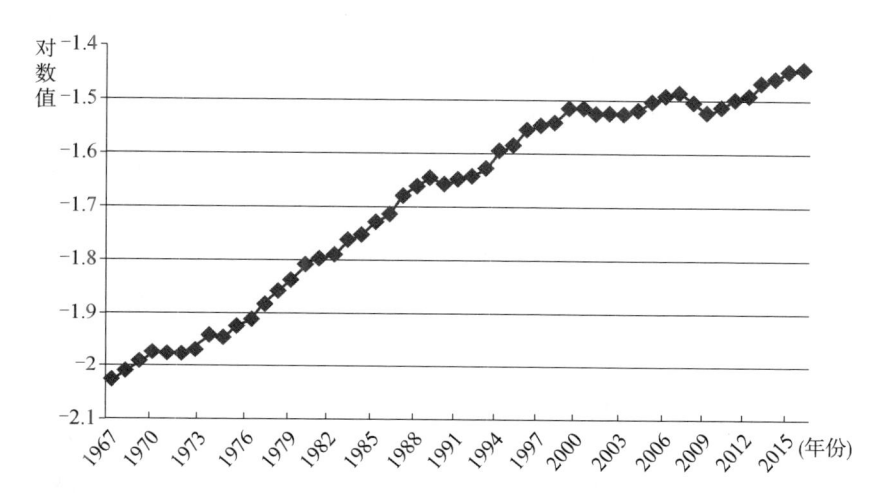

图 3-3 非常规认知行业就业率

注：这一就业率指每1万人中有多少人从事这一行业。转引自 Nir Jaimovich, Henry E. Siu, "The Trend is the Cycle: Job Polarization and Jobless Recoveries", NBER Working Paper, No. 18334, 2018。

概况而言，20世纪60年代末以来，美国劳动力市场的就业极化现象典型体现为：非常规性技能工作的增加和常规性技能工作的减少，非常规技能工作的增加主要集中在非常规认知技能工作的增加，常规性技能工作的减少主要集中在常规性操作技能工作的减少。从去技能化的要求看，这种变化体现了两点。第一，常规性操作和常规性认知的减少，意味着曾经成功去技能化的工作在现代资本主义体系中已经更加"无技能化"，或者在空间上转移，或者在形式上用机器的自动化替代了对机器的看管和操作技能。第二，非常规性认知工作的增加恰好体现了去技能化的矛盾性，即是在劳动过程中资本与劳动对技能控制权争夺而不得

---

① [美] 罗伯特·戈登：《美国增长的起落》，张林山等译，中信出版社2018年版，第594页。

不付出的"代价和矛盾"①，为了成功地去技能化，资本不得不同时付出"去技能化的成本"——管理程序化难度的上升。正如哈维指出的那样，任务的程序化要求精巧的管理技能、规划技能和技术性的技能，这造成了一种新的等级秩序，而这正是马克思所忽视的②。另一方面，按照布雷弗曼的理解，去技能化并不意味着技能禀赋的平均化，而恰好就是极化——"劳动过程的每个步骤，尽可能地脱离专门知识和专门训练，都变成简单的劳动。与此同时，对那些还能有专门知识和能受专门训练的少数人，就尽可能地摆脱简单的负担。在这种情况下，一切劳动过程的结构是，一个极端的人们的时间有无限价值，而另一极端的人们的时间几乎分文不值。"③

三 技能溢价与总体技能要求变化

作为补充，同时也为了说明去技能的程度和总体技能要求的变化，我们有必要引入技能溢价的研究。技能要求的提高，倾向于提高高技能劳工/低技能劳工（H/L）就业人员比值，因此技能溢价不仅可以反映技能要求的结构性和总体性变化，而且其长时段中的波动性表现，还可以反映出高低技能的劳动供给，从而间接反映出去技能化的难易程度。

基于此，我们根据美国相关部门数据库（美国劳工部、美国经济分析局）对美国技能溢价进行了统计研究。之所以选择美国而不选择中国的数据，原因有二：第一，以便于与上述就业极化对照研究；第二，作为二元经济结构的发展中国家，中国的技能溢价在更大程度上受劳动力转移的影响，农业劳动力的转移意味着非技能劳动力近乎无限供给，从而会使高低技能的溢价更多地反映结构性的供求变化，而非技能本身差异所带来的报酬差异。

由于对高技能和低技能劳工的界定（如教育程度的不同、行业的

---

① [英] 大卫·哈维：《资本的限度》，张寅译，中信出版社2017年版，第197页。
② [英] 大卫·哈维：《资本的限度》，张寅译，中信出版社2017年版，第197页。
③ [美] 哈里·布雷弗曼：《劳动与垄断资本》，方生等译，商务印书馆1979年版，第77页。

不同等）和数据来源选择的差异，国内外学者计算技能溢价的方法也不尽相同。如 Liu 用科学技术业的平均工资与制造业平均工资之比来度量技能溢价[①]；宋冬林等则用制造业平均工资与农林渔牧业平均工资之比来度量技能溢价[②]；陆雪琴和文雁兵则采用科学研究和技术服务行业平均工资与农林牧渔业平均工资之比来度量技能溢价[③]。结合前述工作极化的相关研究，本章认为，上述研究方法的共同不足就是普遍忽视了以科学研究和技术服务为代表的非常规性认知工作和以服务业为代表的常规性认知工作的技能溢价，此外，要观察劳动力市场结构在发生极化变化之后的总体技能要求变化，既需要考察极化中膨胀行业和收缩行业的技能溢价之比，同时也需要考察就业人数的比例变化。

为此，我们采用科学研究和技术服务行业的年平均工资与制造业年平均工资之比、科学研究和技术服务行业年平均工资与农林牧渔业年平均工资之比和科学研究与技术服务行业年平均工资与服务业年平均工资之比来度量技能溢价。因美国数据统计口径的差异，我们选择专业与技术服务人员私人年平均工资代替科学研究和技术服务人员年平均工资。

如图 3-4 所示，统计结果表明以下几点。第一，专业与技术服务/农林牧渔的技能溢价呈现上升态势，1990 年为 2.51，1999 年达到 3.01 的峰值，之后有所下降，但普遍高于 1990 年，截至 2017 年技能溢价为 2.72。第二，专业与技术服务/制造业技能溢价同样呈现稳步上升态势，但趋势缓慢，1990 年技能溢价为 1.25，2017 年技能溢价为 1.40。第三，专业与技术服务/服务业技能溢价趋于不变，并在 2.0 左右徘徊。总体来看，1990—1999 年，技能溢价上升较快，1999 年之后开始出现

---

① Lan Liu, "Skill Premium and Wage Differences: The Case of China", International Symposium on Knowledge Acquisition & Modeling, IEEE Computer Society, 2010.

② 宋冬林、王林辉、董直庆：《技能偏向型技术进步存在吗？——来自中国的经验证据》，《经济研究》2010 年第 5 期。

③ 陆雪琴、文雁兵：《偏向型技术进步、技能结构与溢价逆转——基于中国省级面板数据的经验研究》，《中国工业经济》2013 年第 10 期。

小幅下滑，但并未改变技能溢价上升的趋势，2004年之后，呈现持续上升趋势。

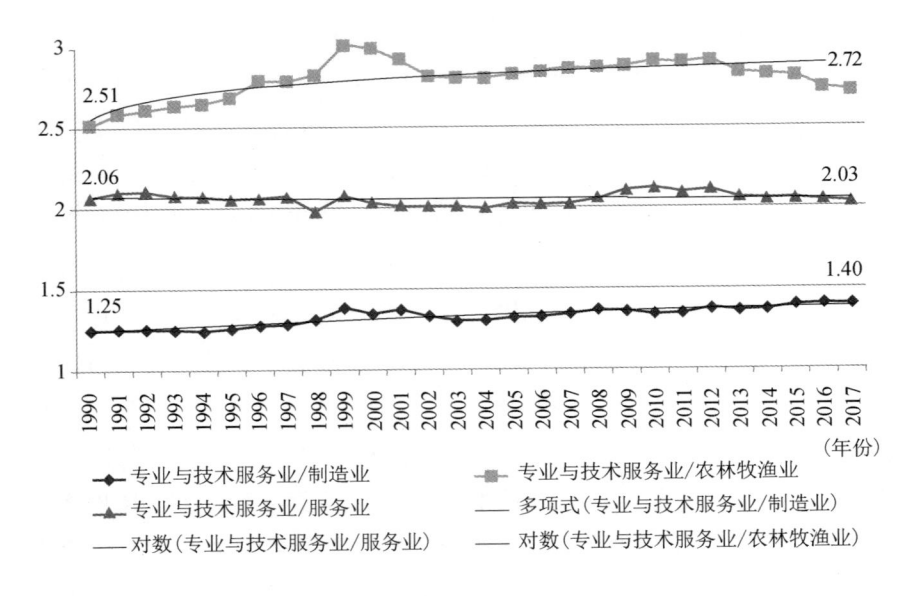

图 3-4　技能溢价

资料来源：专业与技术服务、制造业和农林牧渔业私人平均年薪数据来源于美国劳工部；服务业私人平均年薪用服务业工资与薪金总额除以服务业就业人员数得到。前者来源于美国经济分析局（2.2A Distributive industries + Service industries、2.2B Services-producing industries），后者来源于EPS数据平台。

如果用非常规性认知工作代表专业和技术服务，非常规操作代表服务业，常规性操作代表制造业和农林牧渔业。总体而言，高技能对所有低技能的溢出价格始终保持着较为稳定的溢出价格增幅，1990—2017年，专业与技术服务/农林牧渔的技能溢价增长了近9%，专业与技术服务业/制造业的技能溢价增长了近12%，专业与技术服务业/服务业技能溢价基本不变。理论上说，技能偏向型技术进步会提高技能溢价，但这种影响可能是短期的，伴随非技能劳动者技能水平的提高，技能劳动供给的增加使二者的工资差距趋于缩小。在近三十年时间里，非常规性认知行业始终保持着对其他行业较高的溢价水平，说明20世纪90年代以来，去技能化表现为一种结构性的成功与局部的失败，即对常规性工作的消减成功，使常规性操作技能为代表的制造业和农林牧渔始终表现为低技能溢出，但无法成功将更为复杂的脑力劳动消减，从而使非常规性认知行业始终保持较高的溢价比值。

相比之下，上述统计的三类技能溢价，增加了奥特和阿西莫格鲁定义之外的农林牧渔业，并至少反映出了极化中最大的一端——非常规性认知工作在近三十年时间里的技能溢价；但也舍弃了奥特和阿西莫格鲁定义的常规性认知行业（零售和文员）。为此，我们进一步根据美国劳工部行业划分的标准（NAICS 标准），将专业和技术服务、公司和企业管理、信息技术部门劳动归于阿西莫格鲁的非常规认知劳动；将批发贸易和零售贸易劳动归于常规认知劳动；将建筑业和制造业归于常规操作劳动；将运输和仓储、住宿和食品服务、艺术、休闲和娱乐归于非常规操作劳动。并对各行业年薪数据进行统计，结果如图 3-5 所示，以专业和技术服务、公司和企业管理、信息技术为代表的非常规认知劳动收入增长最快，其次是批发贸易、制造业、建筑业和运输和仓储，增长最慢的是艺术、休闲和娱乐，零售贸易，住宿和食品服务。

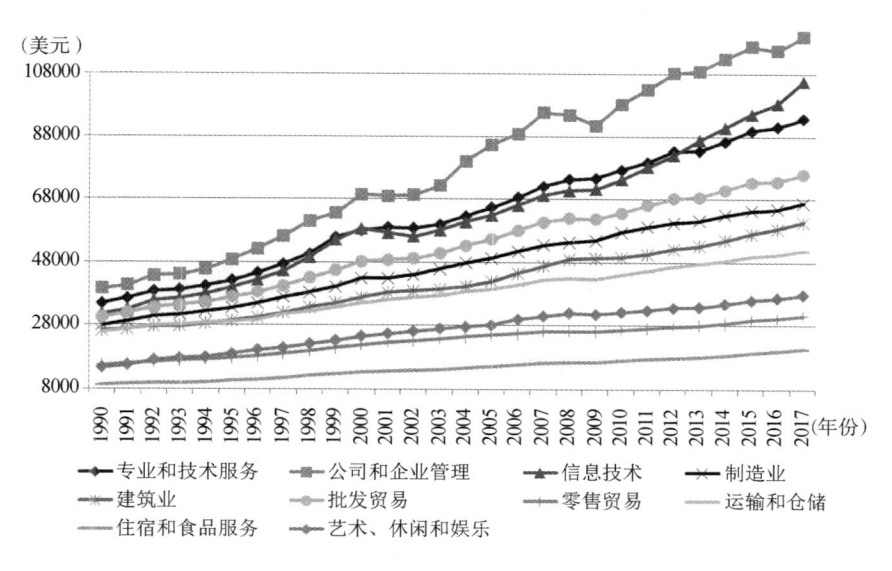

图 3-5 美国分行业私人部门平均年薪

进一步，我们选择非常规认知劳动中收入增长最慢的专业和技术服务业人员平均年薪代表非常规认知劳动收入，并将其与其他行业人员收入相比，求得技能溢价。统计结果表明，总体来看，技能溢价的变动趋势与上文技能溢价变动趋势相一致，1990—1999 年，技能溢价普遍呈上升态势；1999—2003 年，技能溢价小幅下降，但普遍高于往年；2003 年之后，技能溢价继续上升；其中，专业和技术/制造业技能溢价最低，专业和技术/住宿和食品技能溢价最高，从 1990 年的 3.76 增长到 2017 年的 4.52，如图 3-6 所示。

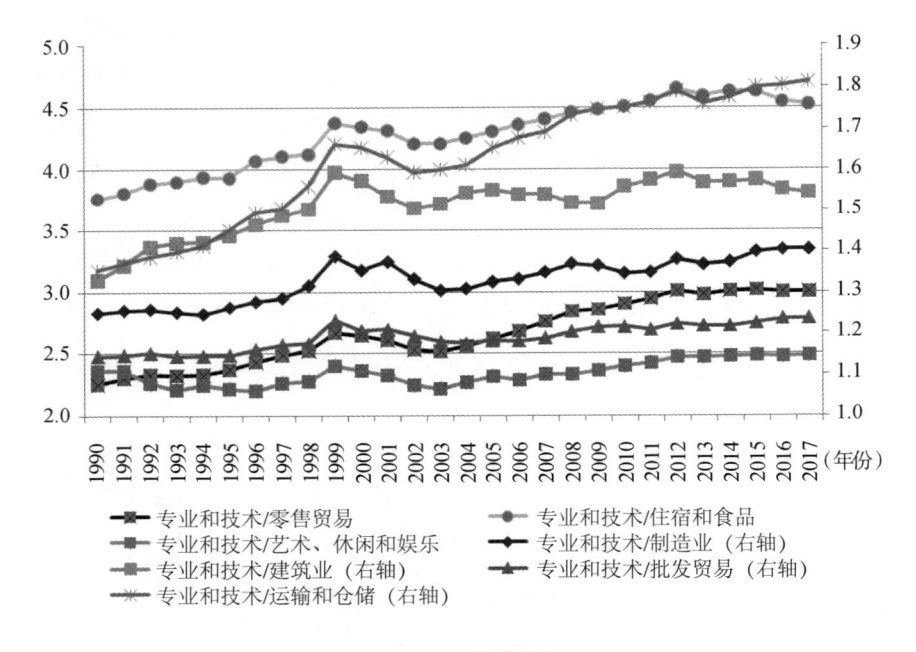

图 3-6　技能溢价

教育程度所对应的实际工资的急剧分化也反映了这一点，如图 3-7 所示。第一，从 1983 年开始，工资差异不断增长，其中研究生学历工资增长强劲，大学学历次之，高中毕业生实际工资加速下降；第二，1994 年开始，大学学历实际工资加速上升，高中学历实际工资下降速度放缓；第三，2003 年之后，三个类别实际工资变动趋势大致相当，区别在于，本科及以上学历工资呈现正增长，而高中学历工资呈现负增长。总体来看，图3-7清楚地揭示了教育对实际工资水平的影响——本科及以上学历实际工资持续增长，且学历越高，实际工资增长速度越快，而高中学历实际工资持续下滑；尤其到了20世纪90年代末，本科及以上学历实际工资与高中学历实际工资的实质性分离。

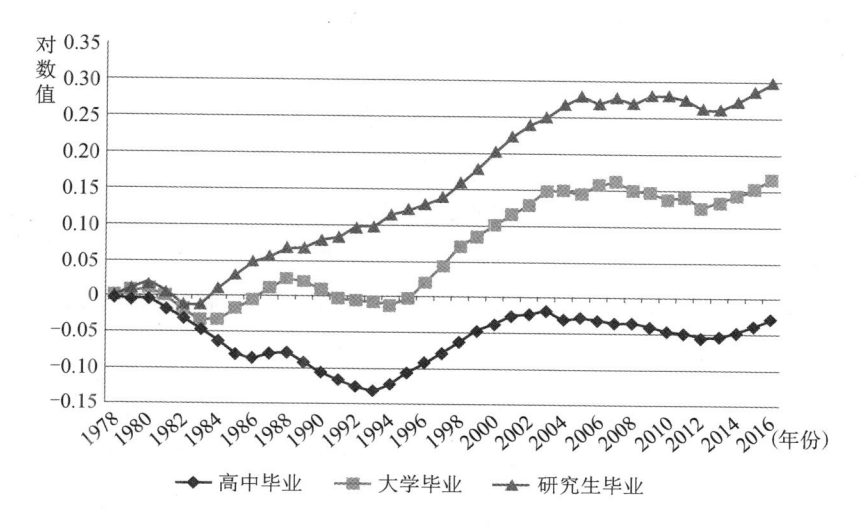

图3-7 实际周工资增长率（1978年为基准年）

注：构成这一计算的职业类别是从低到高的平均工资：农业和采矿业、健康服务、个人服务、清洁和护理服务、建筑与力学、运输、生产和操作、文书和行政支持、零售减去金融和广告、技术人员、火警和警察、专业人士加上金融和广告销售、经理和高管。

资料来源：Autor David, "Work of the Past, Work of the Future", NBER Working Paper, No. 25588, 2019。

但是，技能溢价的上升并不足以说明总体技能要求的提高。判断全社会对劳动者技能的总体要求，还需要考察不同技能行业的就业数量，也就是说，如果高技能劳动者占比极少，即使技能溢价很高，也只能说存在着少量、局部的对高技能的需求，而不能说总体劳动技能的变化；更为重要的是，相较于高技能劳工来讲，如果低技能劳工工资下降的同时数量也随之增加，而且低技能劳工技能要求的下降程度大于高技能劳工的提高程度，那么，总体技能要求反而在下降。为此，我们进一步对美国劳动人口结构变化进行统计。统计结果表明，1990—2017年，美国的高技能劳工/低技能劳工（H/L）的数量比值在提高。如图3-8

所示，1990—2008 年，制造业与服务业的总就业人员比例趋于稳定，2009 年之后有所上升，截至 2017 年，就业人员比例为 90.94%，制造业与服务业就业人员比例的均值为 90.62，标准差仅为 0.475，显然，制造业与服务业就业人员比例趋于稳定；农业就业人员比例呈现下滑趋势，由 1990 年的 3.71%，下降到 2007 年的 1.44%，之后趋于稳定，截至 2017 年就业人员比例为 1.60%；美国每千人全时当量人员中研发人员数量由 1990 年的 6.03‰，上升到 2013 年的 8.95‰[①]，每百万 R&D 研究人员数量，由 1996 年的 3130.47 人，上升到 2015 年的 4313.383 人[②]。同时，美国研发投入持续增加，1996 年企业研发执行额为 1424 亿美元，截至 2015 年企业研发执行额为 3597 亿美元，增长了 252.6%[③]；研发支出占 GDP 的比重也由 1996 年的 2.441% 提高到 2016

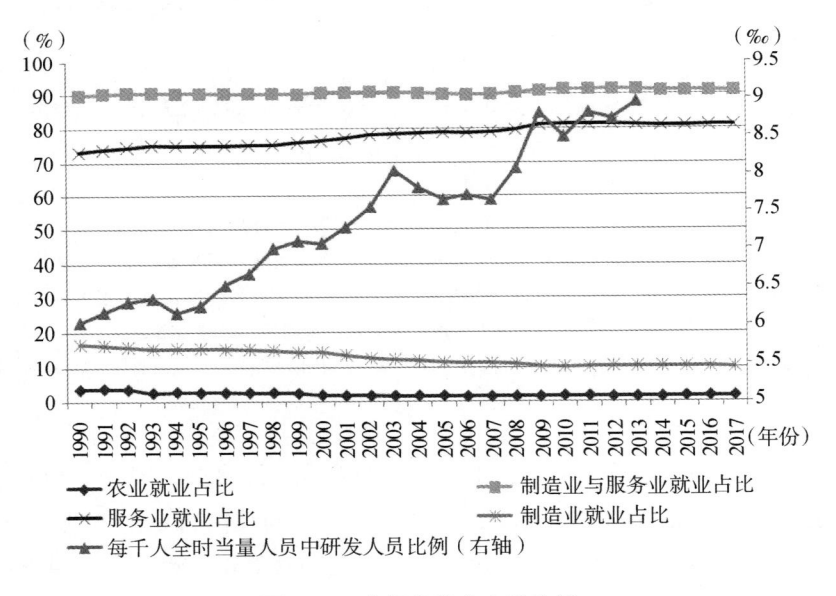

图 3-8　分行业就业人员比例

资料来源：EPS 数据平台。

---

① 数据来源：EPS 数据平台。
② 数据来源：世界银行。
③ 李旭超：《中美国家创新系统的构成与效率对比研究》，硕士学位论文，山东师范大学，2018 年。

年的 2.744%①。这意味着，不仅从工资上高技能（非常规性认知）劳动始终占有更高的劳动报酬，而且就业人数的总量也处于上升之中，而常规性劳动不仅在工资报酬上显示出"低"，而且在就业人数的总量上也呈现下降态势。这说明，1990—2017 年，美国的总体技能要求是在提高，而非下降。

这种总体技能要求的提高和高低技能工作的两极分化，早在 1974 年出版的《劳动与垄断资本》一书中，布雷弗曼就已经作出了预言。他指出，随着工业的发展以及基本科学在工艺上的应用，社会的各种劳动过程都体现了更多的科学知识，所以这些劳动过程的平均科学技术内容以及在这种意义上的技能内容现在要比过去多得多。但是，总体的或者平均的概念在布雷弗曼看来是毫无意义的，只不过是一种"同义反复"，因为这并不能掩盖工人的去技能化的程度。而且，布雷弗曼预言了劳动的这种科学和教育内容的丰富会倾向于两极分化，并且这种极化将表现为经理和技师们对劳动过程的控制能力日益增强，但是，这"并不足以补偿广大工人对劳动过程的控制能力的下降，科学越是被纳入劳动过程之中，工人就越不了解这个过程，作为智力产物的机器越是复杂，工人就越不能够控制和理解这种机器"②。平均技能提高"这种说法往往是以完全专门技术化工作的数目增多为依据，而不承认技术专业的争夺乃是把大把工人逐出科学知识和技能领域之外的条件"③。贾莫维奇和宋的研究也表明，20 世纪 90 年代以来美国制造业的工作流失可以解释 38% 的工作极化，在 20 世纪的历次危机中，美国的经济复苏往往都伴随着常规性工作的增长，但从 90 年代开始，常规性工作不仅在萧条阶段，而且在复苏阶段，都趋于减少，到 2008 年国际金融危机之后的复苏过程中，则出现了典型的无工作复苏④。就业的极化和不平等

---

① 数据来源：世界银行。
② ［美］哈里·布雷弗曼：《劳动与垄断资本》，方生等译，商务印书馆 1979 年版，第 378—380 页。
③ ［美］哈里·布雷弗曼：《劳动与垄断资本》，方生等译，商务印书馆 1979 年版，第 380—381 页。
④ Nir Jaimovich, Henry E. Siu, "Job Polarization and Jobless Recoveries", NBER Working Paper No. 18334, 2018.

程度的加剧，正如布雷弗曼所强调的："在这种科学技术的广泛应用中，公认的技能不仅在绝对意义上降低了，而且相对意义上也更加降低了，也就是说，不仅在绝对意义上所需要理解的劳动过程的内容更少了，而且在相对意义上相对于科学技术的劳动来说，它的价值也更低了。"① 这也是马克思所强调的，科学的应用是建立在生产过程的智力同单个工人的知识、经验和技能相分离的基础上的②。

四　去技能化理论被证伪了吗

正如哈维指出的那样，马克思和布雷弗曼的去技能化指的是，消灭可以独占的技能，获得劳动过程的控制权③。"当新技能变得重要的时候，资本家想做的可能不是消灭这种技能，而是通过大量的提供培训机会，将垄断性的技能直接转化成为非垄断性的技能；即资本主义在多大程度上创造了易于再生产、易于替换的技能。"④ 因此，判断去技能化是否发生，绝不在于总体或者局部的技能要求是否下降，而在于以下几点。第一，一种局部技能的上升是否以另一种技能的去技能化为代价；第二，特定技能要求是否易于替换和培训；第三，如果特定的技能要求不是易于替换和培训的，那么核心的问题就转换为，这些技能所附带的垄断权力是否会通过一个独特的资产阶级派系（即管理者和科学家）的形成而被完全吸收为资本的权力⑤，简言之，如果一种资本无法消解一种技能所有者对其技能的垄断权力，从而无法完全控制劳动过程，那么另一种新的去技能化方式就会衍生出来——将这些技能所有者同化、转换为资本一方，去共同取得对劳动过程的控制。

从前述的考察结果看，以研发、管理为代表的非常规性技能工作数量、收入和技能复杂程度的上升，正是以大量中等技能的、曾经最为

---

① ［美］哈里·布雷弗曼：《劳动与垄断资本》，方生等译，商务印书馆1979年版，第380—381页。
② 《马克思恩格斯全集》第8卷，人民出版社2009年版，第356页。
③ ［英］大卫·哈维：《资本的限度》，张寅译，中信出版社2017年版，第198页。
④ ［英］大卫·哈维：《资本的限度》，张寅译，中信出版社2017年版，第212页。
⑤ ［英］大卫·哈维：《资本的限度》，张寅译，中信出版社2017年版，第198页。

成功地去技能化的常规性操作工作和部分低技能的常规性认知工作的丧失为代价的。而这些以研发、管理为代表的非常规性技能工作显然没有成为易于替换和培训的工作，否则，随着这类技能劳动供给的上升，其高溢价就无法保持近三十年时间。从这一意义上，资本并没有成功地将此类劳动化约为简单的、可替代的劳动，但是，资本的确以赎买的方式消解了这类劳动的垄断权，即20世纪80年代末期以来，美国高管、技术人员的收入构成中，期权和分红比例日渐上升，逐步成为其重要的收入来源之一。戈登（Robert Gordon）援引别布丘克等的统计研究表明，统计的1500家企业的前五名高管的薪酬在1993—2003年增加了近两倍，其占公司总利润的比例由1993—1995年的5%上升到2000—2002年的12.8%，他们将高管薪酬的上升的主要原因归于股票期权的增加[1]；对于股票期权的使用显著增加，霍尔（Brin J. Hall）和利勃曼（Jeffrey B. Liebman）给出的解释是因为高管薪酬和公司业绩联系更加紧密[2]；而 AFL－CIO Executive Paywatch 的统计结果则进一步表明，200个美国大型企业CEO的平均收入与美国全职工人的平均收入的比值在1980年时为42∶1，在1990年时为107∶1，在2000年时为525∶1，在2008年时为319∶1[3]。而埃克哈德·海因（Eckhard Hein）则更为直接地指出，美国的收入差距就是由高层管理人员工资的增长推动的[4]。

统合、同化这些垄断性技能的阶层，是资本主义发展的一种适应性的体现。一方面，工作的程序化程度的提高要求更精巧的管理技能、规划技能和技术性技能；另一方面，"它（上层阶级）发掘了工人阶级中潜在的领导阶层，剥夺了该阶级抵抗和政治独立的一个关键要素；通过对这些地位上升的个体灌输资本主义价值观和抱负……转移阶级意识，

---

[1] [美] 罗伯特·戈登：《美国增长的起落》，张林山等译，中信出版社2018年版，第592页。

[2] Brin J. Hall, Jeffrey B. Liebman, "Are CEOs really Paid Like Bureaucrats?", *The Quarterly Journal of Economics*, 1998, 113 (3), pp. 653–691.

[3] Lazonick William, "Innovative Business Models and Varieties of Capitalism: Financialization of the U. S. Corporation", *Business History Review*, 2010, 84 (4), pp. 675–702.

[4] Eckhard Hein, "Finance-dominated Capitalism and Re-distribution of Income: A Kaleckian Perspective", *Economics Working Paper Archive*, 2013, 14 (3), pp. 907–934.

从而加强剩余价值的掠夺"①。从而促使劳动者符合资本主义统治仪式，且越是能同化下层阶级中最有才华的劳动者，它的统治就越稳固。这也是资本家的绝对利益所在——"通过少量较高级的劳动推动更多较低级的劳动，并从较少的工人身上而不是用同样低廉甚至更为低廉的花费从较多的工人身上榨取一定量的劳动"②。

戴维·哈维指出："各种新技术已经容留了某些享有特权的阶层，与此同时，可供选择的各种生产和劳动力控制体制为技术上、管理上和企业上的技能的高酬开辟了方向……或许会预示新的工人贵族的崛起以及报酬很差、被剥夺了广泛权力的下层阶级的出现。"③ 自然，这种职位结构等级化的加强，使"处于最高等级的人——工程师、计算机科学家、策划人和设计师等等——也逐渐积累了某些垄断性的技能"④。而这些垄断性的技能可能充当资本积累道路上的绊脚石，阻碍资本主义支配和服从的社会关系在生产过程中的渗透。显然，如果资本主义要发展，要么消灭这些技能，但如上所述，消灭这些技能本身是不可能的，而且这也和资本主义的发展需要相违背；要么通过一个独特的资产阶级派系的形成而完全吸纳为资本的一部分，即通过管理层期权、风投、技术入股等被资本统战的形式，将其转换为资本势力。

资本对劳动过程控制的加强及劳动去技能化的发生，必然表现为资本积累加快和对劳动的剥削程度加深。美国劳动收入份额和资本积累年增长额数据足以佐证这一点。如图3-9所示，资本总额⑤由1929年的3424亿美元，上升至2016年的647731亿美元；且在此期间，资本总额呈持续增长态势；1929—2016年，资本积累年增长额⑥也呈上升态

---

① [美]大卫·莱伯曼：《深度历史》，童珊译，中国社会科学出版社2014年版，第79—80页。
② [德]马克思：《资本论》第一卷，人民出版社2004年版，第732页。
③ [美]戴维·哈维：《后现代的状况：对文化变迁之缘起的探究》，商务印书馆2013年版，第342页。
④ [英]大卫·哈维：《资本的限度》，张寅译，中信出版社2017年版，第127页。
⑤ 我们将固定资本预付与不变流动资本年周转额之和记为不变资本，将工资和薪金总额记为可变资本。在计算过程中，实际的统计数据是不完备的，我们并未找到历年实际消耗的原材料，只好用固定资本代替不变资本，用固定资本加工资与薪金总额表示资本总额。
⑥ T1期的资本总额-T0期的资本总额。

势，唯有2005—2009年增幅有所下降，即而在1929—2017年，美国工资和薪酬总额在GDP中的占比呈持续性下滑趋势：相较于1943年的历史最高点，截至2017年，跌幅高达8.71%。而作为衡量收入差距的重要指标，美国的基尼系数也由1979年的0.31上升到2013年的0.401[①]。

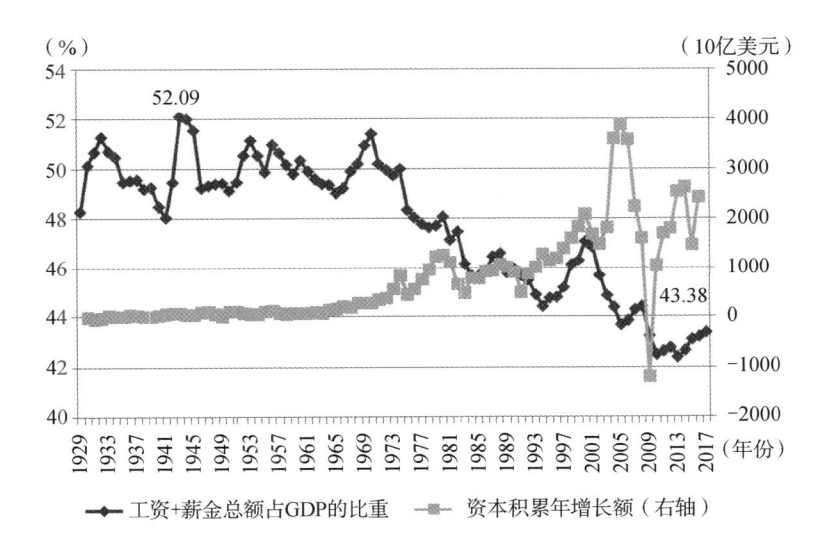

图3-9 劳动收入占比和资本积累

资料来源：美国经济分析局（工资与薪金总额：Table 2.1 Personal Income and Its Disposition, Last Revised on：September 27, 2018；GDP：Table 1.1.5 Gross Domestic Product, Last Revised on：September 27, 2018；固定资本：Table 1.1 Current - Cost Net Stock of Fixed Assets and Consumer Durable Goods, Last Revised on：August 23, 2017）。

从技术进步的角度看，去技能化与就业极化、技能溢价以及总体技能要求的提高也并不矛盾。技能要求上升的原因，与劳动的"再技能化"密切相关。新的技术革命必然对劳动技能提出新的、更高的要求，从而旧的技能将不断淘汰。再技能化本身就是去技能化的一种表现：去技能化作用的是上一轮技术革命所塑造的技能，是传统的、现存的技能，而再技能化则是针对现有的、过时的技能进行重塑，是下一轮技术革命的内在要求；再技能化或技能的更迭必然会削减乃至使劳动者完

---

① 数据来源：世界银行。

全丧失掉对传统垄断技能的议价能力和控制权，增强资本对劳动过程的控制权；资本不断削弱和避免劳动对技能的垄断和控制，乃至于劳动者对技能的控制权还未形成和巩固，就要面临下一轮再技能化的冲击。尽管技术的进步和迭代演化仍会不断激发对高技能工作的需求，这不仅仅源于客观意义技能内容的变化，还源于布雷弗曼笔下的"过度教育"和"社会化控制"的需要，但从根本上说，仍源自资本的逐利性，这将驱使着资本不断追求对劳动过程的控制权，从而使劳动阶层不断历经着提高技能、去技能和再技能的轮回往复。

第四章　AI 正在危及人类的就业机会吗＊
——一个马克思主义的视角

一　问题的由来

人工智能（Artificial Intelligence，AI）这一术语，是由"人工智能之父"，美国计算机科学家、认知科学家约翰·麦卡锡（John McCarthy），于 1955 年首先提出来的。在经历了 60 多年的发展之后，人工智能正在给当代社会造成一种危机感——人类的就业机会正在被挤压吗？有一种观点认为，生产力越发达，创造的就业岗位就越多。因此，随着人工智能取代人力，将会创造出更多的就业岗位，人类没有必要担心失业会越来越严重。比如，印孚瑟斯公司（Infosys）首席执行官史维学（Vishal Sikka）不久前宣称："举例来说，20 世纪初时有 38% 的美国人在农场工作，随后机械化提高了产量，同时减少了雇员人数。现在农场雇佣工人占美国劳动力不足 1%，但整体就业岗位已大幅增加。农场工作被电信、医疗、制造业、金融服务等新行业工作取代。现在有些行业是 1900 年代的农民无法想象的。"[①] 微软亚洲研究院院长洪小文预言，"三年之内，AI（人工智能）一定会被普及化"，但是 "AI 结合 HI，会

＊ 本章作者：赵磊、赵晓磊。原载于《河北经贸大学学报》2017 年第 6 期。
① 史维学：《终生学习，是我们在人工智能时代的宿命》，英国《金融时报》中文网，2017 年 1 月 19 日。

造就更多工作机会"①。

虽然研究这个问题的专业学者大都比较谨慎，但对于未来似乎也并不太悲观。比如，人类学家本杰明·舍斯塔科夫斯基（Benjamin Shestakofsky），最近在美国人类学协会（American Anthropological Association）的一次会议上断言，"软件自动化可以取代劳动力，但它也会产生新的人机互补"，企业"正创造新的工作种类"②。另一位人类学家施里哈什·克尔卡（Shreeharsh Kelkar）在教育行业也看到了同样的情况。之前人们普遍认为，数字教学工具的出现将让人类教师的重要性降低。但在实际观察教育者的过程中，克尔卡发现，人类教师正利用这些数字工具提高效率。他认为，问题不是电脑自动化正让工作消失，而是"人类与电脑正在合作"③。对此，《金融时报》专栏作家吉莲·邰蒂似乎有点纠结。一方面，"确实，机器正消灭一些人类的工作，但人们还在新的岗位上与机器人合作。这种更乐观的情况往往不那么直观，但应获得更多关注"；另一方面，"人们也不知道这些人类与机器的新'合作'是否会创造足够多的就业，来抵消自动化导致的就业损失"④。

毫无疑问，随着分工的不断深化，生产力的发展的确会创造出新的产业和新的职业。但是，这是否意味着创造出了更多的就业岗位呢？对此，笔者将围绕以下问题展开讨论：农业社会有没有失业？失业是哪个社会的专有术语？新需求和新产业能对冲失业吗？生产力发展提供了更多的自由时间，还是更多的工作岗位？"全面自由发展"何以可能？

二 农业社会有没有失业

按照"生产力越发展，就业岗位就越多"的逻辑，如果不考虑

---

① 微软亚洲研究院院长：《AI 取代人，大概还要 500 年》，英国《金融时报》中文网，2016 年 12 月 12 日。
② [英] 吉莲·邰蒂：《机器人时代的人类工作》，英国《金融时报》中文网，2016 年 12 月 29 日。
③ [英] 吉莲·邰蒂：《机器人时代的人类工作》，英国《金融时报》中文网，2016 年 12 月 29 日。
④ [英] 吉莲·邰蒂：《机器人时代的人类工作》，英国《金融时报》中文网，2016 年 12 月 29 日。

其他变量（如劳动人口数量的增减），那么，生产力发展水平应该与就业率成正比，与失业率成反比，即生产力越发展，失业率就越低；生产力越落后，失业率就越高。换言之，前资本主义农业社会的失业率，将大大高于资本主义以来工业社会的失业率。然而，历史事实并非如此。

什么是失业？在经济学的术语中，失业（Unemployment）这个概念包含以下内容。第一，一个人愿意并有能力为获取报酬而工作，但尚未找到工作的情况，即定义为失业。第二，失业的历史就是工业化的历史。在二元经济背景下，伴随着工业化和城市化的进程，城市中的失业状况起伏波动；由于农村剩余劳动力仍有可能被土地所吸纳，所以这些剩余劳动力在农村并不被看作"失业"问题。第三，失业有广义和狭义之分。广义的失业，指的是生产资料和劳动者分离的一种状态。狭义的失业，指的是有劳动能力且处于法定劳动年龄阶段并有就业愿望的劳动者，失去或没有得到有报酬的工作岗位的社会现象。第四，失业的类型可以分为自愿性失业（包括摩擦性失业、结构性失业）、非自愿性失业（包括技术性失业、周期性失业）等。

失业是一个历史范畴。在生产力落后的农业社会（即前资本主义社会），严格说，并没有经济学定义的失业现象，或者说，并没有类似于工业社会那样的"显性"失业。这种情形与农业社会的生产力水平低下，有着深刻的关联。在原始社会，人类的主要生产工具是石器。生产力如此落后，以至于人人都必须参加打猎和采集才能勉强维持温饱，只有累死的，没有闲死的。原始社会的生产力水平要求，必须把全体社会成员的人力都投入生产活动，即使酋长也不例外。

在奴隶社会，人类驾驭的生产力中有了金属生产工具。但是科技不发达，人力的重要性大大高于自然力的重要性。所以，在生产力的诸要素中，人力本身是极为重要的生产力。在公元前2000年的古埃及，人类的工作有90%以上是依靠人力来完成的，其余的则依靠动物来完成。"科技不够，人力来凑"，所以，"人多力量大"是前资本主义社会的常识。埃及金字塔使用的人力和时间之巨，足以说明当时人力的重要性。进入奴隶社会以来，战争中抓来的俘虏不再被杀掉，而是充当奴隶，为主人干活。只有累死病死的奴隶，没有失业的奴隶。奴隶是牲口，也就是牛马。在现代社会，从事运输的牛马基本上"失业"了；但在古代社会，牛马是不会"失业"的。奴隶不会失业，就如同牛马不会失业一样。奴隶主没有现代化的机器设备，耕种没有拖拉机，生活没有洗衣机，出行没有小汽车。主人的生产生活以及享受必须依赖大量人力。干农活需要人力，洗衣服需要人力，做家务需要人力，出行需要人力，吃穿住行都需要大量的人力。有那么多"活"等着人力来做，能允许劳动者"失业"吗？

在封建社会，生产力依然十分落后。光是农业生产就需要投入大量劳动力，才能养活整个社会的人口。在当代发达国家比如美国，今天只有3%的人口从事农业生产活动。而封建社会的农业部门吸纳了90%以上的人力，是整个社会经济的常态。"男耕女织"是封建时代"充分就业"的反映。至于"富者田连阡陌，贫者无立锥之地"，这种情形说的是土地这种生产资料集中在少数地主手里，而并非指农业社会的"失业"状况。在土地兼并过程中，农民失去的不是工作岗位，而是自己的土地。土地兼并的结果，是农民失去了属于自己的土地，但农民并没有失去为地主的土地干活这个"工作岗位"。对于大量被兼并的土地而言，地主不会自己种，需要失去土地的农民来租种。于是，失地农民便成为佃户。问题是，既然农民并没有因为失去土地而失去"工作岗位"，为什么还会"卖儿卖女""流离失所""聚啸山林""揭竿而起"呢？个中原因，并非地主不需要农民租种土地了，而是因为"天灾人祸"导致农民的劳动根本养活不了自己。这些天灾人祸包括战争、灾荒、封建剥削。由于生产力极度落后，一旦战乱和灾荒，农民投入再多的人力和劳力也是白搭，根本无法养家糊口。

需要强调的是，农业社会没有失业问题，并不等于农业社会劳动者的生存比工业社会劳动者有保障、生活水平比工业社会劳动者高；工业社会存在失业问题，并不等于工业社会劳动者的生活状况不如农业社会劳动者。事实上，工业社会劳动者的生活状况远远高于农业社会劳动者；在没有失业问题的农业社会，贫困问题以及生存问题比工业社会要严重得多。所以，在没有失业的农业社会，劳动者难以"安居乐业"往往是社会常态。总之，社会失业问题与社会贫困问题有关系，但并不是一回事。这个问题已经超出本章范围，容另文讨论。

三　失业是工业社会的专有术语

失业是工业社会的产物，是近现代以后出现的社会现象。在经济学的词典中，失业是把握宏观经济的重要指标。失业之所以成为工业社会所关注的问题，这与工业社会以来生产力的快速发展有关。工业革命以来，以机器为载体的自然力越来越广泛地取代人力的耗费，人类工作中人力所占比重迅速下降。在欧洲，直到第一次工业革命前的公元1700年，70%以上的工作仍然是依靠人力来完成的①。然而，随着新能源的开发利用，以及自动化、人工智能和机器人的广泛应用，今天，人力所占比重的下降速度更是空前惊人。业内专家普遍预测：机器人未来30年内将几乎完全取代人力，可能危及数千万个工作机会②。

有意思的是，若干年前，大多数人根本不会接受技术进步的基本逻辑，认为"自然力替代人力"就是一个空想而已。2005年，笔者在《学术月刊》发表论文《劳动价值论的历史使命》③，论述了"自然力取代人力"的必然性，当时并未引起学界的重视。几年前，笔者在给博士生上课讲到这个观点时，他们也是一脸茫然，好像在听一个神话故事。今天，越来越多的学者已经接受了这个逻辑，比如，中央电视台第9频道纪实片《互联网时代》第三集"能量"中有这样一个案例，英国伦敦政治经济学院教授理查德·桑内特预测："金融业、房地产业、保险业，这些岗位将在5年之内被计算机所取代。"据《彭博社》2017年年初的报道，华尔街第一大投行摩根大通最近开发了一款金融合同解析软件COIN，几秒钟就能完成原先律师和贷款人员每年需要36万小时才能完成的工作，预计70%以上的股票分析师将会失业④。据经济合作

---

① 有关数据参见中央电视台第9频道科教纪录片——《探秘世界历史2》。
② 王莉兰：《美专家：机器人30年内将取代人力数千万人恐失业》，环球网，2016年2月15日。
③ 赵磊：《劳动价值论的历史使命》，《学术月刊》2005年第4期。
④ 《华尔街失守：摩根大通家的AI将36万小时的工作缩至秒级》，搜狐网，2017年3月4日。

与发展组织（OECD）出版的《2016 OCED 国家社会概览报告》，2007—2015 年，30 岁以下的青年就业岗位减少了 10%，其中，西班牙、希腊和爱尔兰的青年就业数量减少了将近一半①。2016 年，耶路撒冷希伯来大学历史系教授尤瓦尔·赫拉利撰写的全球畅销书《未来简史：从智人到神人》预测，人工智能和算法（Algorithm）将战胜人类，99% 的人将沦为无用阶层！②

　　从逻辑上看，科技水平越是提高、机器和自动化越是普及，人力耗费就越是减少。然而，在机器和自动化日益普及的条件下，为什么资本对劳动的剥削程度以及工人的劳动强度反而增加了呢？这不是机器的过错，而是"机器的资本主义应用"造成的。正如马克思所说："因为机器就其本身来说缩短劳动时间，而它的资本主义应用延长工作日；因为机器本身减轻劳动，而它的资本主义应用提高劳动强度；因为机器本身是人对自然力的胜利，而它的资本主义应用使人受自然力奴役；因为机器本身增加生产者的财富，而它的资本主义应用使生产者变成需要救济的贫民。"③

　　马克思讲的 100 多年前的情况，在人工智能普及的背景下依然如此。以至于当代学者不无忧虑地指出："过去人们尚可以在工作时间之外享受自由，现在工作时间和自由时间的界限模糊了，大量的自由时间都变成了工作时间。马克思的时代，人在家里尚有不当'机器奴隶'的自由。但是在信息时代，机器无处不在地束缚着人。"④

　　需要强调的是，机器的运用只是从生产力层面造成了失业的可能性，失业要成为现实，必须借助于与机器大工业这种生产力相匹配的生产关系——资本主义雇佣劳动制度。从理论上讲，如果社会生产是在宏观经济有计划的背景下展开，那么就不会出现整个社会的失业问题。但

---

①　陈阳：《OECD：2007 年以来有十分之一工作岗位消失》，新浪财经，2016 年 10 月 25 日。
②　[以色列] 尤瓦尔·赫拉利：《未来简史：从智人到神人》，林俊宏译，中信出版社 2017 年版。
③　《马克思恩格斯全集》第 23 卷，人民出版社 1972 年版，第 483 页。
④　郭洪水：《"存在—时间"、"技术—时间" 与时间技术的现代演变》，《哲学研究》2015 年第 7 期。

是，在私有制市场经济的背景下，在逐利的内部冲动和竞争的外部压力驱使下，宏观经济周期性波动必然造成社会的失业问题。这是马克思主义政治经济学常识，在此不再赘述。

四　新需求和新产业能对冲失业吗

当然，新的需求和产业的出现，可以部分吸收被机器排挤出来的过剩人口，马克思对此早有洞察。他说，机器的运用和生产力的提高，"使工人阶级中越来越大的部分有可能被用于非生产劳动，特别是使旧式家庭奴隶在'仆役阶级'（如仆人、使女、侍从等等）的名称下越来越大规模地被再生产出来"①。所以，马克思调侃道："采用机器的一个真正美妙的结果，就是把工人阶级的相当一部分，妇女和男人，变成了仆人。"②

今天，包括服务行业在内的第三产业的迅猛发展，为马克思的这个调侃提供了一个现代性的注脚。正因为有第三产业的发展，经济学家们似乎并不担心机器人排挤人力所造成的严重失业。比如，牛津大学哲学和信息伦理学教授卢恰诺·弗洛里迪说："机器人取代人类劳动者。重新培训失业人员从来都不是一件容易的事情，而随着科技造成的扰乱如此迅速蔓延、影响广泛和不可预测，这变得更具挑战性。在信息空间的其他角落将出现许多新的就业形式——想想有多少人在 eBay 上开了虚拟商店。但人们将需要新的、不同的技能。增加教育机会和实行全民基本收入或许可以缓解机器人对劳动市场的影响。"③

当然，新的就业形式比如服务行业的拓展可以吸纳被人工智能排挤出来的人力，问题在于，如果将来人工智能普遍替代了服务行业的人力，那么服务行业中的人力又将被用于何处？这个提问可以一直进行下去。如果我们将这个提问"进行到底"，那么逻辑的结论必然是：科技的发展和人工智能的普及永无止境，自然力替代人力的过程将会一直

---

① 《马克思恩格斯全集》第 23 卷，人民出版社 1972 年版，第 488 页。
② 《马克思恩格斯全集》第 26 卷下，人民出版社 1973 年版，第 650 页。
③ [意] 弗洛里迪：《谁该为机器人负责？》，英国《金融时报》中文网，2017 年 2 月 28 日。

进行下去，直至有一天"自然力"喧宾夺主，最终全面取代人类在各行各业的劳动。这样的情形正在展开："波尔州立大学（Ball State university）的一项研究显示，2000年至2010年，有560万个美国制造业岗位消失，几乎十分之九是因为自动化，而非贸易。情况还可能更糟：咨询公司麦肯锡（McKinsey）估计，随着自动化模式扩大到服务业，在目前由人类完成的工作中，有45%可能会实现自动化。这相当于数以百万计的就业岗位和2万亿美元的年薪。"①

其实，弗洛里迪有关增加教育和实行全民基本收入"或许可以缓解"就业压力的建议，也只是谨慎乐观而已。之所以说是"谨慎"，是因为弗洛里迪的乐观要面对两个问题。其一，"增加教育机会"能否跟上知识更新的速度，这是一个很大的疑问。比如，现在大学生就业越来越困难，难道仅仅是知识更新的问题吗？社会总不能让大学生都去送快递、做家政吧？问题是，"增加教育机会"只能局部缓解，而不可能从根本上解决就业问题。其二，"实行全民基本收入"本质上是一种"免费午餐"。问题是，"免费午餐"与私有制如何相容？这个问题，我们将在下面讨论。

五 生产力发展的要义：更多的自由时间，而非更多的工作岗位

生产力的发展当然会创造出新的产业和新的就业岗位。但是，创造"新的产业"和"新的就业岗位"，是否等于增加了"更多的就业岗位"？是否意味着劳动者的就业环境越来越稳定？答案并不一定就是肯定的。原因如下：第一，一般而言，新增就业岗位会增加就业岗位总量。但是，就业岗位总量的增加不等于就业率的增加。事实上，就业总量的增加与就业率的下降并存，恰恰是当代世界（包括当下中国）经济发展的新常态。第二，在新增就业岗位中，稳定的就业岗位所占比重越来越小，越来越多的就业岗位是不稳定的，零时工作、兼职工作、非

---

① [英] 吉莲·邰蒂：《机器人时代的人类工作》，英国《金融时报》中文网，2016年12月29日。

固定工作，正在成为当今就业的新趋势。第三，就业岗位的增加并不一定意味着人力的增加，新增就业岗位中有不少增加的是"机器人"（自然力）的就业，而不是"劳动者"（人力）的就业。第四，随着生产力的发展，一方面是新产业、新职业的出现，另一方面则是旧产业、旧职业的消亡。而伴随着产业和职业此消彼长进程的，是人力耗费的不断下降和自然力贡献的不断增加。

比较一下农业社会和工业社会的情况，我们不难看到，随着科技的不断进步以及人工智能的普及，生产力发展所创造出来的需要人力的工作岗位，比它消灭掉的需要人力的工作岗位要多得多。正如英国《金融时报》社评所说："有一些担忧则是理由充分的：自动化吞噬工作岗位的速度太快，工人们因未对此做充分准备而无法适应；而生产率提高带来的好处在最近几年分配不均。在几乎所有富裕经济体中，劳工在国民收入中所占的份额已经下降。高收入劳动者和资本所有者是主要的受益者。"①

从生产力的维度考察，农业社会的劳动者之所以经不起"天灾人祸"的打击，不是因为他们很懒惰，而是因为生产力太落后，以至于一有"天灾人祸"的扰动，现有的人力投入很难满足人们生存的基本需要（战乱和灾荒期间的"人相食"，在中国史书中的记载屡见不鲜）；工业社会以来，越来越多的人力之所以被"闲置"不用，不是因为他们没有生产能力，而是因为生产力太发达了，以至于一旦机器和人工智能普及，自然力就会排挤掉大量人力的就业岗位。

从生产关系的维度考察，农业社会的劳动者之所以会"卖儿卖女，流离失所"，不是因为他们好吃懒做，而是因为残酷的封建剥削和严酷的天灾人祸已经远远超出了他们的承受能力（埃及金字塔、秦长城、始皇陵征发的人力几乎耗竭了整个社会的生产能力）；工业社会以来，劳动者之所以因"失业"而流落街头，成为无用的"废物"，不是因为社会生产力养不起这些"闲人"了，而是因为对于资本追求剩余价值的目的来讲，大量的劳动者只能"流落街头"！

---

① FT 社评：《机器人税有道理》，英国《金融时报》中文网，2017 年 2 月 22 日。

一言以蔽之,认为"生产力越发达,创造的就业岗位就越多"的观点,既不符合自然力取代人力的逻辑,也不符合生产力发展的历史趋势。其实,生产力的发展和人工智能的普及,不是为人们创造出了更多的"就业岗位",而是为人们创造出了更多的"自由时间"。正如马克思所强调的那样:"真正的经济——节约——是劳动时间的节约……而这种节约就等于发展生产力。"① 所以,"节约劳动时间等于增加自由时间,即增加使个人得到充分发展的时间"②;在未来社会,"财富的尺度决不再是劳动时间,而是可以自由支配的时间"③。在马克思的定义中,"自由时间"是这样一种时间:"自由时间,可以支配的时间,就是财富本身:一部分用于消费产品,一部分用于从事自由活动,这种自由活动不像劳动那样是在必须实现的外在的目的的压力下决定的,而这种外在目的的实现是自然的必然性,或者说社会义务——怎么说都行。"④ 只有在"自由时间"的前提下,人的"全面自由发展"才有可能。

关于"自由时间"的例子,回忆一下农业社会中的家务劳动就清楚了:今天城市里的孩子们有很多游戏和学习的时间,可是农村孩子很小就必须干各种繁重的农活(砍柴、放牛、打猪草、挑水、做饭等)。所以马克思指出:"如果把资本创造的生产力的发展考虑在内,那么,社会在6小时内将生产出必要的丰富产品,这6小时生产的将比现在12小时生产的还多,同时所有的人都会有6小时'可以自由支配时间',也就是真正的财富,这种时间不被直接生产劳动所吸引,而是用于娱乐和休息,从而为自由活动和发展开辟广阔天地。时间是发展才能等等的广阔天地。"⑤ 马克思所描述的"广阔天地",正是"人的全面自由发展"的基本平台。

六 "全面自由发展"何以可能

生产力发展为人的全面自由发展提供了更多的自由时间,使人类

---

① 《马克思恩格斯全集》第46卷下,人民出版社1980年版,第225页。
② 《马克思恩格斯全集》第46卷下,人民出版社1980年版,第225页。
③ 《马克思恩格斯全集》第46卷下,人民出版社1980年版,第222页。
④ 《马克思恩格斯全集》第26卷下,人民出版社1974年版,第282页。
⑤ 《马克思恩格斯全集》第26卷下,人民出版社1974年版,第281页。

可以不必用更多的时间去从事谋生劳动，而选择更多的时间去从事乐生活动（如艺术创作和修身养性）。可是，"天下没有免费午餐"，私有制的市场经济有一个基本法则——没有工作岗位，就没有消费权利。换言之，人工智能可以代替人的生产功能，却不能代替人的消费功能。不参加谋生的劳动，劳动者就没有收入；没有收入，劳动者就没有消费资格。没有消费资格，谈何"全面发展"？这就提出了一个尖锐的问题——在私有制的市场经济背景下，"全面自由发展"何以可能？

需要进一步追问的是，为什么公有制必然会取代私有制？其中的道理在于历史唯物主义早已阐明的"生产力与生产关系之间的矛盾"。在今天，这个矛盾具体表现为，生产资料私有制与"全面自由发展"如何相容？因此，我们必须正视这个困境：人类可以让智能机器人来代替自己生产，但是，人类却不能让智能机器人来代替自己消费。问题的要害在于，生产活动中的人力正在逐渐地被自然力所取代，这是生产力发展的必然趋势；但是，自然力取代人力进行生产，并不意味着自然力同时也取代人力进行消费。所以彼得·富雷兹说："人类作为生产的元素已经是多余的，但是作为消费者依然是必要的。"①

于是问题出来了，既然"天下没有免费的午餐"，当劳动者不再被生产过程所需要（"雇佣"）的时候，他们的消费又何以可能呢？一个越来越现实的问题迎面而来，在人类已经不是"生产元素"的"后匮乏时代"，如何保证每个人的消费权利？这个问题说穿了，也就是以"经济人假设"为出发点的市场经济，如何处理好生产力与生产关系之间的矛盾。面对越来越普及的人工智能，难怪有人发出如此感叹——没有就业岗位，几个亿的劳动人口都去哪里？都做服务业吗？都去百度吗？还是都做公务员吗？其实，按照马克思主义的逻辑，解决这个矛盾的办法只能是公有制。

资产阶级学者也意识到了这个困境，但是他们根本摆脱不了"经济人"假设的逻辑框架。美国著名学者弗朗西斯科·福山的看法，就颇有代表性。当记者问到"消除收入分配不公有什么有效办法"的时候，

---

① ［新］彼得·富雷兹：《资本主义之后的四种未来》，破土网，2016年1月19日。

他说:"没有,我没有找到任何办法。因为我认为这在根本上是由技术推动的,是因为'智能机器'有能力代替形式越来越多的人力劳动。传统的解决办法是再分配,我认为需要这么做。某种程度上,需要拥有一个社会保障体系,需要保护人民,但从长期来看,这种做法在根本上帮助不大。它将破坏工作的热忱,而且最终可能无法真正填补其中的一些缺口。经济学家们常常主张的另外一种解决方法就是更好的教育,但我还是不确定这能真正解决问题。首先,改革教育体系并不是那么容易;其次,即使教育工作做得再好,我们还是不清楚是不是每个人实际上都能通过训练而各有所用。"[1]

福山看到了问题的根源在于"是由技术推动"所造成的。但是,坚信普世价值的福山理解不了"生产力决定生产关系",理解不了"经济基础决定上层建筑",所以他"没有找到任何办法"。福山的困惑是必然的。一方面是"需要再分配",另一方面是"再分配将破坏工作的热忱";一方面是"更好的教育",另一方面是"教育会使每个人都能各有所用吗"。福山为什么如此纠结?因为,一旦锁定在"经济人假设"的逻辑里,福山既没有办法找到解决困境的出路,也理解不了解决困境的马克思主义逻辑。马克思主义的逻辑是什么?就是建立在生产力高度发展基础之上的生产资料公有制。马克思主义科学地证明,人的"全面自由发展"不仅需要具备生产力高度发展所提供的自由时间,还需要生产关系层面的相应制度变革。关于这个问题,笔者在《自由六问》以及《世界处在巨变前夜》中,已经做了分析[2],不再赘述。可以预见,在不久的将来,建立以"自由人联合体"为核心的公有制的要求必将成为时代的呼声。对此,我们有着坚定的理论自信。

七 结语

随着自然力逐渐取代人力,人类社会将面临越来越严峻的失业压

---

[1] [日]西村博之:《历史的终结、中国模式与美国的衰落——对话弗朗西斯·福山》,《国外理论动态》2016年第5期。

[2] 赵磊:《自由六问——一个马克思主义视角》,《天府新论》2016年第1期;赵磊、赵晓磊:《世界处在巨变的前夜——一个马克思主义观察视角》,《江汉论坛》2017年第1期。

力，这是 AI（人工智能）普及化必然带来的困惑。针对这个困惑，笔者居于马克思主义政治经济学的视角，得出了以下结论。第一，失业是一个历史范畴，在生产力落后的农业社会并不存在失业；第二，失业是工业社会的产物，是近现代以后出现的社会现象；第三，新需求和新产业能够减缓失业，但无法对冲失业；第四，生产力发展创造出了更多的自由时间，而不是更多的工作岗位；第五，"全面自由发展"不仅需要具备生产力发展所提供的自由时间，还需要生产关系的相应变革。

本章的政策含义在于，我们必须清醒地认识到，AI 的普及化给人类社会带来了不容回避的挑战——当越来越多的劳动者不再被生产过程所需要（雇用）的时候，如何保证每个人的生存和发展的基本权利？因此，在生产力充分发展的基础上，生产力与生产关系之间的矛盾必然为马克思主义逻辑的强行开辟道路，这是不以人的意志为转移的客观趋势。换言之，人的"全面自由发展"的新时代正在向我们招手。

第五章　世界处在巨变的前夜*
——一个马克思主义的观察维度

20世纪90年代,美国著名政治学家亨廷顿曾经预言,主宰未来世界演化方向的是"文明的冲突",而不是"意识形态的分歧"[①]。亨廷顿对未来的预期似乎并不强调"意识形态的分歧",然而,他对未来世界的演化方向不仅有着明确的事实指向,而且有着明确的价值倾向,那就是:"对一个稳定的、可持续的政权来说,不仅要有政绩的合法性,而且还要有程序的合法性。"[②] 所谓"程序合法性",归根结底就是资本主义的意识形态——普世价值。正因为如此,在后来出版的《第三波——20世纪后期民主化浪潮》一书中,亨廷顿充满信心地展示了"时间属于民主这一边"的历史前景[③]。亨廷顿所谓的"民主",就是资本主义的政治制度和意识形态。

在亨廷顿逝世8年后的今天,主流学界对资本主义未来的预期已经很难继续乐观下去了,即使有人乐观依然,却已经没有多少底气了,而来自体制内的反叛者却呈风起云涌之势。法国新生代经济学家皮凯蒂,虽然他骨子里并不认可马克思的立场,但却忧郁地得出了一个与马克思

---

* 本章作者:赵磊、赵晓磊。原载于《江汉论坛》2017年第1期。
① [美]塞缪尔·亨廷顿:《文明的冲突》,周琪译,新华出版社2013年版,第5页。
② 刘军宁:《虚拟访谈:亨廷顿视野中的中国转型》,《南风窗》2009年第2期。
③ [美]塞缪尔·亨廷顿:《第三波——20世纪后期民主化浪潮》,刘军宁译,上海三联书店1998年版,第380页。

相近的结论：资本收益率始终大于经济增长率①。正如量子基金创始人罗杰斯所言，"历史给人们最大的教训是，人们不会吸取历史的经验，同时，历史还告诉我们，就算是那些懂得历史的人，他们也同样不会以史为鉴"②。无论资本主义主流学界对亨廷顿所钟情的"普世价值"如何具有理论自信，世界资本主义的未来都不再是一个确定无疑的、没有争议的问题。因此，讨论世界资本主义的演进方向不仅具有重大的理论价值，也具有深远的历史意义。

一 预感与无知

人类社会的发展是一个从量变到质变的过程，量变是无声无息的漫长历史，质变则是惊天动地的一瞬间。每当世界面临惊天动地巨变的前夜，如同大地震前的先兆，有人总会有预感。至于预感是来自特殊的直觉，还是来自长期的跟踪研究，这似乎并不重要。因为，即使是专业人士也很难准确预测世界将要发生的巨变——比如，2008年国际金融危机和2008年汶川大地震，又有几个机构或专家准确预测到了呢？倒是某些直觉或许更要靠谱些。我们不是说这世界巨变明天或者明年就会发生，人类社会历史的风云际会至少以30年为单位才能看清一二，其中的变化绝非个人生命长度就可以度量。不过，还是有人敏锐地预感到了即将发生的巨变，且意识到了这种变化的历史转折性。比如，"量子基金"创始人罗杰斯说："我对当今形势非常担心，因为如今我们所将要面临的，有可能比大多数人这一生所见到过的灾难更糟糕。但或许，世界早就该面临如此巨大的危机了。纵观历史，我们确实已经经历过一些重大危急时刻。眼下，我并不是指诸如1968年或2008年这样的危机，而是一场更加严重的世界性危机，伴随着世界范围内的大量银行破产、

---

① [法]托马斯·皮凯蒂：《21世纪资本论》，巴曙松、陈剑、余江等译，中信出版社2014年版，第20页。
② [美]吉姆·罗杰斯：《未来世界，无序可寻》，宋祎琳译，观察者网，https：//m.guancha.cn/JimRogers/2016_08_23_372125.shtml。

大面积失业、独裁者出现以及战争。"① 上海财经大学教授鞠建东认为，"大概一万年以来，人类作为一个物种将在50到200年之间发生根本性的变化，这是史无前例的"，"这一次的物种变革却有可能在50到200年、几代人之内实现，因此这一次的物种变革会激烈动荡，我们正在迎来一万年以来从未有过的大变局"，"这一次的物种变化表现在如下三个方面：首先，生物人和机器人将有机结合；其次，精神和物质相统一；再次，个体与总体相统一"②。

悲观的罗杰斯预感到了资本主义的穷途末路，但他不知道，除了继续资本主义社会制度的路径依赖，人类社会还有什么出路可供选择？乐观的鞠建东预感到了科技进步将会在生产力维度上给人类社会带来的深刻巨变，但他不清楚，这样的巨变将会对生产关系乃至社会制度带来何种性质的改变？

有一点是大家的共识，即世界正在从工业社会进入信息化社会，由大数据生成的新范式和新工具，毫无争议地正在改变人类认识世界的方式③。与此相应，互联网、云计算、人工智能以及VR技术（虚拟现实，Virtual Reality）的飞速发展，对于经济运行模式以及经济运行规律的影响更是引人注目④。问题在于，一方面，是以互联网、大数据、信息化和人工智能为标志的生产社会化程度的飞速发展；另一方面，是以国际垄断资本向全球扩张的生产关系私有性质越来越狭隘，越来越固化。前者，要求生产关系必须突破私人占有的狭隘境界，以此与生产日益高度社会化、国际化的现实相适应；后者，却死死捍卫着产权的私人性质，极力维护着垄断资本的私人利益。现实的案例实在是数不胜数："在过去的15年里，我们的市场已经经历了两次50%的暴跌，我们是不是还将面临第三次50%的下跌？既然市场可以跌50%，那

---

① ［美］吉姆·罗杰斯：《未来世界，无序可寻》，宋祎琳译，观察者网，https://m.guancha.cn/JimRogers/2016_08_23_372125.shtml。
② 鞠建东：《世界正在迎接一万年以来的大变局》，人民论坛网，2015年10月16日。
③ 吴基传、翟泰丰：《大数据与认识论》，《哲学研究》2015年第11期。
④ 刘涛雄、徐晓飞：《大数据与宏观经济分析研究综述》，《国外理论动态》2015年第1期。

么是否也存在下跌75%的可能性？这一切都可能发生，并且最终必将发生。同时，那些如同洪水般被滥印的钞票会将股市拉高，中央银行会无所不用其极，采取更多手段让游戏继续玩下去。""过去的两个月里，我们见证了一系列重大事件的发生：英国脱欧、恐怖袭击、警察被杀、德意志银行近乎崩溃以及德国长期利率转负等。但是在接下来的几年里，世界形势更将急转直下，经济愈发萧条，导致越来越多的社会动荡，人们对现实的不满将激发更多怒意，更疯狂的政治家将步入政坛。纵然有骑士骑着白马，试图赶来拯救我们，但往往只会将事情弄得更加糟糕。"[1]

经济的、政治的、文化的以及社会的灾难越来越积重难返。然而要命的是，人类社会的生产功能可以由机器人包揽，但人类社会的消费功能却无法由机器人代替。今天的人类必须严肃面对一个问题：智能机器人可以替代人类的生产功能，但是它能不能替代人类的消费功能？换言之，人类可以让智能机器人来代替自己生产，但是，人类能不能让智能机器人来代替自己消费？问题的严重性在于：生产活动中的人力正在逐渐地被自然力所取代，这是生产力发展的必然趋势；但是，自然力取代人力进行生产，并不意味着自然力同时也取代人力进行消费。正如彼得·富雷兹所说："人类作为生产的元素已经是多余的，但是作为消费者依然是必要的。"[2] 于是灾难出现了："天下没有免费的午餐"，当千千万万劳动者不再被生产过程所需要（"雇用"）时，他的消费又何以可能呢？一个越来越现实的问题迎面而来——在人类已经不是"生产元素"的"后匮乏时代"，如何保证每个人的消费权利？这个问题说穿了，也就是以"经济人假设"为出发点的市场经济如何处理生产力与生产关系之间的矛盾。令人不解的是，对于这样一个要命的问题，"自由民主"的市场经济不仅依然是"无为而治"，而且居然完全处于"无知"的状态！

---

[1] ［美］吉姆·罗杰斯：《未来世界，无序可寻》，宋祎琳译，观察者网，https：//m.guancha.cn/JimRogers/2016_08_23_372125.shtml。

[2] ［新］彼得·富雷兹：《资本主义之后的四种未来》，破土网，2016年1月19日。

二　困惑与出路

于是我们看到，在当代社会，生产力与生产关系的矛盾越来越尖锐，越来越不可调和。这种矛盾反映在上层建筑，则是政治权力结构以及作为软实力的意识形态，已经越来越无力应对经济基础遇到的来自生产力的挑战。美国最近的大选为什么很无奈？因为"美国人民只能在骗子和疯子中间选择"。难怪罗杰斯会发出如下哀叹："对于即将到来的一切，我们无处躲藏。我不是说今年或明年危机就将到来，而且也无从确定危机到来的具体日期。但是如今世界的不平衡恶化到了如此程度，已经无法再长期维持下去了。"①

很遗憾，当代世界资本主义严重缺乏对自身"合法性"进行反省的自觉性，依然天真地钻进资本逻辑的死胡同，心满意足地继续做自己的发财梦。有些资产阶级学者虽然意识到了当下的困境，但是他们摆脱不了"经济人"假设的逻辑框架。最具代表性的，就是美国著名学者弗朗西斯·福山了。当记者问到消除收入分配两极分化有什么有效办法的时候，他回答说："没有，我没有找到任何办法。因为我认为这在根本上是由技术推动的，是因为'智能机器'有能力代替形式越来越多的人力劳动。传统的解决办法是再分配，我认为需要这么做。某种程度上，需要拥有一个社会保障体系，需要保护人民，但从长期来看，这种做法在根本上帮助不大。它将破坏工作的热忱，而且最终可能无法真正填补其中的一些缺口。经济学家们常常主张的另外一种解决方法就是更好的教育，但我还是不确定这能真正解决问题。首先，改革教育体系并不是那么容易；其次，即使教育工作做得再好，我们还是不清楚是不是每个人实际上都能通过训练而各有所用。"② 福山正确地看到了问题的根源"是由技术推动"所造成的，但是，坚信普世价值的他根本"找不着北"，所以"没有找到任何办法"。福山的困惑是必然的：一方面

---

① ［美］吉姆·罗杰斯：《未来世界，无序可寻》，宋祎琳译，观察者网，https://m.guancha.cn/JimRogers/2016_08_23_372125.shtml。

② ［日］西村博之、裱明亮：《历史的终结、中国模式与美国的衰落——对话弗朗西斯·福山》，《国外理论动态》2016年第5期。

是"需要再分配",另一方面是"它将破坏工作的热忱";一方面是"更好的教育",另一方面是"每个人都能各有所用吗"。一旦锁定在"经济人假设"的逻辑里,福山既没有办法找到解决困境的出路,当然也理解不了解决困境的马克思主义逻辑。

其实,不只是专业人士,就连普通民众也感受到了巨变前夕的压力。根据外媒最新调查,2/3 的美国人认为,美国已经走上邪路,人们对美国的政治、社会、治安等各种情况愈发不满。民调分析认为,美国人对未来似乎变得越来越不乐观。根据"清晰政治"网站最新的民调结果显示,68.9%的受访美国人认为,美国当前处于错误的轨道上,仅有 23.1%的美国人认为美国处在正确的方向上①。马克思指出:"人们永远不会放弃他们已经获得的东西,然而这并不是说,他们永远不会放弃他们在其中获得一定生产力的那种社会形式。恰恰相反。为了不致丧失已经取得的成果,为了不致失掉文明的果实,人们在他们的交往[commerce]方式不再适合于既得的生产力时,就不得不改变他们继承下来的一切社会形式……可见,人们借以进行生产、消费和交换的经济形式是暂时的和历史性的形式。随着新的生产力的获得,人们便改变自己的生产方式,而随着生产方式的改变,他们便改变所有不过是这一特定生产方式的必然关系的经济关系。"②当代资产阶级"为了不致丧失已经取得的成果,为了不致失掉文明的果实",他们"就不得不改变他们继承下来的一切社会形式",这个"社会形式"的标准模式,就是被定义为普世价值的"英美民主体制"。

重要的是,即将到来的巨变将会怎样改变"英美民主体制"呢?预感到生产力的变化方向不难,难的是预感生产关系的变化将会指向何方。

三 改变与方向

在马克思主义看来,社会形式改变的物质前提是生产力的发展(互

---

① 参见凤凰财经 2016 年 7 月 13 日的相关报道。
② 《马克思恩格斯全集》第 27 卷,人民出版社 1972 年版,第 478—479 页。

联网、大数据、云计算以及智能机器人等），而改变的内在根源则是生产力与生产关系的矛盾。2015年12月，第二届世界互联网大会在浙江乌镇召开。与此同时，央视第9频道跟进播放了10集大型纪实片——《互联网时代》[①]。这部由著名作家麦天枢担纲创作指导的《互联网时代》告诉人们，互联网正在以下方面的方式改变着人类社会。

（一）互联网正在改变生产与消费的关系

在大工业时代，生产与消费的关系不仅很不和谐，而且极不平等。供给学派的鼻祖、庸俗经济学家萨伊说"供给自动创造需求"，这个"创造"，与其说是供给对需求的积极引导，不如说是生产对消费的强势欺凌——生产占据着主子地位，消费居于屈从地位。用经济学家的话说："企业生产什么，你就消费什么；媒体发布什么，你就看什么。"生产任性是有代价的，这代价就是产能严重过剩的常态化。

在互联网时代，生产与消费的不平等关系正在遭到颠覆。随着互联网的渗透，生产越来越被消费所主导，以至于产生了一个新名词——"生产消费者"。美国麻省理工学院媒体实验室主管伊藤穰一说："在互联网上，生产者与消费者已经开始融合。"这个将生产与消费合二为一的社会主体无情地向世界宣告，各种各样以市场为生存平台的中介，已经或正在成为社会肌体的多余废物。对此，美国学者巴斯卡尔·恰克雅维奇肯定地说："中间媒介的消失是一个自然结果。"《互联网时代》（第三集"能量"）列举了一个发生在中国的例子——雷军的"小米"手机。小米手机的诞生，就是一个生产与消费融合的过程，让众多消费者来共同"创造"小米手机。雷军和他的同事把"你想要一款什么样的手机"的询问发布到网上，结果，"关于小米手机的畅想"迅速汇集成拥有1.8亿条帖子的专门论坛，被称为"米粉"的发烧友高达60万人，他们既是小米的消费者，又是小米的设计者，同时还是小米市场扩张的推动者。这个改变的背后意味着什么呢？如果展开马克思主义的想象力，那么与"买卖分裂"的市场经济相比，"产销合一"的计划经济

---

① 本小节引文参见中央电视台第9频道纪实片《互联网时代》，2014年8月25日至9月3日首播。

将是与互联网更能匹配的经济形态。

(二)互联网正在改变所有权观念

自从我们的祖先进入文明社会以来,随着生产力的发展和剩余产品的增加,人类逐渐明确并强化了所有权(产权)的制度和观念。人类对时间和空间,对资源和环境,对一切事物,都有着占有和拥有的强烈欲望,这被主流经济学视为天经地义、亘古不变的法则。于是,私有制成了人类生存的"最佳"社会状态,而私有产权则成了经济学解读人类行为的"唯一"法宝。当现代经济学还陶醉在私有产权编织的神话故事里面的时候,互联网却使"共享"越来越成为社会经济的普遍状态。

今天,对时间和空间,对资源与环境,对一切事物,人们更看重的是使用(共享),而不是占有!正如英国牛津大学互联网研究所教授卢恰诺·弗洛里迪所言:"数千年来,我们发展出了所有权,或者说财产观的态度:我拥有我的汽车,我拥有我的衣服。……互联网时代,实际引入了一种'使用'的态度,而这种态度正在成为主导。这提供了一些对所有权的不同解释。这些解释提供了是采用所有权,还是采用'使用文化'。在一个使用文化里,这些所有权就不是非常重要了。"在一个以"这是我的"为文明标志的现代社会,所有权何以会变得"不重要了"呢?《互联网时代》第三集"能量"举了一个有趣的例子,全美国有8000万部电钻,但平均使用频率只有13分钟。《世界是平的》一书作者托马斯·弗里德曼问:"我们真的需要8000万部电钻吗?"这是一个令产权明晰的现代社会感到十分尴尬的问题。在一个私有观念盛行的社会,私人若不实际拥有一台电钻,就会很不踏实、很不方便。然而从"使用"的角度来看,社会完全不需要私人占有这么多台电钻。通过互联网,人们可以快捷方便地"共享"一部电钻,而并不需要自己去实际"占有"一部电钻。

当代哈姆雷特正面临着一个困惑:"占有还是共享?这是一个问题。"对此,《互联网时代》纪实片的编导提出了一个发人深省的问题:"新时代的新财产观会因此产生吗?"其实,按照马克思主义的逻辑，"新财产观"不是会不会产生的问题，而是一个什么时候产生的问题。互联网正在改变所有权的观念，在我们看来，这个改变的背后意味着，生产资料公有制逐步取代生产资料私有制，是历史发展的必然趋势。

（三）互联网正在改变社会结构

在农业时代和工业时代，社会结构呈现"金字塔形"，每个人都处于金字塔的不同层级——阶级或阶层。美国哥伦比亚大学讲座教授大卫·史塔克说："社会结构的老系统是什么？它基于一座金字塔，随着等级上升，人数会越来越少。"现在，互联网正在压扁社会结构的金字塔系统，"网络社会""网络企业""世界是平的"，越来越成为当下社会结构的重要特征。只有在互联网时代，"主体间性"这个口号才真正成为后现代的标志。诚然，作为社会结构内涵之一的收入分配结构依然故我，两极分化甚至还有不断恶化的趋势。但是，随着网络化的扩展，社会的政治结构和文化结构，甚至人们的婚姻结构以及与此相应的权力结构正在趋于"去中心化"和扁平化。

对于政治权力结构的"去中心化"，现代社会已经耳熟能详；但是，对于经济权力结构的"去中心化"，现代社会不仅反应迟钝，而且有着天然抵触情绪。"普世价值"在二者上的选择性失明，使资产阶级御用文人根本不敢正视经济权力结构变化的必然性。当资产阶级还在义愤填膺地抨击政治权力世袭制的时候，互联网并没闲着，它一边偷偷地在撼动资本权力世袭制的暗流中火上浇油，一边又明目张胆地在解构资本权力的群殴中跟着起哄。尽管资本竭尽全力地维持其在经济结构中的"中心"地位，但是在经济关系中的组织结构和权力结构，"去中心化"和扁平化的趋势已然命中注定、势不可当。

（四）互联网呼唤新的社会调整能力

互联网时代不仅是信息爆炸的时代，也是人工智能和机器人飞速发展的时代。英国伦敦政治经济学院教授理查德·桑内特说："金融业、房地产业、保险业，这些岗位将在5年之内被计算机所取代。"美国电子前沿基金会联合创始人米切尔·卡普尔说："我相信，只需要一代人时间，无人驾驶将基本代替人工驾驶。美国有三百万人靠驾驶维生，他们怎么办？"《互联网时代》展现了不久将来的社会图景，即随着计算机、机器人逐渐取代人力，我们将怎样面对商品过剩和人力过剩的双重压力。对此，纪实片的编导发问："这是个绝对丰裕绝对剩余的时代，最终被剩余的，会是人吗？新技术新时代一定在同时提供着新岗位新职业，但最终是消失的岗位更多，还是新生的岗位更多？我们还要期待，与新时代相匹配的社会调整能力。"

其实，对新时代社会调整能力的变迁方向，马克思早就做过极为深刻的揭示，那就是"人的全面发展"和"自由人联合体"。这似乎被《互联网时代》的编导所忽略了。不过有一点，编导还是正确地意识到："现代福利制度，本质上是为工业时代周期性的就业颠簸而准备的。在互联网时代的大面积剩余面前，这个世界还缺乏准备。"在我们看来，与新时代相匹配的社会调整能力，不是私有制的市场经济，而只能是公有制的计划经济。这个改变不仅意味着政治民主（政治权力公有制）的突飞猛进，而且也意味着经济民主（生产资料公有制）必将成为互联网时代的强劲呼声。互联网带来的变化仅仅是正在发生的变化的一个侧面，而且这个变化才刚刚开始。但是，我们要指出的是，正在变化的方向与马克思主义政治经济学逻辑有着惊人的一致。这就够了。

四　结语

人们习惯性地认为，西方发达国家的制度已经是世界最完美的制度，无须创新和改变，更谈不上什么"革命"。由此形成的思维定式是，只有中国这样的发展中国家才需要创新（尤其是制度创新），才需要向西方发达国家学习。其实，西方发达资本主义国家已然面临的困境，更需要自身的反省和创新。不论愿不愿意，西方自身面临的问题正在倒逼"自我革命"的来临。

鞠建东虽然不清楚未来生产关系变化的方向，但是他正确意识到了普世价值并不是永远正确的"宇宙真理"："我们很多人认为，只有中国这样相对落后的国家才需要思想、理论、文化的创新，而中国的思想创新，只要'国际化'，只要学习西方的'普世价值''先进理论'

'先进制度'就可以了,这种看法是错误的。中国的思想界,经常忽略西方主流学界近年来,尤其是在 2008 年全球金融危机之后兴起的思想变革的讨论。思想的变革和创新不仅仅是中国的需要,更重要的是全世界的需要,是全人类的需要,是人类物种变革的需要。"① 马克思说过一句耐人寻味的话:"蒸气、电力和自动纺织机甚至是比巴尔贝斯、拉斯拜尔和布朗基诸位公民更危险万分的革命家。"② 巴尔贝斯、拉斯拜尔和布朗基,这三个人都是 19 世纪法国著名的革命家。在马克思的语境里,革命就是创新,它既包括生产力维度的创新,也包括生产关系维度的创新。马克思把科学技术的创新看作比那些革命家都"更危险万分"的不安定因素,足见马克思非常重视生产力维度的创新,把它视为人类一切创新的基础所在。

---

① 鞠建东:《世界正在迎接一万年以来的大变局》,《人民论坛网》2015 年 10 月 16 日。
② 《马克思恩格斯全集》第 12 卷,人民出版社 1962 年版,第 3 页。

第六章 人工智能与当代资本主义的经济社会矛盾*

——基于大卫·哈维的理论视角

一些学者认为大卫·哈维是"《资本论》权威研究者之一",继承发展了马克思主义理论。在大卫·哈维看来,资本是一个封闭的系统,它不仅是一个"物",而且是一种"过程";资本与资本主义国家紧密依赖;资本有无数多的占有财富的途径;资本在各个领域对劳动进行剥削和掠夺;资本对社会的控制及垄断是其基本特征;资本本身就是矛盾。他还把以人工智能为代表的高新技术看作资本系统内提高资本赢利的工具及内在因素,并认为人工智能为代表的高新技术能从5个方面激化了资本社会的尖锐矛盾。大卫·哈维的观点不仅与许多西方学者的观点相左,而且形成了当今社会人工智能的发展悖论。通过比较,应当认为,在研究内容、解决矛盾的政治方案及其方式、方法方面,大卫·哈维的理论都与马克思的理论相去甚远。

当代中国进入了新时代,更加迫切需要以习近平中国特色社会主义理论为指导,借鉴国外马克思主义研究的优秀成果,进一步发展21世纪的马克思主义。正如习近平总书记指出的那样,"我国哲学社会科学的一项重要任务就是继续推进马克思主义中国化、时代化,继续发展

---

* 本章作者:蒋南平、余声启。原载于《马克思主义与现实》2019年第6期。

21世纪马克思主义、当代中国马克思主义"①。显然，在发展21世纪马克思主义，即当代中国马克思主义的过程中，我们既要进一步学习马克思主义的经典理论，又要借鉴和吸收国外马克思主义的优秀研究成果，而西方马克思主义的社会矛盾理论就是其重要内容之一。实际上，在20世纪80年代初，中国学者对国外马克思主义的关注就十分热切。90年代以后，中国学者对西方马克思主义在内的国外马克思主义的研究已形成热潮。但是，如何看待国外马克思主义的各种思潮、如何吸取其中有益的成分为我所用、如何辨别它们是否坚持与发展了马克思主义等问题，仍然是中国理论界特别关注和急待解决的问题。

近年，著名的西方马克思主义学者大卫·哈维提出了新的社会矛盾理论，分析了当代资本社会存在的17个矛盾。这不仅引起了西方理论界的强烈反响，也引起了中国学术界的密切关注。对于他的社会矛盾理论，中外学者却褒贬不一。有人以此认为他是"《资本论》的权威研究者之一"；有人认为他写出了"资本主义的判决书"；还有人认为他的理论比"托马斯·皮凯蒂的《21世纪资本》更具挑战性"，显示了他"长期从事马克思研究，构筑的马克思工程的一部分"，如此等等②。实际上大卫·哈维的社会矛盾理论是在2008年因西方资本主义内部矛盾引发的全球性危机的背景下，特别是在以人工智能、大数据、互联网为代表的当代高新技术的冲击下出现的。他的理论与当代高新技术构成的巨大生产力有何关系？且他的理论与人工智能为代表的高技术生产力所影响的资本社会关系有何联系？是否坚持及发展了马克思主义经济社会矛盾理论？这些问题都应重新审视。

一 资本是什么：大卫·哈维的社会矛盾理论逻辑

大卫·哈维提出的社会矛盾理论是在当今西方国家资本主义制度再次遭受重大危机的背景下提出的。其实，与大卫·哈维提出新的社会矛

---

① 习近平：《习近平总书记在全国哲学社会科学工作座谈会上的讲话》，《人民日报》2016年5月18日第1版。

② 转引自杨军《资本内在矛盾的系统解剖》；[英]大卫·哈维《资本社会的17个矛盾》，许瑞宋译，中信出版社2017年版。

盾理论相似，不少著名学者如获诺贝尔经济学奖的约瑟夫·E.斯蒂格利茨以及保罗·克鲁格曼等都对现行资本主义制度的矛盾进行过揭露。而托马斯·皮凯蒂的《21世纪的资本论》、罗伯特·赖克的《美国的逻辑：为什么美国的未来如此堪忧》、保罗·法雷尔的《十大爆炸性泡沫扼杀资本主义》、神谷秀树的《贪婪的资本主义：华尔街的自我毁灭》以及安东尼·阿特金森的《不平等，我们能做什么》等文献，都从不同层面反映了当代资本主义危机的实质及矛盾表现。大卫·哈维则是从另外的视角揭示了当代资本主义制度的现实矛盾。

一般认为，矛盾分为亚里士多德式的逻辑矛盾及辩证法的辩证矛盾。大卫·哈维是运用辩证矛盾形式来分析资本及资本主义的。按照大卫·哈维的说法，他采用了"马克思的方法"，"利用抽象的力量建立一个模型"，将资本的内部矛盾分为三个层次，共17个矛盾①。并结合资本主义制度的现实，来说明资本主义内部矛盾的根源及实质，希望借此寻找到资本主义产生矛盾的根源及影响因素，从而寻求到解决资本矛盾乃至资本主义制度全部矛盾的有效途径。显然，通过一定的矛盾分析方法、联系对现实社会的理解，构建一个封闭的系统，在此系统内区别不同的矛盾，在分析了矛盾之后，找出矛盾冲突的影响因素及解决途径，这就是大卫·哈维社会矛盾理论的逻辑。

应当认为，大卫·哈维构建其理论逻辑的架构，采用"马克思的方法"，是无可厚非的。大卫·哈维认为，他主要运用了辩证法及科学抽象法。唯物辩证法，是马克思主义理论构建的根本方法，而科学抽象法是马克思主义理论构建的另一个重要的具体方法。这个方法如马克思所表述的"在第一条道路上，完整的表象蒸发为抽象的规定；在第二条道路上，抽象的规定在思维行程中导致具体的再现"②。当然，按不少学者特别是孙冶方先生的看法，马克思主义理论构建所运用的方法，是在唯物辩证法基础上的方法群。我们虽然认为大卫·哈维社会矛盾理论构

---

① [英]大卫·哈维：《资本社会的17个矛盾》，许瑞宋译，中信出版集团2017年版，第66页。
② 《马克思恩格斯全集》第8卷，人民出版社2009年版，第25页。

建的方法尽管较单一，但没有错，其逻辑仍然具有科学性。然而，任何逻辑形成的起点却是不容忽视的。马克思分析资本主义生产关系或资本主义制度矛盾的逻辑起点是商品，而大卫·哈维分析资本主义制度内在矛盾的逻辑起点则是资本。大卫·哈维从资本开始，将资本作为一个"封闭系统"，认为这个"封闭系统"由7个根本矛盾、7个变化的矛盾及3个危险的矛盾组成。由于这17个矛盾的存在，使矛盾的冲突让"人类的处境往往恶化到根本没有其他选择"①，因而需要进行反资本主义的斗争，以替代资本主义的经济引擎。

大卫·哈维理论的逻辑构建核心及内容是资本，而关于资本的分析，他分为几个部分，构成了他的社会矛盾理论的基本内容。第一，资本不仅是一种"物"，也是一种"过程"。一些实物及人造环境，以及各种物质形式如商品、货币、医院、学校及基础设施等，都表现为资本。资本需要持续流通才能生存。资本的"物"的表现，支持着资本流动"过程"，因而固定资本是必需的。"固定资本构成支持资本流通的物质世界，资本流通则使我们得以回收投资在固定资本上的价值"②。而固定资本与流动资本会形成尖锐的矛盾。第二，资本与资本主义国家政权存在紧密依赖关系。如果各种形式的资本集中在少数人手中，则社会权力将被私人占有或独家利用。因此资本主义国家会通过政权与法律来维护资本私有制，以保护资本不受任何形式的威胁。这样，资本的贪婪，"无可避免地成为资本主义政治体的核心特征"③。而资本的任何变化，"相对努力决定性地向不民主、独裁和专制的国家机器中心转移"④。第三，资本占有财富的方式是多种多样的。资本不仅可以通过少数人对货币的累积实现对社会财富的占有，还可以通过其他合法的乃

---

① ［英］大卫·哈维：《资本社会的17个矛盾》，许瑞宋译，中信出版集团2017年版，第33页。
② ［英］大卫·哈维：《资本社会的17个矛盾》，许瑞宋译，中信出版集团2017年版，第77页。
③ ［英］大卫·哈维：《资本社会的17个矛盾》，许瑞宋译，中信出版集团2017年版，第28页。
④ ［英］大卫·哈维：《资本社会的17个矛盾》，许瑞宋译，中信出版集团2017年版，第47页。

至非法的方式,如暴力、欺诈、掠夺等对社会财富进行占有。不仅可以通过商品化方式,还可以通过非商品化方式对社会财富进行占有。"资本巨大的弹性,能以无数种其他方式把公共财富据为己有。"① 第四,劳动与资本被看作一种广泛的契约关系。这种广泛性存在于任何市场以及任何企业、任何社会组织之中。因此,劳动关系不仅是一种广泛的经济关系,也必然是一种政治关系或阶级关系。自然,劳动者被资本剥离的现象不仅存在时间上的广泛性,也存在空间上的广泛性。第五,资本对社会的控制及垄断是其基本特征。资本为达到消除劳动者独占技能的可能,会加强对劳动的控制;资本为了进一步实现全球扩张,会控制地域发展,以各种时空修复手段,再造出新的区域分工、资源复合体等;资本为了把社会再生产的成本外部化,迫使劳动者成为满足资本需要的工具,资本将通过新自由主义政治的运作,及个人主义、自我中心和消费主义的宣传,牢牢控制社会再生产……因此,反垄断并不能根本改变资本主义的内在矛盾。第六,资本本身就是矛盾。资本内部不仅有"根本的矛盾",还有"危险的矛盾"。根本矛盾表现为使用价值与交换价值的矛盾、劳动的社会价值与它的货币表现形成的矛盾、私人财产与资本主义国家的矛盾、私人占有与公共财富的矛盾、资本与劳动的矛盾、作为过程的资本与作为物的资本的矛盾、生产与产品实现的矛盾等。而在根本矛盾主导下,技术与工作、社会的分工、垄断与竞争、地域发展与空间生产、收入与财富状况、社会再生产以及自由与控制等领域,都会产生激烈的变化。变化的矛盾运动在资本的全部领域互动或干扰,为改变资本主义提供了可选择的路径及政治计划。但是,当资本主义经济引擎的运行达到无止境的复合增长、人性的反叛及资本与自然界关系崩坏之时,就会形成三个现实社会最为危险的矛盾,这时预示着强大的社会变革即将来临。

尽管大卫·哈维将社会矛盾看作资本"内生"的,但也无法回避资本"外生"的社会力量,这种社会力量表现为当代人工智能、互联

---

① [英]大卫·哈维:《资本社会的17个矛盾》,许瑞宋译,中信出版集团2017年版,第52页。

网及大数据带来的生产力的作用。这种社会科技进步力量意味着资本体制吸引及剥离劳动力的"最后阶段"。正如大卫·哈维认为的,"许多人寄厚望于'基于知识'的资本主义,而生物医学、基因工程和人工智能是当中的焦点"①。但大卫·哈维并没有将其作为资本"内生"的力量。他根据资本的历史和逻辑,认为科学技术特别是以人工智能为代表的当代科学技术,从五个方面激化了社会与资本的尖锐矛盾。第一,加强了资本积累、资本效率及资本的赢利能力;第二,加强了资本流通速度并加速了"经由时间消灭空间";第三,持续加强价格信号及其他信息,发扬资本生产要强化的观念,引导市场决策及相应活动;第四,强化信息技术的创新,从而通过货币金融的运作不断掀起资本剥夺及投机浪潮;第五,增强资本控制劳动的能力。这些观点构成了大卫·哈维社会矛盾理论的延伸部分,是他对其资本矛盾理论的重要补充。但是,笔者认为,以人工智能为代表的生产力,并不是简单的资本矛盾的外生因素,而是造成资本矛盾运动的决定因素。

二 人工智能的发展:大卫·哈维社会矛盾理论的反思

在大卫·哈维看来,资本是一个封闭的系统,其矛盾运动只是资本"内生"的矛盾运动,以人工智能为代表的高新技术只是催化资本矛盾运动的"外生"力量。"虽然新科技和新组织形式,向来对我们摆脱危机大有帮助,但它们从不曾发挥决定性的作用。"② 以人工智能为代表的高新技术只是提高资本赢利的工具。"组织形式(例如当代公司的控制结构、信贷系统和准时制度 just-in-time 输送系统)和机器人使用的软件、数据管理、人工智能与电子银行对赢利能力一如各种硬件那么重要。"③ 同时,大卫·哈维在社会矛盾的分析过程中,把人工智能为代

---

① [英]大卫·哈维:《资本社会的17个矛盾》,许瑞宋译,中信出版集团2017年版,序言。
② [英]大卫·哈维:《资本社会的17个矛盾》,许瑞宋译,中信出版集团2017年版,第139页。
③ [英]大卫·哈维:《资本社会的17个矛盾》,许瑞宋译,中信出版集团2017年版,第75页。

第六章 人工智能与当代资本主义的经济社会矛盾

表的先进技术看成为了资本谋利,并阻止劳动者在新技术重新界定技能的过程中获取优势形成可独占的技能的一种工具。"资本想做的可能不是消灭这种技能(程序设计这种技能,最终或许可以利用人工智能消灭),而是通过大量提供培训机会,防止这种技能被某些劳动者独占。"[①] 他也注意到了当代高新技术的出现,使技术的表现形态日益复杂的现实,例如人工智能及与电子和计算机相关的领域,已出现了全新的变化。包括美国在内的发达国家的许多职业及工作标准或规格,乃至"近年来,国家监管机构(例如美国的食品药品管理局、金融监理局和证券交易委员会等)之中的专业工作,也出现惊人的增长"[②]。

即便如此,大卫·哈维对以人工智能为代表的高新技术的认识也是有相当局限性的,因为他并未把它们作为革新社会生产力的内容及形式,也并未将其看作导致资本社会灭亡的原因。大卫·哈维一方面认为资本这个封闭的矛盾体存在许多导致社会冲突和贫富悬殊的尖锐问题;另一方面却坚信资本的力量可以超越以人工智能为代表的当代高新技术的冲击,这就暗含了资本"永恒性"的理念。他仅把人工智能等科学技术看作人们摆脱贫困的手段与方法,并不认为它们是改变社会的强大力量。资本系统中的矛盾,"在于自动化和人工智能如今提供大量方法,可帮助我们达成马克思所梦想免于贫困的自由,但与此同时,资本的政治经济法则却使这种自由越来越不可及"[③]。大卫·哈维还从另一个角度进行了论述,即人工智能等高新科技对劳动者可能获得优势的技能类型造成了严重影响,继而形成了只有少数劳动者保留工作机会,而绝大部分从事传统生产工作的劳动者及一般服务业劳动者将丧失工作机会的窘境,来说明资本的强大和难以战胜,从而进一步表明了他对人工智能等高新技术的社会改革力量的忽视。"技术应用的快速演变,尤其是我们

---

① [英]大卫·哈维:《资本社会的17个矛盾》,许瑞宋译,中信出版集团2017年版,第98页。
② [英]大卫·哈维:《资本社会的17个矛盾》,许瑞宋译,中信出版集团2017年版,第99页。
③ [英]大卫·哈维:《资本社会的17个矛盾》,许瑞宋译,中信出版集团2017年版,第176页。

之前提过的机器人和人工智能方面的进展,已经根本改变了可赋予劳动者优势的技能类型,而教育体系则往往笨拙地勉力赶上新需求"①,即认为这种状态虽对资本系统内部形成了新的矛盾,但并不影响资本的生命力。

事实上,与大卫·哈维同时代的不少著名学者也对人工智能等当代高新技术有着新的不同认识。第一,人工智能为代表的科学技术的发展,与马克思主义理论是与时俱进的,且当代科技的发展,仍适合马克思主义的理论创新所阐明的规律。"美国学者海尔隆纳在他的著作《马克思主义:赞成与反对》中表示,要探索人类社会发展前景,必须向马克思求教,人类社会至今仍然生活在马克思所阐明的发展规律之中。"②

第二,人工智能代表的高新技术的发展,并不会囿于包括资本在内的"封闭系统",而是不断地创新,会打破原有的秩序及封闭状态。技术越是精密,越"高科技",便越像生物。"自然本身是一直在求新,人性亦然。"③"作为解释现象的概念,开放性,未定性和持续求新正压倒秩序、封闭性和均衡。"④ 正因为如此,以人工智能为代表的高新技术总是以新的形态淘汰旧的形态,进行"创造性破坏"⑤。所以,资本社会绝不会像大卫·哈维所描述的那样是不变的、永恒的。整个社会会通过多种形式,"创造出更多新技术和新问题。使得经济永远处于一种欢迎改变的状态,永远在求新。经济永远处于一种自我创造的过程中,永远不满足……经济永远都在自我建构"⑥。这种思想揭示了以人工智能为代表的高新技术对解决资本主义内部矛盾,冲破资本"封闭系统"的先进性和革命性。

---

① [英]大卫·哈维:《资本社会的17个矛盾》,许瑞宋译,中信出版集团2017年版,第160页。
② 习近平:《在哲学社会科学工作座谈会上的讲话》,《人民日报》2016年5月19日。
③ Alfred North Whitehead, *Process and Reality*, New york: Free Press, 1969, p. 33.
④ Arthur, *The Nature of Technology*, New York: Free Press, 2009, p. 211.
⑤ Joseph Schumpeter, *Capitalism, Socialism and Democracy*, London: Routledge, 1942, pp. 82 – 83.
⑥ Arthur, *The Nature of Technology*, New York: Free Press, 2009, p. 191.

第六章　人工智能与当代资本主义的经济社会矛盾

第三，学者对人工智能为代表的高新技术冲击资本"封闭系统"的具体形式作了描述，表明了高新技术代表的生产力对固有的资本主义的生产关系框架，如劳资关系、分配关系等的革命性影响。法国《新观察家》杂志记者高兹认为，高新技术的发展会使资本主义劳动关系及分配关系变得更加脆弱，从而使矛盾更加深化。"站在总体经济学角度，一个经济体如果因为使用越来越少的劳动力，分配越来越少的工资给劳动者，必将掉进难以逃脱的失业和贫穷化陷阱。"[1] 而马丁·福特进一步认为，随着尖端技术发展，从机械和生物系统转向人工智能，不但制造业和农业的职位供给大受冲击，服务业和各种专业也无法幸免，将对经济产生灾难性的冲击[2]。因此，马丁·福特得出结论，"容许数以百万计的这种职位被消灭，同时完全没有具体方案处理由此产生的问题，显然将造成灾难"[3]。

第四，以人工智能为代表的高新技术会促使反资本主义的社会力量的增强。由于以人工智能为代表的高新技术的兴起，使社会生产关系表现的各个方面均发生重大变化，因为这些高新技术代表的生产力具备的强大动力，必然引起这些变化，而不仅仅是"技术问题引起的政治问题"[4]。因此，一些与大卫·哈维同时代的学者认为，从历史与现实的情况看，对抗高新技术的新兴形态的企图注定是要失败的，在人工智能为代表的高新技术发展的今天，尤其是这样。在当今情况下，社会劳动正变得不重要，人们力图维持的许多行业的工作正逐渐消失，资本越来越依靠虚拟资本获得巨额价值。社会底层的更多人，特别是女性及有色人种未来很可能将承受更多负担[5]。而有的学者如马丁·福特认为，在

---

[1] André Gorz, *Critique of Economic Reason*, London and New York: Verso, 1989.

[2] ［英］大卫·哈维:《资本社会的17个矛盾》，许瑞宋译，中信出版集团2017年版，第85页。

[3] Martin Ford, *The Lights in the Tunnel: Automation, Acclerating Technology and the Economy of the Future*, USA: Acculant Publishing, 2009, p. 62.

[4] ［英］大卫·哈维:《资本社会的17个矛盾》，许瑞宋译，中信出版集团2017年版，第90页。

[5] Melissa Wright, *Disposable Women and other Myths of Global Capitalism*, New York: Routledge, 2006.

这样的状态下，所有闲置及多余的人将如何生活（遑论提供一个市场）？所有的反资本主义运动都必须发挥想象力，针对这一问题提出可行的长期方案。而资本面对矛盾，演变成必然内化为反资本主义政治中的巨大矛盾①。

第五，以人工智能为代表的高新技术的现实对马克思主义理论的验证。英国学者伊格尔顿认为，在当代，以人工智能为代表的高新技术，将证明马克思对未来社会的预见。因为这时我们可以充分利用自动化和人工智能，"把人们从无意义的劳动中解放出来，而不必将很多人绑在这样的劳动上"。"因为对马克思而言，社会主义是我们集体决定自身命运的起点。它是非常认真的民主，而非（多数时候）仅为一种政治伪装的民主。这种情况下，人们变得比较自由，意味着我们将难预测他们周三下午5点时将在做什么。"② 实际上，大卫·哈维面对当代高新科技的发展，也是赞赏伊格尔顿的观点的。一些学者还通过揭示当代高新技术对人们生产消费的巨大影响从而加剧资本主义的矛盾，反证了马克思"人的全面发展"理论的科学性。高兹认为，"如果节省工作时间无助于解放时间，如果获得解放的时间并不是用于个体自由的自我实现，这些省下来的工作时间是完全没有意义的"③。

显然，大卫·哈维关于以人工智能为代表的高新技术与资本关系的讨论，即便在西方理论界也未能达成共识。许多学者把人工智能为代表的高新技术作为生产力的重要促进因素，作为社会资本运动矛盾的重要影响因素，而不仅是资本体系内部的次要因素，这与大卫·哈维是根本不同的。

三 人工智能的突破：大卫·哈维社会矛盾理论的实践悖论

大卫·哈维认为，资本本身就是一个封闭的大系统，这个系统内部存在着各种纷繁复杂的矛盾。作为人工智能、互联网、大数据这类的高

---

① [英]大卫·哈维：《资本社会的17个矛盾》，许瑞宋译，中信出版集团2017年版，第90页。
② Terry Eagleton, *Why Marx Was Right*, New Haven: Yale University Press, 2009, pp. 75–76.
③ André Gorz, *Critique of Economic Reason*, London and New York: Verso, 1989, p. 184.

新科技，是资本系统内诸多矛盾因素的一部分。因此，以人工智能为代表的高新技术无论如何发展，也只是资本系统中微不足道的力量。他认为，应当摒弃促进技术革新的专家，使"经济向零增长状态靠拢"，"借由自动化、机器人和人工智能的应用，减少技术分工"，"行政、领导和治安职务，由族群中的个体轮替。我们获得解放，不再受专家统治"[1]。大卫·哈维的这种思想，表明了他对人工智能为代表的高新技术与资本系统形成的社会系统之间关系上的态度，即人工智能等高新技术的运用只能够在促使经济零增长的方向上发生作用；人工智能等高新技术将减少社会技术分工；社会分工会随技术分工的减少乃至消除而消除；人类的解放不在于资本系统被打破而在于专家统治的结束。同时，他的思想还隐含了这样一个理念：人工智能为代表的高新技术，是无法冲破资本封闭系统的。但当今社会人工智能为代表的高新技术的发展现实，与大卫·哈维的理论构成了实践悖论。

第一，以人工智能等为代表的高新技术不断促进经济大增长，无法使经济向零增长靠拢。当前以人工智能为代表的高新技术正以强大的冲击力促进经济的飞速发展。从微观角度看，人工智能等高新科技的工作效率可以是人工的10倍、100倍、1000倍乃至更多，从而为经济的增长提供了无限可能。如中国德勤公司开发的德勤智能机器人工作效率是一般财务人员的10倍以上[2]。有专家测算，在理论上，人工智能"可以使劳动生产率无限提高"[3]。从宏观上看，人工智能等高新技术促进社会经济增长的速度极快，美国、欧盟、俄罗斯、中国均是如此。据统计，目前全球GDP中22%的经济增长与人工智能、大数据等有关，"到2025年，则超过50%的GDP与其有关"；"2017年中国数字经济规模达到人民币27.2万亿元，占GDP比重达32.9%，居全球第二位"[4]。显

---

[1] [英]大卫·哈维：《资本社会的17个矛盾》，许瑞宋译，中信出版集团2017年版，第256页。

[2] 《财务机器人来了，效率相当惊人，又一行业即将大洗牌》，经济日报网，http://news.sina.com.cn/0/2017-09-26/doafymerrnt6954582.shtml。

[3] 蒋南平、邹宇：《人工智能与中国劳动力供给侧结构性改革》，《四川大学学报》（哲社版）2018年第1期。

[4] 王辉耀：《数字经济时代的全球治理》，《北京青年报》2018年9月23日第2版。

然，实践表明，在人工智能等高新技术背景下，不存在经济"向零增长靠拢"的迹象。

第二，以人工智能等为代表的高新技术加强了新的技术分工。根据大卫·哈维的理论，似乎以人工智能为代表的高新技术，会使技术分工减弱。但实际上，现实社会的技术分工却是进一步增强的，只不过表现为它们向各个领域渗透和参与的力度更大罢了。例如，近年来中国在司法方面，最高人民检察院于2017年9月26日召开了"全国检察机关智慧检务工作会议"，提出了"人工智能+司法"的为民模式，以新的工作模式，展现在社会司法领域。在电子科技领域，百度、科大讯飞、海康威视等公司，已在自动驾驶、人脸识别、语言识别、智能安防等人工智能方面作出了新的成绩。在制造业领域，中国的许多公司将人工智能同各行业的需求紧密结合，推出了人工智能系列产品，迈出了人工智能泛在化的关键一步。在社会生活领域，人工智能渗透"人工智能+煤矿""人工智能+公交""人工智能+停车场""人工智能+健康、医疗"等方面，使这些领域更显活力。在教育服务领域，"人工智能+教育"的新形式不断出现，"沪江问答""Hitalk天天练口语""人工智能+人的智能"等各种工作形式层出不穷。在金融投资领域，人工智能在智能投资顾问、预测及反欺诈、征信与风控、安全监控预警、智能营销客服、投资决策、保险定价等方面大展身手，以致有的专家认为，"人工智能最好的应用领域之一是金融领域"[①]。显然，人工智能不是缩小了技术分工，而是通过对各领域的渗透，使技术分工更科学、更细密、更有应用价值。

第三，以人工智能为代表的高新技术使社会分工更加高级化与专门化。就社会分工而言，它是相对于以年龄、性别划分的自然分工而言的分工。社会分工是按社会需要而形成不同产业、职业的分工。随着人工智能等高新技术的大发展，产业及职业的新变化促使社会分工也会发生新的变化，但社会分工不会消失。前已所述，人工智能为代表的高新技术使技术分工更科学、更细密、更有运用价值，从而导致了社会产业及

---

① 李开复：《对人工智能的看法》，《商学院》2017年9月15日。

相对应的职业更加专门化、细密化，但在形式上、内容上表现为更加智能化。因此，人工智能等高新技术没有在当代社会使社会分工消除，只是代替人们进入了更精细、更高级的社会分工领域。据牛津大学的专家们的调查，以人工智能为代表的高新技术对三大产业各行业的岗位有相当大的取代概率（见表6-1）。

表6-1 三大产业各个行业岗位被取代的概率

产业	行业工作岗位	被取代概率(%)	产业	行业工作岗位	被取代概率(%)
1	操作农用机械人员	96	—	—	—
2	快餐加工员	86	—	—	—
2	电子产品生产线员工	94	—	—	—
2	低技术含量实验员	99	—	—	—
3	服装销售	80	3	厨师、快餐业者	81
3	超市工作人员	76	3	酒吧服务生	77
3	开大卡车人员	82	3	快递员	90
3	信贷员	98	3	保险人员	90
3	前台接待及信息类人员、导购	96	3	狱警	80
				士兵	82
3	法律助理及高级律师	94	3	家政保洁	93
3	零售行业导购员	92	3	收银员	99
3	出租车司机、专职司机	89	3	演员、时装模特	82
3	保安	84			

资料来源：根据牛津大学迈克尔·奥斯本等调查报告整理。

显然，在以人工智能为代表的高新技术作用下，三大产业的许多行业岗位将被极大可能地替代。但要注意的是，它们替代的是人们从事的职业，而不是替代的社会分工，更不是消除社会分工。正如马克思指出的那样，科学技术的发展只是消除旧的分工，而不是消除社会新的分工。这样会使人们使用更少的直接劳动就能创造出极大地满足社会物质与精神需要的产品，从而使人们将更多的时间及精力投入自主的科学研究及自己有兴趣的活动，真正促使"人的全面发展"。

第四，以人工智能为代表的高新技术的发展需要更加高级的专家。根据大卫·哈维的理论，冲破资本的封闭系统从而实现人的解放，必须要摆脱专家的统治。一般认为，"专家的统治"在于两个方面。其一，人们在各个领域服从于专家的权威；其二，各个技术、社会领域仍然充斥着专家。因此，摆脱"专家的统治"，即要使上述两种情况消失。然而研究表明，当代社会却应"大力培养人工智能发展的高素质人才，使人工智能在设计、制造、运用、控制、维护等各个环节能安全、健康、高效地进行"，"大力培养人工智能发展方面的高素质人才是优化中国劳动力供给侧结构，实现可持续劳动力战略的关键"[①]。显然，这些高素质人才仍是专家。此外，从实际情况看，人工智能为代表的高新技术的发展，使人才结构进一步分化。一般技能的"专家"将迅速淘汰，如一般医师、一般教师、一般法律人员等；另一部分高端的人工智能领域的研发、整合、控制及相关领域的高级专家则供不应求，社会更加需要。根据牛津大学迈克尔·奥斯本等的研究成果（见表6-1）也可看出这个特点。因此，以人工智能为代表的高新技术的发展，仍会使各个技术及社会领域充斥着专家，而且充斥着更高级的专家，在各个领域仍会充斥着高级专家的作用或权威。

第五，以人工智能为代表的高新技术代表先进生产力，将突破现有的资本系统。在马克思主义看来，科学技术是代表生产力的，"生产力中也包含科学"[②]。邓小平同志更是强调"科学技术是第一生产力"[③]。显然，以人工智能为代表的现代科学技术，会使社会生产的劳动者的劳动数量和质量大大提升，会使劳动者的素质大大提升；会对劳动资料大力改进，会对劳动对象的品质大力提高；同时对劳动者、劳动资料及劳动对象更加优化协调，从而大力提升现代生产力。前述人工智能等高新技术带来的经济社会成就，从实践上也证明了这一点。同时，当代社会

---

① 蒋南平、邹宇：《人工智能与中国劳动力供给侧结构性改革》，《四川大学学报》（哲社版）2018年第1期。
② 《马克思恩格斯全集》第4卷下，人民出版社1980年版，第211页。
③ 《邓小平文选》第3卷，人民出版社1993年版，第274页。

生产力的大发展，也带来生产关系（如资本主义制度的变化以及如传统的所有制关系）由一般生产资料（土地、设备、工具）等的占有关系开始转变为人工智能及其相关过程的占有关系；传统的分配关系由产品财富分配转向虚拟财富、人工智能财富产品的分配关系，从而形成社会关系的大变局。当然，根据大卫·哈维的观点，人工智能等高新技术仅是作为封闭的资本系统内在矛盾的一个要素，是无法作为内生因素突破这个系统的。

理论与实践说明，人工智能等高新技术是作为整个社会的内生变量，作为整个资本系统的外生变量的生产力，正在改变社会关系，特别是资本关系。因此，人工智能代表的高新技术，是可以突破封闭的资本系统的。

四 分析与比较：社会矛盾如何解决

大卫·哈维将资本看作一个封闭的系统，认为当前的资本社会存在17个矛盾，这些矛盾的外在表现即是马克思早已提出的资本主义经济危机。哈维认为矛盾有潜伏的，也有明显的，摆脱矛盾的方法之一是创新。在资本主义社会里的矛盾极少得到彻底解决，只能将它转移。因此，"创新"与"转移"是大卫·哈维解决资本社会矛盾的两大思路。产生这些矛盾的原因，在于资本的根本矛盾、变化的矛盾以及危险的矛盾，而基于对这些矛盾的分析，他认为在"资本存活下去的代价将是多数人类无法接受的"[①] 时候，必须有可以用来替代资本经济引擎的方案。这个方案就是所谓"革命的人道主义"，即"相信我们可以借由自觉的思想和行动，让世界和我们变得更美好，这个信念界定了一种人道主义（或人文主义）传统"[②]。而这种人道主义的出现，在于施用暴力可能产生的危险后果，因而它成为一种必然的选择。这种革命的人道主

[①] [英] 大卫·哈维：《资本社会的17个矛盾》，许瑞宋译，中信出版集团2017年版，第294页。

[②] [英] 大卫·哈维：《资本社会的17个矛盾》，许瑞宋译，中信出版集团2017年版，第314页。

义"它与资产阶级自由人道主义大不相同"①。而施行这种革命的人道主义的具体措施,大卫·哈维将其归结为 17 条建议,包括:优先为所有人直接提供足够的使用价值,而不是追求利润最大化;创造一种限制私人积累金钱,促进流通的交易工具;以共同权利制度代替私有财产与国家权力的对立;私人占有社会权利应受经济及社会约束;由联合起来的生产者化解劳资之间的阶级对立;良好的社会自由活动环境的慢生活节奏;联合的群体决定生产活动;创造生态的新技术及组织形态;借助人工智能等高技术,减少技术分工;由公民社团来分散竞争能力,集中使用生产工具;由区域社团处理各种规模(生物区、洲和全球)的共同问题;消除物资供应上的所有不平等;消除为远方的他人所做的必要劳动及再生产劳动中的差别;人人享有平等福利,保障自由的物质基础;经济向零增长状态靠拢;尽快利用自然力量才是人类需要,尽可能保护生态系统;创造有尊严、自信的自我与集体,使社会持续演化②。

  显然,大卫·哈维解决封闭资本系统矛盾的方案,主要不在资本系统内部,而在资本系统外部。通过"革命的人道主义"的方案,来"转移"和"创新"使矛盾解决的各种因素和条件。从他提出的 17 条具体措施来看,"转移"的因素应包括使用价值、共同权利制度、私人占有社会的权利、联合起来的生产者、慢生活节奏、联合的群体、人工智能等高新技术、公民社团、区域社团、物资供应、劳动差别、自由的物质基础保障、零经济增长、满足需要的生态系统等。而"创新"的因素包括创造新的交易工具、创造生态新技术及组织形态、创造可使社会持续演化的自我与集体等。归纳起来,可以认为大卫·哈维对资本封闭系统的解决,依赖外部的力量。无论是"创新"还是"转移"的途径和具体内容,都是通过革命人道主义来实现的。因此,解决资本系统的内在矛盾的主体、方法、途径都非革命的人道主义莫属。他提出的革

---

① [英] 大卫·哈维:《资本社会的 17 个矛盾》,许瑞宋译,中信出版集团 2017 年版,第 319 页。

② [英] 大卫·哈维:《资本社会的 17 个矛盾》,许瑞宋译,中信出版集团 2017 年版,第 255—257 页。

命人道主义,实际是法农提倡的革命的人道主义的继续。其内涵是,通过有限度的、让人恢复人性的革命,让人类(特别是资本所有者)具有自由的思想并把自己及世界变得更加美好的一种行动。在这里,革命不是暴力,或主要不是暴力,也不是改革式的非暴力革命,而是一种有限的劝导式压制。正如大卫·哈维所说,"一如法农,我在这里提出暴力问题,不是因为我与他支持暴力","革命人道主义必须为此危机提供某种哲学答案,为面临初期悲剧的人提供一些慰藉"①。

大卫·哈维在阐述其革命人道主义理论时,对马克思早年提出的人道主义思想作了区分,认为自己的革命人道主义才能将马克思《资本论》与《1844年经济学哲学手稿》中马克思的思想统一起来。但实际上大卫·哈维的革命人道主义已与马克思主义基本原理,特别是解决资本社会矛盾问题的原理相去甚远。

第一,马克思主义认为,任何社会的发展,都是社会内部矛盾运动所致。这就是说,社会的发展变化,是由其内部的矛盾因素对立统一所推动的。其外部因素只是社会运动的条件,并不是决定因素。资本社会的经济矛盾,正是在于资本社会内部私人劳动与社会劳动表现为生产的社会化和生产资料资本主义私人占有之间的矛盾。这对矛盾的对立统一,导致资本主义社会过渡到社会主义、共产主义。之所以得出这样的结论,在于马克思主义经典作家从对立统一规律这个唯物辩证法的根本规律来分析矛盾和矛盾的性质,以寻求解决社会矛盾的途径和方法。这与大卫·哈维从资本社会外部去寻找解决社会的资本矛盾的方法有本质的区别。

第二,马克思主义分析和解决社会矛盾的根本方法是唯物辩证法。在研究社会矛盾的过程中,马克思以唯物辩证法为根本方法。正如马克思所说,他研究资本主义社会矛盾关系的《资本论》,"正是辩证方法"②。正是唯物辩证法的运用,使其揭示了资本主义社会内部矛盾,

---

① [英]大卫·哈维:《资本社会的17个矛盾》,许瑞宋译,中信出版集团2017年版,第250—251页。
② 《马克思恩格斯文集》第5卷,人民出版社2009年版,第21页。

从而建立起历史唯物主义及剩余价值的理论,成为马克思对社会产生深刻影响的两大最重要的发现和贡献。因而马克思认为,唯物史观是"我所得到的,并且一经得到就用以指导我的研究工作的结果"①。列宁对此也作了高度评价。"自从《资本论》问世以来,唯物主义历史观已经不是假设,而是科学地证明了的原理。"②而大卫·哈维在分析资本社会的矛盾时,尽管借用马克思主义思想,但却将马克思主义归结为革命人道主义的一部分。"我喜欢的马克思是一位革命的人道主义者,而不是目的决定论者","我认为他的大部分著作,无论是历史还是政治经济学方面的论述,是支持革命人道主义的"③。甚至他认为要"遵循马克思的方法,但未必接受他建议的方案"④。可以看出,对于马克思运用唯物辩证法形成的解决资本主义社会矛盾的结论,大卫·哈维是不认可的,至少他对马克思的方法论与世界观采取了割裂态度。大卫·哈维解决资本社会内部矛盾的方法是"世俗与宗教的人道主义结合"的方法。"在我看来,为了反抗各种形式的异化和根本改变受资本支配的世界,我们迫切需要明确,有力地提出一种可以与基于宗教人道主义结合、世俗的革命人道主义"⑤。

第三,马克思主义认为,科学技术促进的生产力与生产关系的矛盾是包括资本主义社会在内的任何社会的基本矛盾。资本社会的基本矛盾,在大卫·哈维看来是资本本身的矛盾,以人工智能为代表的高新技术只是改变劳动者的技能,影响劳动者就业的简单关系。即是说科学技术只是资本系统内部矛盾的一个具体影响因素,而其对社会的作用微不足道。但马克思主义认为,包括人工智能在内的科学技术,是促进生产力发展的重要因素。它通过提高劳动者素质和技能,甚至通过高效地替

---

① 《马克思恩格斯文集》第 2 卷,人民出版社 2009 年版,第 591 页。
② 《列宁选集》第 1 卷,人民出版社 1995 年版,第 10 页。
③ [英] 大卫·哈维:《资本社会的 17 个矛盾》,许瑞宋译,中信出版集团 2017 年版,第 190 页。
④ [英] 大卫·哈维:《资本社会的 17 个矛盾》,许瑞宋译,中信出版集团 2017 年版,第 9 页。
⑤ [英] 大卫·哈维:《资本社会的 17 个矛盾》,许瑞宋译,中信出版集团 2017 年版,第 247 页。

代人力，改善劳动资料与劳动对象，以及更科学地促进劳动者、劳动资料与劳动对象的结合，直接形成生产力。而发展着的生产力，决定着生产关系的改进性变化，这也是资本社会矛盾存在、发展，最后被更高级的社会形态即社会主义、共产主义所替代的根本所在。因而资本社会的矛盾，归根到底，仍是生产力与生产关系之间的矛盾。

第四，马克思主义解决资本主义社会在内的任何社会矛盾的政治方案均是立足于实践的。马克思主义理论的立足点和归宿均是社会的实践，且马克思主义认为社会实践也是检验理论和解决任何问题方案的标准、依据。正因为如此，马克思分析资本主义社会的各种矛盾，均是从社会生产实践中形成的基本关系，即生产力与生产关系之间的矛盾作为研究的主线，以揭示矛盾中显现的规律，从而提出解决资本主义社会矛盾和危机的方案。而大卫·哈维提出了 17 条建议来作为解决资本社会内部矛盾的具体方案。然而这些方案仅是在对资本主义社会表面现象的分析之后，根据法农的理论提出的革命人道主义方案。这些方案没有现实的基础，缺乏实现的条件，缺乏实践的依据，从而就沦为了空想及苍白无力的口号。大卫·哈维主张的"让经济零增长状态""放慢生活的节奏"从而换掉资本的"引擎"的方案，是否符合资本的本性，是否符合现代社会发展进步的规律。所以，这些方案值得商榷。

第五，马克思主义认为，解决资本主义内部矛盾引发的危机的方式，在于代表先进生产力的新兴力量的出现，且在阶级社会中，表现为阶级斗争。在马克思主义理论中，认为社会发展的根据在于生产力的进步。生产力的进步推动生产关系的进步，而生产力的进步主要在于重要的生产力要素即生产劳动资料的重大进步引发的更高素质、更高技能的新兴劳动者队伍的形成。他们的形成成为埋葬旧世界开创新世界的根本力量。在这种变革过程中，解决社会矛盾及危机的方式在阶级社会表现为阶级斗争。当然，这种斗争可以是流血的，也可以是不流血的；可以是暴力的，也可以是非暴力的，这对于处理和解决资本社会内部的矛盾危机也应该是适用的。然而，在大卫·哈维看来，解决资本社会内部的矛盾危机应以"创新""转移"等"革命人道主义"的方式，通过对社会成员（包括资本所有者）的"良心洗白""良心劝告"及"精神抚慰"的方式来加以解决。

综上所述，笔者认为，大卫·哈维作为一位著名的西方马克思主义学者，对当代资本主义社会内部矛盾的揭示是有重要意义的。但其论证的内容，尤其是论证的以人工智能为代表的当代高新技术与资本的关系、论证资本矛盾表现的方法、提供的资本矛盾危机的解决方案，都与马克思主义理论相去甚远。因此，他的资本社会矛盾理论并没有坚持与发展马克思主义的社会矛盾理论。

第七章　人工智能与中国劳动力供给侧结构性改革*

中央提出供给侧结构性改革以来，取得了显著的成果。但作为人口大国，中国劳动力供给侧结构性改革的任务还十分艰巨。仅以2017年大学生毕业状态为例，其人数又创历史新高，达到近800万人[①]。一方面，随着大数据、云计算、互联网+、特别是人工智能的迅速发展，形成的新业态急需高端人才；另一方面，它们的发展又不断淘汰旧业态及从业者，造成低端人才供过于求。面对这种现状，一些学者持乐观态度，他们认为从历史发展来看，每一次技术革命形成的新业态都容纳了许多就业人口，故而当前这些高新技术的发展也并不可怕；但另一些学者认为高技术的发展会给就业带来巨大冲击。所以，如何正确认识当今以人工智能为代表的高科技的发展，对推动中国供给侧结构性改革特别是劳动力供给侧结构性改革意义重大。

一　人工智能发展现状

自从人工智能机器人通过围棋赛完胜人类世界围棋冠军引起全球哗然之后，人们对人工智能更为关注。人工智能机器人不同于一般机器人，它是具有很强的人类学习能力、思维能力的人工智能与机器人结合的产物。围绕人工智能，理论与实践界均有很大进展。如阿里、富士康

---

* 本章作者：蒋南平、邹宇。原载于《四川大学学报》（哲学社会科学版）2018年第1期。

① 参见《中国教育报》2017年6月12日。

公司在情感机器人研发方面加大了投资；谷歌公司与暴雪公司合作，让人工智能机器人玩游戏；谷歌公司已开发了可替代人类做复杂工作的人工智能系统；日本等国已开发了强大功能的类人机器人；等等。一些学者认为，"人工智能有情感，但不会主导地球"；但更多的人认为，"人工智能在迅速发展的同时，会带来更多的困惑与挑战"[①]。由此引发了理论界的争论及反思。例如，具有人工智能的机器人伤了人，由谁担当；无人车撞伤了人，该由何主体负责；人与人工智能出现类夫妻、父女感情，将如何适用伦理规范；等等。尽管20世纪50年代美国人阿西莫夫就提出了所谓"机器人三大定律"，即机器人不得伤害人，也不能见人受伤害无动于衷；机器人应服从人的一切命令，但不得违反第一定律；机器人应保护自身安全，但不得违反第一、第二定律。可现实情况表明，人们对人工智能的拷问、关注乃至恐惧早已超出了法律、伦理的范畴，直接间接地影响到了人类经济社会，特别是从多个方面侵蚀人类的从业领域。

其一，司法方面。最高人民检察院2017年9月26日召开了"全国检察机关智慧检务工作会议"，提出了"人工智能+司法为民"模式，以拓展司法为民的新形式，极大地减少了人的检务工作。上海市通过运用人工智能，已将单一的"12309"举报电话发展为9大服务的综合服务平台，从而节省了大量人力。贵州省已建成贵州检察"12309"网上网下一体化服务平台，整合了包括微博、微信、互联网站在内的7种服务途径，极大地节约了人工服务时间。浙江省通过人工智能的运用及监控，破获了全国首例利用人工智能犯罪的案例，这是以前人工难以做到的。

其二，电子科技领域。2017年9月26日，"全国三维显示技术与产业发展高端论坛"在北京召开。会上，全球首个人工智能3D内容的自动制作平台"峥嵘的人工智能立体设计师"上线，它做到了全球唯一的实时3D转换，开启了人工智能影视制作的首次变革。而在3D转

---

① 《你会爱上机器人吗？》，人民网，http://scitech.people.com.cn/n1/2017/0710/c1057-29393388.html。

制的时效方面，这个平台的效率是人类立体设计师的 1250 倍。此外，百度、科大讯飞、海康威视等公司，已在自动驾驶、人脸识别、语言识别、智能安防等人工智能领域迈出了新步伐，这些成就，大大节省了人力。而聚力维度进一步把人工智能与影视行业结合，开创了人工智能新领域。

其三，制造业领域。中国广东省致力于立足制造业来发展人工智能产业。该省通过在佛山市召开的"全球机器人展示大会"，形成了很好的平台，推动了人工智能的大发展。而深晶科技公司又迈出了人工智能泛在化的关键一步，该公司将人工智能与各个行业的需求有机结合，推出了人工智能系列产品。

其四，社会生活领域。目前深晶科技公司已推出"人工智能+煤矿""人工智能+公交""人工智能+停车场"等产品，形成了警情流转闭环、自动预警、自动停车识别及智慧服务等。而在四川成都，西南首家人工智能超市在菁蓉镇落户，这是继 2016 年年底亚马逊首个全球无人超市、阿里巴巴无人超市的升级版，是无人值守的全智能线下体验店。浙江卫健科技公司基于慢性疾病管理推出了"人工智能+健康减脂技术"的智能健康服务平台——"变啦"，实施数字健康管理模式，给健康市场注入新活力。

其五，教育服务领域。四川省成都市推行了公办及民办学校的"人工智能+教育"的有益尝试，引发了教育行业的深刻变化。他们通过教育在人工智能和大数据领域的探索，推动着学生更好的个性化学习体验，提高了教育质量和管理水平。在上海互联网学习平台沪江公司、自贸区基金公司和皖新传媒公司旗下的基金公司深度合作，将人工智能与在线教育相结合，已推出 Uni 智能学习系统和"Hitalk 天天练口语""沪江问答"等智能教育产品。Hitalk 结合了"人工智能+人的智能"，能基于丰富的数据采集和智能化自适应学习匹配，还原真实的口语运用场景。实时互动在线教育平台 CCtalk 已有了万余名教师及数千家内容提供商入驻，产生课程达 85 万节（学时）以上，互联网教育规模达 2000 亿元以上的效益。

其六，在金融投资领域。自 2017 年 3 月人工智能有关内容被写入政府工作报告之后，人工智能就受到投资市场深度关注。不少人正在寻求"人工智能＋金融"项目的投资机会。"因为金融行业具有数据完备、对结果反馈足够迅速、付费意愿强烈、民众心理接受门槛低等特点，所以人工智能的应用将会更快。"① 从中国 A 股 34 家人工智能概念公司的情况来看，据主攻视觉识别的海康威视（002415.SZ）在 2017 年中报中净利润实现 32.76 亿元，是排名第二的东华软件（002065.SZ）的 5 倍多。所以有学者认为，"人工智能最好的应用领域之一是金融领域，因为金融领域是唯一的纯数字领域"②。当前，人工智能在金融领域已广泛运用于智能投资顾问、预测和反欺诈、征信与风控、安全监控预警、智能营销客服、投资决策、保险定价等方面。

二 人工智能对劳动力供给侧结构的影响

据上述分析，人工智能对就业领域带来巨大的冲击，这种冲击带来的新业态的产生从而催生新的劳动力的需求远少于它排斥的现有就业领域的劳动力，从而会造成更多的失业人口。据网易智能报道，"在未来，流行音乐将由机器制作"，"AI（指人工智能）将替代音乐人"③。"无论公职人员是否愿意，人工智能必然要部分替代公职人员工作，这是浩浩荡荡的历史大趋势。"④ 英国白金汉大学校长塞尔登预测，"未来 10 年会掀起新一轮的科技革命，旧有的教育模式将会被摒弃，而人工智能将取代教师"⑤。"许多人工翻译工作者感慨，作为翻译，看到人工智能＋机器翻译时，我理解了 18 世纪纺织工人看到蒸汽机时的忧虑与恐惧。"⑥ "机器人厨房助手使柜台点单信息通过一套配套系统直接传递给

---

① http：//news.sina.com.cn/c/2017－09－26/docifymenmt6952723.shtml.
② 李开复：《对人工智能的看法》，《商学院》2017 年 9 月 15 日。
③ 《AI 替代音乐人！专家称 AI 创造的音乐属于艺术？》，网易，http：//tech.163.com/17/0926/08/CV8C8HM500098IE0.html.
④ 《人工智能时代，哪类公职人员会被替代》，《新京报》2017 年 7 月 6 日。
⑤ 《教育机器人风口будет至 人工智能会取代教师吗》，中国智能制造网，http：//www.gkzhan.com/news/Detail/104073.html.
⑥ 《人工智能替代人工翻译 机器翻译世界杯谁能赢？》，网易新闻，http：//tech.caijing.com.cn/20170920/4334445.shtml/。

机器人，无须人工参与"，"它的最大特点在于'手艺'完全基于人工智能和机器学习能力"①。《中国经济周刊》援引一位专家的看法，"10年内，人工智能将取代50%人类的工作"②。还有网络报道"人工智能为招聘提升了效率"③。更有甚者，中国泉州市丰泽区检察院还采用"人工智能"来化解当事人的心结④。《中国经济日报》发表了一位专家的观点称，"我们预计到2025年，基础财务可能会被机器人替代"⑤。而虎嗅网报道，"在金融领域，一批人正在被人工智能取代，上演残酷大清洗"⑥。现实情况表明，人工智能的冲击在当前乃至未来的一段时间中，将会极大地改变中国劳动力供需状况，从而严重影响中国劳动力供给侧结构性改革。

  劳动力供给侧结构，是指劳动力供给方面的质量和数量的比例关系及运行机制。针对中国劳动力供给现状，不少专家早在20世纪末就认为中国劳动力的红利已趋于消失，因此必须通过其他方式来弥补因劳动力红利消失造成的经济效率的抵减。一些学者还认为，中国由于劳动力供不应求，且劳动力成本的不断攀升，已造成中国经济增长及发展的阻滞。由此呼吁放松人口政策及延长退休年龄等。但根据笔者的测算，从人口总量上看，到2020年，中国65岁以上人口不会超过2.5亿人，如扣除2亿儿童少年，再扣除自愿失业及非适龄人口约2亿人，中国还应有7亿以上的适龄劳动人口。按照世界各国农业现代化的经验，中国有2亿职业农民就可以完成农业生产的各个环节的工作。显然，余下的5

---

  ① 《汉堡机器人替代人类厨师？》，网易新闻，http：//www.myzaker.com/article/59ba3ba41bc8e0744d000001/。
  ② 《上海首例智能取代人工劳动的争议仲裁开庭，失业or转型？》，《中国经济周刊》2017年第36期。
  ③ 《未来，人工智能会代替你成为面试官吗？》，搜狐网，http：//www.sohu.com/a/166475056_114778。
  ④ 《泉州市丰泽区检察院"人工智能"化解当事人心结》，《福建法制报》2017年9月22日。
  ⑤ 《财务机器人来了，效率相当惊人，又一行业即将大洗牌》，《中国经济日报》2017年9月26日。
  ⑥ 《在金融领域，一批人正在被人工智能取代，上演残酷大清洗》，虎嗅网，https：//36kr.com/p/5079006.html/。

亿劳动力从数量上是一个不小的数字，如将其投入中国现有的第二、第三产业，劳动力数量将必然过剩，而不是短缺。如果再加上结构性失业、周期性失业、季节性失业、技术性失业、技能性失业、选择性失业等，当代中国的失业问题其实是很严重的。正是在这种背景下，中央提出"创新创业"的战略，希望通过"大众创业，万众创新"来解决失业问题，以促进经济发展。

当然，我们也要看到，如果对"创新创业"没有正确的认识，特别是不考虑人工智能对当代中国劳动力供求的严重影响，仍在低端的服务业、制造业进行所谓创业，是无法从根本上解决当代中国的失业问题的。第一，即使不考虑人工智能的发展，当代中国的劳动力数量在总体上也是过剩的，所以失业原因主要是总量性失业，其次才是结构性失业。特别是低端服务业、制造业本身就是当代中国乃至世界各国容易溢出劳动力的行业。再以中国第三产业中的主要行业——金融业为例，根据中国银行业协会2015年发布的数据，仅在2014年年底，银行业离柜交易金额就达1762.02万亿元，同比增长31.5%，行业平均离柜业务率为77.78%，同比提高9.88个百分点。中国工商银行、中国银行、中国建设银行、中国交通银行的柜员配备比上年大幅减少。其中，中国工商银行在2014年的一年中裁减柜员12024人，占总柜员人数的10%；同时，该行在2014年还减少营业网点及功能分区营业网点分别至128个和49个。到2015年6月底，中国工商银行离柜交易额仅自动柜员机交易一项，同比大增17.8%。中国银行2014年柜员减少了2535人，占当时柜员总人数的3%；该行在2015年上半年，又减少柜员3861人；而自动终端的数量连续两年维持两位数增长。中国建设银行2014年柜员减少2851人，为当时柜员总人数的2.5%。2015年上半年，该行员工人数减少6204人，投入运营的自动银行增加1267家，在线运行现金类自动设备在半年之中增加了3549台。中国交通银行在2014年新增1029个自动银行；2015年上半年，其自动银行与人工网点的配比从2014年的1.21∶1增至2.41∶1，且远程智能柜员机已在全行加速推广。从2016年的数据来看，我国银行业整体柜员减少的幅度呈现历史的新高。至2020年，全国银行业从业人员将减至 2008 年的一半①。

第二,当代中国在高新技术特别是人工智能为代表的高科技影响下,第二、第三产业中的传统行业已是失业的重灾区。低端服务业、制造业的可替代性强、劳动效率低,即使劳动力在这些行业就业,也将很快被重新抛向失业队伍,还会抵消高技术产业、高效率行业的就业及经济效率。根据表 7-1 可知,无论何种产业,其越是低端的行业,越是如此。

表 7-1　　　　　各个产业行业岗位工作被取代的概率

产业	工作岗位	被取代概率(%)	产业	工作岗位	被取代概率(%)
1	操作农用机械人员	96	—	—	—
2	快餐加工员	86			
2	电子产品生产线员工	94	—	—	—
2	低技术含量实验员	99			
3	服装销售	80	3	厨师、快餐业者	81
3	超市工作人员	76	3	酒吧服务生	77
3	开大卡车人员	82	3	快递员	90
3	信贷员	98	3	保险人员	90
3	前台接待及信息类人员、导购	96	3	狱警	80
3	法律助理及高级律师	94	3	士兵	82
3	零售行业导购员	92	3	家政保洁	93
3	出租车司机、专职司机	89	3	收银员	99
3	保安	84	3	演员、时装模特	82

资料来源:根据牛津大学迈克尔·奥斯本等人调查报告整理。

当今社会中的低端服务业、低端制造业不能解决就业失业问题,还有一个潜在的因素,即是人工智能产生的作用,能以极高的生产效率冲击低端服务业、低端制造业,从而淘汰这些行业的人员。根据《商学院》的数据显示,2016 年投资者自主炒股盈利比例只有 25%,但机器人投资顾问的综合轮动策略盈利比高达 69%。2016 年"双 11",支付宝智能客服小蚂答的自助率为 97%,比 2015 年同期提高 3 个百分点。

---

① 以上数据根据各国有商业银行年度报表整理。

现在它每天可以处理 200 万—300 万的用户咨询。2017 年，小蚂答客户满意率比人工客服还高出 3 个百分点①。而德勤机器人"小勤人"几分钟内就可完成一般财务人员几十分钟的工作量，而且可以每天 24 小时连续工作②。

　　第三，人工智能的高速发展，会不断淘汰不合时代要求的行业，使第一、第二乃至第三产业的一些行业的就业人员面临技术性失业或技能性失业。例如，在人工智能的影响下，表 7-1 的数据同样说明了这个问题。所以，当代中国劳动力的供给侧，面临"总量性＋结构性＋社会性（周期、季节、摩擦、选择）＋技能技术性"失业的困境。尽管总量性失业、结构性失业、社会性失业，可以通过政府的宏观调控及劳动者的自我调节加以解决，如收紧人口政策、改革教育体制、加强就业教育、摆正就业心态、调配就业高低峰等，但"技能技术性失业"则一般难以通过上述方法加以控制。原因如下：第一，理论上讲，科学技术是第一生产力，生产力是最活跃、最革命的因素。人工智能作为当代中国高新科技的代表，它形成的生产力是巨大的，它的发展不会受人的主观因素影响。第二，对于人工智能这类高科技，任何国家都不会压制，而只会加强。事实证明，以人工智能为首的高科技，由于经济社会的强大需求，世界各国政府已竞相发展，并取得显著的成效。第三，以人工智能为代表的高科技，是时代的进步，压制它只能使社会倒退，是逆潮流而动。第四，以人工智能为代表的高科技，是学科体系的综合物，反映着庞大的规律流。人们要认识它、利用它一般很困难，需要漫长的认知过程和实践过程。所以，如果说当代中国面临的"四位一体"失业结构困境的前三项还容易解决，则第四项要解决起来可真不容易。这就形成了人工智能为代表的高科技，其是影响中国劳动力供给侧结构性改革的主要原因及主要难点。

---

① 王倩、王润珠：《AI＋金融：并没有想象中那么美好》，《商学院》2017 年 9 月 26 日。
② 《财务机器人来了，效率相当惊人，又一行业即将大洗牌》，《经济日报》2017 年 9 月 26 日。

三 人工智能影响劳动力供给侧的经济学分析

面对人工智能的严峻挑战，经济社会将面临重大的变化，这必须在理论上给予分析，以更好地指导经济实践。第一，人工智能再次印证了科学劳动价值论的正确性。100多年来，关于劳动价值论有许多争论，焦点在于活劳动创造价值的问题。一些人认为20世纪五六十年代出现的自动化机器及机器人，并不是活劳动，同样能生产出商品，借而否定劳动价值论的正确性。的确，自动化机器及机器人表现的"自然力"，并不等于"劳动力"。而劳动力是指劳动者体力与智力的总和。尽管人工智能的加入，使人工智能机器可以代替大量人的体力和智力，但它本身仍是劳动者的活劳动通过人工智能机器人这个媒介，体现出来的劳动者"活劳动"（智力与体力的总和的消耗）对价值的创造。这种状况应当被认为是马克思劳动价值论在当今社会的新实现。

第二，人工智能再次印证了马克思"局部工人"与"总体工人"理论的正确性。马克思在《资本论》中还提出了"局部工人"与"总体工人"的理论。但在20世纪五六十年代，人们针对"无人车间"的状况出现了"生产资料也创造价值"的观点。尽管另一些学者坚持马克思的"总体工人"及"局部工人"理论，认为自动化机器这种生产资料并不能创造价值，商品价值仍是由生产、设计、掌控维护自动化设备的"总体工人"创造的。但这种解释的缺陷在于，有将"总体工人"的劳动归于体力劳动的意思。而"总体工人"的活劳动，不仅包括体力劳动而且还包括脑力劳动。人工智能的出现，为用马克思"局部工人"与"总体工人"理论来解释当代商品价值的创造，提供了完美阐释的可能性与现实性。

第三，人工智能更完整地解答了"具体劳动创造使用价值"的现实。根据马克思商品二因素理论，不同商品的使用价值是由不同的具体劳动创造的。过去的理论解释大都存在瑕疵，人工智能的出现克服了这些理论缺陷。过去一些学者尚不能解释同类、同种生产资料为什么能创造不同的使用价值的问题。例如，同样一台车床，为什么可以生产用途不同的商品。在过去，我们只能用构成"总体工人"的"局部工人"

不同，而使车床处于不同状态，从而生产出不同的使用价值来解释，说服力较弱。在人工智能出现后，通过人工智能设备或机器人这些媒介表现出的作用，因是完全的不同"局部工人"的具体劳动，自然会创造出不同的使用价值。这就使马克思"商品二因素"理论及"具体劳动创造使用价值"理论在当今显示出无可辩驳的完美性。

第四，人工智能使马克思"复杂劳动是简单劳动的倍加"理论得到印证。马克思在《资本论》中提出了"复杂劳动是简单劳动的倍加"理论，这无疑是十分正确的。然而过去一些学者则因复杂劳动与简单劳动在现实中无法量化，且不能找到客观参考标准而进行责难。在当今社会，人工智能发展的现实使这些责难不攻自破。以德勤"小勤人"为例，它3—4小时可以完成财务人30—40小时的工作。而其他方面的人工智能机器或设备，效率同样高于人工操作的2倍以上[①]。显然，随着社会的进步，"简单劳动"尽管是一个相对的社会概念，但在任何经济社会阶段，不论再原始、再简单的"简单劳动"，都可以通过人工智能的应用，达到以人工智能作为媒介实现的劳动者的活劳动，是没有人工智能为媒介的劳动者的活劳动的倍加或以上。当然，这里的假定前提是，单纯的体力劳动一般较参与智力劳动的劳动更简单，所以，如果设某经济社会时期的简单劳动量为 δ ，则加入人工智能之后，生产某种商品的社会必要劳动量 $Q = 2n\delta$（n 自然数）。

第五，人工智能印证并实现了马克思的"劳动生产率"公式。在马克思看来，"劳动生产率与商品的价值量成反比"，用公式表达即为：劳动生产率＝商品数量÷商品价值量。这是一个现实的抽象表达式。而在人工智能条件下，这个原理得到更具体的论证并得到更加令人信服的阐释。因为在人工智能情况下，一定的社会平均必要劳动不变时，生产的商品数量可能无限大。或者说生产一定数量单位商品，社会平均必要劳动量（即价值量）可以趋近于零，从而可以使劳动生产率无限提高。所以，如果设劳动生产率为 R，商品数量为 a（常数），价值量为 n，则

[①]《财务机器人来了，效率相当惊人，又一行业即将大洗牌》，《经济日报》2017年9月8日。

$R = a/n$，当 $n \to o$ 时，$\lim_{n \to o} R = \infty$（取 $+\infty$）。

第六，人工智能再次印证了"生产力决定生产关系""经济基础决定上层建筑"理论的真理性和现实存在性。人工智能的现状表明，人工智能可以针对生产力的三要素产生极大的作用，如能对劳动者的劳动力进行优化提高、对劳动工具进行极大优化、对劳动资料进行极大改善优化，同时能使这三者的结合更加合理，则能使生产力更为提高。现实表明，当今社会在人工智能大力发展的情况下，社会所有制关系及分配关系已呈现出前所未有的新变化。即以物质财富、价值财富为主的所有制关系，逐渐转变为以知识财富、人工智能财富为主的所有制关系。而分配关系也由原来由物质财富、价值财富的所有制所决定的分配关系转为由知识财富、人工智能财富所有制所决定的分配关系，且作为生产关系总和的经济基础也因此发生了很大变化，从而同样作为相关的法律、意识、政治等上层建筑正在发生极大变化。当前世界各个国家对劳动者工资、就业、养老的政策，对比特币的限制政策，对人工智能犯罪的防止措施等，何不是这些变化的具体体现呢？

第七，人工智能再次阐明了马克思"机器排挤工人"理论的历史及现实意义。马克思在《资本论》中揭示了资本主义条件下，资本家为最大限度榨取剩余价值，使资本的有机构成不断提高从而形成"机器排挤工人"的态势的规律。尽管当今中国处于社会主义初级阶段，但人工智能的现实状况，仍然印证了马克思"机器排挤工人"的理论。根据笔者计算，中国三大产业资本有机构成发生了较大变化。我们特别要注意到，自2014年至2016年年底，在人工智能为代表的高科技作用下，第一产业资本有机构成高达20.3以上，说明当今中国的第一产业还可游离出过剩人口。而第三产业的资本有机构成为5.2—6.9，已大于第二产业的4.7—4.9，表明吸收就业人口的能力已弱于第二产业，说明更会游离出过剩人口[①]。马克思"机器排挤工人"的规律仍然在起作用。

第八，人口智能再次揭示了马克思关于未来经济社会人将全面发展

---

① 根据《中国统计年鉴》（2014—2016）数据整理计算。

的趋势预测。马克思在《资本论》中明确指出，随着经济社会的进步，生产力将极大提高，社会财富将像"泉水般涌流"，人们将使用很少的直接劳动就能创造出极大地满足自己物质与精神需要的产品，从而将更多的时间和精力投入到自主的科学研究及自己感兴趣的活动中，真正使人得到全面自由地发展。人工智能的出现，正是使社会劳动生产力极大提高、社会财富较以往更加大量涌流、大量劳动者从劳动中脱离出来的重要契机。人工智能的现实再次揭示了马克思未来社会人将全面发展的趋势。当然，在当前人工智能条件下，我们应更加处理好中国供给侧特别是劳动力供给侧结构性改革与人民共享改革成果的关系，以逐渐实现马克思"人的全面发展"的目标。

四 当代中国劳动力供给侧结构性改革的措施

劳动力供给侧应如何通过改革使之更加优化？具体说来主要应解决好人工智能条件下形成的新型失业问题。解决这个问题，仅仅按照西方一些学者的理论作为依据将难以奏效。这是因为各种流派的西方学者其就业失业理论有一个共同点，就是单纯主张通过各种途径促使经济增长来促进就业。当代中国的现实是，我们经历了经济高速增长时期，已有大量的产能过剩，且产业结构不合理，不能再单纯地依靠经济增长来促进就业。特别是在人工智能的促进下，一方面经济还将大力增长，另一方面人工智能提高的劳动生产率又会大量排挤出劳动力。因此，解决当前中国的劳动力供给侧结构性改革的问题，应当既坚持马克思主义的就业失业理论，又借鉴西方经验，更要立足中国实践。

按照马克思的理论，资本主义条件下失业的存在直接与劳动力商品的交换关系相联系，其本质是劳动力商品的相对过剩，即超过资本平均增值需要的劳动人口的过剩[①]。而相对过剩商品产生的物质基础在于资本有机构成的提高。在资本主义制度下，资本家为追求利润的最大化，使社会资本有机构成不断提高，从而排挤出大量的过剩劳动力。这就是所谓机器排挤工人的现象。此外，在资本积累的过程中，社会分工、产

---

① ［德］马克思：《资本论》第一卷，人民出版社 2004 年版，第 726 页。

业结构的调整及对单个工人内涵上的剥削以及资本结构内部的变化,都是工人失业的直接原因。但这些直接原因仍与资本有机构成的变化密切相关。马克思的这些理论尽管揭示的是当时社会的失业规律,但在中国社会主义初级阶段的市场经济发展过程中仍具有重要的现实意义。

马克思的失业理论还认为,资本有机构成的提高是造成失业的基本原因;资本主义积累不断地并且同它的能力和规模成正比地生产出相对的,即超过资本增值的平均需要的,因而是过剩的或追加的工人人口;同时,对劳动的需求,同总资本相比相对减少,并且随着总资本量的增加以递增的速度减少①。此外,马克思还分析了技术进步会排挤工人及其补偿的问题。认为资本家使用机器,主要也是为了节约劳动成本,获得最大的资本增值。"资本借助机器的自行增值,同生存条件被机器破坏的工人的人数成正比。"② 马克思还批判了"排挤工人的资本,会同时游离出相应的资本,从而可以如数雇佣被排挤的工人"的观点。认为由于可变资本的减少,社会对生活资料的需求下降,长期下去会形成生产生产资料的工人失业。这样,"机器不仅在采用它的生产部门,而且还在没有采用它的生产部门把工人抛向街头"③。可见,马克思主义失业理论的核心,在于揭示了资本积累造成失业问题的本质,这完全符合我国正处于社会主义初级阶段的现实。当然,这并不是说我国当前处于社会主义初级阶段,失业现象在所难免,可以等闲视之,因为这有违于我们建设社会主义的初衷,也有违于马克思主义经典作家关于"人的全面发展"的社会目标。所以,我们当前的任务就是应根据马克思主义的理论,通过劳动力供给侧结构性改革,解决现实的就业问题。所以,笔者认为按照相关学者的研究,应着力调整三大产业的资本有机构成,从而影响及调整劳动力供给侧结构,而不应单纯"为解决失业而解决失业"④。当前中国的资本有机构成已有新特点,如表 7-2 所示。

---

① 蒋南平、黄珣:《马克思失业理论与西方主流失业理论:当代中国失业问题的解读》,《经济学家》2009 年第 1 期。
② [德] 马克思:《资本论》第一卷,人民出版社 2004 年版,第 495 页。
③ [德] 马克思:《资本论》第一卷,人民出版社 2004 年版,第 507 页。
④ 蒋南平:《应当重新审视第三产业的就业问题》,《政治经济学评论》2017 年第 3 期。

表7-2　　　　　　　　中国三大产业资本有机构成

年度	第一产业 不变资本	第一产业 可变资本	第一产业 资本有机构成	第二产业 不变资本	第二产业 可变资本	第二产业 资本有机构成	第三产业 不变资本	第三产业 可变资本	第三产业 资本有机构成
2003	1652.3	335.8	4.9	22079.4	5953.5	3.7	32562.8	9040.4	3.6
2004	1890.7	351.2	5.4	29667.2	6876.3	4.3	39846.3	10387.3	3.8
2005	2323.7	368.7	6.3	40041.4	8154.3	4.9	47613.2	12104.0	3.9
2006	2749.9	403.3	3.8	50103.2	9765.5	5.1	58769.2	14093.5	4.2
2007	3403.5	464.6	7.3	63255.0	11700.6	5.4	72766.7	17306.4	4.2
2008	5064.5	516.4	9.8	80469.8	13840.2	5.8	90802.6	20932.8	4.3
2009	6894.9	537.4	12.8	101153.2	15512.7	6.5	121453.2	24238.1	5.0
2010	7923.1	627.1	12.6	123223.0	18539.4	6.6	152096.7	28103.3	5.4
2011	8757.8	697.7	12.6	137877.4	25557.7	5.4	170250.6	33699.4	5.1
2012	10996.4	760.8	14.5	165520.0	30661.1	5.4	205435.8	39492.4	5.2
2013	13478.8	758.0	17.8	195469.3	43430.2	4.5	247155.0	48876.1	5.1
2014	16573.8	808.9	20.5	220967.7	47094.8	4.7	286927.2	54913.7	5.2
2015	17071.2	839.7	20.3	239041.6	49967.7	4.8	367546.3	56812.6	6.5
2016	18832.3	903.8	20.8	258763.5	52372.3	4.9	410736.2	59707.5	6.9

资料来源：根据历年《中国统计年鉴》计算整理。

从统计数据看来，当前第一产业资本有机构成仍偏高，仍然可以游离出大量的失业人口。第二、第三产业资本有机构成接近，但第三产业的不变资本比第二产业投入更多，即是说两大产业的资本有机构成存在的差异，主要在于不变资本投入的影响，而不在于产业的性质。所以，解决当前人工智能背景下中国的失业问题，关键在于调整高科技形成的不变资本的投入量，以优化资本有机构成在三次产业中的比例，由此才能解决以人工智能为代表的高科技发展所带来的当代中国的失业问题。

在人工智能背景下，当代中国劳动力的供给侧结构性改革要遵循马克思主义经济学理论，而根据其理论，具体则应注重下列几个方面。第一，加强对人工智能在当代中国各行业运用状况的管理。随着社会经济的发展，当代中国不少行业、企业如同世界各国许多行业、企业一样，运用人工智能的状况已经如火如荼。可是，我们至今对总体的人工智能运用状况掌握不清、管理不力，这将造成难以掌握人工智能对劳动力供给侧的影响程度，使失业问题难以解决。

第二，做好人工智能对当代中国三次产业劳动力供给影响的预测。理论及实践已经说明，人工智能的巨大作用已逐渐呈现，它对劳动力供给侧结构性改革影响尤其深远。就目前世界范围特别是中国的情况而言，人工智能发展十分迅速，其影响的扩散也十分迅速。要正确、精准地解决中国就业、失业问题，完成中国劳动力供给侧结构性改革的任务，必须精确了解人工智能发展状况，特别是要做好对其影响的预测，以便更好地为劳动力供给侧结构性改革服务。

第三，制定人工智能的发展、运用的战略规划，引导人工智能健康发展。从目前情况来看，人工智能的发展基本上是按市场需求进行的，这势必造成发展的无序性、自发性及运用的盲目性。如果长期这样下去，必然造成人工智能对我国三次产业影响的无序性、失控性，造成对劳动力供给侧结构性改革困难。因此，由国家引领人工智能产业的发展并将其优化配置在不同的产业是十分重要的。人工智能的巨大作用将极大地影响国家的实力，影响一个国家的经济基础，应根据马克思主义的经济理论，在三次产业内部及三次产业之间对人工智能进行合理配置，使人工智能形成资源结构优化，使三次产业的资本有机构成处于最佳状态，从而有利于中国劳动力的供给侧结构性改革。

第四，大力培养人工智能发展方面的高素质人才，使人工智能在设计、制造、运用、控制、维护等各个环节能安全、健康、高效地进行。人工智能无论如何"智能化"，它终归是生产要素或生产资料，通过它制造的商品，其价值仍是"总体工人"劳动的结果。但不可否认的是，当代"人工智能"的形成，是多种学科知识、技术及各个领域如理、工、农、医等人才智慧的复杂综合体，更是影响和考量法、经、社会、人类、人口、环境、生态、文艺等各方面领域发展及人才智慧的复杂综合体。因此，要很好地、持久地发展及运用人工智能，高素质人才必不可少。大力培养出人工智能发展方面的高素质人才，这是优化中国劳动力供给侧结构、可持续劳动力战略得以实现的关键。

第五，利用人工智能实现的社会经济发展的高效益，反哺被人工智能淘汰的劳动者。人工智能的高速发展，使技术性失业、技能性失业的社会压力越来越大，而且这种趋势会越来越严重。原因如下：第一，人工智能发展过快，范围太广，大多数劳动者一时难以适应；第二，人工智能技术是一种全新的技术，一般劳动者难以企及；第三，即使在岗的劳动者，限于体力、精力、时间、专业性等，人工智能学习成本很大；第四，人工智能促成的超高劳动生产率是一般劳动者同等工作难以比拟的；第五，人工智能的就业新业态会呈现一般劳动者难以胜任、劳动力需求少的特点；等等。所以，在人工智能形成高效率的同时，必然排挤出大量的只具有一般技能的劳动者。而对于这些劳动者，我们必须反哺他们。可创造大量公益工作岗位让他们继续工作，给予社会补贴，使他们分享以人工智能为代表的高技术成果，并以此为契机逐步实现经典作家所说的人的全面发展的社会目标。

第八章　数字经济变革及其矛盾运动[*]

数字经济涵盖以信息网络技术为核心、以互联网为载体的数字化技术发展并运用其所构成的一切经济活动[①]。数字化技术（信息网络技术）在生产资料、劳动及分工等社会生产的各个领域产生深刻变革，推动生产力快速发展；在当代全球工业经济产能过剩的大背景下，数字化从资本积累所赖以维持的物质条件、劳动以及生产过程等全维度扩展了资本攫取剩余价值的社会物质基础，因此可能意味着积累进入了"数字化"循环的新阶段[②]。这一切都是在资本主义生产力—生产关系基本矛盾范畴中的各种具体矛盾运动中推动并实现的。

一　数字化对积累的物质条件的变革及其矛盾

（一）数字公共品商品化并被纳入企业不变资本

在数字经济中，数据一跃成为生产要素[④]。数据是数字化了的知识和信息，运用各种算法对原始信息进行层层数字化处理的过程正是云

---

[*] 本章作者：杨慧玲、张力。原载于《当代经济研究》2020年第1期。
[①] G20杭州峰会发布的《二十国集团数字经济发展与合作倡议》指出，"数字经济是指以使用数字化的知识和信息作为关键生产要素，以现代信息网络作为重要载体、以信息通信技术的有效使用作为效率提升和经济结构优化的重要推动力的一系列经济活动"。网络上对数字经济的概念形成基本共识："与工业经济相比，数字经济作为一种新的经济形态，具有明显的特征：云网端成为新一代基础设施，智能化推动生产工具不断升级，数据成为生产资料，计算成为生产力，在线连接导致分工组织方式发生变化，个性化、定制化的生产服务体现出以人为本，共享推动规模经济转向范围经济。"
[②] 大卫·哈维理论认为，资本积累经历一级循环—次级循环—三级循环三阶段。
[③] 《数字经济的独有特征》，经济参考网，http://www.jjckb.cn/2017-05/18/c_136294057.htm。

计算，因此云计算被公认为是数字经济的生产力。本章的分析将证明，云计算代表高效率组织协调劳动、知识及其他物质生产要素的能力，它通过实现要素之间的协作而提高生产效率，这也正是数字生产力的源泉。腾讯研究院用"云计算"使用数量，即"云化程度"，作为衡量数字经济发展的重要指标，2016 年、2017 年和 2018 年全国的用云量分别为 102.44 点、146.04 点、464.78 点[1]。通过对多个城市数据的测算发现，用云量和 GDP 之间具有显著的正相关性，用云量每增加一点，GDP 大致增加 230.9 亿元[2]。

第一，云计算的前提是建立强大的连接，因此，数字经济的关键特征被总结为"强连接"，无论是作为硬科技的信息技术产业的兴起，还是它与传统产业相结合实现的效率提升，都依赖于数据连接传输功能的开发及其应用。由此可见，互联网作为数字媒介，已然成为数字经济的基础设施，如果离开了互联网，就没有数据的传输，数字经济便无从谈起。

第二，云计算离不开互联网上星罗棋布的数据结点——云平台，它们由大型电子设备组构成。这些云平台借助互联网信息高速公路，以数字化形式收集、输入并存储原始信息，并对这些初级数据进行加工、计算，方形成更高信息含量的数据，这些具有更高价值的数字信息再通过互联网传输到客户端，才能被有效利用。每个云平台所构成的数字生态系统，不仅是非竞争性的，而且，这个数字系统的进入者和使用者越多，云平台所接收和处理的交互数据量就越大，由此所产生的知识和信息即大数据越全面和准确，则云平台提供的信息服务水平就越高，消费者便能从平台使用中获得更大的使用价值或者消费福利，从而越来越多的消费者被吸引到这个数字生态系统中。显然，在容量限度内，云平台的使用不仅没有拥挤性，反而具有显著的互动协作效应，这决定了云平台的数字公共品属性。

---

[1] 腾讯研究院：《中国互联网 + 指数报告（2018）》，http：//wk.askci.com/details/613b6f361bb348f28495b539d9585001/。

[2] 腾讯研究院：《2019 数字中国指数报告（2019）》，http：//wk.askci.com/details/f81da158fc7d40999e831e2e648c57bf/。

第三，与传统公共品不同，虽然互联网和云平台具有使用的非竞争性特征，但是它们却同时具有显著的排他性特征，这是由信息网络技术特点和发展水平所决定的。作为互联网和云平台赖以运行的技术保障，现代信息网络技术（数字化技术）实现了对互联网和云平台使用权的低成本、高效率排他处置。互联网用户，只要流量费用耗尽，就能够即刻被自动停网；如果不支付费用，自然无法进入云平台提供的数字生态系统，获得其数据计算和交换服务。数字基础设施和公共品的这种排他性，与工业经济中提供生产和生活共同条件的基础设施，比如道路桥梁以及水、电管网等市政工程，或者像公共绿地这样的一般公共品的非排他性形成了显著区别。

排他性意味着投资于互联网和云平台具有可预期盈利能力，这一点成为私人企业参与市场供给的动力，事实也是，当代互联网和云平台的供给主体都是企业而不是政府，互联网一般由电信运营商提供，而云平台则由大型高科技企业经营，如国际知名的亚马逊、脸书等，中国的阿里巴巴、百度、京东等。互联网和云平台的投资规模大，属于自然垄断产业，因此数字公共品领域形成的是寡头垄断市场结构，垄断企业构建的云平台除了满足企业自身的运营需要，剩余的数字计算能力和空间还出租给其他企业和科研院所及高校使用，两种使用渠道都为企业带来盈利。总之，数字基础设施及其他公共品，与工业基础设施及其他公共品具有不同的特征属性，后者一般由政府主导供给并运营，其投资主要基于社会性、公益性和先行性，通常不以短期商业利润为目标；与之相比较，数字公共品则不仅由私人企业主导，作为商品以获取利润为目的进行生产和供给，而且互联网和云平台还进一步成为企业的不变资本，被企业加以运营或者出租而从中获取利润。

（二）数字化技术将资本盈利的物质条件延伸至私人生活资料领域

越来越多的数字化技术被应用在传统经济领域，它打破了私人所有权对物品使用的固有限制。信息网络技术可以甄别物品在时间和空间上的使用"空档"，如果市场环境能够确保使用权在经济上的实现，就可以借助网络信息的实时更新和传递，对私人生活资料空置的使用权进行有效配置、利用。所以，网络信息技术弱化了私人所有权对使用权的竞争性约束。数字平台企业正是利用了这一技术特点，将参与共享的私人生活资料拓展为企业盈利的物质条件，实质上是资本权利在物权领域的延伸。

像优步、爱彼迎这样的平台企业，虽然并没有像使用企业自有资产那样直接使用私家汽车和私人住宅，却从这些私人生活资料的"共享"中抽取利润。平台企业通过对私家汽车和住宅使用信息的收集和数字化处理、传输等服务，协调这些私人物品的使用时间和使用空间，提高它们的使用效率。据此，为私人物品搭建"共享"平台的数字企业，将其获取利润的物质条件延伸到不变资本之外，它们凭借着对数据这种数字生产资料的掌控，为自己节省了预付资本，转而用他人财产为企业盈利。

（三）物质条件变革中的矛盾运动

作为数字经济中社会生产模式变革的典型形式，"共享经济"依靠的"一是使私人品可共享，即弱化私人品的竞争性；二是使公共品可排他，也就是提高公共品的排他性，让私人部门有激励进入"[①]。排他性赋予物品的所有者以剩余索取权，非竞争性则又打破"独占"而扩展了私人物品使用的时空权限，如上所述，数字技术在这两方面都发挥了积极作用，使数字经济既"显性"地将实现积累的不变资本的范围扩充到数字公共品领域，也"隐性"地将实现积累的物质条件延伸到私人生活资料范围中，由此引发了新的矛盾运动。

其一，数字公共品供给中的竞争与垄断产生的矛盾。一方面突破了政府公共品投入的财政资金限制，一定程度上可以缓解公共品供给短缺问题；另一方面阻碍基础设施公共品的及时更新，一定程度上抵消了基础设施应有的社会经济功能。

私人企业进入数字公共品供给市场，能够有效缓解传统上公共品依靠政府财政收入供应所导致的供给不足之困境，而且，私人资本之间的

[①] 张浩南、廖萍萍：《共享经济研究动态与评述》，《福建商学院学报》2019 年第 1 期。

服务竞争也会对数字经济基础设施及公共品建设质量和效率起到推动作用,有利于社会生产水平的快速提升和社会福利的提高;同时,基础设施与一般商品的职能不同,它是直接生产经营活动不可缺少的基本物质保障和支撑,其建设必须兼顾经济效益、社会效益和环境效益。单纯以营利为目的的私人企业,主要从经济收益的角度进行投资决策,这不仅与基础设施建设先行于社会生产的要求相矛盾,也与信息网络技术创新的高速度特征发生冲突。通常来说,公共品建设需要的固定投资巨大,而私人企业基于成本—收益权衡,在前期设备投资尚未完全实现预期盈利之前,并不会单纯为了推动新技术的普及和应用而及时对固定资本进行更新换代,由此很可能导致互联网基础设施建设滞后于信息网络技术发展,不利于数字技术的发展应用,阻碍社会福利水平提升;此外,数字公共品的私人供给,也可能招致与新自由主义时代诸如医疗、教育、自来水等公共品商品化、私有化所导致的资本对消费者私人利益侵蚀同样的恶果。

其二,源自私人生活资料"跨界"成为数字资本盈利的物质条件的矛盾。一方面物品使用权共享带来消费福利水平的提升,另一方面共享模式客观上对工业过剩产生一定冲击。

在利润驱使下,汽车、住房等私人生活资料被并入生产性运行之中,由此所形成的使用权共享,使平台企业不用预付不变资本而从对私人物品的使用权支配中获取利润,这不仅提高了平台资本的利润率,而且减少了参与共享的物品的闲置与浪费,提升了产品的服务范围和消费体验。同时,物品所有者从使用权的分享中获得相应的经济收益,一定程度上提高了消费者的收入,使其生活水平因此而有所改善,有利于消费者福利提高;但是,也应该注意,共享经济模式中针对传统工业产品使用权的共享,必然对物品所有权产生一定的替代,这与当代全球化经济体系中,以大规模标准化生产为特征的工业经济所面临的普遍产能过剩和产品过剩之困局存在一定冲突,工业产品使用权的分享客观上对相关工业品的市场需求数量产生抵消,在传统产业未完成转型升级之前,不利于消解产能过剩,对工业资本盈利能力产生冲击。

二 数字化对积累的劳动要素的变革及其矛盾

工业化生产能力所创造的社会物质条件不仅满足了人类生存的基本需要，而且使社会生活水平提升到一定高度，与之相适应，现代人类文明的进步和法制建设使普通人的正常生活权利得到基本保障。正是在大工业生产充分发展的历史前提下，在现代信息网络技术成就之上应运而生的数字经济，必然对劳动关系，从而对社会利益关系产生深刻影响。

（一）私人劳动向社会劳动的转化或者扩展

劳动阶层的闲暇时间比过去任何时代都要充足，这是工业文明创造的社会历史成就，而数字技术则在这个基础上，进一步将个人娱乐消遣活动，转变为"认知"性内容的创造与分享。这个过程通过网络媒介实现，以各种各样网络直播以及在网络平台上分享精神产品的方式出现，比如在You Tube、喜马拉雅等自媒体平台上，参与者之间相互分享个人关于游戏、电影及文艺作品的个性化赏析，以及对诗歌、音乐等的体会理解，甚至是心理、情感等体验，产生这些被分享的认知性内容的活动因此也被称为"受众劳动"[①]。在现代工业出现之前，普通民众在生产劳动之余所进行的个人闲暇消耗，如聊天、下棋、欣赏音乐、游戏、看电影、读书甚至自我思索等都属于自娱自乐的私人活动，充其量是个人享受福利的改进，与社会、他人之间并不存在利益联系，因此，这类娱乐消耗不具有社会性，属于纯粹私人活动，因而不创造价值，当然也不会给活动主体带来经济收益。一句话，传统商品经济中，私人的娱乐消遣活动被排除在社会劳动范畴之外。

但是，数字技术改变着这一切——它所构建的自媒体平台，凭借处理群体协作和信息汇聚的技术优势，将上述私人活动所产生的认知性内

[①] "受众劳动"（Audience Labor）这一概念是批判的传播政治经济学奠基人斯麦斯（Smythe）在20世纪70年代最早提出的。参见邱海平、赵敏《受众劳动理论研究述评》，《经济学动态》2017年第4期。

容转化为公共资源,实现所谓"认知的盈余价值"①。由此,个人消费或者娱乐性消耗转化为"认知劳动",后者不仅为其私人创造主体带来收益,而且平台资本也在提供"认知劳动"的社会媒介服务中获取利润,从社会劳动交换的角度看,即认知劳动的价值转化为交换价值②。不限于此,自媒体平台资本还会在利润目标驱使下,主动发掘并引导个人在业余时间创造建设性内容,将私人劳动向社会劳动的转化从自发向自觉引导,使这种转化在资本的组织下展开,实质构成资本主义市场关系及其劳动关系的扩展。

(二)非物质劳动对物质劳动产生社会价值替代

福特制资本主义大机器工业生产的充分发展,使物质生产劳动效率极大提升,物质产品的相对充裕度达到前所未有的水平,因此,在社会总劳动中,生产物质财富的劳动需求份额相对减少,从而物质劳动的市场价值相对下降成为必然趋势。与之相对,人们有更多的时间参与精神文化生活,相应地在这方面的需求逐渐提高。数字技术顺应了这一社会生产发展规律,为生产非物质财富的劳动的社会性"承接"做好了准备,数字平台成为非物质劳动进行价值创造和价值实现不可缺少的技术媒介——越来越多的闲暇时间通过数字平台而被分配到创造服务(非物质)的社会劳动中。在数字经济中,非物质劳动被称为"认知劳动",是从非物质劳动的市场价值创造和价值载体角度进行描述,被冠以"受众劳动",则侧重于从非物质劳动被接收、分享这个价值实现角度进行描述。"自治马克思主义受马克思的'一般智力'概念的启发并对其做了解读,认为后福特资本主义下物质生产不再重要,非物质劳动(服务、文化产品、知识及交流)取代物质劳动占据主导,知识和创造力成为价值的主要源泉。"③

---

① 卢现祥:《共享经济:交易成本最小化、制度变革与制度供给》,《社会科学战线》2016 年第 9 期。

② Ursula Huws, *Labor in the Global Digital Economy*:*The Cybertariat Comes of Age*, New York: NYU Press, 2014, p.71.

③ 崔学东、曹英凡:《"共享经济"还是"零工经济"?——后工业与金融资本主义下的积累与雇佣劳动关系》,《政治经济学评论》2019 年第 1 期。

总之，工业经济中物质劳动是社会价值的创造主体，非物质劳动在社会生产中并不占据主导，而数字经济代表了非物质劳动在社会总劳动中的比例逐渐上升的客观趋势。

（三）资本对劳动的支配和剥削延伸到可变资本之外

数字平台企业，不仅如上所述以"受众劳动"或者"认知劳动"的形式将工作之外的私人闲暇消耗转变为资本剩余价值的来源，还在共享汽车的运营中，将参与共享的私家车车主的业余休息时间纳入平台资本盈利的源泉，此外，数字平台还拓展了家政服务业务，比如亚马逊推出的亚马逊家庭服务（Amazon Home Service），让客户直接从家政服务供给平台购买保洁、家庭维修等服务①，这些被"点击"的家政服务劳动者并不属于平台雇员，他们与参与网约车共享平台运营的私家车车主一样，没有从平台企业获得工资、保险等劳动力价值，而只是通过数字平台获取计件劳动收入。总之，一方面，无论是业余认知劳动，还是服务劳动，无论是通过外包还是点击招聘，这些在数字平台上提供社会服务的劳动，与企业雇员的劳动一样都为平台资本创造了剩余价值；另一方面，平台资本并没有为这些劳动力支付可变资本。这说明，数字资本将劳动剥削延伸到了可变资本之外，使剥削关系更为间接，不再局限于企业雇佣关系。

（四）劳动要素变革中的矛盾运动

数字化在资本积累的劳动要素领域所引起的变革，导致了自由劳动与异化劳动之间的矛盾。一方面，在数字化推动的私人劳动向社会劳动转化，社会劳动的结构升级过程中，精神、情感等认知性活动转向社会劳动，被赋予价值创造的能力，相比物质劳动而言，这种精神认知劳动，无论是从形式还是内容上都更加自由和灵活，代表着后福特主义时代物质生产实现高效率背景下，社会劳动演进的方向。数字化的分享模式，促进了精神产品数量和质量的提升，推动了人类精神文明的进步和

---

① [德]菲利普·斯塔布、[德]奥利弗·纳赫特韦：《数字资本主义对市场和劳动的控制》，鲁云林译，《国外理论动态》2019年第3期。

传播。所以，数字经济在一定意义上代表着生产力发展的新阶段，人类从追逐物质生活条件向追求精神享受的转折，预示人类摆脱物质束缚走向精神自由的趋势。

另一方面，数字经济却也强化了资本对劳动的支配，数字资本不仅从强度和外延上加深了对物质生产劳动的控制，而且还越来越广泛地将自由属性显著的个人精神活动纳入资本运动逻辑，以劳动收入刺激私人认知活动参与商品化生产过程。所以，数字资本实质上加强了劳动剥削，通过资本对劳动的控制而加深了劳动异化——劳动过程形式上更加自由，但是却越来越被束缚在资本化的生产体系之中。

三 数字化对社会劳动生产过程的变革及其矛盾

现代信息网络技术对于生产效率的提升源自它对传统生产组织过程和商业运营过程的改造。

（一）数字化生产过程中模块化生产到模块化劳动的演进

一是数字化计算实现了信息的准确处理，而网络化的数字传输则达到了快速、去中心化的信息交流，这不仅降低了信息不对称、节省了交易成本，更为重要的是，信息的精准交换，使分工协作达到更高水平，由此激发了劳动的社会生产力[1]。

福特制作为工业经济的典型生产组织形式，围绕大机器系统的自动化运转，实施标准化的流水线作业模式，由此实现了高效率的规模化生产。随着工业领域的数字化，这种标准化生产逐渐演进为模块化生产，"20 世纪 90 年代以来，随着信息传递技术由模拟技术转变为数字技术，大量产品的建构经历了由集成性向模块型的转变"[2]——利用数字化计算对信息的精准处理能力，有效地将产品分解成独立的模块，这些模块可以分配给不同地区、不同专业的企业进行独立设计和制造。正是模块

---

[1] 廖萍萍、李健健：《马克思合作思想视角下的共享经济研究》，《东南学术》2019 年第 2 期。

[2] Baldwin C., Clark K., *Design Roles: The Power of Modularity*, Boston: Cambridge MIT, 2000；转引自孙晓冬、宋磊、张衔《模块化的发生机制与外来劳动者——社会关系的两种形态》，《教学与研究》2013 年第 3 期。

化的生产方式构成当代产业链全球分工的基础，跨国公司将各种产品模块同时"分包"给遍布全球的企业，最后再利用产业链内精确、同步化的网络信息交换，快捷有效地调度运输这些加工而成的标准零部件，最终组装为成品整体销售。"在过去的几十年里，通信成本的降低为很多产品和服务开拓了全球市场。商业公司可以在世界任何地方辨识和雇佣掌握它们所需要的技能的劳动者。"①

在数字平台助力下，由模块化的生产进一步析出模块化劳动。首先，因为在线平台的主要功能就是做到更完全、对称、快捷的信息交流，从而更加有效率地协调劳动分工，这为工作任务的最小化分割提供了技术前提。于是，在产品被拆分成独立模块的基础上，劳动过程被细分并简化成若干固定的、标准化的操作模块，每个劳动模块执行的是技术允许限度内最简单的人工操作环节，因此被称为"微劳动"（Micro-labor）、"群众工作"（Crowd Work）或者"众包"（Crowding Sourcing）②。其次，数字平台的功能还在于，利用数字技术将这些极小化的劳动模块用数字代码标注，置于数字平台之上，以便于大众在线"点击"，从而实现对社会劳动的网络化协调。

亚马逊提供的土耳其机械人（Mechanical Turk）服务，就是一种劳务众包平台，它利用数字化信息，将分散的任务从企业转移到大量外包的自雇员身上，即平台不仅为后者列出了相应的劳动模块的数字代码，方便每项劳动模块被"点击"承揽，从而使这些在平台上接受工作任务的自雇员成为名副其实的"点击工人"（Clickworkers），这种以网络数字代码"在线招募"劳动的形式，不仅用于自雇员，甚至还为软件开发等领域的合股员工"分派"工作任务③。执行模块化操作的工人，可以随时随地在线承担其所擅长工种，从而更加有效率地发挥自己的专

---

① ［美］埃里克·布莱恩约弗森、［美］安德鲁·麦卡菲：《第二次机器革命：数字化技术将如何改变我们的经济与社会》，蒋永军译，中信出版社2016年版，第251页。
② Ursula Huws, *Labor in the Global Digital Economy: The Cybertariat Comes of Age*, New York: NYU Press, 2014, p. 166.
③ ［德］菲利普·斯塔布、［德］奥利弗·纳赫特韦：《数字资本主义对市场和劳动的控制》，鲁云林译，《国外理论动态》2019年第3期。

业技能。此外，他们甚至并不清楚自己在为什么产品付出劳动，更无从知晓自己处于什么样的劳动分工与协作关系之中。可见，模块化劳动通过促进专业化分工而提升了劳动协作水平，代表了劳动的社会生产力的进一步发展。

（二）数字化生产与消费之间的"自激励"机制

凭借处理信息的技术优势，数字平台企业能够及时掌握市场需求的细节特征及其变化趋势，并利用数字垄断，逐渐形成对生产环节的支配，使生产尽量做到与市场需求精准匹配。利用数字网络的信息传递优势，将市场运营数据与企业生产环节对接起来，发现个性化、多样化需求，由此促进产品的分类特色供给，形成"按需经济"①。因为数字化实现了信息共享，可以使每个生产参与者从中找到与自己特长和兴趣契合的需求点，由此激发他们创造的能动性；而作为消费者的另一端，则通过信息共享，主动与高效率的生产供给相"粘连"。供求双方就是这样在信息共享与互动中，促进了价值创造和价值实现，实现赋能型共享②。这种"自激励"实质上可以理解为是生产和消费之间的协作模式，由此产生的效率构成数字经济的生产力。

美国的 Automotive Mastermind 公司使用人工智能搜集社会人口学特征、社交网络、市场数据、产品生命周期等大数据，利用自有的行为预测评分算法对超过 1000 个数据点进行清洗和分析，并对消费者进行排名，由此筛选出目标消费者，进而对消费者的关键驱动因素，包括金融预算、购买动机、产品性能、保障条款等进行梳理，最后推荐对该消费者最有效的线上或线下营销手段，由此实现按需生产和销售。使用 Automotive Mastermind 公司服务的企业，销售收入提升了 30%，客户留存率提高了 16.7 个百分点③。

---

① 张浩南、廖萍萍：《共享经济研究动态与评述》，《福建商学院学报》2019 年第 1 期。
② 张昊、林勇：《共享经济结构演化的微观机理："赋权"还是"赋能"？》，《经济问题探索》2019 第 2 期。
③ 国家信息中心分享经济研究中心：《中国制造业产能共享发展报告 2018》，http://wk.askci.com/details/372582fdeb394dc8a8e2d2071277aae5/。

(三) 数字化生产过程中的企业管理更趋集中和直接

信息网络的去中心化特征，在很大程度上影响并改变了传统的垂直化管理模式。数字技术大大提高了公司管理者运筹帷幄的能力，因为管理人员通过网络实时更新的业务数据可以做到对遍布全球各地的工厂车间的生产经营状况一目了然；管理者还可以利用数字计算功能，掌握企业"大数据"，这助力他们高瞻远瞩，提出更为科学的优化生产流程的决策建议；数字信息系统还能为企业管理提供有效监督，以确保经营决策迅捷地传达并准确贯彻①。由此可见，数字技术不但引起生产组织过程的变革，相应的企业管理模式也产生了变化。企业将数字化网络引入生产过程，将先进科技用于监管劳动过程，如通过条形码、监控器以及实时录像等，对工作时间、工作细节以及工作路径等进行全过程追踪，显然，比起科层制管理中的层层"委托—代理"成本，数字化管理更趋于集中和直接，对生产过程的协调效率更高。然而，这种数字化监控管理，是通过控制工人的私人生活，而增强对劳动的支配，虽然从形式上数字化生产过程中工人的工作比福特制流水线上的工人更加自由，但是数字化手段实质上是在自由形式的掩盖下对工作过程中的工人活动实施了更加精准的限制。

(四) 数字化生产过程创造数字无形资产——"用户生成内容"

信息网络技术为人类提供了强大的社会交流媒介，它突破了空间和时间甚至语言等交流方式对人类互动的限制。而且，数字化技术记录下了人类交流的痕迹，并对这些数字进行开发产生数据。无论对于企业还是个人而言，都能从这些信息中搜寻到自己所需要的内容，包括贴图、评论、旅游攻略甚至学习心得及各种专业知识等。社交网站的参与者不仅在使用这些网站信息，同时这些消费者也在不断地制造其中的大部分内容，即所谓的"用户生成内容"，"每天在YouTube上新制作的视频时长达到43200小时，同样每天上传到Facebook上的新

---

① [美] 埃里克·布莱恩约弗森、[美] 安德鲁·麦卡菲：《第二次机器革命：数字化技术将如何改变我们的经济与社会》，蒋永军译，中信出版社2016年版，第210页。

照片也有 2.5 亿张"①。

这些"用户生成内容",对个人消费者而言,是一笔"你中有我,我中有你"取之不竭的财富宝库,他们依靠这些几乎唾手可得的免费信息,获取了巨大的消费福利,比如参考旅游攻略使旅行更加方便,学习心得和解题技巧使学习和工作效率更高。"各种在线网站的使用者不仅消费免费的内容、获得我们前面谈到的消费者剩余,而且也制作大部分的内容……可以被认为是给我们的整体财富带来额外增加的无形固定资产。"②

但是,用户生成内容对数字媒介企业的意义则更为深刻——为企业带来利润。网站对用户复制或者下载公众上传的知识信息进行收费的情况越来越普遍。留在社交媒介上的数字痕迹,被企业开发,用来锁定市场目标精准投放广告。互联网就如同一个大型的虚拟商场,其用户被不断的广告流所包围,人性弱点被利用③。我国互联网广告的市场规模及其增长情况,如图 8-1 所示,就印证了这一论点。除了投放广告吸引产品买者,利用这些数据跟踪潜在客户,挖掘消费偏好,推动新产品的开发和生产,扩大市场,发挥"自激励"机制,更能为企业带来长久的发展和利润。

上述讨论表明,一方面,数字媒介企业利用用户生成内容获取利润,而不支付任何成本;另一方面,用户生成内容是所有用户所付出劳动的成果。"去年 Facebook 使用者每天在上面花费的所有时间达到了 2 亿小时——其中很多时间用于创造其他使用者'消费'的内容。这些小时数是修建巴拿马运河所使用的小时数的 10 倍。"④ 因此,对数字媒介企业而言,用户生成内容实际上发挥着资本的功能,而且是不需预付的资本。

---

① [美]埃里克·布莱恩约弗森、[美]安德鲁·麦卡菲:《第二次机器革命:数字化技术将如何改变我们的经济与社会》,蒋永军译,中信出版社 2016 年版,第 167 页。
② [美]埃里克·布莱恩约弗森、[美]安德鲁·麦卡菲:《第二次机器革命:数字化技术将如何改变我们的经济与社会》,蒋永军译,中信出版社 2016 年版,第 167 页。
③ Ursula Huws, *Labor in the Global Digital Economy: The Cybertariat Comes of Age*, New York: NYU Press, 2014, p. 15.
④ [美]埃里克·布莱恩约弗森、[美]安德鲁·麦卡菲:《第二次机器革命:数字化技术将如何改变我们的经济与社会》,蒋永军译,中信出版社 2016 年版,第 162 页。

图 8-1 2011—2017 年中国互联网广告市场规模和增速

资料来源：易观智库《中国互联网广告市场年度综合分析（2018）》，2018 年 8 月 13 日，http：//wk.askci.com/details/cd45e0d422864c8cbae01b370ce86e05/。

（五）数字化生产过程衍生新的社会劳动类型——数字劳动

数字技术使一种产品或服务可以以接近零成本进行复制，并以极低的成本（或者没有成本）传播到世界上的绝大多数地方①。这种可复制的内容主要包括写作、歌唱、朗读、游戏、电影、授课以及各种自媒体娱乐服务等非物质产品。

对非物质内容的数字化复制乃至于将其投放市场为资本赚取利润，则更加呈现出社会化大生产的属性，数字商品的生产无法离开诸多产业的相互协作，因此，这个被复制"内容"的创造过程便"蜕化"成为数字化社会生产中的一个环节——"内容生成"（Content-generating），相应的，数字产品生产过程中的作家、歌唱家、画家和游戏设计者等创造者就变成了"内容生产者"（Content Producers）。所以说，数字化导致传统上分散于不同产业的生产活动趋于融合，报纸和书籍出版，电视，电影，录音和游戏产业与其他"内容生成"产业相互之间无缝合并，并与分销公司和数字基础设施供应商合并，创造了企业巨擘，参与多种类型的商业活动，由此将"创意"工作者的努力与许多其他处在

---

① ［美］埃里克·布莱恩约弗森、［美］安德鲁·麦卡菲：《第二次机器革命：数字化技术将如何改变我们的经济与社会》，蒋永军译，中信出版社 2016 年版，第 211 页。

不断配置中的全球技术、文职、管理和服务业人员联系在一起①。

这种数字化生产过程孕育了新的劳动形式——数字劳动，即在非物质产品成果的数字化过程中所必需付出的劳动，除了直接进行"内容生成"的创作劳动，还包括对"内容"进行数字化加工复制，最后输送传播数字化复制品等所有这三个环节中的直接和间接劳动，如网络设计、维护，复制和传递，甚至包括整个这个数字化过程中必要的监督劳动，涉及广泛的行业劳动者。这些数字劳动所创造的价值或者转移到数字复制产品上，或者直接凝结在数字复制品上，没有这些劳动，原本以"活"的现场劳动的方式创造出来的内容，如各种表演，就不可能以数字化复制商品的形式被"再生"出来，后续数字化利润便无从谈起，因此，数字劳动的社会协作属性更为鲜明。

（六）数字化生产过程中的人工智能

人工智能是数字化技术成果的集大成者，人工智能产业发展及其应用构成数字经济的重要部分，也代表数字生产力的最高成就，所以，随着数字化技术水平的提高，人工智能在越来越多的领域被普及应用是数字经济发展的必然趋势。这一趋势可以从中国、日本、美国三国近几年安装的机器人系统数量及其预测中可见一斑（见表8-1）。另外，我国近几年对人工智能投资额的增加趋势（见表8-2），也能间接反映人工智能的发展速度和趋势。

表8-1　2015—2020年中国、日本、美国三国安装机器人系统的数量　　单位：台

国家	2015年	2016年	2017年	2018年	2019年（F）	2020年（F）
中国	256000	340000	451000	585000	748000	950000
日本	287000	287000	285000	292000	301000	316000
美国	274000	300000	326000	359000	397000	453000

注：F表示预测数据。

资料来源：戴德梁行研究部：《2018中国"新"经济：智能、共享与绿色》，http://wk.askci.com/details/64d2c27d9ba5443a9caf08ce05b623e7/。

---

① Ursula Huws, *Labor in the Global Digital Economy: The Cybertariat Comes of Age*, New York: NYU Press, 2014, pp. 9-10.

表 8-2　　　　2012—2017 年中国人工智能投资总金额　　　　单位：亿元

变量	2012 年	2013 年	2014 年	2015 年	2016 年	2017 年
投资总额	28.1	28.1	111.1	450.7	760.7	754.0

资料来源：德勤（中国）会计师事务所：《2018 中国人工智能产业白皮书》，http://wk.askci.com/details/b22fb7b5912c41d080379501b99f524b/。

　　人工智能的生产效率来自何处，分析这个问题离不开对人工智能与人类劳动及价值之间关系的讨论。其一，与传统机械设备相比，人工智能的"智能"越来越强，因此不仅在体力上，而且在脑力上都对人类活劳动产生越来越多的替代。人工智能，既是"智能"，也始终离不开"人工"。所谓替代人脑力的"智能"，就是机器人的"计算"能力，计算能力的实施就是处理数字化信息并向机械臂传递数字化指令等机器人特有的智能化工作环节；"人工"则强调智能背后的物化劳动基础，即使上述"计算"环节，都包含渗透着信息网络技术的各种软件和硬件的系统配合运转过程，因此，作为人工"智能"核心的"计算"，依然是人类劳动所生产的使用价值在发挥其有用性；而从机械臂操作这一环节而言，与工业机器的操作一样，机械臂是人类劳动的产物，其操作运动就是机械设备基于机械原理发挥其使用价值的过程。

　　其二，支撑人工智能的核心——数字化技术，不仅能对复杂的人类劳动痕迹进行数字化处理形成知识信息，并以各类文件形式把这些信息存储在硬件上，随时提取调用。更高级的创新还在于，它能进一步通过相关软、硬件的系统运转完成这些知识信息之间的配置组合，即实现知识协作，由此获得协作效率，并借由机器人的工作效率传递或者外化出来。机器人阿尔法狗的工作原理被总结为"深度学习"，就是通过模仿人工神经网络的训练，使机器人高效率地调动所存储的人类实践棋谱，对其中包含的战略信息及对弈规则进行精细的组合匹配，并针对对手招数，迅速从中选择应对方案，这一套复杂的远超过人脑反应速度的过程就是"计算"。所谓人机大战，可以理解为数字化技术高效率地组织诸多优秀棋手们的经验智慧信息，形成人类集体对弈知识的相互协作，与一个独立的人类棋手对局。这说明，在人工智能领域，云计算的着力点是组织、发挥人类知识要素的协作效率。

其三，撬动协作效率的数字技术，并不是天外来客，它本身就是一系列复杂脑力劳动的产物，因此这些技术凝结着人类抽象劳动所创造的巨大价值。作为人工智能物质载体的机器人，是一系列包括算法在内的软件和硬件创新组装构成的系统，同样是人类协作劳动的产品，凝结着人类脑力和体力劳动所创造的价值。这就决定了，智能化生产带来的价值，仍然源自抽象劳动——开发数字化技术及人工智能等的社会协作劳动创造的价值，所以，人工智能是劳动的社会生产力的集中体现。

其四，在人工智能主导的"智能化""自动化"社会生产过程中，人类活劳动及价值创造过程越来越集中在社会生产过程的"上游"——信息网络技术创新及与之相联系的软、硬件开发等机器人的创造生产环节。而作为"下游"的机器人的工作过程及其带来的产品和服务，越来越成为转移"上游"数字工程师们的活劳动所创造价值的"物质载体"，以及实现这些价值的"介质"。当然，如同大机器生产与手工劳动相比一样，人工智能主导的生产过程中，最终产品及其价值与活劳动之间的关系比大机器生产过程更为间接，高度复杂的社会劳动的协作效应成为决定价值与劳动之间函数关系的关键。

随着数字技术的发展，人工智能产业迅速成长，越来越多的体力劳动以及技术水平相对不高的工作正在和将要被机器所替代，比如制造业生产线操作、快递、餐厅服务、高速公路收费，甚至医疗检查等，这可能预示着，某些岗位的劳动者将不得不直面技术性失业的威胁。

我们认为，人工智能对人类工作岗位的取代，实质是——社会总劳动中，对更高效率的复杂劳动及高水平社会协作劳动的需求比例越来越多，相应地，简单劳动及低水平协作劳动的需求份额越来越少。这意味着更多劳动者将从枯燥重复的简单劳动中解放出来，有机会从事更为复杂、高级的创新劳动，为人类创造更高水平的福利，或者劳动者将有更多的闲暇享受生活。当然，要真正充分利用被人工智能"置换出来"的劳动，或者让劳动者享受更多的闲暇生活，却并不是无条件的，前者要求劳动者学习、累积更多的知识和技能，后者需要劳动者拥有维持生活的基本收入保障。

（七）劳动生产过程数字化变革中的矛盾运动

第一，劳动的社会化程度及社会财富创造力大幅度提升，但同时无酬劳动的范围却相对扩展。前面的分析说明，数字化通过对劳动生产过程的改造，极大地提高了生产效率，这主要是依靠数字技术的协调能力，通过促进社会分工水平、多方面加强要素协作而实现。

社会分工水平的提高，意味着劳动社会化程度的提升——越来越多的劳动参与社会分工系统，被赋予社会劳动的属性。私人劳动只有通过交换才能实现劳动者的经济利益，也就是必须通过商品货币交换关系才能使私人劳动得到社会的承认，按照这个生产商品的私人劳动和社会劳动之间的矛盾运动规律，既然数字经济中的劳动具有更高的社会化特征，那么，带薪劳动的数量和种类应该越来越多，这样才能激励劳动者，充分释放数字生产力。但是，数字经济发展的事实却是，显性和隐性的无酬劳动越来越普遍。像保洁员、程序员等参与众包的"自雇员"，逐渐沦落为领取计件工资的临时工，因为平台企业并不支付其社会保险和养老金等。受数字化技术支持出现的消费者"自助消费"劳动，使企业节省了雇佣售货员等传统雇员成本；甚至随着数字技术和网络技术的进步，数字劳动中的"内容"创造者，比如作家、音乐家等越来越多地兼职了编辑、录制、拷贝等其他工作，这些数字劳动实际上成为无酬或者低酬劳动。在社交平台创造用户生成内容的群体劳动创造了社会使用价值[1]，却并没有因此获得任何报酬，反而为社交媒介资本带来了剩余价值……总之，数字化使越来越多的劳动进入社会分工系统，创造着更大的市场价值，但是，这些劳动非但没有取得相应的收入，甚至劳动力价值都没有得到实现。因此，数字经济的发展在一定程度上扩大甚至加剧了私人劳动与社会劳动之间的矛盾。

---

[1] Ursula Huws, *Labor in the Global Digital Economy：The Cybertariat Comes of Age*, New York：NYU Press, 2014, pp. 171 - 172.

第二，工业过剩的缓解与加剧。一方面，数字化技术对生产系统的创造性改造，从模块化生产到模块化劳动的演进，不但增强了标准化生产基础上个性化、多样化的有效供给，而且还赋予生产者发掘个性化需求，提升需求结构的能力，数字化的这种对"供给侧"和"需求侧"的互动式改造有利于经济结构升级，成为解决产能过剩的重要突破口。比如，航天云网以提供覆盖产业链全过程和全要素的生产性服务为主线，通过内部资源整合，接入600多家机构，对设计模型、软件、实验等上百种资源及1.3万台设备进行共享，企业内部资源利用率提升了40%。另一方面，传统工业经济面临产能过剩和产品过剩之困境，这是数字经济发展的基本历史背景。在工业品市场需求趋于饱和，而产品升级创新不足的情况下，数字化技术对生产效率的提高，客观上会加剧过剩，对传统工业带来更大的竞争压力，加重结构调整的阵痛。

第三，数字化提升生产效率的同时，传统产业资本的市场、利润份额相对减少。当代全球化经济体系中，传统工业经济面临利润率下降之困境，只有依靠新技术改造，才能带来单位产出中劳动减少及成本下降。工业经济的转型升级日益依赖于数字化，工业利润率的提高离不开数字化改造。数字资本的投资规模巨大，因而数字企业具有显著的自然垄断属性，一旦工业生产不得不"依附于"数字资本，则难以避免被后者支配或者控制。正如亚马逊对传统书商利益的挤压一样，数字企业不仅在蚕食传统企业的市场份额，也会通过各种垄断性的技术支持收费瓜分更多的利润份额。随着数字经济的发展，利润由传统产业资本向数字资本转移集中的趋势日益明显。

第四，生产效率迅速提高的同时，越来越多传统行业的劳动者失去参与社会劳动及分配的机会。数字化技术提供的便利，使不得不参与媒介平台的"内容"创造者，在写作、绘画、歌唱、弹琴等内容创造的同时，也"顺便"完成了打字、编辑、拷贝等环节，打字员、编辑等职业逐渐消失，这些从业者不得不寻找新的谋生之道。更为严峻的是，人工智能正在引起工人的技术性失业，使他们陷入收入困境。"机器人的拥有者和其他固定资产或者自然资源的拥有者将会抓住经济体中的所有价值，然后进行充分的消费。而那些没有资产的人们将只能够出卖自己的劳动力，而且他们的劳动力还将变得毫无价值。"[1] 也就是说，数字资本依靠其对数字技术的垄断，不仅从劳动者身上榨取了更多的剩余份额，而且通过占有数字化生产效率带来的"溢出"价值，使更多的人失去参与社会劳动的机会而被排除在社会利益分配范围之外。

第五，人工智能越来越多地代替工人而进入生产过程，极大地解放了人类体力，使人类有更多的时间和精力从事创造性的工作，追求精神自由。同时，随着人工智能技术的应用，传统工业经济和服务经济中的资本有机构成快速提高，利润源泉日益收缩，与人工智能研发和生产部门攫取高额垄断利润、其从业者取得高收入相比，传统产业的从业者面临前所未有的市场"挤压"，生存威胁加大，这也加深了产业工人的劳动异化程度。

四 数字经济中的资本主义社会基本矛盾

数字化变革在市场经济活动中引起的各种具体矛盾运动，是生产力—生产关系这一对推动人类社会发展的基本矛盾，在资本主义生产方式中相互作用的外在表现。

当代资本主义生产的发展，使物质财富的生产水平达到的高度比较充分地满足了现代社会生存和发展的物质条件，以现代信息网络技术为依托的数字经济应运而生。

数字经济既是生产力发展的结果，又推动生产力进一步发展。数字化技术是资本积累过程推动技术创新的结果，数字经济是追逐货币利润的资本主义生产的必然选择，依靠云计算，数字经济的发展将生产协作水平提升到了前所未有的新高度。要素协作效率是数字化生产效率的来源，与依靠生产要素数量增加所推动的生产力相比，前者正是数字经济生产力的本质。随着数字化技术的发展和应用，社会生产力将迎来更快速的发展。

数字生产力的发展同时也引起资本主义生产关系的演进。如前所

---

[1] ［美］埃里克·布莱恩约弗森、［美］安德鲁·麦卡菲：《第二次机器革命：数字化技术将如何改变我们的经济与社会》，蒋永军译，中信出版社2016年版，第248页。

述，数字化技术全维度扩展了资本支配的领域和范围，资本凭借其对数字化技术的垄断，实施对劳动和物质资料使用权的控制，达到其攫取劳动剩余的目的。"第二次机器革命时代的生产对实体设备和生产的依赖会越来越少，而会更多取决于知识产权、组织资本、用户生成内容和人力资本这四大无形资产。"[①] 这里所谓的无形资产，实质上就是数字化技术及其衍生物。资本主义生产方式，依据资本对生产资料的垄断，采用资本雇佣劳动的社会形式完成生产资料与劳动的结合，由此实现资本对劳动剩余的无偿占有。数字经济的发展，显然对这一历史逻辑有所扬弃：资本甚至无须垄断一般物质生产资料，也无须雇佣劳动，只要垄断了数字化技术，或者是凭借对数据这种数字经济的关键生产要素的掌控，便能够剥削更多的剩余劳动。

以私有制为基础的资本主义生产关系与数字生产力发展之间的"不协调"初露端倪。本章前面所分析的数字经济运行中各个维度的矛盾运动，都是生产力—生产关系基本矛盾在资本化生产过程中的具体表现。

从资本主义生产过程中的变化来看，数字化变革，始终收敛于两点。一是资本主义过剩，无论是数字化对生产效率的提升，还是数字化创造的共享模式，都一方面为缓解过剩提供了方法，另一方面又在产生或者加剧过剩；二是劳动的异化，非物质劳动在社会价值中的份额不断上升，人工智能越来越广泛的应用，一方面预示着人类体力的解放和劳动向着更加自由的形式和方向发展，另一方面却在加深资本对劳动的束缚和人类劳动的异化。

从资本主义生产的逻辑起点——生产资料所有制的角度看，私人企业在数字基础设施供给上难以与数字技术发展更新速度相匹配，从而对数字技术的运用和发展产生消极影响，不利于生产力发展，并且抑制了数字化技术带来的社会福利水平的充分享受或者提高。比如，以私人资本为主导的欧美发达国家的电信运营企业，在对互联网基础设施投资中，往往掣肘于短期利润目标而怠慢于更新设备投资，在尚未收回4G

[①] ［美］埃里克·布莱恩约弗森、［美］安德鲁·麦卡菲：《第二次机器革命：数字化技术将如何改变我们的经济与社会》，蒋永军译，中信出版社2016年版，第166页。

互联网投资成本及预期利润的情况下,对于引入互联网 5G 技术并不积极,与之相比,中国电信运营企业由国家控股,国家主导及时投资于最先进的 5G 网络,保证基础设施先行,不仅支持了数字经济发展,也使我国在 5G 应用方面走在了世界前列。

从资本主义生产的逻辑终点——分配的角度看,数字经济不但没有改变资本积累的两极分化规律,反而使收入更加集中。"技术红利和财富分化的结合并不是一种巧合。技术进步,尤其是数字技术领域的进步,正在驱动财富和收入史无前例地重新分配。数字技术能够以极低的成本复制有价值的思想、创见和创新。它既在为社会又在为创新者的财富创造着红利,但同时也减少了先前重要的劳动力因素,使得很多人不得不面临收入大幅下降的困境。"① 技术垄断不仅使利润从传统资本向数字资本转移,而且强化了资本对剩余价值的剥削,甚至对劳动力价值产生侵蚀,此外,数字化手段使企业管理者的管理效率显著提高,进而推动收入向高层管理人员集中的现象也日趋显现。埃里克·布莱恩约弗森和安德鲁·麦卡菲借用对亚马逊网站的图书销售案例,说明数字经济建立了一种"赢者通吃"的极其不平等的经济模式,它将收入分配的社会结构由正态分布变成了"幂律分布"——"20% 的参与者获得了 80% 的收益",社会的中产阶级比例正在下降②。

上述数字经济在资本主义生产过程各个阶段的影响都说明,经济数字化并不能使资本主义积累摆脱宿命,数字资本主义积累具有加剧失衡的趋势,这终将激化阶级矛盾,对数字生产力的发展和人类社会进步产生阻碍和抑制。

五 启示:发挥中国特色的制度优势促进数字生产力发展

数字技术是当代最先进的生产力,它引领第四次工业革命的新浪潮。我国在利用市场机制激励技术创新的同时,必须要发挥中国特色社

---

① [美] 埃里克·布莱恩约弗森、[美] 安德鲁·麦卡菲:《第二次机器革命:数字化技术将如何改变我们的经济与社会》,蒋永军译,中信出版社 2016 年版,第 178 页。
② [美] 埃里克·布莱恩约弗森、[美] 安德鲁·麦卡菲:《第二次机器革命:数字化技术将如何改变我们的经济与社会》,蒋永军译,中信出版社 2016 年版,第 220—224 页。

会主义的制度优势，克服私有制及资本化生产对数字经济发展的消极作用，引导信息网络技术服务于人民，促进社会公平与进步，最大限度地激发数字经济的发展潜力，推动我国经济转型升级，实现解放生产力、发展生产力的目标。

第一，从国家战略高度为提升数字经济的国际竞争力提供保障。依靠社会主义国家集中力量办大事的制度优势，加大推动基础科学研究的研发，提高国民教育水平，改革教育结构，加快补齐科技和教育领域在国际竞争中的短板，夯实科技长远发展之基础。

目前，越发达的国家，越具有全球竞争力的经济体，其数字经济规模在GDP中的占比越高（见表8-3）。2016年，美国、德国和英国，数字经济在GDP中的比重都接近60%，日本、韩国居中，在45%左右，而印度、巴西、俄罗斯以及印度尼西亚等发展中国家，数字经济规模大都在20%以下。中国数字经济约是GDP的30%，与发达国家之间的差距很明显。美国为首的西方国家对我国高科技企业华为施加的一系列打压，也说明占领数字技术优势，是国际经济竞争的关键。

表8-3　　2016全球主要国家数字经济规模及占GDP比重

变量	美国	中国	日本	德国	英国	法国	韩国	印度	巴西	俄罗斯	印度尼西亚
排名	1	2	3	4	5	6	7	8	9	10	11
规模（亿美元）	108318	34009	22935	20561	15358	9620	6122	4033	3754	2205	1027
比重（%）	58.3	30.3	46.4	59.3	58.6	39.0	43.4	17.8	20.9	17.2	11.0

资料来源：中国信息化百人会：《2017年中国数字经济发展报告》，http://wk.askci.com/details/b152be8a84ea4454a9653bd432873d19/。

第二，坚持公有制在数字经济发展中的引导作用，对互联网运营企业实行国有控股，克服私人资本在网络基础设施等投资建设上的短视行为，保障国家技术经济安全；同时，政府应该积极参与投资数字平台的建设，特别是涉及社会公共信息方面的平台服务，弥补或者抵消私人企业垄断数字公共品所产生的消极影响。

第三，推进供给侧结构性改革。一方面，采取有效措施，激发高科技企业的创新活力，促进信息技术成果转化，及时惠及大众；另一方面，积极迎接第四次工业革命浪潮，主动进行传统生产领域的数字化技术改造，提高工业生产效率，提升我国制造业的国际竞争力，防止产业空心化。

第四，坚持以人为本的新发展理念，建设社会公共服务体系，促进就业，抑制贫富分化。首先推动制造业高质量发展，稳定就业，保护中低收入就业者的权益，促进数字红利普惠人民大众。同时，顺应技术进步的趋势，开展前瞻性的科学技术教育和新职业培训，缓冲人工智能可能引起的技术性失业冲击。

根据预测数据（见表8-4），人工智能将会淘汰很多的传统就业岗位，然而，这并不意味着人工智能产业的发展一定会导致就业量的下降，因为伴随着人工智能的应用，同时将衍生出很多新的工作岗位。除了农业，其他行业的就业绝对量将随着人工智能的应用而呈增加趋势，尤其是服务业和建筑业领域，人工智能对就业的净影响显著。这说明，人工智能在代替技术含量低、体力劳动密集的就业岗位的同时，它所创造的创新性、脑力劳动密集的复杂就业岗位，将会吸纳更多的劳动者。这既符合社会总劳动结构的演进规律，也同时对国民教育提出了更高的要求。提升教育质量，是迎接数字经济、人工智能时代的关键因素，也是我国在这一新经济发展的历史结点，掌握数字经济发展先机的重要战略。

表8-4　　　2017—2037年将被人工智能及相关技术取代/
新增的中国岗位数量预测

行业	取代岗位		新增岗位		净影响	
	岗位数量（百万）	百分比（%）	岗位数量（百万）	百分比（%）	岗位数量（百万）	百分比（%）
服务业	-72	-21	169	50	97	29
建筑业	-15	-25	29	48	14	23

续表

行业	取代岗位 岗位数量（百万）	取代岗位 百分比(%)	新增岗位 岗位数量（百万）	新增岗位 百分比(%)	净影响 岗位数量（百万）	净影响 百分比(%)
工业	-59	-36	63	39	4	3
农业	-57	-27	35	16	-22	-10
总计	-204	-26	297	38	93	12

资料来源：普华永道：《人工智能和相关技术对中国就业的净影响》，http://wk.askci.com/details/485aaad5f2724df8833a5a765a6ddc48/。

第九章 技术周期、经济高质量发展与稳定金融*
——中国经济动能转换的金融—技术路径

2017年10月18日,习近平总书记首次在党的十九大报告中指出,"我国经济已由高速增长阶段转向高质量发展阶段,正处在转变发展方式、优化经济结构、转换增长动力的攻关期"[①]。这表明,当前我国经济面临关键节点——要保持良性可持续发展,总体经济运行必须实现非线性转变;同时也说明,高质量发展是涉及经济发展方式、经济结构以及增长动力等的系统联动工程。但是,系统中多维度变量的自发演进并不能使经济活动脱离惯性而"跃升"至更高水平运行轨道。因此,经济高质量发展这一战略判断的意义更在于促进深化对国民经济发展规律及其变革因素的认识,为有效推动经济可持续发展提供科学指导。

经济变革具有历史性和社会性,中国经济高质量发展并不是一个抽象概念,它所内含的变革因素,是由经济发展的客观规律和我国社会主义市场经济建设的时代任务所决定的,因此应该立足于中国和世界的经济发展成就,从我国在经济全球化竞争格局中的战略地位出发,认识和推动中国经济高质量发展。

---

* 本章作者:杨慧玲、张力。原载于《政治经济学评论》2020年第11卷第5期。
① 习近平:《决胜全面建成小康社会,夺取新时代中国特色社会主义伟大胜利》,《人民日报》2017年10月19日第1版。

纵观工业革命以来两百多年的经济发展史，每一次生产力的显著提升及生产方式的深刻变革都离不开技术创新，而经济停滞不前的国家，则无一不是止步于技术进步。历史提示我们，经济可持续发展的"源泉"在于技术创新，正如习近平总书记所强调的，"创新是引领发展的第一动力，是建设现代化经济体系的战略支撑"[1]。推动经济高质量发展，"科技创新是核心，抓住了科技创新就抓住了牵动我国发展全局的牛鼻子"[2]。

马克思从追求剩余价值的内在驱动及竞争的外在压力两个方面论证了企业推动技术创新的必然性，"竞争的斗争是通过使商品更便宜来进行的"[3]，"每个资本家都抱有提高劳动生产力来使商品便宜的动机"[4]。在为提高生产效率而扩大企业规模的过程中，形成了资本集中的最强有力的杠杆——信用，后者反过来"又扩大和加速资本技术构成的变革"[5]，发挥了推动技术进步的作用。"信用制度加速了生产力的物质上的发展和世界市场的形成"[6]，但是，信用发挥积极作用的前提是虚拟资本遵循以实体资本为基础的价值运动规律，纸币、股票等信用工具都是虚拟资本，其价值的幻想性使虚拟资本具有投机性，信用制度之所以成为过度投机的杠杆，通过制造泡沫使生产过剩，是因为它推动社会资本为少数非所有者使用，再生产的弹性被极限拉抻，导致现实交易远远超过社会需求的限度[7]。金融危机是暴力挤压虚拟资本价值泡沫，使社会生产重归平衡的过程。马克思对信用在经济周期中作用的讨论，主要就体现在金融危机理论上，伊藤·诚以及大卫·哈维等则做了进一步的发展，指出从19世纪后半叶开始，要求大规模固定资产投资的主导产业出现，加深了经济对信用的依赖，从而投机因素越来越介入经济波

---

[1] 习近平：《决胜全面建成小康社会，夺取新时代中国特色社会主义伟大胜利》，《人民日报》2017年10月19日第1版。
[2] 习近平：《为建设世界科技强国而奋斗》，《人民日报》2016年6月1日第2版。
[3] 《马克思恩格斯选集》第2卷，人民出版社2012年版，第281页。
[4] 《马克思恩格斯选集》第2卷，人民出版社2012年版，第203页。
[5] 《马克思恩格斯选集》第2卷，人民出版社2012年版，第281—282页。
[6] 《马克思恩格斯选集》第2卷，人民出版社2012年版，第572页。
[7] 杨慧玲：《信用的发展与资本主义演进》，《当代经济研究》2009年第11期。

动，资本从初级循环转换到次级循环后，信用甚至作为资本积累的"神经中枢"而作用于经济周期。

但是，信用与经济周期的互动，还与技术创新密切联系，因此，应该引入新熊彼特学派的技术—经济分析范式，即熊彼特提出技术进步通过"创造性破坏"促进可持续经济增长，并强调信用在技术进步中的作用，佩蕾丝则进一步讨论了信用在技术革命中的积极推动与破坏性干扰的规律性，并围绕技术创新具体分析了技术革命周期的不同阶段金融资本与生产资本的互动模式。在她的巨潮理论（the Theory of Great Surges）中，任何一次技术革命从诞生到结束，都要经历爆发、狂热、协同和成熟四个阶段，其中爆发阶段、狂热阶段构成新技术导入期，协同阶段和成熟阶段则构成新技术展开期，导入期到展开期之间存在一个"关键的十字路口"——转折点，通常以金融危机、衰退及制度重塑为特征，四个阶段首尾相接、循环更替。

本章从当代世界技术革命周期的现实进展出发，基于马克思主义和新熊彼特学派的信用—技术创新—经济周期理论，从技术创新角度展开对经济高质量发展的讨论。首先，立足于中国技术进步的历史和现状，依据技术—经济发展规律，提出中国经济高质量发展的时代使命是实现以自主技术创新引领经济发展，并讨论在当代国际技术竞争格局中，中国作为后发国家完成技术路径变革所面临的机遇与挑战；其次，根据世界技术革命的发展进程以及中国不同领域技术的发展水平，研判"新常态"标志着中国进入"三阶段＋转折点"的多重技术周期交叠区间，并与美国进行比较，剖析周期阶段的交叠使中国面临的特殊矛盾；最后，在进一步对由当前所处技术周期的特殊区间衍生、累加的金融风险做出分析的基础上，聚焦于金融对技术创新的支持机制，讨论中国在当前新技术革命的历史机遇期，借鉴和吸收后发国家在技术赶超实践中的经验和教训。一方面化解和防范金融风险，为支持技术创新构建稳定的金融基础；另一方面完善多元的技术创新融资系统，建立政府和市场有机结合、合理分工的金融—技术支持机制，促进我国技术创新的路径变革，完成经济高质量发展所要求的动力转换。

一 世界技术竞争格局的演进与中国技术路径的变革

（一）世界技术竞争格局的演进

围绕着技术进步而展开的国际竞争始于英国工业革命。根据技术核心国家的更替以及全球技术格局特征的变化，笔者将国际技术竞争格局的演进划分为三个历史阶段，其中涵盖佩蕾丝所指的五次技术革命。

第一、第二次技术革命形成英国主导的全球格局。18世纪中后期，英国率先爆发以机械化棉纺织技术创新所引领的第一次技术革命，生产效率的革命性提高使英国在半个世纪之后迎来了由蒸汽动力技术和采矿技术的革新所引领的第二次技术革命[①]。1825年英国技术市场对后发国家全面开放，迅速推动了法国、德国、美国、俄国等国的技术进步，并使这些国家在纺织业、煤炭开采业、钢铁业等主导产业上取得较大发展[②]。

这一时期始于英国、在欧美范围内的技术扩散过程，一直持续到19世纪末，具有平行扩散的特征——后发国家与核心国家使用相同或相近的生产技术，国际之间由此形成以"比较优势"而展开的部门间分工。技术、产品同质化导致资本主义工业化国家在争夺市场和资源方面的竞争异常激烈。

第三、第四次技术革命形成美国主导的全球格局。19世纪后期，美国、德国凭借其在电力、钢铁、化工等方面的先进技术强势崛起，1860年美国成为世界上最发达的资本主义国家[③]；19世纪末，美国和德国发起以酸性转炉炼钢技术和电力工业技术创新等为代表的第三次技术革命，英国则错失了引领新一轮技术革命的重要机遇[④]；20世纪初，

[①] ［英］卡萝塔·佩蕾丝：《技术革命与金融资本：泡沫与黄金时代的动力学》，田方萌、胡叶青、刘然等译，中国人民大学出版社2007年版，第16—19页。
[②] 陶惠芬：《欧美工业革命中科学技术的引进与利用》，《世界历史》1994年第5期；金碚：《世界工业革命的缘起、历程和趋势》，《南京政治学院学报》2015年第1期。
[③] 徐玮：《略论美国第二次工业革命》，《世界历史》1989年第6期。
[④] 邓久根、贾根良：《英国因何丧失了第二次工业革命的领先地位？》，《经济社会体制比较》2015年第4期。

美德两国又爆发以汽车制造技术、化工技术和内燃机技术为代表的第四次技术革命，"电力作为主导技术与内燃、冶金、石油化工技术组成了一个新的技术体系"，奠定了大规模生产的技术基础①。由于德国在两次世界大战中遭受重创，科学技术中心从欧洲转移到美国，美国替代英国成为技术核心国家。第二次世界大战后在美国"马歇尔计划"所实施的第二次国际技术扩散过程中，德国和日本从美国引进了钢铁、机电、造船和石油化学技术，还在此基础上在汽车制造、电子设备制造等行业成功实现了"二次创新"而成为技术领先国家。

由美国主导的第二次技术扩散贯穿了整个 20 世纪后半叶，技术的垂直扩散特征明显，核心国家通过控制核心技术而占据技术链条的顶端，后发国家一般只掌握次要或者非核心技术而位于技术链条中、低端，各个国家在国际价值链分工系统中的地位差别与国家之间的技术落差一致，总体上系统中的"互补合作"力量大于"竞争"力量。

当代美国主导的第五次技术革命方兴未艾。20 世纪 60 年代末 70 年代初，在美苏军备竞赛中，美国在计算机、信息科学领域获得重大技术突破，掌握了互联网、半导体、个人计算机操作系统 Unix 以及人工智能等多项尖端技术，这标志着信息技术革命的开端。80 年代之后，美国通过军民融合机制，将这些先进技术迅速应用到民用领域，由此涌现了一批如波音、Palantir 等掌握尖端技术的企业②。在信息技术革命周期开始至今的五十年里，美国仍然延续了其在世界技术竞争格局的霸主地位，美、日、欧等发达国家继续在新一轮技术周期中发挥着引领作用。

（二）当代信息技术革命周期正在迎来展开时期

尽管世界已经进入信息技术革命周期，并且在信息技术主导下，全球已经形成了包括信息技术在内的生物技术、新材料技术、新能源技术

---

① ［英］卡萝塔·佩蕾丝：《技术革命与金融资本：泡沫与黄金时代的动力学》，田方萌、胡叶青、刘然等译，中国人民大学出版社 2007 年版，第 16—19 页；徐玮：《略论美国第二次工业革命》，《世界历史》1989 年第 6 期。

② 周飞、张志强：《美国创新体系军民深度融合发展特点及启示》，《国防科技》2018 年第 5 期。

以及空间技术和海洋开发技术六大高技术集群。但是，即使在完成了基础性技术创新的美国，也还没有从新技术革命中获得显著的生产效率提升。如图9-1所示，在信息技术革命之前的1950—1969年，美国劳动生产率的增长率在2.77%左右，造就了"黄金年代"，但在此后开始下降，直到2018年，在信息技术革命导入的五十年间，都再没有恢复到这一水平，甚至2010年之后的最近十年，美国的劳动生产率增速回落到1%。虽然，1990—1999年美国劳动生产率的增速曾经超过了2%，甚至2000—2010年一度到达2.67%，看似打破了"索洛悖论"，这应该与信息技术的快速导入和高新产业在同期的发展密切相关。从1996年开始，美国和中国的高科技产业在本国制造业中的比例迅速上升，直到2008年之前，这一比例总体都高于1996年之前的水平，但是，2008—2017年，高科技产业的比例降到了比1996年以前还低的水平，如图9-2所示，这与同期劳动生产率的增长速度变化一致。因此，两组数据的对照说明，高科技产业本身的确具有更高的效率，但是信息技术革命尚未在广泛产业领域引起扩散效应，制造业的总体效率提升还没有发生。

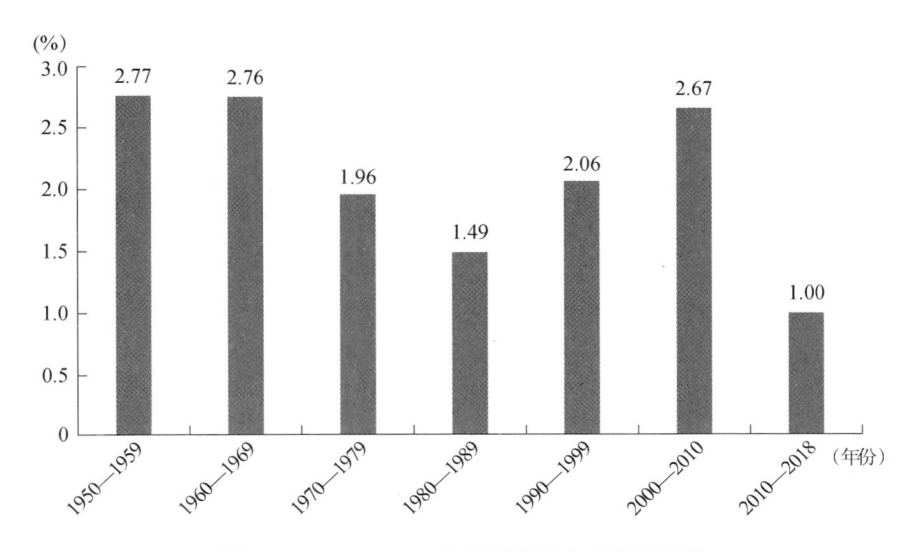

图 9-1 1950—2018 年美国劳动生产率增长率

资料来源：美国劳动统计局，https://www.bls.gov/。

图 9-2 中美 1990—2017 年中高科技产业占本国制造业比例

资料来源：CEIC 全球数据库，https://insights.ceicdata.com/。

佩蕾丝在 2002 年曾经判断说，"目前这场第五次巨潮的导入期以纳斯达克泡沫在 2000 年 3 月的破灭而告终"①。她当时认为 2002 年 6 月世界正处在转折点上，但是衰退的长度、深度及广度甚至前景则取决于当时的制度选择②。然而此后发生了大萧条之后最严重的 2007 年美国次贷危机，世界陷入了一场持久的衰退，证明她对信息技术革命导入期结束做出了过早的判断。事实上，2017 年，佩蕾丝也的确对自己当初的判断做了修正，她坚持 2000 年 3 月网络泡沫代表一个转折点，但是并不意味着导入期的结束，她说 2008 年国际金融危机是信息革命周期的第二个转折点，由于信息技术的特殊性及其影响，信息革命未能"如期"展开，至今一直在延续导入，这期间金融和房地产"诈骗"全球泛滥③。

---

① [英] 卡萝塔·佩蕾丝：《技术革命与金融资本：泡沫与黄金时代的动力学》，田方萌、胡叶青、刘然等译，中国人民大学出版社 2007 年版，第 183 页。
② [英] 卡萝塔·佩蕾丝：《技术革命与金融资本：泡沫与黄金时代的动力学》，田方萌、胡叶青、刘然等译，中国人民大学出版社 2007 年版，第 16—19 页。
③ Calota Perez, "Second Machine Age or Fifth Technological Revolution?" (Part 3), http://beyondthetechrevolution.com/blog/second-machine-age-or-fifth-technological-revolution-part-3/; Calota Perez, "Second Machine Age or Fifth Technological Revolution?" (Part 2), http://beyondthetechrevolution.com/blog/second-machine-age-or-fifth-technological-revolution-part-2/.

此外，从经济增长的角度看，第一、第二次技术革命使1850—1856年世界工业生产的增长率高达7.6%，1948—1966年，第四次技术革命成果的普及使这一增长率高达5.9%①，而1979—2018年，国内生产总值的世界年均增长率只有2.9%②。

总之，国际金融危机十年之后，"内生性增长、市场扩大和就业增加"这些展开期的典型特征还没有出现，信息技术革命所蕴藏的生产力还在等待着自己的"黄金时代"③。

当然，信息技术革命的进程始终在不断推进，信息技术应用领域的低门槛迅速推动了全球范围内的信息化进程。从20世纪90年代，个人电脑开始普及，2000年前后互联网门户网站遍地开花，以脸书、腾讯为代表的网络社交模式进入生活，2010年前后，电子商务发展成熟，随之智能手机进入消费，近几年，信息技术的应用势头显著加快。20世纪90年代中期出现的"数字经济"概念的内涵和外延不断成熟和扩大。2016年《二十国集团数字经济合作与发展倡议》，将数字化和网络通信技术在提高经济效率、优化经济结构的作用过程作为数字经济的"内核"；2014年11月首届世界互联网大会在中国乌镇召开，至今已成功举办了六届，数字货币、人工智能、乃至于5G网络应用等更新换代的技术都在喷薄涌现，区块链技术日益成熟并开始走向应用；2019年脸书宣布将推出数字货币Libra……六大高新技术不断推进，这一切都在昭示新技术革命的导入任务即将完成。同时，信息基础设施也趋于完善，如同铁路、邮政、电报之于第一、第二次技术革命，桥梁隧道、电力电话网络、机场、高速公路、现代铁路等之于第三、第四次工业革命，信息技术的展开引用同样离不开卫星、光纤宽带、移动互联网络等信息基础设施。1993年，美国率先通过《国家信息基础设施行动倡议》，着力进行大规模以信息网络为主的基础设施建设，随后其他国家

---

① ［荷］范·杜因：《经济长波与创新》，刘守英、罗靖译，上海译文出版社1993年版，第177页。

② 刘鹤：《坚持和完善社会主义基本经济制度》，《人民日报》2019年11月22日第6版。

③ ［英］卡萝塔·佩蕾丝：《技术革命与金融资本：泡沫与黄金时代的动力学》，田方萌、胡叶青、刘然等译，中国人民大学出版社2007年版，第140页。

也相继效仿。经过二十余年的发展，世界范围内的信息网络已经大面积铺开，2017 年世界上主要发达国家总人口中的互联网用户占比为 85%—95%，2018 年固定宽带用户占比为 32%—41%[①]，信息技术在全行业应用的条件基本具备，新技术正在迎来展开，如图 9-3 所示。

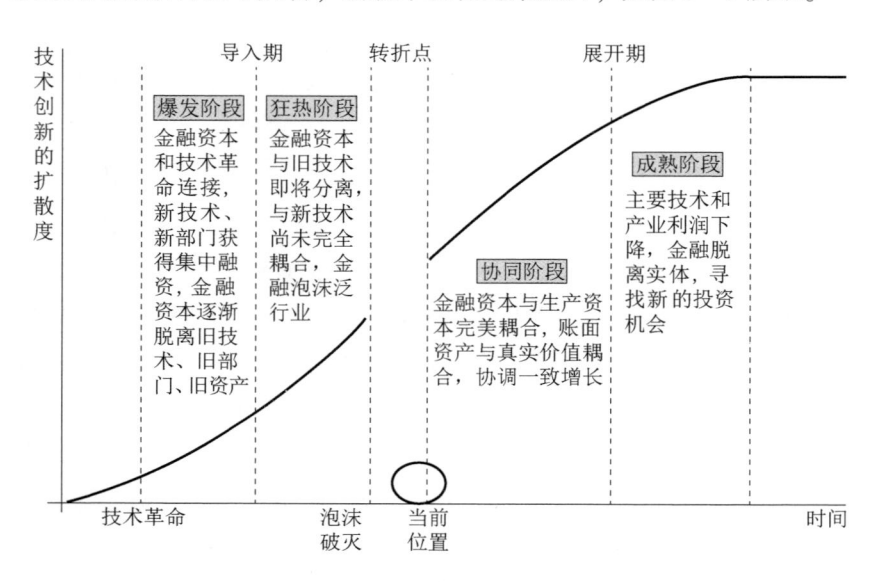

图 9-3　信息技术革命周期及其当前的发展阶段

（三）中国在信息技术革命周期中的机遇与挑战

我国是现代世界经济体系中的技术后发国家，新中国 70 年的经济发展史，实际上是一部技术追赶的奋斗史。改革开放之前，在国家工业化战略布局下，我国主要依靠独立自主的技术研发和积累，建立了独立的国民工业体系；改革开放以后，则主要通过从欧美等发达国家引进高新技术，促进国内生产技术更新换代，这种"先引进、再模仿"的发展模式弥补了研发资金的短缺，减少了技术进步的盲目性，由此获得的技术进步效率构成我国高速增长的驱动力。

但是，这种"技术引进和技术模仿"的外源性技术进步路径不仅

---

① CEIC 全球数据库，https://insights.ceicdata.com/。

边际收益递减，还会使后发国家产生路径依赖——长期习惯于从核心国家引进现成技术，不光技术来源单一，而且造成服务于高技术创新的基础设施投资不足；也就是后发国家的自主创新意识和创新能力被削弱，导致其不得不面临缺乏主动转换经济增长动力所带来的巨大风险——在技术主导的全球产业链中深陷中、低端，无法承受比较优势改变和国际产业迁移等冲击，难以逃脱依附型经济之宿命[①]。以"巴西奇迹"为代表的拉美经济的短暂繁荣，正是因为没有建立起国家技术创新体系、缺乏自主创新能力而最终沉沦于以初级产品和低附加值的半成品出口为主、深受欧美经济动荡和金融投机影响的"中等收入陷阱"[②]。

2008年之后，受世界经济拖累，同时随着市场经济的发展，我国不仅在人口、资源等方面的低成本优势逐渐消失，而且国内市场经济发展不平衡的矛盾日益积累，使我国改革开放以来实现高速增长所依靠的能源和劳动力密集型的低附加值制造业，开始面临比较优势下降及市场饱和之困境，由此形成向技术密集型高端制造业转型的倒逼机制，也构成我国经济进入新常态的基本背景；另外，从2018年年初开始，美国发起对中国的贸易制裁，尤其是针对中兴、华为等中国高科技公司的一系列行动，意味着中国与美国等技术先进国家在全球技术体系中固有的模仿者与引领者之间的"合作"关系在加速弱化，日益严苛的"技术封锁"战略使"市场换技术"战略失去了现实可行性。也就是说，我国已经没有条件根据产品去模仿成功国家之前的高质量经济活动，必须通过价值链的提升来推进高质量经济活动[③]。所以，中国必须改变发展模式，只有真正"掌握核心技术，从价值链高端入手，以新兴产业作为机会窗口"，才能最终完成经济发展由自主技术创新引领的时代使命[④]。

---

① 金碚：《关于"高质量发展"的经济学研究》，《中国工业经济》2018年第4期；陈昌兵：《新时代我国经济高质量发展动力转换研究》，《上海经济研究》2018年第5期。
② 苏振兴：《拉丁美洲的经济发展》，经济管理出版社2000年版，第57页。
③ 杨虎涛：《以高质量经济活动推进高质量发展》，《光明日报》2019年10月6日第8版。
④ 贾根良：《从联想、中兴和华为看中国技术赶超的不同道路》，https://mp.weixin.qq.com/s/iXTh4zWcs5fU5K4GYaQcOg。

那么，在这个正要展开的第五次技术革命浪潮中，面对核心技术的垄断，中国如何突破创新？事实上，一次技术革命不仅包括产生新的通用目的技术这种基础性突破，还包括对新通用目的技术的应用性开发所构成的填补式创新。"通用目的技术一直需要填补。生产率提高的初期阶段所花费的时间可能是数年甚至数十年，因此，在技术的开始阶段到生产率大规模提高阶段会有一段延迟期。"[①] 所以，即便是信息领域的通用目的技术掌控在美国等核心技术国家手中，但同时"信息通信技术中的通用目的技术从根本上产生了组合和重组思想的新思路……全球的数字网络也培育了重组式创新的动能"[②]。这种"二次创新"引发新技术扩散，最终促进社会生产效率提升及生产组织形式变革[③]，而我们恰好处在信息时代大规模生产效率提升的"延迟期"，面对着重组式创新的广阔填补领域。近年来日、韩、英、德等国纷纷在信息技术应用领域发力，通过《信息经济战略 2013》（英国）、《信息与通信技术战略：2015 数字化德国》《IT 政策路线图》（日本）等一系列国家战略布局信息技术产业，并取得了显著成效[④]，而以六大高新技术为代表的高技术集群的兴起也说明，信息技术存在广泛的应用前景，后发国家同样有机会展开信息技术的应用开发，成为新技术创新集群的贡献者。

对于我国而言，信息技术的填补式创新更加意味着实现以信息技术突破性应用为主导的新一轮技术产业变革的重大契机[⑤]。要抓住这一轮新技术革命浪潮赋予的时代机遇，还取决于一国的工业化发展水平及其在当代国际技术竞争格局中的相对竞争力。20 世纪 80 年代初期，适逢第三、第四次技术革命成果继续向外围扩散，以及信息技术革命浪潮伊

[①] ［美］埃里克·布莱恩约弗森、安德鲁·麦卡菲：《第二次机器革命——数字化技术将如何改变我们的经济与社会》，蒋永军译，中信出版社 2016 年版，第 141 页。

[②] ［美］埃里克·布莱恩约弗森、安德鲁·麦卡菲：《第二次机器革命——数字化技术将如何改变我们的经济与社会》，蒋永军译，中信出版社 2016 年版，第 111 页。

[③] 鄢显俊：《从技术经济范式到信息技术范式》，《数量经济技术经济研究》2004 年第 12 期。

[④] 张雷：《中美英德日韩信息技术与信息服务业国际竞争力分析》，博士学位论文，吉林大学，2018 年。

[⑤] 黄群慧、贺俊：《未来 30 年中国工业化进程与产业变革的重大趋势》，《学习与探索》2019 年第 8 期。

始的"双重"技术窗口期,中国在计划经济时期建立的独立工业体系及技术积累基础上,通过改革开放引进并有效吸收国外先进技术,积极参与世界技术竞争,抓住机会取得了巨大成就。一方面中国的汽车、家用电器等大规模工业生产能力以及高铁、机场、重型装备制造等基础设施建设能力都跃居世界先进水平,40年来我国主导产业的演进恰好依次与五次技术革命相印证(见表9-1)。这充分说明中国在短短数十年里完成了资本主义三百年技术进步的历史任务,成功实现了技术追赶,基本改变了过去长期处于技术绝对劣势的后发国地位,并以此带动了我国经济高速增长:1978—2018年,我国国内生产总值年均增长9.4%,远高于世界水平[1]。另一方面,中国还在高新技术领域取得了一定成就,不仅在共享平台、网络支付等互联网应用领域居于领先水平,还在芯片研发、5G等核心技术领域有所突破,在空间技术、海洋开发等领域与先进国家的差距都在逐步缩小;同时,我国信息、网络基础设施的总体规模已经居世界第一位,2018年,我国的移动电话使用数量超过16亿部,固定宽带用户超过4亿户[2]。所以,中国比过去任何时期都有实力、有准备把握第五次技术革命之先机,完成以自主技术创新推动经济发展的革命性转变。

表9-1　改革开放以来中国主导产业和技术演进

时间段	工业主导产业	主导技术	技术诞生时期
1980—1990年	机械工业、纺织业、化学原料、制品制造业、金属冶炼、食品加工等	机械化棉纺织技术、机械制造技术、采矿技术等	第一次技术革命时期 第二次技术革命时期
1990—1994年	金属冶炼、机械工业、纺织业、非金属矿物制品业、食品加工、化工业等	冶金技术、电力工业技术、采矿技术等	第二次技术革命时期 第三次技术革命时期

---

[1] 刘鹤:《坚持和完善社会主义基本经济制度》,《人民日报》2019年11月22日第6版。
[2] CEIC全球数据库,https://insights.ceicdata.com/。

续表

时间段	工业主导产业	主导技术	技术诞生时期
1994—1997年	机械工业、化工业、能源开采业、食品加工、纺织业、非金属矿物制品业、金属加工业等	机械制造技术、化工技术、采矿技术等	第二次工业革命时期 第三次工业革命时期
1997—2001年	电子设备制造业、能源开采业、机械工业、交通设备制造业、化工业、金属加工业等	电子设备制造技术、采矿技术、汽车制造技术等	第三次技术革命时期 第四次技术革命时期
2001—2008年	电子设备制造业、金属加工业、能源开采业、化工业、交通设备制造业、机械制造业等	电子设备制造技术、金属冶炼技术、采矿技术、现代化工技术、车辆制造技术等	第三次技术革命时期 第四次技术革命时期 第五次技术革命时期
2008年至今	计算机、通信和电子设备制造业，化工和医药制造业、金属加工业、电气机械和器材制造业等	信息技术、电子设备制造技术、现代化工和生物技术、新材料技术等	第四次技术革命时期 第五次技术革命时期

资料来源：于刃刚等：《主导产业论》，人民出版社2003年版；［英］卡萝塔·佩蕾丝：《技术革命与金融资本：泡沫与黄金时代的动力学》，田方萌、胡叶青、刘然等译，中国人民大学出版社2007年版；2001年、2008年、2018年《中国统计年鉴》等。

当然，变革的过程并不是坦途，中国尚没有实现对先进技术较为系统的掌握，仍然属于技术后发国家，还没有突破模仿、学习型的技术进步路径，这是导致我国作为制造业大国却居于国际技术链、产业链、价值链中低端的根本原因。要培养和建立国家的自主创新能力，从内部体制来看，中国必须要克服后发国家对外源性技术路径的依赖惰性，这涉及一系列体制机制的系统变革；从外部条件来看，信息领域的核心技术如芯片开发、精密电子元件制造等的高投入、高垄断特性更加显著，而且，雄踞技术核心及主导地位的美国，为了维持技术垄断，避免重蹈历史上因技术扩散而受到后发国家竞争威胁之覆辙，将核心技术的保护上升为国家战略：1979 美国颁布了《出口管制法》，1985 年又在修正案中增加了进口制裁的相关条款①。随后，美国还通过主导制定《与贸易有关的投资措施协议》等一系列国际协议来限制对后发国家的高新技术转让②。毫无疑问，在新一轮技术角逐中，由美国主导的一系列国际规则将成为技术核心国家遏制中国技术跃迁的手段，给处于"从高速增长阶段向高质量发展阶段过渡期"的中国带来严峻挑战③。

综上所述，在经济全球化发展的当代历史节点上，无论从后发国家技术赶超的历史责任，还是从保持国内经济可持续发展的现实责任看，变革技术路径，摆脱"被动"模仿，最终依靠自主技术创新推动新一轮经济长期平稳发展，既是经济高质量发展的题中应有之义，也是实现经济高质量发展所必须完成的革命性转变，"科学发现、技术发明和产业创新是实现高质量发展的关键动因，只有创新驱动的经济才能实现持续的高质量发展"④。

二 中国进入多重技术周期交叠区间：三阶段 + 转折点

1996 年之后，中国和印度的劳动生产率增长速度显著快于欧美等国，如图 9－4 所示，这种国家之间的增长落差，反映了第三、第四轮技术革命周期与新一轮技术革命周期在核心国家与后发国家之间前后嵌套、交错进行的扩散规律：第二次世界大战后美国依靠大规模消费模式充分释放了电气化及汽车等领域的技术创新效率，经过二十年左右的展开期，从 20 世纪 60 年代开始，第三、第四次技术革命在美国逐渐步入成熟并趋于饱和。这里需要说明，在经济全球化条件下，开放国家的生产和消费面对的是世界市场，所以，衡量某个国家的生产

---

① 崔丕：《美国经济遏制战略与高新技术转让限制》，《历史研究》2000 年第 1 期。
② 吴鹏杰：《国际技术转让与美国政府管制有何玄机？》，《中国经济周刊》2019 年第 14 期。
③ 刘志彪：《理解高质量发展：基本特征、支撑要素与当前重点问题》，《学术月刊》2018 年第 7 期。
④ 金碚：《关于"高质量发展"的经济学研究》，《中国工业经济》2018 年第 4 期。

是否达到饱和,应该以世界市场对该国生产的有效需求而不是以其国内市场的满足程度为依据。60年代,过度积累导致成本上升,美国在世界市场上逐渐被德国、日本所替代,这意味着第三、第四次技术革命的边际效率在美国进入递减阶段,并同时在德国、日本完成了技术扩散;70年代技术扩散区域延伸到亚洲四小龙;80年代,中国、印度成为新一轮的技术承接国家,这也就从技术进步角度对中国持续三十多年的高速经济增长做出了解释。

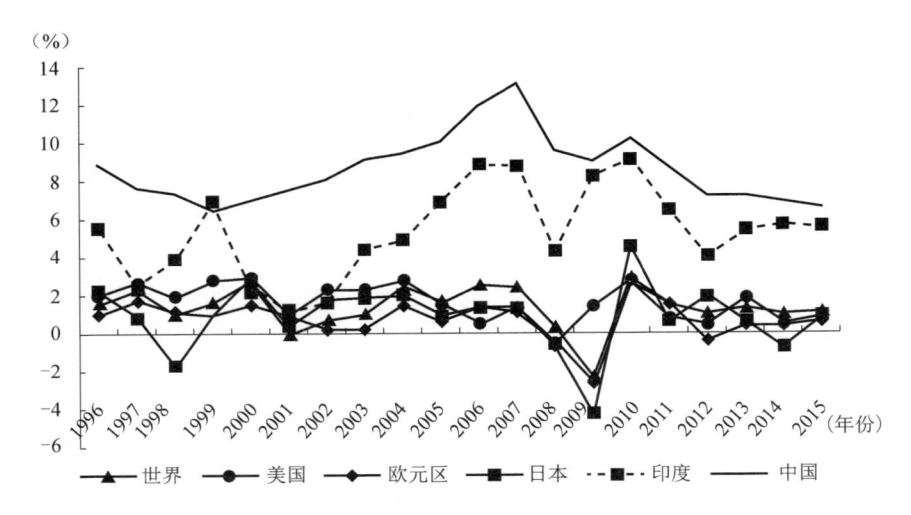

图9-4 1996—2015年中国和世界主要国家劳动生产率增长率比较

资料来源:根据国家统计局相关数据整理。

但是,2008年之后,中国逐渐迈入了技术周期的特殊区间——同时处于第三、第四次技术革命周期的成熟阶段和第五次技术革命的导入尾声及展开初期,而且又面临信息技术革命周期的转折点。显然,这是矛盾重叠、风险丛生的关键时期,必须逾越荆棘才能真正拥抱新技术孕育的大市场,如图9-5所示。

(一)中国进入第四次技术革命的成熟阶段

随着应对2008年国际金融危机的扩张性政策效应逐渐释放,制造业市场饱和的现实开始浮出水面。2013年之后工业产能利用率的下降趋势反映了我国制造业不得不开始承受过剩的压力,如图9-6所示。

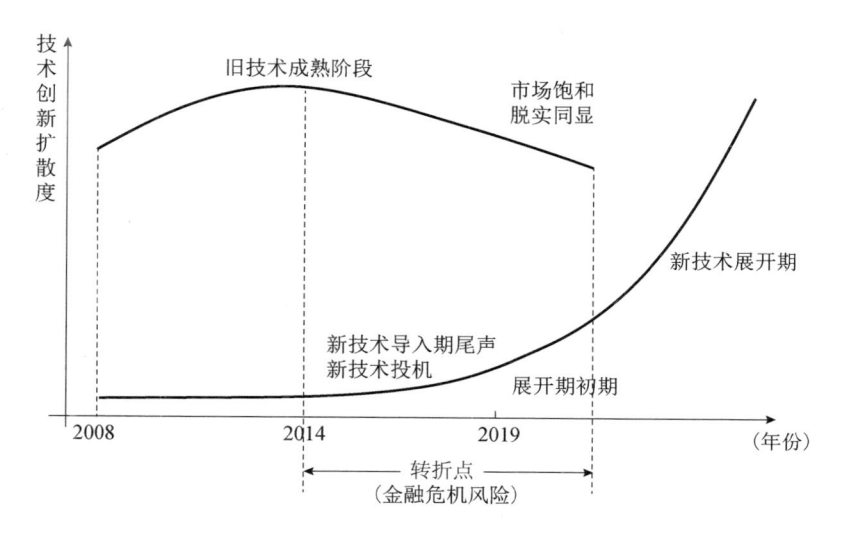

图 9-5 中国目前处于技术周期的交叠区间

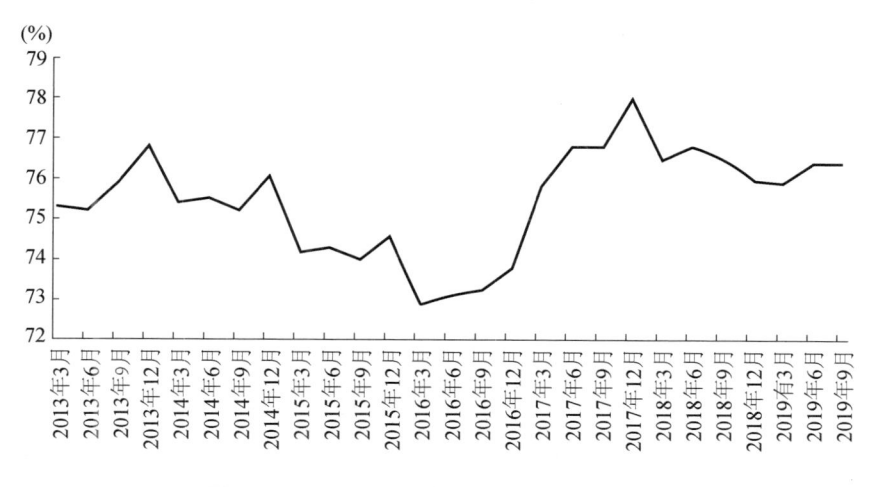

图 9-6 2013—2019 年中国工业产能利用率

资料来源：CEIC 全球数据库，https://insights.ceicdata.com/。

不仅煤炭、钢铁以及水泥等能源和原材料产业的产能过剩比较突出，而且包括家电、汽车以及生活用品等工业产品同样供给过剩，2014 年我国国内生产总值增长率从过去连续十年超过 10% 回落到 8% 以下，这种下行态势延续至今。可见，中国经济的新常态实际上也标志着第三、第四次技术革命展开期的协同发展阶段及其所带动的高速增长周期已经结束，过渡到成熟阶段。

（二）中国到达信息技术革命导入尾声

过去十年，我国经历了信息经济的快速发展和追赶时期，互联网用户占人口百分比从 2006 年的 10.5% 增长到 2017 年的 54.3%，达到美国、韩国等 2002 年前后的水平。每百人中固定宽带用户数从 2014 年的 14.33%，跃升到 2018 年的 28.54%，超过日本 2012 年的水平①。今天的中国，不仅拥有华为这样具有一定国际竞争力的高科技公司，而且在数字支付系统和 5G 应用等新技术领域都站在了世界前列，2015 年 7 月国务院印发《关于积极推动"互联网+"行动的指导意见》，2015 年 9 月达沃斯论坛上李克强总理专门提到了"分享经济"，2016 年 12 月区块链技术首次列入《国家信息化规划》，再到近两年的数字经济大热，2019 年 10 月，我国宣布将区块链技术的研发突破上升为国家战略，央行法定数字货币发行也进入预热阶段……这都证明，中国已经准备好从信息技术革命导入期迈向展开期，中国和世界同处在"爆炸式创新前夜"。

（三）中国处在信息技术周期的转折点

美国次贷危机使世界经历了"大萧条"以来的最严重衰退，十年之后，世界经济并未真正走出困境，反而不平衡的矛盾日益突出，这恰好与技术周期转折点特征高度吻合——"从导入期到展开期的转折点是一个关键的十字路口，它通常是一次严重的衰退"②，可见，"转折点"是一种状态，代表"拨乱反正"的剧烈变革。"'转折点'是个概念上的工具，它表示一种必要的根本性变革。"③ 据此，如果说 2000 年网络泡沫破裂这个转折点，是对积累的泡沫压力的释放，那么 2008 年国际

---

① CEIC 全球数据库，https：//insights.ceicdata.com/。
② ［英］卡萝塔·佩蕾丝：《技术革命与金融资本：泡沫与黄金时代的动力学》，田方萌、胡叶青、刘然等译，中国人民大学出版社 2007 年版，第 44 页。
③ ［英］卡萝塔·佩蕾丝：《技术革命与金融资本：泡沫与黄金时代的动力学》，田方萌、胡叶青、刘然等译，中国人民大学出版社 2007 年版，第 59 页。

金融危机则是美国作为技术核心国家到达"制度重组"的转折点，是"狂热之后的衰退以及引发衰退的崩溃"①，也正是这次金融危机，使美国开始反思放松金融管制的恶果，并推动实施"制造业回归"以及"逆全球化"等一系列调整战略，"在导入期尾声的崩溃能够为国家管制创造条件，使形势逆转，变得有利于生产资本，并带来了一段更为和谐的增长时期……衰退当然是必须支付的巨大代价"②。

反观在信息技术浪潮中几乎赶上世界脚步的中国，由于持续近四十年的外源性技术进步，特别是第三、第四次技术革命的展开带来了二十多年的缓冲（见表9-1），再加上中国市场经济的特殊性，比如强有力的政府逆周期调控、金融市场尚未完全市场化等，信息技术周期的转折点在中国表现得比较"温和"。一是转折点到来的时间被"延迟"，"新常态"一词原本是国外学者在2009年创造的用以描述美国、英国等发达经济体当时出现的经济萧条状况③，而中国则在2014年前后才呈现新常态；二是中国的转折点并不以"衰退"或者"危机"等暴力形式为特征，我国经济新常态所涵盖的一系列变革，包括对系统性金融风险的防范、供给侧结构性改革等"制度重组"构成转折点的表现形式，这符合"转折点"既"破"又"立"的状态特征，而且也与转折点发生在导入尾声到展开初期这个区间相吻合，"转折点也可能在一系列变革的背景下发生，这些变革随着展开期的到来同时出现"④。

（四）技术—经济低迷引致基建周期

一方面，虽然我国已经在承受技术成熟阶段特有的传统制造业产能过剩和产品过剩的压力，但是，传统领域的基础设施仍然存在很大的供给缺口，比如城市管网设施有待更新改善，广袤的农村的道路桥梁以及

---

① ［英］卡萝塔·佩蕾丝：《技术革命与金融资本：泡沫与黄金时代的动力学》，田方萌、胡叶青、刘然等译，中国人民大学出版社2007年版，第125页。
② ［英］卡萝塔·佩蕾丝：《技术革命与金融资本：泡沫与黄金时代的动力学》，田方萌、胡叶青、刘然等译，中国人民大学出版社2007年版，第133页。
③ ［英］阿纳托莱·卡列茨基：《资本主义4.0一种新经济的诞生》，胡晓姣、杨欣、贾西贝等译，中信出版社2011年版，序言XIX。
④ ［英］卡萝塔·佩蕾丝：《技术革命与金融资本：泡沫与黄金时代的动力学》，田方萌、胡叶青、刘然等译，中国人民大学出版社2007年版，第59页。

公共生活设施包括医疗卫生保障体系都需要建设和完善；另一方面，经济下行周期中，政府积极财政政策的托底作用不可缺位。所以，技术—经济的"青黄不接"客观上为基础设施建设周期提供了前提。

总之，中国目前处于"三阶段"与"转折点"这一信息技术周期的特殊区间，在拥抱新技术展开之光的同时，又面临着异常激烈的国际技术竞争，除了承受来自美国等核心技术国家从贸易和技术甚至政治等的全方位的"围追堵截"，经济下行趋势同时引发各种内部矛盾，因此需要一系列制度变革来"突出重围"，包括重塑国家技术创新体系，构建科研机构之间紧密合作的新模式，等等。篇幅所限，本章将聚焦于虚拟经济与实体经济之间的矛盾，讨论金融对技术创新的支持路径。

三　技术周期阶段交叠衍生多重金融风险

前文表明，多重技术周期阶段交叠使中国当前遭遇技术—经济"瓶颈"，由此引起的经济下行趋势加剧了虚拟经济与实体经济之间的矛盾，突出表现为金融风险的累加。

（一）第四次技术革命成熟阶段的金融投机风险

任何一轮技术产业成熟饱和之后，其投资收益开始下降，闲置资本因此而游离出来，"在信用制度下，所有这些可能的资本，由于它们集聚在银行等的手中，而成为可供支配的资本、'可贷资本'、货币资本，而且不再是被动的东西，不再是未来的音乐，而是能动的，生利的东西"①，并被少数人拿来投机，"信用使少数人越来越具有纯粹冒险家的性质"②。这构成我国从2008年之后，金融"脱实向虚"显现、系统性金融风险潜在压力上升的主要因素。技术周期成熟阶段的金融投机，主要表现为两个方面。一是金融资本的活动脱离产业资本的循环与周转，不再贡献于社会创造新价值的活动，而是在金融系统"空转"，通过财富再分配获取纯粹金融利润，证券市场剧烈波动的"割

---

① 《马克思恩格斯选集》第 2 卷，人民出版社 2012 年版，第 413 页。
② 《马克思恩格斯选集》第 2 卷，人民出版社 2012 年版，第 570 页。

韭菜"现象就是典型表现，2015年下半年我国发生的"股灾"就属此类；二是针对实际已经过剩的产品进行投机炒作，误导传统产业的投资和生产从而加剧过剩并扭曲社会分配，"成功和失败同时导致资本的集中，从而导致最大规模的剥夺"①，在我国集中体现为房地产市场泡沫快速膨胀。

（二）信息技术革命导入尾声的疯狂金融投机

虽然与美国等相比，新技术的导入并没有使中国在新技术集群中实现对核心技术的掌控优势，信息基础设施的普及还存在很大的空间，但是中国却面临着与美国一样的风险，"导入期的尾声将会出现一个针对新技术和新基础设施疯狂投资的阶段，它刺激着股市走向繁荣，通常会形成泡沫并最终以这样或那样的形式破裂"②。今天处在信息技术革命周期正在展开而尚未展开时刻的中国，也必然难以脱离信息技术基础设施及新技术产品投资领域的狂热投机。事实显示，中国前几年在各类数字货币、区块链技术领域包括互联网金融领域都出现了较为猖獗的投机诈骗行为。据央视《焦点访谈》2019年11月17日报道，截至2019年11月15日，全国涉及区块链的法律裁判文书共566件，大量纠纷和打着区块链旗号的数字虚拟货币有关。2019年10月27日，上百亿资金涌入A股区块链板块，板块内个股全部瞬间涨停，目前A股已有211家区块链概念股，而在2018年还只有88家③。此外，区块链热潮还带动了区块链园区投资过度的趋势，目前超三成区块链产业园区空置率高于50%，其运营模式单一，过度依赖政府补贴④。猖獗的投机必然引起新技术、新经济泡沫膨胀，美国互联网泡沫破裂，使纳斯达克总市值从2000年2月的61780亿美元跌至17166亿美元，累计蒸发近5万亿美

---

① 《马克思恩格斯选集》第2卷，人民出版社2012年版，第570页。
② ［英］卡萝塔·佩蕾丝：《技术革命与金融资本：泡沫与黄金时代的动力学》，田方萌、胡叶青、刘然等译，中国人民大学出版社2007年版，第44页。
③ 杜恒峰：《投机无钱途 区块链不是"区块敛"》，http：//www.nbd.com.cn/articles/2019-11-20/1387505.html。
④ 互联脉搏、赛迪区块链研究院：《2019中国区块链产业园发展报告》，http：//www.cbdio.com/image/site2/20190805/f42853157e261eb2165517.pdf。

元，市值损失超过70%①，美国高科技产业发展因此严重受挫。新技术成功导入之后，关键是要充分释放技术进步效率，这主要依靠对新技术的应用进行创新性开发。所以，导入尾声和展开初期这一关键阶段如果不能引导资金有效刺激填补式创新，而是陷入疯狂投机，不仅会使我国错失在信息技术革命周期中培育技术创新能力的机会，同时也会造成企业融资失败、银行信贷低效率，引发金融风险，从而阻碍新技术的展开和发展，可能使我国遗憾失去信息技术革命赶超的历史机遇。

（三）信息技术周期转折点必然面临金融"内爆的痛苦"

中国当前所处信息技术革命的转折点，恰恰发生在旧产业周期成熟阶段和新技术导入期尾声及展开初期，这种"三阶段"的重合意味着，中国不仅要承受消解前期积累的金融泡沫、进行系统制度调整这个转折点特有的阵痛，同时还要面对新旧技术周期交叠时期的双重金融投机压力，从而使新技术的展开面临更大的障碍，这是技术核心国家所未曾面临的艰难时刻。美国在20世纪60年代步入第三、第四次技术革命的成熟期，70年代初发生滞涨宣告大规模福特制生产进入成熟饱和阶段，而几乎同时美国便开始导入第五次技术革命，"资本主义在其扩张的逻辑似乎注定要产生市场饱和及利润率危机的结果时，它就会在它的范围内发现新生领域，产生新的产品和服务的新的生产形式，从而创造新市场。这种阶段一般与新技术扩散相联系"②。也就是说，美国在第三、第四次技术革命进入成熟阶段之后与信息技术的导入阶段"无缝连接"，这在一定程度上纾解了成熟阶段金融投机的压力及其后果；此外，美国凭借其金融垄断地位，在很大程度上还将成熟阶段的金融投机压力引向国外，转嫁了金融风险——20世纪80年代拉美债务危机以及90年代末的东南亚危机就源自60年代末期开始增长、70年代晚期随着石油美元过剩而加剧的来自发达国家的外部

---

① CEIC全球数据库，https：//insights.ceicdata.com/。
② Ursula Huws, *Labor in the Global Digital Economy: The Cybertariat Comes of Age*, New York: NYU Press, 2014, p.7.

贷款①。然而，中国是发展中国家，金融发展水平和国家经济实力，包括社会主义的发展理念，都不可能也不允许通过制造他国危机而将内部风险向外转移。转折点的使命是"经济从由金融标准塑造的狂热方式，转型到协同方式……"② 马克思描述为挤压泡沫强制使供给与需求平衡的过程，因此，在这种猖獗的"双重"投机压力下，我国的转折点存在从"温和"型向"暴力"型恶化的风险。

（四）基础设施建设热潮引发的金融投机风险

技术周期低迷阶段往往催生基础设施建设周期，基建项目一般属于大规模投资长周期生产，"当固定资本的规模、数量和耐用性随着积累而不断增加时，资本主义必然演化出更加复杂的信用体系来处理固定资本流通所产生的问题"③。一方面，这将推动信用扩张的压力，"无论是股份资本，还是资本市场所动员的闲置资本，在巨型固定资本生产能力的建设中，均扮演着非常重要的角色"④。另一方面，投资一般历时数年才能实现供给，筹建阶段不增加供给却推动有效需求增加，由此引发对市场需求增长的投机性预期，进而吸引闲置资本进入炒作，最终使产出的实际需求不会如预期增长得快而形成泡沫，在预期反转的一瞬间便导致泡沫破裂，比如发达国家历史上曾经发生过的灾难性的铁路热和运河热等都属于此类投机。所以，逆周期基建扩张也为"转折点"增加了一份"暴力"调整的压力。

上述各种金融风险的累加，使我国在 2008 年之后防控金融风险的形势一度严峻，这可以从三部门杠杆率的明显上升趋势上反映出来，如图 9-7 所示，也反映在影子银行的违规投机操作增加，甚至金融机构各种违法犯罪案件的数量上升等方面。

---

① ［英］卡萝塔·佩蕾丝：《技术革命与金融资本：泡沫与黄金时代的动力学》，田方萌、胡叶青、刘然等译，中国人民大学出版社 2007 年版，第 93—94 页。
② ［英］卡萝塔·佩蕾丝：《技术革命与金融资本：泡沫与黄金时代的动力学》，田方萌、胡叶青、刘然等译，中国人民大学出版社 2007 年版，第 59 页。
③ 张佳：《大卫·哈维的历史地理唯物主义理论研究》，人民出版社 2014 年版，第 97 页。
④ ［日］伊藤诚、［英］考斯达斯·拉帕维查斯：《货币金融政治经济学》，孙刚、戴淑艳译，经济科学出版社 2001 年版，第 181 页。

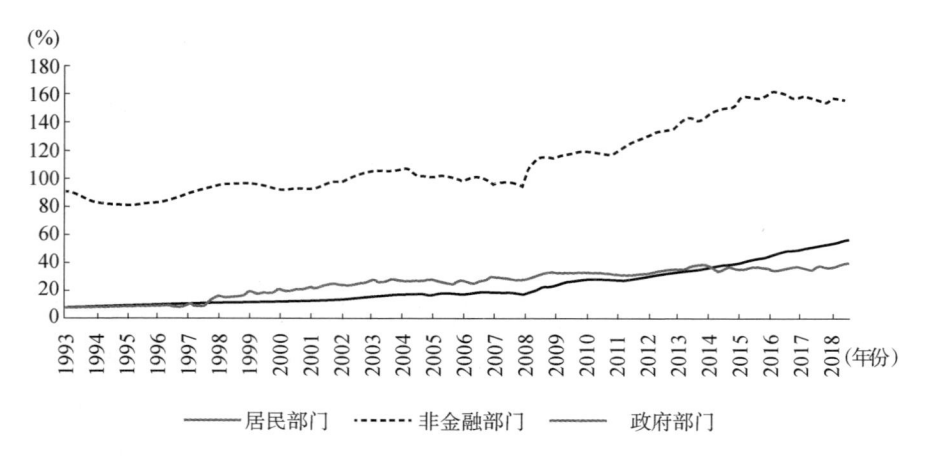

图 9-7　1993—2019 年中国居民部门、非金融部门、政府部门杠杆率

资料来源：国家资产负债表研究中心，http://www.nifd.cn/。

综上所述，中国目前所处的"三阶段"与"转折点"这一技术周期的特殊区间，增强了金融上层建筑与实体经济基础之间的不适应度。一方面，金融利润驱动下，信用不仅脱离实际资本发生"异化"，而且针对传统产业领域及新技术领域的投机都趋于加剧；另一方面，信息技术导入前期积累的泡沫已经到了必须释放的时候，而重塑经济范式以适应新技术的制度调整必须完成，才能使我国顺利进入信息技术创造性应用所标志的展开期，也就是进行第四次工业革命，这种从无序到有序的过程本身是极不稳定的。虽然经过一段时间的制度改革和调整，我国的系统性金融风险压力有效缓解，但总体上目前防范技术周期和基建周期并列存在而引起的金融风险的复杂性及其压力是前所未有的。

金融上层建筑对实体经济基础的消极作用，会表现为恶化技术创新环境、"吸走"创新资金等，最终可能阻止信息技术的顺利展开。因此，中国必须对货币信用制度进行系统创新和改革，严控金融资本投机及其危害，为技术创新创造稳定的金融环境，并切实支持自主技术创新。

四　建立支持创新的金融—技术路径

信息技术革命周期代表未来的新方向，信息技术周期的转折点在一定意义上也是我国经济的转折点，要成功完成这一战略转折，首先必须进行一系列的制度调整，而优化技术创新的金融支持体系，发挥信用在信息技术革命扩散深化过程中的推动作用，是制度重塑的关键一环。面对新旧技术革命首尾交叠期的多重风险，一方面以金融部门内部的风险集中区域为重点，主动防范并化解风险；另一方面推动金融改革和调整以适应产业技术转换的需要，发挥金融对技术创新的推动作用，为经济高质量发展构建安全、稳定、健康的金融支持系统。

（一）构建稳定的金融环境为金融支持经济高质量发展提供前提和保障

金融"脱实向虚"、金融风险压力持续升高根源于传统技术产业面临市场饱和而利润增长乏力，一方面驱使金融资本往少数高利润部门集中；另一方面为了防止高收益承诺下所建立的债务链条断裂的损失，金融投机不断加剧，最终导致金融资本与产业资本之间的结构性错配，即房地产以及具有政府担保或者隐性担保的企业和项目成了金融在经济转型期为数不多可选的投资领域，甚至金融完全脱离实体经济而"空转"。所以，金融风险的本质在于原有的金融模式与技术—经济周期运行产生摩擦，不能适应技术创新路径变革之需要，从而与实体经济疏离。

第一，金融风险集中累积在银行系统。在长期高速增长的经济实践中，我国形成了以银行间接融资为主、逐步市场化、有限对外开放为特点的金融模式，金融资源相对集中。在外源性技术路径中，这种金融供给有利于保证对大规模基础设施建设和优势产业、重点企业定向、长期、稳定的金融支持。日、德等技术后发国家成功赶超的经验也表明，这种低风险偏好型的金融供给模式在技术追赶阶段具有巨大的效率优势。然而，技术路径向内源性的转变，要求技术创新主体多元化和分散化，自主创新的不确定风险显著增加，而传统的间接融资、银行主导型金融存在普惠程度低、风险包容度低、风险分散能力弱的问题，难以满足创新的需要，现实的表现就是风险规避原则下的商业银行信贷政策使大量金融资源滞留在传统过剩产业，不仅信用缺乏充分自由的流动，而且加重了房地产等领域的投机，使非金融企业债务风险、政府债务风险和居民部门债务风险都转化为银行业不良贷款风险。最终的结果便是，我国的银行成为累积风险的实际承担者，也就是说银行是当前我国信息技术周期转折点潜在的金融危机爆发的风险点。当大量风险在银行积聚时，"最终贷款人"职责又迫使央行成为银行风险的实际承担者，最终影响币值稳定，威胁主权货币信用。因此，"守住不发生系统性金融风险的'牛鼻子'，首在系统重要性银行"[1]，需要依托银行在我国金融体系中的支柱性地位，通过防范和化解银行风险来达到"稳金融"的目的。

　　虽然经过几年的供给侧结构性改革及系统性风险防范措施的实施，前期积累风险得到有效缓释，但是仍然不能松懈，必须进一步规范和引导银行信贷行为，重点防范当前新旧技术周期的特殊阶段可能发生的过度金融投机，关键一环是引导信用流向。一是针对传统产业成熟阶段，防止信用货币流向传统过剩领域进行投机，如流向房地产、钢材、水泥等部门；二是针对信息技术导入尾声，防止资金在新技术和新经济基础设施投资过程中的过度投机，如网络平台、区块链以及数字货币和区块链园区建设等；三是针对逆经济周期的积极财政政策，防止在加强战略性、网络性基础设施建设过程中，包括市政管网以及农村公路、信息、水利等因为周期长、信用介入力度大引发的投机。"在资本主义生产的基础上，历史较长范围较广的事业，要求为较长的时间预付较大量的货币资本。所以，这一类领域里的生产取决于单个资本家拥有的货币资本的界限。这个限制被信用制度和与此相连的联合经营（例如股份公司）打破了。因此，货币市场的混乱会使这类企业陷于停顿，而这类企业反

---

[1] 陈果静：《抓住防范系统性金融风险的"牛鼻子"》，《经济日报》2019年12月2日第5版。

过来也会引起货币市场的混乱。"① 在抑制这类市场投机方面,我国具有党领导经济工作的优势,比如,在雄安新区建设前期,"严禁大规模开发商业房地产,严控周边房价,严加防范炒地炒房投机行为"②,甚至全面冻结房地产交易,对防止此类投机做了有益的尝试,也被地方政府借鉴使用。

第二,防范风险的根本途径是提升金融服务实体经济的水平。习近平总书记指出,"金融是服务实体经济的血脉,为实体经济服务是金融的天职,是金融的宗旨,也是防范金融风险的根本举措"③。现阶段我国金融服务实体经济的重点就在于提高金融服务新经济和创新型企业的能力,只有通过以服务创新为导向的金融改革才能从根本上消除金融与实体经济不匹配的状况,在新经济增长潜力逐渐发挥的过程中逐步化解风险。其中,降低融资成本是基本条件,所以货币政策既要"坚守币值稳定这个根本目标",抑制资产泡沫膨胀,也要"适度灵活""精准滴灌",为企业提供更低成本的融资④。

第三,为了提升金融服务水平及国际竞争力,我国将持续深化和推进金融开放作为金融发展的基本战略,但是,金融开放也对我国金融的监管水平和风险抵抗能力提出了更高的要求。20 世纪末拉美、东南亚等后发国家和地区发生金融危机的教训表明,在开放的金融环境下,后发国家金融治理能力不足、监管措施不完善、货币政策独立性不强则难以抵御剧烈的外部冲击从而导致灾难性后果。因此,我国在通过高水平金融开放推动高质量发展的过程中,深化金融开放、提高金融服务水平要始终以确保国内金融安全为底线,堵住国际金融资本冲击国内市场的制度漏洞,增强开放环境下的监管能力,确保监管水平的提升与金融开放的步伐相匹配,使金融为经济顺利渡过高风险区域、迈入高质量发展

---

① 《马克思恩格斯选集》第 2 卷,人民出版社 2012 年版,第 385 页。
② 《中共中央国务院关于支持河北雄安新区全面深化改革和扩大开放的指导意见》,《人民日报》2019 年 1 月 25 日第 1 版。
③ 习近平:《深化金融改革,促进经济和金融良性循环健康发展》,新华网,http://www.xinhuanet.com//fortune/2017-07/15/c_1121324747.htm。
④ 易纲:《坚守币值稳定目标 实施稳健货币政策》,《求是》2019 年第 23 期。

阶段保驾护航。

(二)优化技术创新的金融支持体系为实现经济高质量发展提供重要推动

自主创新驱动的高质量发展要求建立多元化、多层次技术创新的金融支持体系。我国现阶段金融体系的主要问题是风险容忍度较低,即"技术创新的高风险性与金融机构的安全性原则相矛盾"[1],以银行信贷为主的间接融资模式分散风险的功能较弱,不适应信息技术革命下创新主体规模小、数量多、风险高的融资需求。同时,我国资本市场发展相对滞后,多层次资本市场不成熟、不健全,难以对科技创新提供有效支撑[2]。

推动金融改革,实现金融对技术创新的支持,应该围绕两个核心。一是将宝贵的金融资源投入真正具有发展前景的科技型创新企业,推动我国掌握一批有技术专利的新科技,尽早摆脱对国外核心技术的依赖,实现更多的技术并跑和领跑,为新技术展开奠定坚实的物质技术基础;二是引导资金投入传统产业与新技术的结合领域,推动新科技的应用创新。这是提高生产效率、促进产业转型升级、最终成功完成新技术扩散的必由之路。

第一,发展资本市场,建立完善、多元的技术创新融资系统。美国的金融最为发达完备,由股票市场、风险投资市场、债券市场、科技银行(硅谷银行)等组成的多层次、多样化、"金字塔形"创新支持体系可以针对不同规模、类别和融资需求的企业实现高覆盖和差别化服务[3]。我国金融改革的方向应借鉴发达国家的成功经验,重视发挥以直接融资为主的资本市场分散风险的功能,加快培育和发展风险投资、天使投资和科技保险等新型市场,丰富金融支持工具,以金融创新带动科技创新。同时吸取过度金融自由化的惨痛教训,防止金融创新过程中的盲目投机以及金融诈骗。

---

[1] 张鼎立:《我国技术创新金融支持体系问题研究》,《当代经济研究》2018 年第 8 期。
[2] 李艳:《金融支持科技创新的国际经验与政策建议》,《西南金融》2017 年第 4 期。
[3] 尹艳林:《金融支持技术创新国际经验比较及启示》,《金融发展评论》2016 年第 8 期。

第二，建立政府和市场有机结合、合理分工的金融—技术支持机制。在促进金融支持科技创新方面，我国具有发挥"有效市场"和"有为政府"合力的制度优势。一方面减少直接干预，创新和丰富市场化支持工具；另一方面通过间接干预填补市场化融资方式的空白领域和薄弱环节，从而建立科学的金融支持创新机制。

一是保证中小创新型企业资金供给。我国正处在新技术正在展开的关键阶段，国内超大规模市场是新技术应用性创新的优势，但是与基础技术研发不同，应用性开发面广、点多，更适合与市场紧密联系、灵活机动的小微企业承担。然而，"无论是银行还是金融市场，都更偏好大中型科技企业"[1]，它们大都处于技术成长期和成熟期，而尚在初创期尤其是种子期的小微科技企业的资金需求难以在竞争性市场中得到满足，在风险投资市场尚不健全的情况下，需要政府通过财政补贴、政策性金融等手段予以支持。在日本，存在由日本开发银行、中小企业金融公库和信用保证协会等组成的政策性金融机构和信用担保机构为中小型科技企业提供低成本融资或融资担保；在德国，复兴信贷银行和18家州立担保银行通过国家信用发行债券募集资金进行支持，这些机构大都由政府控股，成为创业初期中小型科技企业重要的融资渠道[2]。我国应该加快商业银行经营管理模式改革，适应小微科技型企业的特点，降低融资成本，提高服务水平，促进新科技的创造性应用与发展。

二是加强对成长期的高科技代表性企业的中、长期定向金融支持。科技型企业往往面临更激烈的技术竞争，技术研发又需要投入巨额资金，而信息技术往往又具有"赢家通吃"的属性和显著的规模效应。我国的高科技代表性企业的主要竞争对手是国际垄断巨头，它们一旦错失技术和市场先机，就将面临沦为技术附庸甚至丢失市场份额的风险。因此，发挥我国银行资本的规模优势和政策性金融的体制优势，重点支持拥有技术储备和国际竞争力的大型民族企业在前瞻性技术和尖端技术

---

[1] 林小玲、张凯：《技术创新的金融支持研究综述》，《首都经济贸易大学学报》2018年第5期。
[2] 尹艳林：《金融支持技术创新国际经验比较及启示》，《金融发展评论》2016年第8期。

领域展开突破，通过金融支持技术龙头企业，"领跑"提升产业链，进而带动我国经济的转型升级。

三是建立政府—社会—企业合作融资，支持产学研融合发展。技术创新是多部门长期协同配合的过程，由人才培养、科学研究、技术发明、成果转化和产业培育等多个环节组成。高质量发展所要求的自主技术创新能力，离不开基础科学的发展，而基础性科学技术具有公共品属性，不可能依靠企业进行。美国拥有全世界最多的顶尖大学和研究机构，德国和日本等技术发达国家也拥有规模庞大的研究队伍和高水平的国民教育体系，教育和研发支出长期居世界前列，高质量的科研人才、管理人才和技术人才是这些国家得以实现"技术立国"的基础，信息技术革命正是在美国政府的资金投入直接推动下依靠军事研究力量成功发起的。所以，政府支持力度对一国原始创新能力的培育起着关键作用。我国目前虽然 R&D 经费支出总规模仅次于美国，位居世界第二，但经费投入强度与发达国家仍存在较大差距，对基础研究投入不足，支持效率仍有待提升。进一步优化技术创新的金融支持体系，不仅要求政府在公共财政中继续增加教育和科研经费的支出比例，还需要拓宽资金支持的渠道，通过引入社会资本，鼓励企业积极开展科研活动，在缓解科研资金缺乏的基础上强化市场对科研活动的激励作用，在财政、金融和市场协同作用下，健全产学研深度融合，促进科技成果迅速转化为市场效益并推动新技术革命的顺利展开。

总之，在当前机遇和挑战并存的历史时期，我国只有以自主技术创新引领经济发展，才能在新技术革命周期中保持经济可持续发展。要实现这一目标，面临着一系列的制度调整，金融制度也必然要服务于我国技术进步路径的革命性转变，疏通技术创新链路，为中国经济高质量发展提供稳定、坚实的支持。

第十章　平台经济反垄断与保障国家经济安全[*]

从20世纪90年代后期开始，互联网技术在我国迅猛发展，改变了现代企业的组织运营方式与技术创新方式，以即时通信、移动支付等为代表的互联网平台经济逐渐成为数字经济时代推动经济增长、促进民生改善的重要力量。随着大数据时代的兴起，平台经济凭借其所具有的强延展性、市场规模大、交易成本低等特点迅速崛起，成为数字经济资源配置的新方式。平台经济作为一种基于数字技术的新经济系统，以其特有的规模经济、边际成本递减等优势成为经济增长的重要引擎。但与此同时，这些新兴科技公司凭借着数据平台获得远超普通企业的影响力和价值增值能力，迅速成长为行业垄断巨头，通过排他性协议形成的"价格歧视""二选一""杀手并购"等问题伤害了市场的公平竞争机制。

随着平台经济的发展，数据要素成为其经济主体的重要生产要素，平台企业处理的数据经常涉及不同层面的个人及国家信息，与隐私密切相关。若对于这些互联网平台企业的垄断问题缺乏监管，不但会伤害到正常市场秩序与公民隐私权，严重时还会威胁到国家经济安全与信息安全。因此，亟须对平台经济领域的垄断问题加以治理。

---

[*] 本章作者：吴垠。原载于《马克思主义研究》2021年第12期。

一　平台经济的内涵与运作方式

（一）平台经济的内涵

平台经济作为一种经济现象很早就存在，如婚姻介绍所、超级市场等，但这类平台经济多指基于某类实体平台存在的经济模式，其在发展过程中，受地域和交易规模的限制，其自身的"交叉外部性"会随着规模扩大而迅速减弱。随着时代发展，我们对平台的理解也越来越深入，"它实质上是一种交易空间或场所，可以存在于现实世界，也可存在于虚拟网络空间，该空间引导或促成双方或多方客户之间的交易，并且通过收取恰当的费用而努力吸引交易各方使用该空间或场所，最终追求收益最大化"[1]。在数字经济时代，平台经济是采用互联网信息技术手段所搭建的交易场所，它是促成双方或多方供需交易并从中获取利润的经济模式。这种平台经济通过数据流的链接在虚拟交易场所搭建起交易规模几乎是无限的交易模式，突破了地理、空间、交易效率边际递减等因素的影响，成为当今社会最具统治地位、也最可能引发垄断并影响国家经济安全的经济模式。

与传统经济发展方式不同，新型互联网平台巨头既不是产品的生产者，也不是消费服务的提供者，而是依托数字技术、利用技术优势搭建起的独立平台系统，重塑了价值创造的过程，自己不生产价值却开辟了生产价值的源泉[2]。不可否认，得益于近年来信息技术和互联网技术的迅速发展，人们在很大程度上需要这种突破地域限制的平台满足各类供需的要求，因此，各类超级平台迅速成长起来，它们有效地搭建了双边或多边平台，通过平台去连接两类或更多类型的终端用户，让他们通过平台进行交易或信息交换，并在数字经济技术快速发展的基础上，以数据作为生产要素或一种有价值的资产进行资源配置[3]。显然，平台经济

---

[1] 徐晋：《平台经济学：平台竞争的理论与实践》，上海交通大学出版社2007年版，第1页。
[2] 沙烨：《数字财富鸿沟：数字控制与资本控制的叠加效应》，《文化纵横》2021年第10期。
[3] 易宪容、陈颖颖、于伟：《平台经济的实质及运作机制研究》，《江苏社会科学》2020年第6期。

通过去除产业价值链中无效的中间环节，实现销售方与购买方的有效对接，极大地降低了交易成本，提升了交易效率；同时，这类平台通过数据的搜集和分析，也掌握了国家经济运行中的关键信息甚至是涉密信息。因此，一方面这些平台巨头既表现为不断获取利润和价值增值的企业；而另一方面，由于其掌控交易过程的大数据和关键数据，它们也可能左右甚至引导国民经济运行的模式和方向，从而对国家的经济安全产生直接和间接的影响。

（二）平台经济的运作方式与垄断问题

在双边市场交易中，平台的作用就是尽可能多地吸引供需双边的用户到平台上进行交易，因此平台最根本的策略就是如何制定双边用户接入价格，扩大两边的用户规模并促使他们达成交易，从中获利。网络效应是平台商业模式的主要基础来源之一，根据梅特卡夫定律，网络的价值与用户数量成正比，这种外部性令互联网平台成长很快，价值急速攀升，远超原有经济中依赖规模成长的企业。平台还有一个重要的特性就是通过挖掘买卖双方交易数据来获利，由于其运营商联结和主导上下游产业链，因此采用数据挖掘的方式，能有效利用市场双方数据而获得利润。

随着数字平台的发展，很多线下实体机构的业务转移到了线上，因此海量数据得以被准确记录下来。如滴滴公司的核心竞争力就是通过大数据的深入挖掘与应用，整合各类城市交通资源，通过共享经济的模式，以及智慧算法智能匹配出行的供给和需求，消除信息不对称，提高总体效率，降低社会成本。但是，滴滴作为大型互联网平台企业，准确掌握大部分国家核心地理和出行数据，若对其监管不到位，不仅会影响到市场的公平竞争秩序，还会对国家数据安全、市场安全甚至国防安全构成严重威胁。2020年12月18日，中央经济工作会议将强化反垄断和防止资本无序扩张作为2021年八项重点任务之一。2021年7月4日，国家互联网信息办公室责令滴滴出行App下架整改[①]；除了滴滴，

---

① 国家网信办：《"滴滴出行"严重违法违规收集使用个人信息下架整改》，https：//baijiahao.baidu.com/s? id = 1704361693953067679&wfr = spider&for = pc。

2021年4月10日，市场监管总局对阿里巴巴集团实施"二选一"垄断行为做出行政处罚，并处182.28亿元罚款[①]；2021年10月8日，市场监管总局依法对美团做出行政处罚决定，责令美团停止"二选一"垄断行为，并处34.42亿元罚款[②]。这些均预示着我国平台经济的反垄断执法将进入一个新的阶段。未来，三个方面将发生变化。一是更完善的监管，果断禁止和处罚不正当竞争行为和垄断行为；二是注重效率的同时更加兼顾公平，强调公平竞争；三是面对互联网资本的无序扩张，监管部门将从国家经济安全的角度出发，对其"无序"进行限制，引导其为建设社会主义服务。

二　平台经济反垄断理论基础

（一）传统的市场经济反垄断理论基础

垄断问题涉及经济社会发展的诸多议题，包含市场自由竞争、技术创新以及宏观经济稳定等方面的问题。长期以来，各学派对于垄断产生的原因存在诸多不同的观点，张伯伦认为产品差别是形成垄断的一个决定性因素；琼·罗宾逊认为，由于规模收益规律的作用，现实中总是存在不同程度的垄断或不完全竞争；萨缪尔森从企业的生产规模和成本控制方面来对垄断进行分析，指出规模经济使大企业能以更低的成本进行生产，并将不能生产的小企业廉价出售，由此而产生垄断；马克思则是运用辩证与历史唯物的方法，阐明垄断是社会经济活动发展到一定历史时期的产物。依照马克思政治经济学的基本原理，"一方面，资本主义市场的自由竞争迫使资本家通过资本集中和资本积累的方式来扩大资本和生产规模，以获得资本增殖。而资本家这种追求利润的内生动力为生产和资本的集中创造了有利的驱动条件。另一方面，资本主义生产方式下优胜劣汰的市场规律，造成了普遍的大资本吞并小资本、先进企业兼

[①] 《市场监管总局对阿里巴巴"二选一"垄断行为作出行政处罚》，澎湃新闻，https://m.thepaper.cn/baijiahao_12140184。

[②] 《美团因"二选一"被罚34.42亿！多方回应案件焦点》，腾讯网，https://new.qq.com/rain/a/20211017A01VT600。

并落后企业的现象。资本家为巩固其市场地位就会加剧竞争的激烈程度,进一步推动了生产和资本的集中,规模巨大的企业得以迅速建立起来"①。

在垄断产生的社会危害问题上,从市场经济的角度出发来看主要有三点:一是效率的损失,垄断阻碍资源流动和合理配置,导致效率低下;二是社会福利的损失,垄断厂商通过制定垄断价格来对消费者福利进行攫取,且因为垄断高价导致产量降低、社会总福利损失;三是技术进步的迟缓,为维护垄断地位,垄断厂商会阻碍其他竞争者的进入,导致行业内部竞争力削弱,导致创新动力大大减弱。马克思政治经济学理论认为,虽然资本集中所形成的规模效应有利于生产活动,但垄断会对社会经济产生巨大的负面效应。首先,垄断会限制市场的自由竞争,资本家拥有了设定垄断价格的权力,进行技术改革创新的动力就会降低;其次,为维护垄断价格,避免原有技术贬值,垄断资本家会有阻碍技术进步的激励,从而阻碍生产力的发展;最后,对于劳动者来说,垄断资本会加强对劳动者的剥削与控制,且随着垄断程度进一步扩大,不止劳动者的利益会受损,整个国民经济的运行也会受到威胁。马克思从这些方面揭露了资本主义生产方式的腐朽性,垄断问题的不断扩张最终会加速资本主义的灭亡。

(二) 互联网平台垄断对传统反垄断实践的挑战

对于平台企业的垄断行为,从市场竞争的传统反垄断理论来看,在平台经济领域中,互联网平台公司通过对市场的垄断"剿灭"了其他商业模式与竞争对手,在市场效率、社会福利以及技术进步方面,都会产生较大危害。

在数字经济时代,数据已成为经济主体重要的生产要素和核心资产,如今的平台垄断等问题也是由于海量数据的收集和使用所引发的。但是,面对数字经济时代的平台企业,源于工业经济时代的反垄断理论已不能很好地对其进行规制,如目前的反垄断法律制度对于平台企业的

---

① 周文、何雨晴:《平台经济反垄断的政治经济学审视》,《财经问题研究》2021年第3期。

各种垄断行为已暴露出滞后性、僵化性和非全面性的弊端，为适应数字经济时代对于垄断平台企业的规制，需在对平台企业运行特点进行全面分析的基础上，结合数据要素治理的相关问题，进一步完善反垄断理论。

而对于数据要素的治理，基于产权经济学的基本原理，从资源有效配置的角度出发，合理的产权界定应当激励某种经济资源的权利主体有最大的积极性为市场供应这一资源，从而使这一经济资源得到有效配置。且依据现代产权理论，"若产权归属出现了错误，即产权没有按照双方的专属性投资对最终产出的边际贡献进行界定，将导致专属投资边际贡献率较高的一方丧失动力，减少投入甚至不投入，导致产出显著下降，垂直整合还不如市场交易"[①]。

作为数字经济时代的新生要素，数据要素的产权界定尚不明晰，不仅需要协调原始数据信息提供者、数据要素生产者、数据要素使用者等不同利益主体的关系，而且需要处理好数据隐私保护与数据资源配置之间的关系[②]。如何在数据供需双方之间建立起合适的交易流通模式是亟待研究解决的重大课题。

（三）互联网平台垄断的特点

互联网平台之间的竞争特点是在发展初期竞争激烈，平台间为争夺用户会牺牲利润；大平台相对优势明显，中后期行业里企业数量迅速减少。且数字经济时代，平台企业通过数据滥用、数据霸权、算法歧视等方式对隐私权、社会福利、社会公平进行侵害，与传统的垄断企业相比，存在以下的不同。

第一，利用资本聚合串联起一个以平台为中心的横向和纵向的利益共同体，形成一个跨市场的、闭环的产业生态圈。在现实的竞争中，每个平台企业都与依附其上的普通企业构成一个企业群落，普通企业生产产品，平台企业提供公共服务，二者可以共同进退。看似平台企业在市

---

① 李刚、张钦坤、朱开鑫：《数据要素确权交易的现代产权理论思路》，《山东大学学报》（哲学社会科学版）2021年第1期。

② 丁文联：《数据竞争的法律制度基础》，《财经问题研究》2018年第2期。

场上实现了某种垄断，但他们却也将最好的服务和产品提供给了依附于平台的企业和消费者，"平台效率的高低，都将极大地影响依附于平台企业的普通企业的竞争力，一旦该平台在平台之间的竞争落败，所有依附于该平台的企业和经营者都有可能遭到极大损失"[1]。

第二，向平台内的经营者、用户提供交易场所、规则、支付、金融、监管等准公共产品，回报不再是单纯的财务指标，其目的在于市场支配力。在互联网平台经济的竞争中，平台的用户数量是重要目标。平台企业依靠算法收集分析用户数据，在数据与用户数量达到一定规模后，基于规模效应、锁定效应等市场规律，进一步提高用户对于平台的依赖程度，平台企业凭借其用户规模、算法与数据的优势，在竞争中脱颖而出，成长为行业巨头，在这种竞争模式下，用户数量是平台间竞争的关键因素。由于平台经济的网络效应和边际成本趋近于零等特点，一旦其进入某一市场并占据了相当的市场份额后，其他的潜在进入者将很难进入市场，即使能够进入，也难以与在位者形成实力相当的竞争[2]。某平台一旦处于垄断地位，对于中小经营者的支配能力将变得非常强势[3]。

第三，平台内要素按照某种机制进行组合和流动，价格机制不明显。价格与市场供求、市场竞争相互依存、相互作用。价格在供求与市场竞争的影响下，自动调节生产，促进流通实现资源有效配置。而当下平台备受争议的所谓算法歧视，其问题实质并不在于歧视，而是平台用算法替代了市场机制，发挥了资源配置的作用，使价格不再反映供求关系，失去了市场信号的意义。即使不考虑社会福利，其对市场价格机制的伤害，使价格在作为资源配置的信号时失真，在作为调节生产和流通的杠杆时发生了扭曲，伤害了正常的市场秩序。

第四，数据要素成为核心资产，平台企业的垄断行为源于数据垄

---

[1] 赵燕菁：《平台经济与社会主义：兼论蚂蚁集团事件的本质》，《政治经济学报》2021年第1期。

[2] 苏治、荆文君、孙宝文：《分层式垄断竞争：互联网行业市场结构特征研究——基于互联网平台类企业的分析》，《管理世界》2018年第4期。

[3] 李勇坚、夏杰长、刘悦欣：《数字经济平台垄断问题：表现与对策》，《企业经济》2020年第7期。

断。随着大数据技术的创新与发展，企业分析和处理海量数据的能力逐渐加强，平台作为数字经济时代的新经济系统，有条件去获取和占有海量数据资源，再凭借数据聚集、数据垄断等获得超额利润。此外，从国家层面考虑，数据安全涉及国家安全。例如，对于人口健康数据、基因数据的挖掘可以得到国民身体健康的趋势，对移动支付数据的挖掘可以得到国民消费等金融数据，若数据安全得不到有效保护，国家安全将受到很大影响。

三 平台反垄断与国家经济安全

（一）互联网平台目前存在的垄断行为

从互联网平台经济的特点和其所处的市场环境出发来看，结合《中华人民共和国反垄断法》及互联网平台的相关诉讼案件，处于市场支配地位的互联网平台企业存在的垄断行为主要体现在以下四个方面。

第一，数据的过度采集与违规使用。当数据要素成为核心资产和重要生产要素时，平台企业可能会在未征得平台用户同意的情况下过度采集和滥用用户信息，从而侵犯用户的数据权力；通过平台自身所具备的管理特权及操纵算法的行为，滥用管理权限，优待自营业务，如阿里国际站中阿里自营店的存在，损害了平台内其他经营者的权益。

第二，滥用数据控制权来排除竞争。是指平台通过技术性的手段来阻碍数据要素的共享，并有可能滥用自己所拥有的他人数据[①]。例如，微信先后封杀淘宝、飞书链接，导致用户无法从微信所在平台直接获取其竞争对手的应用程序，这本质上属于限制竞争的行为，是对公平竞争的伤害。

第三，利用数据算法带来价格歧视。价格歧视是一种价格差异，通常指商品或服务的提供者在向不同的接受者提供相同等级、相同质量的商品或服务时，在接受者之间实行不同的销售价格或收费标准，实现对其剩余价值的最大攫取。

---

① 刘云：《互联网平台反垄断的国际趋势及中国应对》，《社会科学文摘》2021年第2期。

第四，数据霸权催生的垄断主义。目前，数据霸权正挑战社会公平与社会正义。一方面，表现为少数企业通过垄断优势轻松获取高额利润，不断并购中小型企业；另一方面，中小型企业因无法获取数据要素而面临经营困境，且容易遭到大型企业的恶意排他，形成数字经济时代强者越强、弱者越弱的"马太效应"。

（二）互联网平台垄断对国家经济安全的挑战

从维护国家经济安全的角度出发考虑，互联网平台巨头们的垄断行为将会给我国经济安全带来巨大隐患。国家经济安全是经济全球化时代一国保持其经济存在和发展所需资源有效供给、经济体系独立稳定运行、整体经济福利不受恶意侵害和非可抗力损害的状态和能力。经济安全能够反映国家整体经济存在的潜在危险和不确定性，研究一个国家保障经济安全的能力，如果没有消除其经济不安全的根源，那么就不是解决安全问题的正确方向[1]。而对于互联网平台垄断行为的规制，也应从消除国家经济安全隐患的角度来进行立法执行。以下将从各方面论述互联网超级平台的垄断对国家经济安全造成的挑战。

1. 对市场自由竞争的威胁，使经济发展所依赖的市场秩序遭到破坏

平台在处于市场支配地位后，掌握了大量的数据要素资源和雄厚的资本，其有动机和能力去利用自身所掌握的优势去实施垄断行为，限制市场自由竞争。

市场自由是实现市场资源优化配置的本质要素，竞争是市场自由的重要表现形式。在平台经济竞争中往往会出现赢者通吃的局面，这种恶性循环一旦在平台经济领域形成，垄断带来的市场风险也会随之而来[2]。这种现象在近十年美国的经济增长中有所表现，即新企业进入的壁垒持续抬升，超大型企业日渐强势以及政府反垄断政策的孱弱，都导致了小型新兴企业在整个市场经济中的日渐边缘化，使"技术变革的

---

[1] 夏先良：《特朗普政府国家经济安全战略正威胁世界经济安全》，《扬州大学学报》（人文社会科学版）2020年第1期。
[2] 董宏伟、王琪、王洁：《监管政策亮剑互联网平台经济反垄断加速规制》，《通信世界》2020年第33期。

红利难以在巨头与小型企业中均匀渗透,从而令技术扩散进程受阻,生产率增长乏力以及收入分配恶化"①。

2. 对社会经济结构的破坏,对其他产业竞争力的影响

互联网平台企业本质上作为市场型企业,能够直接参与资源配置,平台所制定的规则很大程度地影响着平台上经营者所处产业的发展;且在跨行业竞争中,平台也可凭借其拥有的资本优势轻松实现对其他产业的扩张,破坏市场经济结构。

其一,在产业层面,平台作为中介,聚集了大量经营者,若这些经营者集中于某一产业,那么平台自身的政策就可能在这些产业的发展上产生很大的影响。小企业群落的存在对其所在产业发展的活力与创新具有重大意义,若平台侧重于为某个产业大企业提供支持,那么整个产业的小企业都将面临巨大的生存压力。

其二,从数字企业同传统企业竞争的层面来看,在互联网资本的无序扩张的问题上,属于"跨行业的公平竞争问题"②。当数字经济出现和进入市场后,大量消费者迅速由传统经济转向数字经济,这也引发了传统产业萎缩、传统经济与数字经济就业者之间形成显著的收入差距等社会隐患。若不对其加以限制,在未来国家的产业经济结构也会受到冲击。

其三,平台垄断会对企业的国际竞争力形成挑战,使企业丧失创新动力。从促进我国经济的高质量发展、大众创业的角度来看,数字经济的发展在其中贡献了巨大力量③。但是随着互联网平台巨头开始利用其市场支配地位对同类中小企业进行打压,便会对这些中小企业以及平台巨头自身的创新动力造成巨大影响。当互联网巨头凭借自身市场地位与雄厚资金开展垄断行为来限制竞争时,大型互联网企业对于新技术的探

---

① 董昀、张明、郭强:《美国技术扩散速度放缓:表现、成因及经济后果》,《经济学家》2020年第7期。
② 刘诚:《优化数字经济监管 以公平秩序推进技术创新》,《光明日报》2020年12月22日第2版。
③ 赵涛、张智、梁上坤:《数字经济、创业活跃度与高质量发展——来自中国城市的经验证据》,《管理世界》2020年第10期。

索动力也更多地变为如何消除小型企业在未来对自身的威胁，导致各企业的发展都会偏离最佳状态，丧失创新动力。

其四，互联网大资本的无序扩张将对政府的宏观调控及治理能力形成挑战。国家的经济安全不仅体现为微观方面的国民、企业和中观行业的竞争力，而且更重要地体现为政府的宏观调控与治理能力。在政府的宏观政策调控能力上，某些互联网平台公司打着科技的旗号，却以金融的形式出现，其业务行为加大了政府监管的难度。以蚂蚁金服为例，其可能存在的风险包含了三个方面：数据深度不足的风险、对宏观经济运行造成的风险，以及对监管系统的风险。从数据深度来看，蚂蚁金服自成立至今并未跨越一个完整的经济周期，随着中国居民杠杆率的加速累积，历史违约率的数据是否可靠成为风险；从宏观经济运行来看，金融经济不同于实体经济间相互独立的状态，可被看作一个整体，可谓牵一发而动全身。蚂蚁金服通过 ABS 将资金放大到了 100 倍，一旦宏观经济发生动荡，只要违约率超过预期 1%，就会将自己的本金吞噬干净，之后对外违约，风险波及整个宏观金融系统，进而影响实体经济；对于政府的监管来说，一旦某个金融机构成长为庞然大物，为规范其对整个金融体系形成冲击，强化监管则是应有之义。然而政府的监管尺度很难被准确衡量，若监管尺度过松，蚂蚁或有可能诱发系统性金融风险；若监管尺度过严，或将对蚂蚁形成系统性风险。因此说，互联网平台巨头的扩张也对国家的宏观调控与治理能力提出了新的挑战。

其五，数据伦理引发数据安全与国家安全风险。伴随着数据使用频率的增加以及数据处理技术的提升，产生了一系列基于数据处理的数据安全风险。"数据安全风险主要指大数据分析导致国家、社会和个人利益的损失，且随着数据跨境流动等趋势的发展，数据要素已转换为关乎国家安全价值的利益形态。"[①] 从个人层面来看，由于利益驱动，个人信息的非法获取、交易和利用容易形成黑色产业链条，个人信息的泄露会对财产及人身安全造成一定影响，且数据分析机构通过数据处理进行

---

① 韩洪灵、陈帅弟、刘杰等：《数据伦理、国家安全与海外上市：基于滴滴的案例研究》，《财会月刊》2021 年第 3 期。

算法歧视，实现对个人剩余价值的攫取；从国家层面来看，数据泄露可能会影响到国家各个领域的安全，例如对文化大数据的分析得到国民的文化喜好和心理意识，对移动支付数据的分析得到国家金融数据，海量国家级别数据的泄露，可能会使国家失去数据的主导权，从而影响到国家的竞争力。

四 应对措施

互联网平台类企业具有特殊的市场结构即高市场集中度、低市场壁垒以及竞争与垄断共存，导致传统的反垄断理论在互联网平台区域解释较为困难[1]。但是可以明确的是，由于平台经济规模收益递增的特点，导致互联网平台本身的垄断地位不仅仅是自身技术创新的成果，也是平台内整个生态系统作用的结果，这都要求平台企业维持在一个较大的规模，真正对市场、对国家经济安全产生威胁的是互联网平台企业在获得垄断地位后排斥竞争的行为，反垄断政策在制定的过程中应当以规制平台的不正当行为为主要目的，引导平台为建设社会主义服务。

（一）推进完善反垄断法，加强对非法垄断行为的规制，维护正常的市场秩序

在反垄断法规完善的过程中，要遵循实质大于形式的原则，对互联网垄断企业的反垄断行为进行强制规范，同时精准识别资本越线的事业领域，确保国家的政治经济安全。

第一，对于平台间竞争的掠夺性定价行为，应对平台采取的交叉补贴措施采取更加细化的政策规定，防止各平台再利用资本优势进行无序扩张，合理引导互联网企业依靠商业逻辑进行有序扩张。

第二，对于互联网资本越界进入的事业领域要精准识别，例如之前引起社会严重不满的教育产业化、医疗产业化等，对于能够威胁到国家统治力量的媒体业，影响底层民生的医疗、教育等事业，在这些关键领

---

[1] 苏治、荆文君、孙宝文：《分层式垄断竞争：互联网行业市场结构特征研究——基于互联网平台类企业的分析》，《管理世界》2018年第4期。

域应对资本的扩张加大关注。

第三，在数字经济与传统经济竞争的问题上，为防止新老行业收入差距扩大等问题，传统经济与数字经济在市场中，"当数字经济技术冲击的负面效应大幅超过技术溢出的正面效应时，政府应当实施'竞合型'政策，为传统经济实现自身的数字化转型升级以应对数字经济的强大竞争提供缓冲环境"[1]。一方面，即能防止互联网数字经济企业凭借技术的优势实现对市场的垄断；另一方面又能帮助传统经济在与数字经济的竞争中，实现数字化转型升级。

（二）在互联网平台所提供的市场实施私人监管与政府监管并进

由于平台企业作为市场型企业的特殊性，平台内的规则制定、市场监管等都是由平台企业自身决定，面对巨大的利益诱惑，平台自身很难守住应有的底线。

第一，在平台滥用管理权限、优待自营业务方面，政府部门应明确禁止平台企业对平台内经营者的降维打击，严禁平台既作为规则制定者，又作为游戏参与者与平台经营者进行竞争，例如在阿里国际站出现的阿里自营店就是对平台其他经营者的利益侵犯，这种行为应为明令禁止。

第二，在实际平台市场的运行监管中，需要政府相关部门的介入，使平台企业在运行时对平台内的交易承担较大连带责任，实现政府部门与平台自身的协同监管，切实提高平台运行效率。

第三，引入第三方主体参与平台经济反垄断。对于平台企业实施的垄断行为，需要走群众路线，在提升群众认知水平的同时，首先要进行消费者保护协会的维权渠道建设，切实保障消费者的利益；其次要鼓励媒体行业对互联网平台企业违规的报道，充分发挥媒体舆论监督的作用，真正做到全民监管[2]。

---

[1] 许恒、张一林、曹雨佳：《数字经济、技术溢出与动态竞合政策》，《管理世界》2020年第11期。

[2] 王勇、刘航、冯骅：《平台市场的公共监管、私人监管与协同监管：一个对比研究》，《经济研究》2020年第3期。

(三) 对数据要素的权利归属进行明确细化

数据要素作为数字经济时代一种新的生产要素，其开发和利用就像一把"双刃剑"。垄断者掌握大量数据，对这些数据的开发和利用又会进一步加强垄断者的垄断地位；同时，垄断地位越强，如果对不合理利用数据的行为缺乏相关法律约束，这时垄断者可能又会滥用数据。数据聚集为平台企业的垄断地位提供了基础和工具，而数据要素目前存在产权归属不明确、安全与隐私保护不足等问题，对数据要素的界定将影响到未来的市场格局。

对数据要素归属不明的问题，应加快制定《数据产权法》，可以按照数据主体，即数据提供者、数据处理者以及决策制定者等主体类型，依法对数据要素进行分类，再结合我国实际情况，以人格权保护为首要前提、以数据价值贡献为重要依据，根据分类来确定数据要素的产权归属[1]。对数据垄断的问题，应加快建立全国统一的数据要素交易市场。合理考虑数据要素定价的交易形态，同时，对于特定的市场主体，在定价时还需要考虑到数据生产的成本以及未来收益等因素来进行决策。对数据隐私保护的问题，应通过政府规制，加大政府监管力度，促进数据产业内部的良性发展；推进隐私安全立法，既要高度保护个人隐私信息，又要推进脱敏数据的深度与广度的利用[2]。

(四) 在互联网金融科技领域加强监管，控制其对整个社会产生的系统性风险

金融安全不仅是经济安全和国家安全的重要组成部分，还是影响经济安全和国家安全的重要因素。"在互联网时代，金融风险伴随金融业务在网络'第四空间'传播，增加了新的风险传染渠道，并由于传统

---

[1] 朱江丽：《数字出版平台完善要素参与分配机制：现实性与实施路径》，《出版科学》2020 年第 4 期。

[2] 李刚、张钦坤、朱开鑫：《数据要素确权交易的现代产权理论思路》，《山东大学学报》（哲学社会科学版）2021 年第 1 期。

金融与互联网的结合而有了新的表现形式"[①]。无论金融业态如何发展，金融安全都意味着宏观经济安全、国家安全。

继续发挥政府的宏观规制的影响力，在保证金融稳定的前提下，做出有利于金融科技发展的监管变革。在实际监管上，可以广泛利用新技术，保证政策制定的精准客观，减少人为的干扰因素，避免监管套利。重视金融科技的监管执行，构建监管主体和金融机构之间的良好沟通交流机制。之前的 P2P 事件表明即使拥有完善的宏观规制政策，并不能保证金融创新的稳定，重点在于如何对金融机构实现日常监督并合理展现监管政策目标。加强监管主体与机构的良好联系，有利于合理监管政策执行方案的制定。

[①] 何德旭、史晓琳：《互联网时代的金融风险及其防范措施研究》，《中国社会科学院研究生院学报》2018 年第 2 期。

第十一章　平台经济全球化的资本逻辑及其批判与超越[*]

当今世界，以大数据、云计算和人工智能等为代表的新一轮新科技革命和新产业变革方兴未艾。数字经济时代，信息化、网络化、数字化和智能化已经成为人类生产方式和生活方式变革的新趋势。数字经济代表着新的经济发展方向，世界主要发达国家中数字经济占GDP比重不断增加。平台经济是数字资本主义时代社会生产方式变革产生的一种新经济形态，它以现代通信和数字技术为基础，由数据采集、数据驱动、平台支持、专业分工、网络协同的经济活动单元所构成的新组织或新交换系统，它连接了生产、交换、分配和消费多个环节，形成了新经济关系。平台经济全球化修复了资本循环的时空链条，正在重塑生产资料与劳动结合的方式，影响着生产关系的局部变革。数字经济时代，如何深刻认识和理解平台经济全球化的变化规律和发展趋势，对中国的数字企业和国家利益关系重大，其直接影响到中国平台型数字企业的国际竞争力与国家利益，需要引起各方面的高度重视。

一　资本是驱动平台经济全球化的主导力量：一个批判的视角

数字经济时代，平台经济全球化的推动力量主要是基于数字技术的

---

[*] 本章作者：韩文龙。原载于《马克思主义研究》2021年第6期。

全球化分工体系和社会化大生产体系。在数字资本主义生产方式下，全球化分工体系和社会化大生产体系形成的根本性驱动因素是资本，即以数字技术体系为基础，资本逻辑才是驱动平台经济全球化的主导力量。资本主义生产方式是"以交换价值为基础的生产方式"①，也是"以资本为基础的生产方式"②。资本逻辑就是指在资本主义生产方式下，"剩余价值的生产是生产的直接目的和决定动机"③，资本作为占支配地位的生产关系，支配着其他生产要素和劳动者，通过组织社会扩大再生产并创新价值实现方式，不断追求资本增值的过程。其运动过程具有内在的逻辑性和规律性。数字资本主义生产方式下，正是资本逻辑推动着平台经济的全球化，影响着其发展进程、组织形式、矛盾困境与内在超越。

在马克思主义经济学中，资本具有双重属性。一方面，资本是一系列的使用价值，是包括生产资料和劳动力的生产要素，这是它的物质属性。另一方面，资本是能够带来剩余价值的价值，"资本不是物，而是以物为中介的人和人之间的社会关系"④，这是它的社会属性。资本的物质属性和社会属性是辩证统一的。在特定的社会生产方式下，资本的物质属性和社会属性的统一，使资本在遵循价值规律和剩余价值规律基础上不断释放着强大的力量，推动着社会再生产方式的内容变革、组织变革以及资本与劳动关系的变革。

从资本逻辑看，资本的本质是要追逐更多的剩余价值。正如，马克思指出，在资本主义生产方式下"生产剩余价值或赚钱，是这个生产方式的绝对规律"⑤。在数字技术体系下，资本也需要遵循这个绝对规律。资本需要实现对"社会整体雇佣劳动者"劳动力的购买和占有，参与资本之间的市场竞争，企图占有绝大部分劳动产品，完成生产资料占有规律转变向劳动产品占有规律的转变。资本追逐剩余价值的过程，是生

---

① 《马克思恩格斯全集》第46卷上，人民出版社1979年版，第220页。
② 《马克思恩格斯全集》第46卷下，人民出版社1980年版，第159页。
③ ［德］马克思：《资本论》第三卷，人民出版社2004年版，第997页。
④ 《马克思恩格斯文集》第5卷，人民出版社2009年版，第878页。
⑤ 《马克思恩格斯全集》第23卷，人民出版社1972年版，第679页。

产资料与劳动力结合的过程，也是价值增殖过程。在这一过程中，作为生产关系的资本占据了主导地位，开始支配和使用可以产生使用价值和创造价值的"自然力"。这种"自然力"包括依赖于人类生命体的劳动力、依赖于自然资源的"自然力"和依赖于人们劳动过程中的分工与协作关系形成的生产力[1]。在平台经济中，资本逻辑的具体表现就是资本支配并使用这三种"自然力"来追逐更多剩余价值。只不过，这三种"自然力"具有新的技术和关系特征。

首先，平台经济中由于劳动形式的复杂化，资本支配和使用的劳动力逐渐演变为"总体工人"的劳动力。数字经济时代，劳动过程逐渐呈现了数字化新趋势，具体可以概括为四种表现形式：传统雇佣经济领域下的数字劳动过程、互联网平台零工经济中的数字劳动过程、数字资本公司技术工人的数字劳动过程和非雇佣形式的产销型的数字劳动过程[2]。这些劳动过程，前三种是有偿劳动，后一种是无偿劳动。由于劳动过程的新变化，平台经济中资本除了正式雇佣一些知识劳动者，还通过技术修复、评论和在线回答等方式把一些参与劳动过程的无偿劳动者纳入了资本配置和使用的劳动力范畴。随着数字技术体系跨时空和跨国界的快速发展，资本在全球范围内扩张范围更广了，深度也更深了。资本的全球性扩张，必然要求全球范围内的劳动力与之相"配合"，即它要求全球范围内的劳动力都必须成为资本支配和使用的对象。平台经济正好可以借助网络技术跨越国界，连接世界范围内的各类劳动者。尽管这些劳动者中有些是正式雇佣的劳动者，有些是零工劳动者，有些是"玩劳动"或自我产销型的劳动者，但是他们都是"社会总体工人"的组成部分。只不过，在全球化时代，一个国家和地区范围的"社会总体工人"逐渐演变成了"国际性社会总体工人"。所以，在平台经济中，资本剥削的不仅仅是其直接雇佣的劳动者，而且是其间接雇佣的"社会总体工人"和"国际性社会总体工人"。

---

[1] 鲁品越：《资本逻辑与当代中国社会结构趋向——从阶级阶层结构到和谐社会建构》，《哲学研究》2006 年第 12 期。

[2] 韩文龙、刘璐：《数字劳动过程及其四种表现形式》，《财经科学》2020 年第 1 期。

其次，平台经济中，资本支配和使用依赖于自然资源的"自然力"，具有独特性。传统经济中，自然资源的"自然力"主要来源于风力、水力、矿藏和土地肥力等。数字经济时代，数字化的知识和信息是关键生产要素，现代信息网络是重要载体，信息通信技术的有效使用是重要目的。平台经济作为数字经济中各种经济联系的综合体，其使用的自然力主要是基于数字技术体系的知识和信息形成的。这种自然力已经超越了纯粹的自然力，而是人造自然力或者是社会自然力。

平台经济中，资本通过搭建电子化的交易平台，向前联结了众多生产者，向后联结了众多消费者，形成了一个典型的双边市场结构①。大资本只要对数字化基础设施和大数据信息进行垄断，就可以获得排他性的市场地位。在平台组织内部，一方面，大资本可以利用数字化垄断优势支配平台前端的众多生产者和卖家，使接入平台的生产者和卖家所使用的"自然力"也变为平台可以间接支配的自然力。尤其是信息网络等服务业具有的规模经济效应和范围经济效应②，可以进一步扩大平台经济的支配范围。另一方面，大资本可以利用大数据和算法优势支配平台后端的消费者，使接入平台的消费者间接成为"玩劳动"或自我产销型的劳动者，通过体验和评论等支持平台建设。在此过程中，消费者实际上也在利用自己掌握的"自然力"间接地为平台经济服务。平台经济之间，资本在追逐利润的内在动力下和外在竞争压力下，借助于现代金融技术和国际金融市场不断实现资本集中。尤其是国际性股票市场可以实现资本在短期内大规模集中，形成国际性平台组织。国际性平台组织借助于全球范围内数字基础设施的互联互通，可以支配和使用的数字化的知识和信息更广泛了，进而形成了国际性的垄断平台。

最后，资本支配和使用的依赖于人们劳动过程中由分工与协作关系形成的生产力得到了巨大发展。数字经济时代，平台经济本质上是

---

① 李晓华：《数字经济新特征与数字经济新动能的形成机制》，《改革》2019 年第 11 期。
② 江小娟、罗立彬：《网络时代的服务全球化——新引擎、加速度和大国竞争力》，《中国社会科学》2019 年第 2 期。

以数字技术体系为主要支撑的社会化大生产过程中一个局部的"总体生产组织"①。社会化大生产需要更大范围的分工和协作。一般来讲，"劳动过程的简单要素是：有目的的活动或劳动本身，劳动对象和劳动资料"②。此外，随着劳动过程的发展，管理、分工协作、科技的发明和使用等都会作为新要素加进来③。平台经济的劳动过程中，不仅是劳动的三要素发挥了重要作用，而且新要素与传统要素有机结合后正在发挥越来越大的作用。平台经济所实现的社会分工和协作，已经突破了亚当·斯密等所讲的企业内、行业内和市场内的分工和协作，逐渐形成了跨越时空和国界的国际性分工和协作体系。在资本逻辑驱动下，这种分工体系将基于大数据、云计算和人工智能的数字技术体系及基于全球市场的网络化生产和销售体系、基于技术和社会科学的全球化的管理和控制技术等、基于劳动者新技能与新兴生产资料相互结合的劳动过程相互融合，实现了生产要素市场、产品和服务市场、资本市场的全球性协作，加速了资本的流通和周转。但是，马克思指出，"协作这种社会劳动的社会生产力，表现为资本的生产力，而不是表现为劳动的生产力"④。因此，在平台经济的全球化扩张过程中，资本仍然是占据主导地位的。

平台经济中，资本不仅可以支配和使用"自然力"，实现全球性扩张，让"社会总体工人"和"国际性社会总体工人"不断创造价值，还可以通过信息化的支付工具、现代化的物流仓储技术、体验和嵌入式的广告营销手段和现代化的消费金融工具加速价值的实现。马克思所处的机器大工业时代产业资本占据主导优势，后工业化时代金融资本不断崛起，现代信息社会时代，商业资本凭借平台经济正在快速崛起。商业资本的崛起是全球生产相对过剩的必然结果。数字技术体系的发展和运

---

① 王彬彬、李晓燕：《互联网平台组织的源起、本质、缺陷与制度重构》，《马克思主义研究》2018 年第 12 期。
② ［德］马克思：《资本论》第一卷，人民出版社 2004 年版，第 208 页。
③ 马昀、卫兴华：《用唯物史观科学把握生产力的历史作用》，《中国社会科学》2013 年第 11 期。
④ 《马克思恩格斯全集》第 47 卷，人民出版社 1979 年版，第 297 页。

用为商业资本的崛起提供了技术途径，平台经济的形成为商业资本的崛起提供了组织基础。凭借强大的聚合能力，平台经济可以将闲置的货币资本、过剩产能、失业或不完全就业的劳动者、剩余商品等聚合在一起①。通过资本循环在时空上的修复，为剩余价值的实现找到新的出路。全球性的商品链、价值链、创新链和生产网络为商业资本的全球性扩张提供了基础。平台经济的崛起，一方面通过开拓国际市场和加速资本循环促进了商品价值的实现，另一方面也带来了流通环节的垄断。平台经济凭借数字化的基础设施和大数据信息，成为流通环节的控制者。千千万万的生产者和卖家都需要接入平台来完成商品销售，他们必然要接受商业资本的控制和剥削。

随着经济全球化和经济金融化的发展和变化，当代资本主义发展进入了新帝国主义阶段。新帝国主义是垄断资本主义经历的特殊历史阶段，其特征和性质表现为生产和流通的新垄断、金融资本的新垄断、美元和知识产权的新垄断、国际寡头同盟的新垄断、经济本质和大趋势五个方面②。垄断是"资本主义发展的最新阶段"的最新成就③。尤其是金融资本的新垄断对产业发展产生了重要影响。列宁对金融资本和金融寡头的论述中指出，银行等金融机构通过参与制就可以实现对股份公司等的控制，进而增加垄断者的权力，获取较高的利息和股息收入等④。在新帝国主义阶段，平台经济是实现新垄断的重要中介，金融垄断资本通过风险投资、入股、参股和公司上市等途径可以助推平台规模实现快速扩张。尤其是全球金融市场为平台经济全球化扩张插上了腾飞的翅膀，加快了资本循环速度，扩大了资本增值规模，导致了国际垄断平台的形成。例如，凭借股票市场形成的资本集中效应，谷歌母公司 Alphabet 的市值曾达到 1 万亿美元，谷歌作为搜索引擎平台公司，在全球的搜索引擎市场中占据绝对优势。同时谷歌公司及其背后的金融资本集团

---

① David Harvey, *The Limits to Capital*, New York: Verso, 2006, p. 85.
② 程恩富、鲁保林、俞使超：《论新帝国主义的五大特征和特性——以列宁的帝国主义理论为基础》，《马克思主义研究》2019 年第 5 期。
③ 《列宁选集》第 2 卷，人民出版社 2012 年版，第 597 页。
④ 《列宁选集》第 2 卷，人民出版社 2012 年版，第 615 页。

凭借资本权力和政治影响力干预政治和司法，作为"大而不能拆分"的巨型公司享受着巨额的垄断利润。

二 资本驱动下平台经济全球化的生产关系透视

平台经济的发展一方面深刻改变了生产过程中劳动与资本的结合方式，使劳动对资本的形式隶属向实际隶属的转变更加彻底；另一方面也加快了数字财富的积累，带来了社会生产关系的局部变革。

（一）一般性生产关系

马克思认为，"资本不是物，而是一定的、社会的、属于一定历史社会形态的生产关系，它体现在一个物上，并赋予这个物以特有的社会性质"[①]。资本逻辑视角下，对平台经济全球化的政治经济学分析，必然要涉及生产关系问题。狭义的生产关系就是直接生产过程的关系，广义的生产关系则是一个体系，涉及生产资料所有制、生产资料与劳动者的结合方式，以及与此相适应的生产过程中的交换关系和分配关系，等等[②]。

生产资料所有制是生产关系的基础。资本主义生产方式下，平台经济仍然是在生产资料私有制下运行的。生产资料所有制的性质决定着生产过程中人与人之间的关系，还决定着分配关系、交换关系和消费关系等。随着生产资料的社会化转向，平台经济中生产资料所有者不再是单独的个体，而是由产业资本、商业资本、金融资本的所有者及持有公司股票的劳动者和拥有社会资本的股民等联合起来的集合体。随着国际贸易、国际投资和国际金融市场的联通作用，这个集合体往往是全球性的。在这个集合体中，谁占有相对优势地位，谁将决定平台经济中的分配关系、交换关系和消费关系。从全球主要互联网平台公司的发展情况来看，机构性质的金融资本所有者往往是最后的实际控制人。这就决定了平台经济的分配必然优先考虑各类大资本所有者，尤其是金融资本所

[①] 《马克思恩格斯全集》第7卷，人民出版社2009年版，第922页。
[②] 马钅匀、卫兴华：《用唯物史观科学把握生产力的历史作用》，《中国社会科学》2013年第11期。

有者的利益。但是，生产资料的社会化转向，也使通过劳动或其他方式获得部分资本的知识型和管理型劳动者，以及社会中的普通股民也可以获得部分的增值收益。

数字技术体系的发展正在改变生产过程中生产资料与劳动的结合方式。数字经济时代，出现了大量的零工和产销型劳动者，他们可能是拥有知识技能的劳动者，也可能是拥有部分生产资料的小生产者。通过网络平台的聚集效应，他们直接或间接加入了平台经济的生产过程。平台经济中，数字化的基础设施和基于供产销产生的大数据信息是关键性的生产资料。劳动者和生产资料的结合出现了多样性。第一种是无任何生产资料的劳动者与资本所有者拥有的关键性生产资料结合，这是传统的资本雇佣劳动型的生产方式。这属于平台经济中雇佣关系结构的底层，如从事平台外围工作的劳动者，他们往往只能通过出卖体力劳动或脑力劳动获得一般性的工资性收入。第二种是拥有部分生产资料的劳动者与资本所有者拥有的关键性生产资料结合，这是资本半雇佣劳动型的生产方式。这属于平台经济中雇佣关系结构的中间层。一些汽车共享平台中，司机用私家车接入平台，通过投入生产资料和劳动力共同获得收入。第三种是个别拥有重要知识型生产要素的劳动者与用于其他生产资料的所有者的结合，这是劳资共享型的生产方式。这属于平台经济中的中上层。平台经济中的高层管理者、高级工程师和科学家等知识性劳动者，主要通过独特的知识技能获得收入。第四种是拥有部分关键性生产资料的所有者与拥有其他生产资料的所有者结合，这是资本共享性的生产方式。这属于平台经济中的上层，本质上是资本与资本之间的合作。如产业资本所有者、商业资本所有者和金融资本所有者之间的合作，其中有企业家才能进行的合作，更多的是资本之间的合作。随着全球性的劳动力市场和生产资料市场的发展，平台资本凭借数字经济体系的跨时空和超越国界的特性，可以在全球范围内配置生产资料并雇佣劳动者。资本逻辑推动的平台经济全球化，一方面是生产资料全球化配置提高了生产效率，资本循环得到了时空上的修复，为剩余价值创造和实现提供了更快广阔的空间；另一方面则导致地区间生产力布局的不平衡，导致发达国家与发展中国家之间的贫富差距日益严重，以及全球范围内产业后备军的形成，使仅靠出卖劳动力谋生的劳动者陷入了更加严重的"相对贫困"。

以数字技术体系为基础设施的平台经济正在重塑社会再生产过程的交换关系。一般来讲，生产决定交换，生产的性质决定交换的性质。生产越发达，交换的范围就会越广。反过来，交换的发展有利于促进生产和消费的实现。马克思讲过，"当市场扩大，即交换范围扩大时，生产的规模也就增大，生产也就分得更细"①。平台经济既是以数字技术体系为主要支撑的社会化大生产过程中局部的"总体生产组织"，更是社会化大生产过程中局部的"总体交换组织"。平台经济的崛起，带来了新的交换方式，将传统的线下交换逐渐转变为线上交换。交换的主体由生产者和消费者的二元主体转变为了生产者、平台和消费者的多元主体，交换的媒介由信用货币逐渐转变为了电子货币和数字货币，交换的组织形式由传统的场所式集市和商场转变为网络化的信息平台，交换的标的物由传统的商品和服务转变为更加多元化的内容，如基于个人偏好的数据和信息等。全球化的商品生产体系、贸易体系、投资体系和金融体系，进一步便利了平台经济范围的扩张。此时，资本主义生产方式中的交换关系已经突破了企业、行业、地区和国家的范围限制，成为世界性的交换关系。平台经济促进了世界性交换关系的形成。只不过，在世界性的交换关系中，仍然存在两大不平等交换。一是资本所有者与劳动者之间占有和分配劳动产品的不平等交换，二是发达国家与不发达国家之间存在的"中心—外围"式的不平等交换。

以数字技术体系为基础设施的平台经济使分配关系日趋复杂化。马克思的收入分配理论涉及生产条件分配和收入分配两个层次②。生产条件的分配决定了收入分配的结果。生产条件是进行生产和创造财富的条件，包括两个方面："一方面，物质的生产资料，即客观的生产条件，另一方面，活动着的劳动能力、合目的地表现出来的劳动力，即主观的

---

① 《马克思恩格斯全集》第 8 卷，人民出版社 2009 年版，第 23 页。
② 洪银兴、葛扬:《〈资本论〉的现代解析》，经济科学出版社 2011 年版，第 437 页。

生产条件。"① 生产条件的分配主要由生产条件所有制的性质决定，同时受到具体经济制度和产权制度的制约。平台经济的分配过程中，仍然遵循按照生产条件分配的基本原则。但是，物质的生产资料与劳动力的结合方式发生了新的变化。平台通过建设数字基础设施，将拥有生产资料所有权的厂商和卖家，拥有部分生产资料所有权的自雇型劳动者或仅拥有劳动力所有权的他雇型劳动者，以及纯消费者和产销型的消费者聚合在平台上，使物质的生产资料与劳动力的结合方式更加多元化，分配方式也更加多元化。平台经济中，劳动产品的分配一方面取决于价值产生的规模和价值实现的规模，另一方面取决于生产过程中物质的生产资料与劳动力结合方式和比例，同时受到市场竞争程度和资源稀缺程度的影响。

平台经济的收入分配中，生产资料的所有者，尤其是资本的所有者仍然占据优势地位，获得了较多的收益。平台经济的发展，一方面使拥有不同生产资料所有权和劳动力所有权的所有者比较容易接入平台，参与世界范围内的产品和服务的交换体系，获得一定的收入。另一方面，平台的资本所有者通过股份制和跨国上市等形式不断扩张平台规模，实现了巨额财富的快速积累。实际上，这是平台经济的"马太效应"，将会带来新的发展不平衡问题。

（二）生产的国际关系

一般来讲，马克思主要是从国内生产关系和交换关系角度来研究资本主义生产方式的。但是，马克思也非常重视"生产的国际关系"。他讲过"关于自由贸易和保护关税的辩论，是促使我去研究经济问题的最初动因"②。马克思在《〈政治经济学批判〉导言》中也提到"生产的国际关系、国际分工、国际交换、输出和输入、汇率"③，并为此专业制订了研究和写作计划。尽管这些宏伟的写作计划没有最终实现，但是马克思提出的"生产的国际关系"成为研究对外贸易和世界市场的

---

① 《马克思恩格斯文集》第8卷，人民出版社2009年版，第458、459页。
② 《马克思恩格斯文集》第2卷，人民出版社2009年版，第588页。
③ 《马克思恩格斯全集》第46卷上，人民出版社1979年版，第46页。

重要理论工具。列宁继承和发展了马克思主义，针对20世纪世界范围内资本主义发展的新变化，他创造性地提出了帝国主义论，并指出垄断是资本主义发展的最新阶段的最新成就①。在数字资本主义时代，面对以资本逻辑推动的平台经济全球化过程中出现的国际关系新变化，列宁的帝国主义论仍然具有积极的指导和借鉴意义。平台经济全球化改变了与之相适应的交换关系和生产关系，使平台经济部分具有了马克思所讲的"生产的国际关系"属性，同时以垄断平台为核心的国家之间的关系也具有列宁所讲的霸权国家和金融资本等瓜分"势力范围"的蕴意。

在平台经济全球化过程中，"生产的国际关系"呈现出一些新变化。借助于全球化的生产网络、贸易体系、金融体系和市场体系，平台经济使资本推动的价值生产和价值实现范围变为世界性的了，其在促进国际分工和协作体系发展的同时也促进了生产的国际关系发生新变化。新变化主要体现在三个方面：一是数字平台组织之间存在动态的不完全竞争关系。平台组织与非平台组织存在支配—依赖关系，大小平台之间形成了控制与依赖紧密结合的动态嵌套层级结构，大型平台之间存在着垄断竞争关系②。平台经济全球化将这种不完全竞争关系延伸到了世界主要国家之间、平台组织之间的竞争领域。企业除了通过技术创新、组织创新、模式创新和服务创新等赢得竞争优势，垄断平台企业往往会通过政治游说和利益俘获等方式借助政府行政力量限制非本土企业的发展。例如，美国的脸谱公司等借助美国国家行政力量打压和限制中国公司TikTok发展，谋取非竞争优势。在新帝国主义时代，以美国为首的霸权国家的垄断企业主导着世界市场，通过金融资本输出和控制、国际垄断、霸权国家干预、军事和战争威胁等方式遏制和打压其他国家的相关企业，以图阻止竞争，获得高额的国际垄断利润。

---

① 《列宁选集》第2卷，人民出版社2012年版，第597页。
② 谢富胜、吴越、王生升：《平台经济全球化的政治经济学分析》，《中国社会科学》2019年第12期。

二是主权国家与平台之间的关系从传统的支持逐渐转向了干预和限制。互联网企业存在头部效应，通过国际资本和全球市场容易在短时间内形成巨型平台公司。数字资本主义时代，巨型平台公司凭借垄断地位和优势，对国家治理和社会治理带来巨大挑战，造成了资本与国家之间的"紧张"关系。目前，一些垄断平台公司已经形成了对本国政府公权力的"挤压"，通过网络和媒体的放大效应正在"消解"政府传统的控制领域和影响力，造成了国家治理的部分失灵。同时通过大数据、人工智能和云计算等信息技术，垄断平台公司可以获取海量的公民隐私数据，带来了大数据安全隐患问题。例如，谷歌、脸谱等公司多次被暴露出侵犯和泄露私人隐私信息。为此，美国政府要求谷歌、脸谱等要加大保障数据安全和公民隐私的制度和技术支持，并对泄露隐私数据的公司进行了巨额罚款。

三是主权国家之间围绕数字经济领域展开的经贸利益博弈加剧。从经济地理上看，数字经济的发展极不均衡——连通力不足的国家与高度数字化的国家之间的差距越来越大，以及利用数字数据和前沿技术能力的差异导致不同国家之间的数字鸿沟不断扩大。在发达国家有 4/5 的人使用互联网，而不发达国家这一比例仅为 1/5，同时非洲和拉丁美洲拥有的主机代管数据中心的总量占世界总数的比例在 5% 以下[①]。"信息富国"与"信息穷国"之间的这种数字鸿沟会带来收入分配的不均和发展的不平衡，也会影响世界经贸格局的变化。

主权国家之间围绕跨国平台公司的矛盾日益激化。矛盾主要集中在发展权利、数据安全、隐私保护和税收利益分配问题上。这些矛盾的根源是由于垄断资本的输出对东道国的经济社会发展形成了破坏力。列宁指出，"对垄断占统治地位的最新资本主义来说，典型的则是资本输出"[②]。资本主义世界体系中，"输出资本的国家已经把全世界瓜分了"[③]。数字资本主义时代，"瓜分"世界范围内数字经济市场的工具

[①]《让更多人共享数字经济发展成果》，《人民日报》2019 年 9 月 9 日。
[②]《列宁选集》第 2 卷，人民出版社 2012 年版，第 626 页。
[③]《列宁选集》第 2 卷，人民出版社 2012 年版，第 631 页。

和武器是平台公司。美国作为世界范围内平台经济最发达的国家，其拥有的跨国平台公司控制着资本主义体系内的最大资源和市场，这不利于其他国家的数字经济发展权利、发展利益和发展安全的实现，因此其他国家势必针对美国等的平台公司采取限制性措施，以图争夺相关经济利益。例如，为了削弱美国数字技术科技巨头的垄断地位和获得互联网数字技术红利，2017年至今，欧盟已经对谷歌和脸谱开出了共计220亿欧元的罚单，并通过法律限制数字技术企业使用私人数据和版权数据等商业行为①。

三 平台经济全球化与资本积累矛盾的新变化

马克思认为，资本主义生产方式下，资本积累必然导致两极分化，一方面财富越来越多地集中在少数人手中，另一方面劳动者陷入了相对贫困的境地。数字经济时代，资本积累是平台经济这种新经济形态全球化扩张的过程，也是世界范围内资本主义积累矛盾发生新变化的过程。从资本驱动平台经济全球化的视角，我们重点从剥削、收入分配、垄断和基本矛盾等方面来阐释这些新变化。

首先，平台经济重塑了资本的价值剥削体系，扩大了价值剥削范围。马克思指出，"凡是社会上一部分人享受生产资料垄断权的地方，劳动者，无论是自由的或不自由的，都必须在维持自身生活所必需的劳动时间以外，追加超额的劳动时间来为生产资料的所有者生产生活资料"②。这种凭借生产资料所有权无偿占有劳动者创造的剩余产品就是剥削。在资本主义生产方式下，平台经济正在改变传统的资本剥削体系。平台经济通过众包、外包和零工等形式将越来越多的数字工人、知识工人和"玩劳动"等社会大众纳入社会总生产过程，实现了资本剥削范围的扩大化。资本既实现了对正式雇佣劳动者的剥削，也将没有正式雇佣关系的众包、外包、零工中的劳动者纳入了剥削体系，甚至通过平台垄断等方式将消费者等社会大众纳入了"产销型"劳动者或无酬

---

① 路广通：《解析数字税：美欧博弈的新战场》，《信息通讯技术与政策》2020年第1期。
② 《马克思恩格斯全集》第5卷，人民出版社2009年版，第272页。

劳动者范畴进行间接剥削。

随着经济全球化、资本主义金融化和信息技术的发展，人们对劳动产品的需求由物质产品更多向精神产品转向。劳动产品范围的拓展，使资本可以支配和使用的生产资料和劳动者更加多元化，资本剥削的范围也日益扩大。一方面，金融业和物流业的发展使资本可以通过对社会协作的剥削来榨取价值，既对劳动者进行剥削，也对其他行业的生产者进行剥削[1]。例如农业、餐饮、住宿、文化产业等都被纳入了平台资本的剥削体系。另一方面，数字化劳动的出现，使剥削方式越来越隐蔽化，剥削的界限越来越模糊化，逐渐形成了以大工业和商业平台的正式雇佣关系为中心、无酬劳动和隐性劳动为边缘、各种新的剥削形式为补充的剥削格局[2]。平台经济更容易通过社会分工和协作体系将其他行业纳入其统御范围，也更容易形成多层次的剥削格局。尤其是平台经济中，消费、娱乐、社交等行为与单纯的生产界限被打破了，消费者可能就是潜在的产销型生产者，社会大众可能被纳入产业后备军范围，全球的普通网民可能就是"去劳动关系化"的潜在雇佣工人[3]。全球化时代，信息技术和平台经济的发展，促进了这种新型剥削方式的创新，使资本的价值剥削范围更广了、程度更深了。

其次，平台经济在实现"共享"发展的同时，也容易产生收入分配的皮凯蒂效应[4]。共享经济是将闲置资源和使用权通过特定的信息平台和数据链将供给者和使用者有效结合起来，提高资源使用效率的一种新经济模式。共享经济分为利润导向性和非利润导向性两种。从亚马逊、优步、爱彼迎等公司发展来看，平台经济更多是一种利润导向性的交换平台，也是资本主导型的平台。"资本作为自行增值的价

---

[1] Sandro Mezzadra, Brett Neilson, "Entre Extraction et Exploitation: Des Mutations en Cours Dans L'organisation de la Coopération Sociale", *Actuel Marx*, 2018, 63.
[2] 张春颖：《法国理论界对资本主义剥削问题的阐述——以〈今日马克思〉杂志为中心》，《马克思主义与现实》2019 年第 6 期。
[3] 刘皓琰：《信息产品与平台经济中的非雇佣剥削》，《马克思主义研究》2019 年第 3 期。
[4] 常庆欣、张旭、谢文心：《共享经济的实质——基于马克思主义政治经济学视角的分析》，《马克思主义研究》2018 年第 12 期。

值,不仅包含着阶级关系,包含着建立在劳动作为雇佣而存在的基础上的一定的社会性质。"① 在这样的平台中,资本和劳动关系发生了新变化,最主要的变化就是"去劳动关系化"。"去劳动关系化"过程中,由于众包、分包、零工和产销型劳动者的大量出现,生产资料和劳动力结合过程中劳动力在劳动关系形式上不直接从属于平台资本,传统的劳资契约关系弱化或隐性化,非正式雇佣劳动者的权益得不到劳动法的有效保护。资本主义生产方式下,平台经济形成的雇佣关系,不仅形成了资本与劳动的对立,还导致了正式雇佣劳动者与非正式雇佣劳动者的对立。这会导致平台经济中劳资之间的矛盾社会化,以及资本所有者和劳动者之间、正式雇佣劳动者和非正式雇佣劳动者之间的收入分配差距扩大化,甚至形成皮凯蒂分配效应。法国经济学家皮凯蒂在《21世纪资本论》中总结了英、法、德、美等主要发达资本主义国家的财富收入分配规律,指出在自由市场经济中,资本回报率总是倾向于高于经济增长率,这会导致贫富差距不断扩大②。利润导向性的平台经济,势必会形成有利于资本的财富分配结构。凭借现代金融工具和国际金融市场形成社会化的资本集中,平台经济可以短期内做大做强,同时创造出富可敌国的超级富豪。平台经济通过强大的资源聚合能力,实现收入的再分配效应,但是却不能消除资本主义基本矛盾钳制下的两极分化问题。

最后,平台经济在适应社会化大生产的同时演绎了垄断的新形式。关于资本主义的垄断问题,列宁对此做过经典论述。他指出,"因为马克思对资本主义所作的理论和历史的分析,证明了自由竞争产生生产集中,而生产集中发展到一定阶段就导致垄断"③。平台经济中的垄断是由竞争转化而来的。平台经济将相关行业中的各类生产者、卖家和消费者等聚合在一起,形成了供给侧和需求侧的规模经济,同时借助于现代金融工具和金融市场,平台能够快速实现资本的

---

① 《马克思恩格斯全集》第6卷,人民出版社2009年版,第121页。
② [法]托马斯·皮凯蒂:《21世纪资本论》,巴曙松译,中信出版社2014年版。
③ 《列宁选集》第2卷,人民出版社2012年版,第588页。

集中，形成竞争垄断或寡头垄断的格局。资本主义生产方式下，资本的逐利性和多种资本的联合是导致垄断的重要原因。在剩余价值规律和平均利润率平均化趋势规律作用下，随着资本有机构成的提高，平均利润率可能会下降。但是平台通过增加投资，实现更大规模的资本集中，可以扩大利润总额。个别资本通过资本集中形成的垄断还可以获得超额利润。

平台经济中的垄断，既是资本积累过程金融化的必然结果，也是资本积累过程全球化的必然结果。随着信息技术的发展、金融工具的创新和国际金融市场的互联互通，闲置的各类资本可以进入金融市场成为潜在的预付资本。平台企业通过股票上市等方式可以获得这些闲置资本的使用权，并投入平台的运作，逐渐形成资本所有权社会化的大平台。但是，考察世界上主要的平台经济跨国企业，持有原始股的创业者、战略投资者、各类基金公司等往往是平台的实际控制者。通过关键性的投票权，他们就可以通过相对集中的个别资本控制分散的社会资本，进而控制整个平台。列宁对此作出精辟的概括，即"金融资本特别机动灵活，在国内和国际上都特别错综复杂地交织在一起，它特别没有个性而且脱离直接生产，特别容易集中而且已经特别高度地集中，因此整个世界的命运简直就掌握在几百个亿万富翁和百万富翁的手中"[1]。

"世界市场总体"的形成使平台经济的范围扩张到了世界各地。借助于互联互通的数字技术基础设施，平台经济可以更加方便地在世界范围内组织和分配各类自然资源、产品、劳动力和资本。资本的逐利性，迫使那些"信息穷国"开放贸易区域和本国市场，为平台经济的发展提供廉价的初级产品、半成品和劳动力，同时成为平台经济的消费者，其国家的产业发展也被锁定在低端。而"信息富国"的资本通过控制平台，使本国产业处于产业链和价值链的高端。一定程度上来说，全球化的平台经济垄断是资本主导的国际性生产关系的具体体现。在资本主义生产方式下，垄断是资本竞争的必然结果，垄断必然

---

[1] 《列宁选集》第 27 卷，人民出版社 1990 年版，第 142 页。

进一步激化资本主义的各类矛盾。正如列宁所言,"这就是资本主义的垄断,也就是说,这种垄断是从资本主义生长起来并且处于资本主义、商品生产和竞争的一般环境里,同这种一般环境始终有无法解决的矛盾"①。当然,"从自由竞争中生长起来的垄断并没有消除自由竞争,而是凌驾于这种竞争之上,与之并存,因而产生很多特别尖锐特别激烈的矛盾、摩擦和冲突"②。

最后,平台经济全球化过程中资本主义社会的基本矛盾不断深化。信息技术革命和垄断资本的全球扩张推动资本主义发展进入了数字资本主义时代③。数字资本主义时代,资本主义社会的基本矛盾仍然是生产资料的私人占有与社会化大生产之间的矛盾。生产力与生产关系的矛盾运动使资本主义基本矛盾不断深化,具体表现为以下三个方面。

第一,社会生产的扩大与劳动者有支付能力需求的相对缩小之间的矛盾有了新变化。平台经济作为适应社会化大生产的组织形式缩短了资本循环时间,创造出了庞大的数字财富。同时,收入分配的不平等和财富差距扩大使劳动者有支付能力的需求相对缩小或增长缓慢。平台经济这种新的社会组织形式通过规模效应、网络效应和头部效应等更容易实现资本和社会财富的集中。以美国为例,亚马逊的贝佐斯等数字公司的开创者成为富可敌国的超级富豪。美国财富加速向1%甚至0.1%的超级新贵集中,而中产阶级与他们的差距不断拉大④。

第二,平台经济生产的有组织性与社会生产的无政府状态之间的矛盾依然尖锐。尽管平台经济将供应、生产和销售等环节联结在一起,促进了生产社会化,提高了交换效率,提升了平台经济内部生产和交换的有组织性,但是平台经济联结的各个生产部门或企业还是处于无政府状

---

① 《列宁选集》第2卷,人民出版社2012年版,第660页。
② 《列宁选集》第2卷,人民出版社2012年版,第650页。
③ [美]丹·席勒:《数字资本主义》,杨立平译,江西人民出版社2001年版,第5页。
④ 肖巍、钱箭星:《从美国不平等扩大看政府的作用》,《复旦学报》(社会科学版)2017年第5期。

态，市场中的生产相对过剩问题仍然普遍存在。尤其平台经济的垄断，进一步激化了生产社会化与生产资料和产品的私人占有制之间的矛盾，生产了列宁所论述的情况，即"少数垄断者对其余居民的压迫却更加百倍地沉重、显著和令人难以忍受了"[1]。

第三，平台经济全球化过程中新帝国主义同盟国家之间为瓜分数字经济世界市场和争夺数字经济红利展开了激烈的较量。由于连通力不足，以及利用数据和前沿技术能力的差异决定了不同国家在数字经济领域"中心—半外围—外围"结构中的地位。处于中心地位国家的跨国数字公司凭借庞大的国际垄断资本、先进的数字技术和全球化的市场需求获得垄断利润，而处于半外围和外围国家的民族资本则往往处于竞争劣势。当今世界中，美国是世界第一大数字经济体，拥有的数字跨国公司也是最多的。凭借强大的国际垄断资本，美国和美国数字公司获得了巨大的经济利益，而与美国有一定抗争能力的欧盟地区国家一直处于数字经济发展的第二梯队。为了获得可观的财政收入，同时给本国民族资本争取数字经济发展空间、保持经济独立性和安全性，法国等国家宣布征收数字服务税，主要针对的就是以美国公司为主的国际垄断资本。按照法国的数字税法案相关条件，有 27 家数字公司符合法国数字服务税要求[2]。其中 17 家为美国公司，占比约为 2/3[3]。法国等欧盟国家通过征收数字税的行为，美国通过启动"301 调查"和提高其他商品关税等行为予以反制。

数字资本主义时代，主要发达国家等之间为争夺数字经济相关的利益而张开的较量，是新帝国主义国家瓜分数字经济的世界市场的最新表现。在列宁所处的帝国主义时代，帝国主义国家同盟为瓜分殖民地和划分势力范围而展开尖锐的斗争，甚至是战争。在新帝国主义时代，新帝

---

[1] 《列宁选集》第 2 卷，人民出版社 2012 年版，第 593 页。

[2] United States Trade Representative, Section 301 Investigation-Report on France's Digital Services Tax, https：//ustr.gov/sites/default/files/Report_ On_ France%27s_ Digital_ Services_ Tax.pdf.

[3] 另外的公司包括中国 1 家（阿里巴巴），西班牙 1 家（Amadeus），德国 2 家（Axel Springer 和 Zalando），荷兰 1 家（Randstad），挪威 1 家（Schibsted），日本 2 家（Rakuten 和 Recruit），法国 1 家（Criteo），英国 1 家（Travelport）。

国主义国家和金融垄断资本瓜分的对象是世界市场。具体到数字经济领域，他们瓜分的是市场份额和国际税收等。列宁在论述资本家同盟瓜分世界时指出，资本家会围绕瓜分"势力范围"展开斗争，同时深刻地总结道，"最新资本主义时代向我们表明，资本家同盟之间在从经济上瓜分世界的基础上形成了一定的关系，而与此同时，与此相联系，各个政治同盟、各个国家之间从领土上瓜分世界、争夺殖民地、'争夺经济领土'的基础上也形成了一定的关系"①。新帝国主义时代，形成了"一霸多强"结成的国际资本主义寡头垄断同盟，形成了全球性垄断剥削体系的经济基础②。但是，垄断同盟之间仍然存在着为争夺经济利益而进行的激烈斗争。美国与欧盟国家之间的数字税之争就是其真实写照。

四 中国应对：以"共建共享共治"的理念推动平台经济健康发展

数字经济时代，在资本主义发展的新阶段，即新帝国主义阶段，资本逻辑推动着平台经济全球化，实现了数字经济规模的快速扩张，推动了一般性生产关系和"生产的国际关系"的局部变革。在数字资本主义积累过程中，资本主义世界的社会矛盾和基本矛盾进一步被激化了，使剥削、收入分配差距、垄断等问题越来越严重；同时随着资本积累的矛盾不断深化，世界范围内数字经济发展的不平衡和不公平问题日益凸显，信息富国与信息穷国之间的发展差距不断扩大。数字经济时代，资本主义通过平台垄断和"剪息票"等方式维持着腐朽的统治。如果任由资本逻辑推动平台经济全球化，必将导致垄断，垄断又会产生经济停滞问题。因此，为了实现全球数字经济的共享发展，我们必须超越资本逻辑，倡导"共建共享共治"的合作发展逻辑，努力构建人类命运共同体。

---

① 《列宁选集》第 2 卷，人民出版社 2012 年版，第 639 页。
② 程恩富、鲁保林、俞使超：《论新帝国主义的五大特征和特性——以列宁的帝国主义理论为基础》，《马克思主义研究》2019 年第 5 期。

在全球治理层面，中国作为负责任的大国，在数字经济发展过程中一直积极推动世界各国共建网络空间命运共同体。2015年12月16日，习近平总书记在第二届世界互联网大会开幕式上的讲话中，提出了推进全球互联网治理体系变革应该坚持的四项原则——尊重网络主权、维护和平安全、促进开放合作、建立良好秩序；同时就全球网络基础设施建设和互联互通、打造网络文化交流平台、推动网络经济创新发展、保障网络安全、构建互联网治理体系等提出了五点主张；重点提出要倡导共同构建网络空间命运共同体①。此后，历届世界互联网大会的致辞或贺信中，习近平总书记都积极倡议世界各国共同推进网络空间全球治理，积极推动构建网络空间命运共同体。共建网络空间命运共同体是推动人类命运共同体建设的重要内涵，也是有效途径之一。"共建共享共治"是构建网络空面命运共同体的重要原则。"共建"需要世界各国在数字基础设施的建设过程中加强合作，实现数字基础设施互联互通。"共享"需要世界各国，无论大小、贫富都可以平等地获得数字经济发展机会，共享数字经济发展红利。"共治"需要世界各国携手共同面对数字经济发展中技术、安全、冲突和治理等问题。只有世界各国加强沟通、凝聚共识、扩大合作，坚持"共建共享共治"理念，努力共建网络空间命运共同体，才能实现平台经济健康发展，才能形成全球经济增长的新动力，才能解决全球数字经济发展不平衡和网络空间治理赤字问题。

在应对具体挑战层面，在数字经济全球化的新发展格局中，中国必须采取有力措施维护好国家安全和发展利益。当前，世界正在经历百年未有之大变局，美国的霸权主义行径、新冠肺炎疫情和地缘政治冲突增加了世界经济发展的不稳定性。在"逆全球化"和世界格局大变局中，中国平台型的数字公司全球化面临着诸多挑战。一是为了全面遏制和打压中国发展，美国政府采取霸权主义行径和国家干预主义对中兴和华为等高科公司，以及TikTok和微信等数字平台进行打压，严重违反了国

---

① 习近平：《在第二届世界互联网大会开幕式上的讲话》，《人民日报》2015年12月17日第2版。

际规则和市场经济公平原则。此外，受到地缘政治影响，印度等周边国家采取民粹主义行为禁止或下架中国数字企业产品和服务，使中国数字企业面临着不公平的竞争环境。二是国际垄断资本对中国数字企业采取的非公平竞争行为严重损害了中国公司利益。为了配合美国政府对中国数字企业的打压，脸谱等公司借助政府干预和模式抄袭等方式围剿中国数字企业的国际化发展。三是法国等国家将要征收的数字服务税使阿里巴巴等中国数字企业面临着国际税收新挑战。从具体对策层面而言，为了积极应对我国平台型数字企业全球化面临的挑战，可以从三个方面采取应对措施。

首先，从国家层面维护我国平台型数字企业在海外的发展权利和经济利益。从全球化的历史经验来看，世界范围内的竞争具有两个层次，一是在既定国际格局和秩序下企业之间的市场竞争，二是市场竞争之上国家之间的政治和军事竞争。企业之间的市场竞争是国家之间竞争的基础，国家之间的竞争和国际关系的变化会影响企业之间的竞争。随着美国对中国进行全面打压和遏制，以及印度等国家民粹主义情绪的出现，中国数字企业在美国、印度等受到了政治审查、强制退市、限制交易和高管被捕等不公正待遇，这是国家之间的竞争关系影响到了企业国际化发展的典型事件。在这样的事件中单靠企业无法对抗美国等国家的政治干预力量，中国政府必须通过国际组织申诉、政治谈判、经贸协商、合理反击和补贴性支持等方式帮助和支持本国数字企业维护海外发展权利和经济利益。

其次，平台型数字企业要积极融入国内国际双循环新发展格局，培育全球化竞争新优势。面对国际垄断资本与民族资本的矛盾，中国平台型数字企业需要加强核心技术的自主研发以形成核心竞争力，重塑供给链以提高有效供给，打造产业生态价值体系以提高产品附加值，积极融入以国内大循环为主和国际国内双循环相互促进的新发展格局；同时依托"东盟"和"一带一路"合作机制实现平台经济的区域化和国际化发展。在国际市场上，中国数字企业要与国际资本展开竞争和合作，通过竞争促进自身发展，通过合作获得共同利益。

再次，中国要积极倡导公平公正的国际税收治理新秩序，通过国际税收谈判为我国平台型数字企业全球化提供良好的国际税收环境。法国等欧盟国家和一些发展中国家宣布的数字服务税征收方案会对阿里巴巴等中国数字企业国际化中的发展权利和经济利益产生不利影响。中国应该依托"一带一路"税收征管合作机制率先与"一带一路"沿线主要国家之间达成数字服务税解决方案；同时通过与欧盟地区和相关国家的国际税收谈判等为中国平台型数字企业国际化谋取更多的发展权利和更大的发展空间。

第十二章 数字化的新生产要素与收入分配[*]

目前,我国收入分配领域存在诸多矛盾,宏观收入分配格局失衡,不同群体收入差距明显,收入不公现象依然存在。而造成这种现状的原因,学者认为是工业化[①]、城市化[②]、经济政策[③]、教育水平[④]、基础设施差异[⑤]、社会保障不公[⑥]、产业结构变迁等导致的[⑦]。从西方经济学功能性分配的视角来看,基本生产要素如资本、劳动和土地等,参与生产过程并对国民收入产生贡献,根据相应生产性服务的贡献大小来确定各生产要素的回报[⑧]。而从马克思主义政治经济学视角

---

[*] 本章作者:韩文龙、陈航。原载于《财经科学》2012 年第 3 期。

[①] Rozelle Scott, "Rural Industrialization and Increasing Inequality: Emerging Patterns in China's Reforming Economy", *Journal of Comparative Economics*, 1994, 19, pp. 362 – 391.

[②] 陈斌开、林毅夫:《发展战略、城市化与中国城乡收入差距》,《中国社会科学》2013 年第 4 期。

[③] Irma Adelman, David Loren Sunding, "Economic Policy and Income Distribution in China", *Journal of Comparative Economics*, 1987, 11 (3), pp. 444 – 461.

[④] Terry Sicular, Yue Ximing, Björn Gustafsson, et al., "The Urban-rural Income Gap and Inequality in China", *Review of Income and Wealth*, 2007, 53 (1), pp. 93 – 124.

[⑤] 刘晓光、张勋、方文全:《基础设施的城乡收入分配效应:基于劳动力转移的视角》,《世界经济》2015 年第 38 期。

[⑥] 余菊、刘新:《城市化、社会保障支出与城乡收入差距——来自中国省级面板数据的经验证据》,《经济地理》2014 年第 34 期。

[⑦] 穆怀中、吴鹏:《城镇化、产业结构优化与城乡收入差距》,《经济学家》2016 年第 5 期。

[⑧] 张车伟、赵文:《功能性分配与规模性分配的内在逻辑——收入分配问题的国际经验与借鉴》,《社会科学辑刊》2017 年第 3 期。

第十二章 数字化的新生产要素与收入分配

来看，除劳动外的各种生产要素并没有创造新价值，不同利益群体是以生产要素所有制形式为分配的依据，凭借对生产要素所有权的占有，而参与对劳动创造的新价值进行分割的过程。因此，在初次分配过程中"资强劳弱"的失衡关系才是我国收入差距和分配失衡问题的主要根源[1]。

现有文献对我国收入分配问题做出了一些解释。但随着互联网、大数据、云计算、人工智能等信息技术的发展，仅讨论传统生产要素之间的分配，已不能完整概括新科技革命背景下经济结构变化和经济社会发展的更多现象。数字经济时代已然来临，快速的产业数字化转型和数字产业化发展，以及迅猛的数据增长在此基础上建立起的数字王国，不仅改变了人们的生产生活方式，还改变了科学研究的传统范式。数字经济从各个领域为世界经济带来新的发展机会，知名咨询公司麦肯锡曾指出，"数据已渗透到每一个行业和业务职能领域，逐渐成为重要的生产要素"[2]。可以看出，以发达信息技术为基础的数字化信息和知识，已成为与资本、劳动、土地和能源等传统生产要素所并列的关键要素。为了论述的严谨性，本章提到的数字化的新生产要素主要指数字化信息和知识。新科技革命下，数字化信息和知识成为促进经济增长、结构转型和产业升级的新型动力，它能通过影响生产资料的演进，使相关劳动过程发生变化，对生产方式和生产关系均产生作用。而对数字化信息和知识的相关配置也关系到分配关系的变迁，占有数量更多、质量更好的数字化信息和知识，往往能获得更多收益，从而影响到收入分配的结果。

对数字经济时代的收入分配问题，可追溯到20世纪90年代，美国一些学者和机构开始提出"数字鸿沟"这一概念[3]，即新兴信息技术在

---

[1] 刘灿、王朝明等：《中国特色社会主义收入分配制度研究》，经济科学出版社2017年版，第379页。

[2] Mckinsey & Company, *Big Data: The Next Frontier for Innovation, Competition, and Productivity*, http://www.mckinsey.com/insights/mgi/research/technology_and_innovation/big_data_the_next_frontier_for_innovation.

[3] 胡鞍钢、周绍杰：《新的全球贫富差距：日益扩大的"数字鸿沟"》，《中国社会科学》2002年第3期。

发展和普及过程中出现国家或地区间的不平衡。利用数字化信息和知识创造价值的新经济只是"富国现象",领先国家或地区在信息和知识等优势下再次取得竞争优势,而落后国家或地区则在新科技革命的浪潮下面临着"信息贫困"和"知识贫困"[①]。"数字鸿沟"具有明显的收入效应,能根据生产条件的分配差异而引起分化效应,使"信息富人"和"信息穷人"之间出现贫富分化,进一步辐射到城乡分化和地区分化[②]。而如今,随着相关技术的进一步发展,"数字鸿沟"并不再局限于国家或地区之间,各不同群体之间也都存在明显的差别。由此,所带来的收入效应更加复杂,对数字化信息和知识是否有平等的接入机会、如何对其进行运用等,都会带来有差异的"数字红利",从而对收入分配产生影响[③]。

可以看出,既然数字化的新生产要素已经出现,并广泛参与社会生产和再生产的各个过程,那么对数字经济时代不同利益群体之间利益分配关系及其变化规律的讨论也越发重要。本章基于此,从马克思生产条件分配理论出发,研究数字化信息和知识的加入对数字经济下劳动过程、价值生产、价值实现和价值分配的影响,并根据所有权和使用权是否分离、所有权本身是否归属于同一所有者,将数字化信息和知识这一生产要素的占有和归属关系进行区分,讨论收入分配领域出现的四种可能情形,从而为现阶段我国收入分配领域存在的矛盾提供解决问题的新思路。

一 马克思的生产条件分配理论

在《〈政治经济学批判〉导言》中,马克思辩证地讨论了物质资料生产的总过程中生产与分配、交换和消费等其他环节之间的关系,并在

[①] 胡鞍钢、周绍杰:《中国如何应对日益扩大的"数字鸿沟"》,《中国工业经济》2002年第3期。

[②] Tobias Husing, Hannes Selhofer, "A Study of Measurement Models for Digital Divide", 2004 International Conference on Management Science & Engineering (13th), 2004, pp. 183 – 187.

[③] 邱泽奇、张樹沁、刘世定等:《从数字鸿沟到红利差异——互联网资本的视角》,《中国社会科学》2016年第10期。

分析"生产和分配"时提出了"生产条件分配"的概念。

（一）生产条件的分配决定了收入的分配

生产条件是生产进行和财富创造的必要条件。一般而言，为物质资料的生产所必需的生产条件包括两个方面："一方面，物质的生产资料，即客观的生产条件，另一方面，活动着的劳动能力、合目的地表现出来的劳动力，即主观的生产条件。"[①] 只有客观生产条件和主观生产条件相互结合，才能成为现实的生产力并进行相关的生产活动。而二者结合的方式，不仅有来自技术因素的制约，还会受到社会方面的影响。从技术角度来讲，客观生产条件和主观生产条件的结合，即劳动力和生产资料的结合，受到自然条件、劳动者的熟练程度、科学技术的发展水平以及生产资料的规模效能等因素的限制，属于生产力范畴。从社会角度来讲，劳动力和生产资料的结合还体现出生产过程中人与人的关系，由生产条件的分配决定，并随着生产力的发展而变化，属于生产关系范畴。

生产条件的分配，是指生产条件的占有或所有关系。作为财富创造的源泉，生产条件是重要的，又具有稀缺性，它总是要通过一定的方式或机制分配于参与生产的社会成员或相关部门。生产条件的数量或质量差异能够带来不同的生产结果以及物质收益。在生产过程中，越是占有或掌握稀缺的生产条件，越是能在生产活动中取得主导权。因此，人们对生产条件占有、确认和保护的需求，产生了包括生产资料所有制和劳动力所有制在内的生产条件所有制，并根据在社会生产中人们对生产要素的不同作用，发展成为以所有权为核心，包括占有权、支配权和使用权在内的产权制度。在相应所有制和产权制度的确认和保护下，人们要求以提供的生产条件为依据，参与社会产品和收入分配。

生产条件包括客观生产条件（生产资料）和主观生产条件（劳动力），按生产条件的所有制分配，包括了因对生产资料和劳动力的占有关系而参与分配的全部过程。如果仅按照生产资料所有制进行分配，就会忽视劳动力的归属和分配问题。在资本主义下，劳动者将劳动力作为

[①] 《马克思恩格斯文集》第8卷，人民出版社2009年版，第458—459页。

商品与资本家进行交换，在签订契约那刻起，资本家就拥有了对劳动力的所有权，有权监督和控制劳动者进行生产、实现价值增殖，并据此获得劳动增殖的结果。在社会主义生产方式下，劳动力在不同的所有制经济中的占有和归属关系存在区别，在公有制经济中，劳动者与其内在的劳动力并未分离，在非公有制经济中却出现了劳动力呈现"半商品"的性质，这些不同的占有和归属关系自然就会影响分配过程和最终的分配结果。在数字经济时代，数字化的新生产要素出现，由于它同时具有实体性要素和渗透性要素的双重性质，能对社会主义不同所有制经济中劳动者、劳动力以及包括数据在内的所有生产资料之间的结合方式造成多种冲击，从而影响劳动过程、价值生产、价值实现和价值分配的后续环节。因此，劳动力的归属问题也至关重要，本章认为利用"按生产条件分配"比"按生产资料分配"能够更为准确地概括其所阐释的理论和现实问题。

（二）在劳动和其他物质要素共同参与生产的条件下，按生产条件分配规律是人类社会共有的客观经济规律

马克思讨论的分配关系涉及两个层次，首先是生产资料或生产条件的分配；其次是收入分配[①]。二者相互联系，先于生产的生产条件分配，决定了收入分配的结果。因为"消费资料的任何一种分配，都不过是生产条件本身分配的结果。而生产条件的分配，则表现生产方式本身的性质"[②]。更进一步，生产的结构也决定分配的结构，"就对象来说，能分配的只是生产的结果，就形式说，参与生产的一定方式决定分配的特殊形式，决定参与分配的形式"[③]。于是，按生产条件分配产品规律得以确立。

由于劳动力只有和物质生产资料相结合，作为全部的生产条件投入生产，才能带来物质利益。那么，在所有制的确认下，参与财富创造过程的各类生产要素都能参与物质利益的分配，并且"一定的分配形式以

[①] 洪银兴、葛扬：《〈资本论〉的现代解析》，经济科学出版社2011年版，第437页。
[②] 《马克思恩格斯选集》第3卷，人民出版社1995年版，第306页。
[③] 《马克思恩格斯选集》第2卷，人民出版社1995年版，第13页。

生产条件的一定的社会性质和生产当事人之间的一定的社会关系为前提"①，例如，工资以雇佣劳动为前提，利息或利润以资本为前提，地租以土地所有权为前提，等等。总之，只要存在劳动力和其他物质要素相结合并共同参与生产的情况，按生产条件分配规律就会发生作用，成为人类社会共有的客观经济规律。

在按生产条件分配规律正常发挥作用的过程中，从形式上看，是生产条件本身的重要性和稀缺性，决定了各种生产条件在生产过程中的作用大小以及在分配过程中的地位差异。而实际上，表现出不同阶级或群体对生产条件的相对占有或支配程度，是参与分配的各生产要素所有者彼此之间的相对关系，通过分配结果中所占据的份额体现。并且，根据生产条件是否归属于同一所有者或者不同所有者，按生产条件分配产品规律会有不同的表现形式，并随着生产条件在所有者之间的分配变化而发生转变。

(三) 在不同的经济时期及其内部，占主导地位的生产条件发生变化，会影响该时期经济中的分配关系

根据前文，生产条件的分配所体现出的生产条件所有制，能决定劳动力和生产资料的结合方式。马克思肯定了二者结合对生产的必要性，并认为"实行这种结合的特殊方式和方法，使社会结构区分为各个不同的经济时期"②。也即是说，生产条件所有制形式不同，劳动力和生产资料的结合方式会有差别，使生产过程中占主导地位的生产条件不同，从而社会结构也有差别。一旦占主导地位的生产条件发生完全的变化，就会形成新的社会经济形态。而每一时期最初的生产条件分配都是前一时期生产的结果，是连续的生产力发展与旧的生产关系矛盾运动的产物，它直接影响着该时期分配关系的演变。

在原始公社时期，一切生产条件由原始共同体成员共同占有并支配，所生产的产品归共同体成员所有。到奴隶社会时期，生产力缓慢发展，人的劳动力成为可以交换和消费的对象；奴隶主成为包括奴隶本身

---

① [德] 马克思：《资本论》第3卷，人民出版社2004年版，第998页。
② [德] 马克思：《资本论》第2卷，人民出版社2004年版，第44页。

在内的一切生产条件的新支配者，根据其占有的全部生产条件而享有全部劳动产品。到封建社会时期，农业的生产力得到发展，土地成为占主导地位的生产条件；在封建土地制下，土地的所有者和使用者产生分离，耕种土地的农民对地主具有人身依附关系，占有大量土地的封建剥削阶级凭借对土地的所有权向农民索取地租。到资本主义社会时期，工业的生产力在工业革命后得到极大发展，以生产资料私有制为基础，资本成为占主导地位的生产条件；劳动者成为法律上或形式上的自由人，其所有的劳动力成为市场上可以交易的商品，凭借供给劳动力这个生产条件参与最终劳动产品的分配；资本家提供资本这一生产条件，当所有权和使用权合一时，职能资本家获得平均利润，当所有权和使用权分离时，平均利润产生分割，职能资本家获得企业利润，借贷资本家获得利息；土地所有者提供土地这一稀缺的生产条件，在所有权和使用权分离情况下，农业资本家获得平均利润，土地所有者获得超过平均利润的超额利润。

同时，在各个社会经济形态内部，生产条件分配也会发生某些变化。例如，在自由资本主义时期，随着劳动社会化程度的加深以及社会生产力的发展，资本主义生产方式经历了简单协作、分工协作以及机器参与协作的变迁。随着机器的广泛使用、生产工具的分配乃至生产条件的分配均发生了一些质的变化，在促进生产力跨越式发展的同时加剧了劳资关系的对立，进一步加深了全体资产阶级对工人阶级所创造剩余价值的剥削，影响了资本主义社会的分配格局。

由此可以得到几点启示。首先，按生产条件分配产品规律是人类社会经济形态共有的客观经济规律，在各个社会经济形态内部及其变迁中，按生产条件分配产品规律一直在发挥它的固有作用。其次，根据按生产条件分配产品规律，在所有制和产权制度的安排下，凡是参与生产、创造财富的生产要素，都有资格参与收入分配并得到收益，随着社会生产力发展而出现的新生产要素依然受到该规律支配，最终的分配形式不过是各种生产要素相关产权在经济上的实现。最后，生产条件的分配包含生产条件的所有制，生产条件所有制的内部结构同样会影响收入分配、所有权和使用权是否分离、所有权本身是否归属于同一所有者等，均会对相关分配关系和结果产生制约。

二　数字化的新生产要素参与收入分配

新科技革命背景下，以人工智能、区块链、云计算、大数据、边缘计算、智慧家庭、物联网和5G技术（"ABCDEHI5G"）为代表的数字科技飞速发展，成为现阶段人类社会生产活动的核心生产力与竞争力。社会生产力得到极大发展，伴随着数字化信息和知识这一新型生产要素广泛参与物质资料生产总过程的各个环节，世界各国经济增长的动力不断释放，随着新业态新模式新行业的大规模出现，产业结构发生了新变化，同时使现有的生产条件及其分配都发生了变化。

一方面，促使社会经济结构出现新的特征。在同一社会经济形态内部，农业经济、工业经济等传统经济形态的影响逐渐减弱，数字经济这一新兴经济形态开始登上历史的舞台。统计显示，2019年47个国家数字经济增加值规模达到31.8万亿美元①，全球数字经济在国民经济中的地位持续得到提升，融合发展趋势更加深入。另一方面，影响了数字经济下的收入分配。作为数字时代的"石油"②，甚至"货币"，在数字生产力发展同旧生产关系矛盾运动的过程中，数字化信息和知识会通过一定渠道和机制配置到不同的部门或成员。谁占有这些足够的数字资源，谁就能在生产中取得话语权，在分配中取得索取权。有研究表明，一个国家的数字化程度每提高10%，不仅创新指数提升6.4%、失业率降低0.8%，人均GDP也能增长0.50%—0.62%③。

在这样的背景下，占有相关的数字化信息和知识，成为数字经济时代人们获取收益的源泉和保障，它能促使传统劳动过程向更高质量的数字劳动过程转变，在价值生产、实现和分配的过程中都具有鲜明作用。

（一）数字化信息和知识与劳动过程

根据劳动价值论，在生产过程中，劳动是价值创造的唯一源泉，其

---

① 《全球数字经济新图景（2020年）——大变局下的可持续发展新动能》，中国信通院官网，http://www.caict.ac.cn/kxyj/qwfb/bps/202010/t20201014_359826.htm。
② "The World's Most Valuable Resource", The Economist, 2017, 423 (9039), p.7.
③ 数据整理自世界经济论坛发布的《2012年全球信息技术报告》。

他各类物质生产要素仅是价值创造所依托的手段和条件。尽管数字化信息和知识正逐渐成为占据重要地位的生产条件，但它仍必须同劳动者的劳动力相结合，才能参与价值创造的有关过程。在这一过程中，部分传统劳动者逐渐成为利用数字技术的数字劳动工人，传统劳动行为逐渐转变为更高质量的数字劳动行为。

"数字劳动"概念最初由泰拉诺瓦（Terranova）提出，用以定义用户参与互联网时产生的"免费劳动"①。这是一种非物质劳动，与传统的物质劳动相区分。随着数字经济发展，这种狭义的数字劳动概念已不能覆盖社会生产力发展中劳动过程的新变化，曾经"无偿"的特征与现阶段数字领域相关劳动带来价值增殖加剧的事实也不相符。因此，在更加广义的范围下，"数字劳动"可以指代运用数字化信息和知识参与价值生产和实现过程的全部生产性劳动和非生产性劳动的总和。生产性数字劳动是数字经济下创造价值的主要劳动，非生产性数字劳动则包含无偿劳动、玩乐劳动等在内，以及流通过程中实现价值的相关数字劳动过程。本章主要涉及有偿的数字劳动，与传统劳动过程相比，数字劳动过程运用数字化信息和知识作为关键生产要素，使劳动主体、劳动对象、劳动工具、劳动产品都发生不同程度的异化②。

（二）数字化信息和知识与价值生产

在数字劳动过程中，数字化信息和知识同劳动、资本、土地一样参与价值生产过程。作为一种新型生产要素，它不仅具有一般生产要素的共性，还存在一些特性。

从生产力角度来看，数字化信息和知识可以被视为一种实体性要素，在实际生产中或者作为劳动对象存在，成为劳动者将劳动直接作用的对象；或者作为劳动资料存在，改变劳动手段并提高劳动效率。同时，数字化信息和知识还可以被视为渗透性要素，能促使其他实体性要素实现数字化，使劳动对象、劳动资料和劳动者本身都得到相应的发

---

① Tiziana Terranova, "Free Labor: Producing Culture for the Digital Economy", *Social Text*, 2000, 18 (2), pp. 33 – 58.
② Christian Fuchs, *Digital Labour and Karl Marx*, New York: Routledge Press, 2014.

展。一方面，数字资源的广泛渗透，以及数字科技的高速发展，能促进劳动对象和劳动资料的数字化和数据化过程，使劳动者可以控制的生产资料的规模和效能得以提高。另一方面，新技术和新工具的应用，使劳动者的体力和脑力付出增加，所提供的生产性数字劳动的复杂程度提高，等量时间创造的价值量得以倍增。于是，数字化信息和知识在生产中的应用，能转化为现实的生产力，大大提高劳动生产率。

从生产关系角度来看，数字化信息和知识的参与，会通过影响劳动力和生产资料的结合方式，引起生产条件所有制的相关变化。在生产资料所有制方面，新的生产要素参与生产且对生产结果产生重要影响，足够引起人们的重视。人们会利用已有的资源和条件，尽可能地占有更多的数字化信息和知识，并对其相关权利进行确认和保护，以维护自己在生产和分配中应有的权益。在劳动力所有制方面，由于数字化信息和知识能够渗透劳动力并人化在劳动者身上，那么掌握着大量数字资源和数字科技的核心劳动力将成为资本追逐的对象，其归属问题也成为数字经济时代需要讨论的重要问题。

（三）数值化信息和知识与价值实现

在价值实现的过程中，数字化信息和知识同样发挥重要的作用。在资本主义生产方式下价值的实现具有不确定性，"每个人都用自己偶然拥有的生产资料并为自己特殊的交换需要而各自进行生产。谁也不知道，他的那种商品在市场上会出现多少，究竟需要多少；谁也不知道，他的个人产品是否真正为人所需要，是否能收回它的成本，到底是否能卖出去。社会生产的无政府状态占统治地位"[①]。一旦市场广泛加速信息化、数字化和数据化进程，数字化信息和知识得到有效运用，这种不确定性就会降低。

拥有庞大数字资源和数字技术的数字平台，能尽可能利用所有可得的数据信息，通过科学的算法和大量的统计，精确定位到人群的真实需求，向目标消费者发送有价值的信息，使交易的成功率大大上升，缩短

---

① 《马克思恩格斯选集》第 3 卷，人民出版社 1995 年版，第 745 页。

产品从生产者到达消费者的距离。在这一过程中，营运、仓储、运输等环节都能通过利用数字平台得到便利，所以流通时间和流通费用都有一定程度的压缩，从而加快预付资金的周转速度，促进价值的实现，完成"商品的惊险的跳跃"。在这一过程中，掌握数字化信息和知识的所有者，可以凭借其为价值实现提供的"便利"而收取一定的租金。

（四）数字化信息和知识与价值分配

只有明确了数字化信息和知识在劳动过程、价值生产和价值实现中的作用，才能顺理成章地讨论数字化信息和知识凭借所有权参与收入分配的情形。根据按生产条件分配产品规律，数字化信息和知识在生产过程和流通过程中发挥了特别作用，使相关价值得到顺利实现，其所有者或使用者都有权参与分配过程，根据提供的数字化信息和知识以及相应的数字劳动过程，对于生产和流通的重要程度、稀缺程度和使用数量进行决定。由于"产品一经完成，生产者对产品的关系就是一种外在的关系，产品回到主体，取决于主体对其他个人的关系"[①]，数字化新生产要素参与分配的结果也是起决定作用的生产关系的反面，并受到历史、道德、文化等因素的影响，体现出人与人之间所缔结的、与之相关的全部生产关系。

而生产条件在不同区域、不同阶级、不同群体之间的分配通常会有差异，"数字鸿沟"的存在不可避免。一方面，在数量和质量上有相对优势的数字化信息和知识能够带来明显的"数字红利"；另一方面，数字劳动者之间根据其提供数字劳动、进行生产所创造的价值大小也会产生不同的分配结果。同时，人们不仅可以直接利用自己拥有的数字化信息和知识进行生产经营，不同所有者最终凭借所提供的数字化信息和知识的质量优劣和数量多少来取得收益和报酬，还可以将所拥有的数字化信息和知识转租给他人，使所有权和使用权发生分离，所有者和使用者分割生产经营成果。

可以看到，在数字经济时代，数字化信息和知识使劳动过程得到

[①] 《马克思恩格斯选集》第 2 卷，人民出版社 1995 年版，第 12 页。

新发展，它广泛渗入价值生产和价值实现过程，其归属和占有关系影响着最终的价值分配环节。由此，有必要分情况讨论数字经济时代数字化信息和知识的占有和归属关系。

三 数字化新生产要素的占有与收入分配

由前文的分析，根据所有权和使用权是否分离、所有权本身是否归属于同一所有者，可以将数字化信息和知识这一生产要素的占有和归属关系区分为以下几种情形，进一步讨论数字经济时代的收入分配问题。

（一）数字化信息和知识的所有权被劳动者占有

一般在公有制经济中，所有或部分劳动者共同占有生产资料。作为一种生产条件，数字化信息和知识也是被劳动者们所共有。在这种情况下，劳动者运用所有生产条件进行生产，生产成果由拥有所有权的劳动者共同享有。此时，按劳分配方式是分配过程中占据主导地位的分配方式，劳动者以提供的数字劳动为唯一尺度参与分配产品。数字化信息和知识的加持，会通过渗入劳动者的劳动力，在劳动过程中提供更高质量的生产性数字劳动，以更高的生产效率和更多的劳动产品表现出来，最终联系到个人可以获得的劳动报酬。

通常，劳动者本身存在脑力和体力的差异，即便是共有同等的生产条件，其运用生产条件进行生产的能力也有所差异，对于数字化信息和知识这一重要因素的运用同样如此。一方面，要对以发达信息技术为基础的数字化信息和知识进行有效利用，劳动者必须经过相应的教育和培训，掌握应有的文化知识和技能专长。教育和培训程度不同的劳动者，其劳动生产率的高低会有所差异，在生产环节得到体现。另一方面，即使经过同样的教育和培训过程，个人能力不同的劳动者对数字资源和数字技术的整合和控制程度也有不同，其所提供数字劳动的复杂程度存在差异，其所创造的社会价值就会存在差异。由于分配过程中，每个劳动者所提供的劳动与其所获得的报酬直接相关，能更好利用数字化信息和知识的劳动者，在收入分配中能取得更多份额。

另一种情况下，在一些个体经济中，生产条件也归劳动者个人所有。个体劳动者本身直接参与劳动，利用所持有的数字化信息和知识进行生产，能在一定程度上提高劳动生产率，获得更多的劳动成果。但由于个体经济的生产经营规模较小，技术层次较低，且社会化程度受到限制，个人能获取相关数字资源和数字技术就较为有限。因此，数字化信息和知识本身积累到一定规模才能带来的规模经济和范围经济不能完全显现，对劳动者个人和家庭的收入影响通常较小。

总之，在数字化信息和知识的所有权被劳动者共同占有的情形下，劳动者们共同享有数字化信息和知识所能带来的物质利益；劳动者内部由于个人能力的差异，运用数字化信息和知识所带来的劳动产品的数量和质量存在区别，到分配环节就表现出不同劳动者之间的劳动报酬差异。在数字化信息和知识的所有权被劳动者个人占有的情形下，更好利用数字化信息和知识的个体劳动者能得到更多收益。

（二）数字化信息和知识的所有权被资本家占有

在非公有制经济中，关键生产条件通常掌握在私人资本家手中。在数字经济时代，数字化信息和知识正广泛与社会经济各个领域深度融合，并不断延伸下沉到产业链的各个环节。天性逐利的资本家们在巨大"数字红利"的吸引下，纷纷投身于万物互联的"互联网+"浪潮，加速信息化和数字化，促进科技创新，搭建数据平台，试图在这场革新中占据有利的生产条件。

数字化信息和知识及其收益在资本家之间的分配和再分配是通过部门内部的竞争和部门之间的竞争实现的。首先是在数字部门内部争夺市场的竞争。当供过于求时，数字部门的相关生产者竞争加剧，生产条件较次的企业被淘汰，生产条件较好的企业才能在竞争中取胜，其生产的数字产品逐渐占据市场的更多份额；当供小于求时，数字部门的相关购买者竞争会加剧，价格的上涨使生产条件较次的企业也能获利，其生产的数字产品进入市场流通。由此，通过供求关系的变化调节社会全部拥有的数字化信息和知识在不同生产者之间的分配比例，生产的数字产品只有符合社会需要才能得以实现，实现的部分也就是能够分配的总额。其次是在不同部门之间争夺投资场所的竞争。数字经济下各部门利用数字化信息和知识所带来的生产力水平不同，资本家逐利本性促使资本朝着回报率更高的企业流动，伴随着数字化信息和知识会通过市场机制分配到生产最具效率的部门。由此，通过资本家的资本转移调节数字化信息和知识在不同部门之间的分配，各部门掌握关键生产条件的质量和数量出现差别，在参与分配时因对生产的贡献不同而产生差距。

总之，在数字化信息和知识的所有权被资本家单独占有的情形下，资本家之间的竞争行为能影响和改变生产条件在不同成员和不同部门之间的分配和再分配，并通过这些改变影响到收入的分配和再分配。

（三）数字化信息和知识的所有权被劳动者和资本家共享

在混合所有制经济中，劳动和资本能够在一定程度上进行合作、实现共赢。例如，在一些股份制企业中，资本家采取科学的股权和分红激励等措施，赋予企业内关键人才一定的经济权利，这部分关键人才往往被企业界定为核心劳动者，他们以股东身份直接参与企业决策和利润分配的过程，从而实现分散风险、促进创新、提高生产力等经营目标。此时，经济体中的劳资关系得到缓和，不再是资本主义中建立在生产资料私有制基础上尖锐对立的阶级关系，而是一种包含劳资双方对利益诉求的关系，体现劳动和资本的所有权在实现过程中的相互对立和统一。

在这种情况下，核心劳动者和资本家能共同占有生产条件，共享所拥有数字化信息和知识。一般而言，资本家的生产行为和生产条件被资本家独占的情况下没有差别，积极进行竞争并最大化生产效益。而劳动者具有双重身份，既是直接参与生产的企业职工，又是拥有生产条件所有权的企业股东。由此，在分配环节，劳动者不仅要遵循按劳分配原则，凭借自己付出的劳动数量和质量，得到相应的工资；还要遵循按生产条件分配原则，根据劳资双方提供的数字化信息和知识的比例，得到相应的利润。这样的分配形式，对于劳动者而言，实现了劳动者本身利益和企业利益的一致性，能够极大地调动劳动者进行生产和经营的积极性；对于资本家而言，通过让渡出一部分所有权，可以留住具有较高数字生产力的核心人才，为企业带来更多效益和持久发展。

总之，在数字化信息和知识的所有权被劳动者和资本家共享的情形下，劳动者和资本家凭借其提供的数字化信息和知识共享数字产品带来的报酬，二者的利益得到相互促进。

(四) 数字化信息和知识的所有权和使用权相分离

在不同的制度安排中，所有权和使用权可能是同一的，也可能是分离的。资本主义生产条件下，资本和土地的两权分离，最终导致相关利润分割；社会主义市场经济条件下，也存在生产条件的所有权和使用权相分离的情况，如股份制企业中，经理人执行实际职能，为所有者管理资产，二者之间通过契约确定各自的收益。在数字化信息和知识广泛渗透物质资料生产总过程的情况下，也有必要讨论其两权分离所带来的分配问题。

在实际生产中，一旦数字化信息和知识所有者和使用者以租赁等方式联系在一起，就会迫使相关数字技术和数字资源的所有权和使用权相分离。当数字化信息和知识发生两权分离时，其所有权和使用权分别人化为所有者和使用者，成为不同的经济利益主体，对应着各自的经济利益，必须在分配中以具体的收入形式表现出来。具体而言，在生产环节，数字化信息和知识的所有者退出生产过程，其所有权成为单纯的法律意义的所有权，不执行任何实际的生产职能；而数字化信息和知识的使用者开始直接地生产经营，生产出实际的价值和产品并在流通中实现。对应着，在分配环节，尽管所有者排除在生产过程之外，但却能凭借法律强制性在经济上有所实现，分享使用者出售数字产品的部分所得，剩余部分才是使用者真正能得到的收益。

随着数字经济的发展，这种两权分离的产权结构在实际中更加常见。通常拥有广泛的数据基础和先进的信息技术，才能占有更加优质和庞大的数字化信息和知识，这只有实力雄厚的企业才能做到。其余企业想要进入相关的市场，只能向实力雄厚的企业达成契约，承诺支付相应的租金。租金高低由市场环境决定，它受到参与生产的数字化信息和知识的重要程度和稀缺程度的影响。

总之，在数字化信息和知识的所有权和使用权相分离的情形下，所有者和使用者分割数字化信息和知识带来的物质利益，二者分割的比例不同且受到市场环境的影响。

四 结论及启示

在数字经济中，数字化信息和知识作为社会生产的重要生产要素，正在逐渐成为占据主导地位的生产条件。新生产要素的加入不仅促进了社会生产力的极大发展，还对旧的生产关系进行调整，改变了原有的生产条件分配，重构了相关的劳动过程，从而影响到了最终的收入分配环节。基于此，本章从生产条件分配出发探讨数字经济时代的收入分配问题，主要得出以下结论。一方面，数字化信息和知识成为数字经济时代获取收益的源泉和保障，对劳动过程、价值生产、实现和分配的过程都产生影响。数字化信息和知识的运用，促使传统劳动转变为更高质量的数字劳动，在价值生产中能转化为现实生产力，从而提高劳动生产率，在价值实现中能减少流通过程的不确定性并缩短流通时间和流通费用，在价值分配中能通过生产条件分配的变化来影响收入分配结果。另一方面，数字化信息和知识的归属和占有关系的不同会带来不同的分配结果。当数字化信息和知识的所有权被劳动者占有时，劳动者根据自身运用数字化信息和知识所带来劳动差异获得不同的劳动报酬，更好利用数字化信息和知识的个体劳动者能得到更多收益。当数字化信息和知识的所有权被资本家占有时，资本家相互竞争会影响和改变生产条件的分配和再分配，从而影响收入的分配和再分配。当数字化信息和知识的所有权被劳动者和资本家共享时，劳动者和资本家凭借提供的数字化信息和知识共享数字产品带来的报酬，二者的利益得到相互促进。当数字化信息和知识的所有权和使用权相分离时，所有者和使用者分割数字化信息和知识带来的物质利益，分割比例受市场环境影响。

对中国而言，不断增长的国内市场、政府对数字经济的开放态度、互联网公司的广泛投资，以及在全球数据流动中的获利可能等几个因素，为中国数字经济的快速发展提供了良好的条件[①]。中国已经是世界

---

① 麦肯锡全球研究院：《数字革命推动中国发展》，http://www.scio.gov.cn/37259/Document/1613781/1613781.htm。

第二大数字经济体，数字化驱动型创新正向社会经济的各行各业不断渗透，为整个社会带来了巨大的收益。有统计显示，2016—2019 年中国数字经济规模分别为 22.6 万亿元、27.2 万亿元、31.3 万亿元、35.8 万亿元，均约占 GDP 比重的 1/3[①]。可以看到，中国数字经济蛋糕正在不断做大做强，如何发挥好数字化新产生的要素的积极作用，分配蛋糕就成了重要议题。具体可以从以下两个方面着手。

一是在生产方面，加强投资、鼓励创新，大力发展数字经济生产力。第一，加速各行各业的信息化和数字化，抓住新一轮科技革命下数字经济万物互联的机遇，从而为实现更多的经济价值、做大可供分配的蛋糕总额提供可能。第二，完善数字经济时代的战略布局，统筹规划资本、劳动、土地、能源、数字化信息和知识等各种生产要素，通过发展新业态和新模式来推动传统行业的转型和发展。第三，坚持共建共享的主旋律来发展数字经济，对外要扩大开放、共享发展，加强与世界各国的交流合作，对内要实现信息基础设施的均衡化，强调数字经济治理体系和制度体系的平等化，从而缩小地区、群体间因"数字鸿沟"带来的技术障碍。第四，要扩宽数字经济投资渠道、加大数字经济投资力度，促进数字化信息和知识的不断开发以及新兴科学技术的广泛运用，促使数字生产力的不断提高，以及数字经济的持续发展。第五，要做好应对数字经济发展相关风险的准备，以更加健全的法律体系和更加有力的政府治理，处理好技术发展与信息安全之间的矛盾与挑战。

二是在分配方面，加速数字经济下相关分配关系的调整，建立体现效率和公平的新收入分配机制。首要的是加强政府对数字经济的相关政策供给，尽快完成数字经济时代相关收入分配制度的建设，使参与数字化信息和知识的价值生产和价值实现过程的各个成员和部门的利益能够顺利实现。一方面，劳动者所付出的数字劳动得到了匹配的回报，有动机且有条件去继续提高个人数字修养；另一方面，企业也因将资本投

---

① 数据整理自中国信息通信研究院发布的《中国数字经济发展白皮书（2020 年）》《中国数字经济发展与就业白皮书（2019 年）》《中国数字经济发展与就业白皮书（2018 年）》《中国数字经济发展白皮书（2017 年）》。

入相关生产领域或者租借给相关领域生产者，而得到满意的报酬，能够持续进行数字产品的再生产。需要注意的是，要调整分配关系，实际上是要调整背后的生产关系，最重要的是调整生产条件的分配，调整数字化信息和知识在不同成员和部门间的占有和分配。现阶段我国社会中存在着公有制经济和非公有制经济并存的多种经济形式，在不同经济形式内部，数字化的新生产要素会存在不同的占有和归属关系。在社会主义市场经济的条件下，这种有区别的生产条件占有关系会通过市场机制的作用，带来不同的分配结果。因此，要从源头处即生产条件分配的调整入手，只有实现更加合理且均衡的生产条件分配，才能促进更为合理且均衡的收入分配，实现劳动力素质提高和生活水平改善的双重优化，助力双循环新发展格局的形成。

第十三章 数字劳动过程及其四种表现形式*

数字化、信息化和网络化已经深刻地嵌入人类社会生存发展中,使人们的生活方式和劳动过程发生了巨大的变化。与数字经济伴随而生的数字化生产方式和生活方式,使人们在一个虚拟空间里运用数字技术从事信息传播、交流、学习和工作等活动。当手机、电脑以及各式各样的聊天软件、短视频分享等数字设备和技术给生活带来诸多便利和快捷的时候,马克思主义政治经济学者从批判的角度探讨了数字经济所隐藏着的忧患,对数字经济时代下的数字劳动过程进行了辩证地分析。

一 数字劳动的概念辨析

目前,对于数字劳动概念还没有公认的定义。作为第一个提出"数字劳动"(Digital Labour)一词的意大利学者泰拉诺瓦[1],借用意大利自治主义马克思主义学派的"非物质劳动"理论将互联网中的免费劳动对"数字劳动"进行了初步的定义和阐释。此后一大批国外学者聚焦于互联网媒体用户的无偿劳动,并对其冠以了不同的名称,如"玩劳动"[2]

---

* 本章作者:韩文龙、刘璐。原载于《财经科学》2020年第1期。

[1] Terranova Tiziana, "Free Labor: Producing Culture for the Digital Economy", *Social Text*, 2000, 18 (2), pp. 33–58.

[2] Kücklich J., "Precarious Playbour: Modders and the Digital Games Industry", *The Fibreculture Journal*, 2005, p. 5.

"影子工作"[1]等。国内学者周延云和闫秀荣也通过对国外关于互联网免费劳动文献的梳理,将数字劳动的范畴界定为模糊了生产和生活、工作和玩乐的不用付工资的劳动[2]。这逐渐形成了数字劳动的狭义定义,即指向互联网平台用户的免费无偿的数字劳动。但是,将数字劳动概念仅仅定义为互联网平台中存在的免费无偿的劳动,可能会漏失互联网数字经济发展中其他方面的劳动过程的重要发展和变化。我们在讨论数字劳动的概念时还应该关注到数字劳动产生的环境即数字经济的广泛内涵。根据2016年G20杭州峰会通过的《二十国集团数字经济发展与合作倡议》,数字经济是指以使用数字化的知识和信息作为关键生产要素、以现代信息网络作为重要载体、以信息通信技术的有效使用作为效率提升和经济结构优化的重要推动力的一系列经济活动。事实上,数字劳动过程的研究学者也从来没有将研究范围仅仅局限于非雇佣的免费劳动过程,如福克斯对数字劳动过程的案例分析不仅包括社交媒体用户的无偿数字劳动,还讲述了支撑起数字经济硬件的非洲矿石开采的奴隶般的劳动、中国数字设备装配工的劳动、印度和硅谷软件工程师等多种数字劳动过程表现形式[3]。从广义上来讲,数字经济所覆盖的劳动者及数字劳动过程不仅仅局限于非雇佣的免费互联网平台用户劳动,还包括传统的制造业升级中的劳动者;不仅仅在于模糊了生产和消费的"玩劳工",还包括支撑起平台核心的付费的技术工人;不仅仅涵盖以数据为盈利点的平台,还包括以信息匹配发展起来的零工平台。而这些不同的劳动者在数字经济中的劳动过程并不相同,甚至在很多地方存在较大差异。

二 从传统劳动过程向数字劳动过程的演变

早在18世纪,古典政治经济学派就从分工、协作等角度对萌芽时

---

[1] [美]克雷格·兰伯特:《无偿:共享经济时代如何重新定义工作》,孟波、本琳译,广东人民出版社2016年版。

[2] 周延云、闫秀荣:《数字劳动和卡尔·马克思 数字化时代国外马克思劳动价值论研究》,中国社会科学出版社2016年版,第2—3页。

[3] Fuchs C., *Digital Labour and Karl Marx*, New York:Routledge,2014,pp.53-283.

期的资本主义劳动过程进行了研究。此后，马克思在《资本论》第一卷中，详细阐述了工人的劳动过程是如何在资本控制之下，从手工工场的分工协作转变成为以机器大工业为基础的机器劳动分工。马克思对资本主义劳动过程全面而深刻的批判分析，极大地丰富了劳动过程理论，并使其逐渐从零散变为一个系统的理论学说。强调劳动过程也成为马克思主义经济理论区别于其他学派的重要特征[1]。但是，之后的马克思主义学者更多强调对资本主义的所有制、分配方式的批判，而忽视了对劳动过程、生产方式的批判。直到国外学者布雷弗曼出版《劳动与垄断资本》，才再次引起国际学界对劳动过程理论的关注[2]。劳动过程的研究也表现出多元化的趋势，一些学者坚持马克思理论传统，将劳动过程理论与马克思主义政治经济学紧密联系，阐释和分析资本与劳动之间的内在矛盾关系及其对生产方式的影响，如法国调节学派和美国的社会积累学派等；另一些学者则偏向从人的主观个体出发，将性别、种族、年龄等个体特征引入劳动过程分析当中，并逐渐成为一种主流倾向。面对劳动过程理论研究逐渐偏离马克思的发展方向，国外学者阿德勒、罗林森、哈萨德等人呼吁劳动过程理论研究应该回归马克思主义传统，国内学者对欧美学术界关于劳动过程理论争论做了细致梳理，并认为回归马克思主义传统的劳动过程理论应当进一步考虑社会再生产背景、工人技能对资本积累要求的适应性等因素[3]。

数字劳动过程是互联网数字经济时代下，劳动过程理论发展的最新阶段性理论。目前学术界普遍认为，资本主义劳动过程已经呈现出以下四个明显的阶段[4]。第一，工场手工业阶段。分工使劳动者只会从事某一部分的工作，不能独立制造一种商品，但劳动的速度和强度依然由熟练的工人自我控制。第二，机器工厂阶段。原有局部的工人协作劳动变

---

[1] Rowthorn R., "Neo-classicism, Neo-Ricardianism and Marxism", *New Left Review*, 1974, 86, pp. 63 – 87.
[2] [美] 布雷弗曼：《劳动与垄断资本：二十世纪中劳动的退化》，方生等译，商务印书馆1979年版。
[3] 谢富胜、李安：《回归马克思主义——欧美学术界劳动过程理论争论的新动向》，《马克思主义与现实》2009年第5期。
[4] 谢富胜：《资本主义劳动过程与马克思主义经济学》，《教学与研究》2007年第5期。

为适应机器技术的劳动，机器变成了控制劳动者的手段。第三，福特主义大规模生产阶段。装配流水线降低了对劳动者技能的需要，劳动变为更加同质、低技能的机器操作。第四，后福特主义大规模弹性生产阶段。资本通过各种方法使劳动者提高技能和维持较强的创新能力，雇佣劳动者内部出现了分化，对核心区的劳动者给予长期高报酬、较高自由支配权的同时，也对边缘区普通劳动者形成了无处不在的劳动控制模式。尤其是后福特阶段中信息技术的应用，打破了生产、营销和管理等方面的沟通、监管障碍。近年来，大数据和智能制造等新技术的应用对传统劳动方式带来剧烈冲击，劳动者内部阶层发生分化，低端劳动者"边缘化"和高端劳动者"核心化"同时发生[1]。在数字化、互联网的虚拟工厂中，实体的劳动场所被网络虚拟空间所代替，每天的数据信息遍布全球，无数数字劳动者参与其中。一方面数据信息的传播和影响使数字产销者在网络平台的使用中，不知不觉地提供自己的免费劳动力；另一方面数字技术工人用专业的数据知识和技能创造了比传统工业生产更多的财富，给互联网企业带来了丰厚的利润[2]。数字信息技术的发展在进一步强化后福特主义大规模弹性生产阶段的劳动特征的同时，也表现出许多新的特征。数字劳动过程应当属于劳动过程的第四阶段即后福特主义阶段的一部分还是开启了一个新的劳动过程阶段，目前学界仍没有定论，关于数字劳动过程的研究也是零散分布在数字经济、互联网平台、无偿劳动等文献当中。有国内学者指出，资本主义体系中常会有多种劳动过程混杂其中，资本主义劳动过程的研究应该关注占主导地位的劳动过程[3]。随着互联网及移动设备的普及，数字劳动已经覆盖了全球绝大多数的人口，数字劳动所创造的经济价值比例逐年攀升。面对这种新兴出现的、快速成长的、具有主导地位

---

[1] 刘伟杰、周绍东：《新科技革命与劳动者阶层分化——马克思主义政治经济学视角的解读》，《财经科学》2018 年第 10 期。

[2] 吴欢、卢黎歌：《数字劳动与大数据社会条件下马克思劳动价值论的继承与创新》，《学术论坛》2016 年第 39 期。

[3] 谢富胜、宋宪萍：《资本主义劳动过程研究：从缺失到复兴》，《马克思主义研究》2011 年第 10 期。

趋势的数字劳动过程，我们有必要从马克思主义传统的角度去批判地分析其背后所隐藏的资本与劳动之间的内在矛盾及其对生产方式的影响。

三 数字劳动过程的四种表现形式

根据劳动过程特征差异性的大小，本章将广义的数字劳动过程分为以下四种表现形式。第一，传统雇佣经济领域下的数字劳动过程；第二，互联网平台零工经济中的数字劳动过程；第三，数字资本公司技术工人的数字劳动过程；第四，非雇佣形式的产销型的数字劳动过程。值得注意的是，与第四种无偿数字劳动形式相比，前三种都是付费的雇佣劳动。

（一）传统雇佣经济领域下的数字劳动过程

传统雇佣经济领域下的劳动过程与生产过程进一步分离。工业革命发生后，劳动过程与生产过程开始分离，劳动者的动力职能和操作职能逐渐被机器取代。到了当今数字经济发展时代，借助于新兴数字技术的使用，企业已经可以将生产设备中的单个零部件、组件整合起来并接入数字信息系统，从而获取生产设备的运行数据并对其生产状态进行监控。通过数字和人工智能的应用，企业还可以实现数据的自动分析处理。这代表着，随着数字信息技术的广泛应用，物质生产部门中的劳动过程与生产过程进一步分离[①]。同时，企业组织结构也趋于扁平化，数字信息技术的发展使各个职能部门信息传递突破了时空障碍，变得更为高效、便捷。原有的纵向管理层次、科层式管理链条逐渐被打破。数字信息技术通过重新构建管理体系中的信息沟通，不仅削减了信息传递的层级，而且避免了信息传递过程中的扭曲失真。这使工作在一线的劳动者可以跨越中间阶层的管理者与高层直接对话沟通，加快了劳动生产过程中的信息上传和反馈，中层管理者的协调监督功能性作用下降，企业组织结构向扁平化发展。

---

① 田洋：《互联网时代劳动过程的变化》，《经济学家》2018年第3期。

随着传统雇佣经济领域下对于劳动者的监督加强，劳动强度增加。传统的监督方式主要以人工监督为主，后面随着技术发展，借助于摄像头、监视器等工具可以实现远程的人工监督。但是传统的监督方式受到人生理因素的制约，劳动者偶尔的休息可能不会被发现。但是，数字经济时代下的大数据和智能监控系统可以代替传统人工监督者实现全天不间断的高强度、自动化监督。此时尽管劳动者依旧从事着传统行业里的工作，但其已经从传统监督的劳动过程转变为自动高强度监督的数字劳动过程，劳动者在数字劳动过程中任何违反规则的行为会被自动识别和进行记录，劳动的强度增加。例如，微软公司研发的 Work-place Safety 软件，可以按照预定好的规定对工人的劳动过程进行监督，并可以通过移动设备将违反规定的事件发送给管理者。传统的电器或家居安装服务，也将劳动者的工作预先设定为几个不同的阶段，劳动者需要在每一阶段将工作内容上传到相应的软件系统当中。这类软件产品和技术的应用加强了对工人的劳动过程的控制，从而提高了工人的劳动强度。此外，移动设备、可穿戴设备拓展了监督涵盖的空间范围，实现了对多场所工作的劳动者的追踪监督。数字经济下的物联网技术发展，使移动、穿戴设备接入互联网信息系统，劳动者的所有行为都将会被自动识别和记录。例如深圳 Oglass 公司研发出的工业级 AR 眼镜，工人佩戴该眼镜后，一旦有错误操作，眼镜就会给予提醒。如果工人无视提醒，则会直接发消息到管理人员的手机或电脑上。数字设备和信息技术，使工人的劳动过程处于无处不在的自动化监控中，这种新兴出现在传统领域的数字劳动过程监督无疑会进一步加强资本家对工人的控制，减少工人的非生产时间从而使劳动强度增加。

(二) 互联网平台零工经济中的数字劳动过程

数字互联网经济下，信息交流效率得到了显著的提升，劳动力市场中的供给方和需求方可以通过互联网信息技术进行实时匹配，突破了传统固定工作场所和特定工作时间的限制。因此，大批的公司企业从传统的"企业—员工"的劳动力组织模式向"平台—个人"的模式转变，并形成了一种新的零工经济①。互联网平台零工经济中的数字劳动过程同传统的劳动过程相比有两个典型的变化。第一，劳动者在决定工作时间和服务对象方面有了更高的自主选择权。在传统的劳动过程中，为了攫取更多的剩余价值，劳动者往往会被长时间地固定在劳动岗位之上。但是在零工经济中的数字劳动过程中，劳动者是以一个独立生产者的身份参与平台劳动，利用的生产资料也是劳动者个人所有的。第二，具体固定地址的工厂消失了，平台零工的劳动者摆脱了计时制的工作模式，取而代之的是计件和业绩考评的薪酬结算方式。

互联网平台零工经济中的数字劳动过程以其碎片化、灵活的工作时间和地点往往使劳动者产生自由工作的感觉②，这是否意味着资本对劳动的控制下降了呢？首先，没有物质形态的工厂并不意味着劳动摆脱了资本的控制，事实上，以互联网平台企业为核心，平台零工中的数字劳动者以散点的形式在全社会范围内形成了一个没有实体边界的社会工厂。资本家表现出的"善意"的灵活工作方式，实际上是其借用互联网信息技术已经不需要为劳动控制付出成本。这具体表现在互联网平台零工的用工门槛很低，零工劳动力往往出现供过于求的情况，尽管劳动者就业机会增加，也拥有安排工作时间的权利，但是由于内部的竞争，劳动者却不得不自行加大工作强度。而资本家通过充足的、扩大了的劳动后备军，不需要过多的付出就可以使平台零工的数字劳动者处在内部竞争的控制之下。

在平台零工的数字劳动过程中，劳动者受剥削的深度和广度都加深了。从外表看，零工经济下的数字劳动过程并没有发生劳动者和生产资料的分离，剩余价值的剥削被掩盖了，因此必须从零工经济内部的生产方式去探究。首先，互联网平台作为独立的生产者，生产出了供求讯息、网页窗口等信息产品。其次，劳动者以零工的形式被平台组织并获得工资。在这个过程中，资本家既没有参与零工经济产品的生产，也没

---

① 刘皓琰、李明：《网络生产力下经济模式的劳动关系变化探析》，《经济学家》2017年第12期。

② 吴清军、李贞：《分享经济下的劳动控制与工作自主性——关于网约车司机工作的混合研究》，《社会学研究》2018年第33期。

有支付不变资本，仅凭借低额的工资成本参与了对劳动产品的占有。而平台创造的信息产品费用却是由零工劳动者支付的，又因为平台在信息中处于垄断的地位，卖给劳动者信息的价格会大幅提高。平台零工在生产过程中不仅支付了平台信息费用，还承担了不变资本的费用，兼之平台零工经济中存在的大量后备军，使零工劳动者在生产分配环节中都处于劣势地位。此外，由于平台零工劳动者就业十分不稳定，因而即使他们处于劣势地位，也不愿意耗费时间精力去维权，社会工厂中的这些平台零工劳动者也很难形成有组织的反抗力量去向资方施加压力，资本家据此可以肆意设置工作和利益划分机制，进而在更大的社会范围内控制劳动者的工资水平和劳动权益。

（三）数字资本公司技术工人的数字劳动过程

与传统的产业工人相比，数字资本公司技术工人的数字劳动过程有以下两个特点。第一，与传统工业生产中劳动者"去技术化"现象不同，数字资本公司里的技术工人与互联网技术紧密关联、不可分割，这意味着数字资本公司无法采用传统的管理控制模式来干预技术工人的数字劳动过程，而需要构建出新的生产劳动管理方式——虚拟团队[1]。虚拟团队成员内部表现出一种平等的合作关系，原本实体团队中占据领导地位的项目经理，在虚拟团队中却是充当协调、联络的角色。可以说虚拟团队在一定程度上消解了纵向科层制权力关系的运营方式。第二，为了将工人的劳动能力转化为生产过程中的实际劳动，传统资本主义采用管理控制策略来降低劳动过程中的不确定性。在数字经济知识生产的过程中，不确定性问题的内核虽依然存在，但其发生的条件有了变化。在数字经济时代，创新成为数字资本公司发展的命脉，而且创新需要劳动者处于一个相对自由、平等的工作文化和环境当中。这也意味着，数字资本公司在解决劳动能力转化为实际劳动的不确定性问题时面临着比传统生产企业更加复杂的局面，不仅需要保证剩余价值的生产被控制在理想范围内，而且需要激发技术工人的创新潜力，但是技术工人的知识、

---

[1] 梁萌：《技术变迁视角下的劳动过程研究——以互联网虚拟团队为例》，《社会学研究》2016年第31期。

技能转化、创新需要相对自由、平等的环境氛围。对剩余价值生产的控制和激发技术工人创新潜力的自由环境的提供显然在一定程度上是矛盾的。虚拟团队的运营方式正是数字资本公司面对技术工人的数字劳动过程复杂不确定性局面而采取的妥协性制度安排。也正是在这样的制度下，数字资本公司在不断地利益争夺和矛盾斗争中高效、迅速地发展起来。

平等、自由的虚拟团队模式是否意味着数字资本公司技术工人不受资本的控制呢？事实上，在虚拟团队的劳动过程中，团队项目的设定本身就隐含着巨大的时间压力，项目的截止时间也是虚拟团队的存在期间，同时也是虚拟团队中每个技术工人绩效考核的关键。因此，虽然原始的行政命令在虚拟团队中已经很难产生影响，但是资本仍然可以通过利益的分配实现对技术工人的数字劳动过程的高效控制。此外，尽管有些技术工人转变成为成功的知识型企业家，还有些技术工人持有了少量的股权，但是阶级的划分并没有消失，在数字经济的企业当中，仍然是少数高管占据了绝大部分的财富，而公司里的雇佣员工并没有拥有公司。

（四）非雇佣形式的产销型的数字劳动过程

文化和技术劳动不仅仅是互联网工作的中心，同时也是后工业时代经济的普遍特征[①]。以文化和技术劳动为中心的生产质疑了生产与消费、劳动与文化之间的固有差异。使"具有奴役、痛苦和主从属性的劳动"与"个人潮流和社会自由的艺术表现"之间的界限被摧毁。但是值得注意的是，这种以文化和技术为代表的非雇佣产销型数字劳动的新特征并不代表着马克思异化劳动理论需要被重新构建，而是意味着打开了一种与以往劳动有差异的价值逻辑，而这种非雇佣的数字劳动价值过程的分析需要谨慎对待。

1. 产销者数字劳动的历史源流

随着资本主义的发展，消费变得越来越重要，尤其是对于生产

---

① Terranova Tiziana, "Free labor: Producing Culture for the Digital Economy", *Social Text*, 2000, 18 (2), pp. 33 – 58.

充裕的发达国家而言，生产的作用相对下降。Toffler 提出了三次浪潮的理念，认为第一次浪潮发生在前工业化时期；接踵而至的第二次浪潮是以市场化为主要内容，从而使生产和消费逐渐分离；第三次浪潮即现在的社会是产销融合的兴起[1]。生产和消费逐渐变得模糊并不是互联网或数字经济最先发展和特有的。恰恰是根植于消费在经济中的重要作用的上升，一些传统领域最先通过一些自助营销方式使消费者自己进行了免费工作。例如，在加油站里自助加油，使用银行自助取款机，在快餐店里自助取食，在大型超市中自助扫描所购买的商品，包装并用信用卡自行支付等。但是这种自助方式的生产消费融合只占资本主义生产的很小一部分，并不能让人认同资本主义已经进入一个新的发展阶段。依托互联网的数字经济，使资本找到了一群数字劳工，他们既是消费者又是生产者，超越了普通雇佣劳动的概念，成为其被剥削和生产剩余价值的新源泉。一方面，数字经济中的产销者可以被看作传统资本主义延伸模式的发展，因为他们一直处于资本主义的控制之下；另一方面，数字经济下资本与产销型数字劳动者的关系又具有独特性，正是这种特性使资本主义有可能发展到一个不同的阶段[2]。

2. 非雇佣形式的产销型数字劳动过程特征

第一，很多人难以理解产销型的数字劳动者是被剥削的对象，这是因为产销型的数字劳动者往往看起来乐于、热爱他们在网上的生产和消费行为，并且愿意为此付出较长的时间成本而不求回报。传统的类似自助取食的快餐店，可能由于里面占多数的产品如汉堡等原材料最终还是被顾客消费掉，顾客自助取餐的行为只占很少一部分，因而劳动的剥削在这里没有完全显现。但是在互联网下的兴起的产销型数字劳动却与之不同，资本公司只需要进行基础投资后，用户消费掉的即数字劳动者消费掉的公司成本是非常少的，甚至边际成本接近于零。但是这些资本公

---

[1] Toffler A., *The Third Wave*, New York: William Morrow and Company, 1980.
[2] George Ritzer, Nathan Jurgenson, "Production, Consumption, Prosumption: The Nature of Capitalism in the Age of the Digital 'Prosumer'", *Journal of Consumer Culture*, 2010, 10 (1), pp. 13 – 36.

司却占有了数字劳工者在这个过程中产生的大量信息、文化产品,并通过对这些产品的所有权获取了大量的利润而不需要向数字劳工支付任何利息。数字经济神奇地解决了类似于阶级斗争的工厂社会的矛盾。在传统的工厂经济中,工人们总是尝试着通过获得闲暇来增加满足感,但是在数字经济下,数字劳工在他们的头脑开始工作的时候就已经获得了满足感。

第二,同传统资本主义时期相比,数字经济时期资本想要控制产销者的数字劳动过程并从中牟利的难度加大。尽管在传统资本主义时期,生产者通过工会,消费者通过消费者协会等形式来对抗资本,但是数字劳动对资本的抵制在方式和深度上都不同以往。数字资本面临的一个主要阻碍就是互联网自由主义(Cyber-libertarian)、开放资源运动(Open-source movement)及黑客,它是一种很强烈的在数字社会下的信仰。在20世纪末,想要入侵和参与互联网市场的资本主义公司快速增长并试图寻找在互联网新环境下的利润增长点,但是2000年的互联网泡沫经济的破灭,使这些公司不得不谨慎对待互联网及从中盈利的可能性。因此,数字经济下可能出现一种完全新的经济模式,传统的资本参与商品和服务与金钱的交易从而获利,但是非雇佣的产销型数字劳工作为消费者并不愿意或者只愿意付少量费用给提供服务的资本,现阶段,资本公司一旦收取费用,其用户群体将被其他公司提供的免费服务抢去,从而有可能丧失未来盈利领域,因此目前资本公司很难向用户收取服务费用。这与数字资本公司的产品在消费上具有非竞争性和非排他性特征有关,这种状况不仅会导致"搭便车行为",也会造成很多互联网初创企业陷入前期投入大、利润回收难,资金断裂从而破产的困境[①]。一些公司在进入互联网领域时抱有明确的盈利目标;而另一些公司基于更为宽泛的目的,例如为了扩大品牌效应而创建互联网平台,并不清楚他们是否可以或者能够在互联网中赚取利润。但是,互联网中的品牌效应也是巨大的,这种品牌可能暂时无法获得利润,但在未来却有很强的盈利能力。目前的盈利空间主要为平台上投放广告,或者通过大部

---

① 魏灿秋:《互联网企业赢利困境的分析》,《财经科学》2002年第1期。

分免费服务来留住用户,而用服务的升级来向意愿用户收取费用、赚取利润。反过来资本也不愿意付工资给创造出价值的产销型数字劳动者。

第三,产销型数字劳动主要是由人的智力,也就是脑力劳动构成,对这种数字劳动的管理和控制将区别于传统的体力劳动,由于知识的生产是基于免费数字经济下的合作,控制的首要挑战就是如何吸引并保持现有的产销型数字劳动者(即通俗讲的流量),其次是提供具有创造性和开放的交流环境来促使产销型数字劳动者可以有效地运用和提高他们的知识劳动。互联网在电视上和纸质印刷品的广告中不仅体现了资本不知疲倦地寻找新的市场,同时也造成一种舆论压力迫使无产知识劳动者进入连续的创新知识生产的数字经济。如果个人不上网,舆论就会让他产生自己变得落伍、不被别人需要的认知压迫感。除了意识形态上的强迫,在信息物质的利用上,如果一个人拒绝使用脸书等互联网社交平台,他可能丧失及时的信息,从而对他的真实社会生活造成困扰。并且越是居于行业垄断地位的数字资本,它越容易通过这种方式来控制用户,即控制产销型的数字劳动者。

3. 产销型数字劳动过程中的异化与剥削

Fisher 提出"产销型的数字劳动过程是否异化减少,同时剥削加深"[①] 这一问题。在马克思的理论中,异化和剥削是紧密联系,甚至是存在一种共生的关系,异化既构成了剥削的前提条件也作为剥削的结果被呈现。此外,异化和剥削都有着共同的资本主义存在基础,即私有制和劳动的商品化。马克思理论中的异化和剥削也有区别,它们分别从两个不同的角度批判了资本主义,前者更注重从人性的角度分析资本主义,后者更多从经济角度进行分析。劳动的异化使工人失去了对自身劳动过程的主宰以及对最终产品的支配,与其他劳动者的交流也变少从而最终迷失自我。劳动的异化一般要求存在这样一种社会

---

① Fisher Eran, "How Less Alienation Creates More Exploitation? Audience Labour on Social Network Sites", *Open Access Journal for a Global Sustainable Information Society*, 2012, 10 (2), pp. 171 – 183.

经济环境，价值和产品同它们的真正生产者分离，并且从一个阶级转移到另一个阶级手中。由于数字劳动过程表现出了一种愉悦的、享受的、表达自我和社会交流的特性，而当这种社会交流数据被商品化后，产销型数字劳动就被剥削了。数字经济下的资本公司就像一个储存、加工、分析从而生产出游泳数据的工厂。一方面，这些数据呈现出人口统计学的特征，记录了用户的一些真实信息，例如 Facebook 会利用平台规范和文化尽量保持用户填写个人信息的真实性，并迫不及待地通过定向广告等方式挖掘其中的利润空间。另一方面，数字资本一直十分关注用户交往内容的数据，通过对这些具体数据的趋势、关键词、主题进行分析，可以获得人们的消费等具体行为信息，从而产生商业价值。商业价值不仅仅体现在搜集用户的消费行为，而且展现为参与、引导用户交流的内容，具体方式可以表现为传播相应信息、制造网络口碑以及网络流行。由于剥削的加深需要大量的表现个人特征的数据，所以就需要不断激发促使用户表现自我、参与社会讨论，形成了与以往劳动过程不同的异化减少的现象。在产销型数字劳动过程中，一个对非雇佣的数字劳动者高的剥削率可以通过数字经济技术与低的劳动异化程度同时出现的。

四 结语

互联网已经不是简单的对真实世界的逃离，依托于互联网的数字经济正深刻地影响着真实的后工业时代晚期社会整体的发展[①]。在发达经济体内，大多数的政客和企业家都相信资本主义的未来在于信息的商品化发展，即对数字劳动剩余价值的攫取。在数字经济高速发展的时代下，有必要从马克思主义的角度去批判地分析数字劳动过程背后所掩盖的资本与劳动之间矛盾的新变化、新特征及其深刻影响。不同于狭义的无偿数字劳动定义，本章从更为宽广的定义出发，分析了四种形式的数字劳动过程，从传统经济领域的数字劳动过程到新兴的互联网平台零工

---

① Terranova Tiziana, "Free Labor: Producing Culture for the Digital Economy", *Social Text*, 2000, 18 (2), pp. 33–58.

经济中的数字劳动过程；从数字资本公司中雇佣的技术工人的数字劳动过程到非雇佣形式的产销型数字劳动过程。这四种不同形式的数字劳动过程既表现出一定的共性，如在劳动组织架构上都从纵向科层式结构向扁平化方向发展。但更多时候体现出较大的差异特征，区别性关注不同特征的数字劳动过程，对于我们认识当代资本主义的发展趋势具有重要的启示和借鉴意义。

第十四章　数据要素参与收入分配：理论分析、事实依据与实践路径[*]

数字技术发展与运用之基在于数据。数据是生产生活与经济社会发展"足迹"的数字记录，是数字经济时代不可或缺的生产资料和战略资源。为更好地推动数据要素服务于发展，国家将数据纳入参与收入分配的生产要素范畴。在社会主义市场经济体制下，推动数据要素更好地参与收入分配要回答如下问题。数据要素参与收入分配的理论逻辑是什么？是否有牢固的经济事实支撑？实践路径又有哪些？回答好这些问题，可为数据要素参与收入分配的制度完善提供理论与实践依据，对释放数据要素价值，加速数字经济提质扩容，加快经济社会数字化转型具有重要意义。

一　相关文献综述

伴随大数据、区块链、人工智能等新技术的发展，数据成为日益重要的生产要素。市场经济条件下，明确权利归属、科学制定价格、建立有序的交易机制等是推进数据要素参与收入分配的重要内容。相关研究可归纳为三个方面。

一是关于数据权属的界定。按照生产主体的不同，可将数据划分为政府数据、企业数据和个人数据[①]，依据数据类型差异化配置权属是可

---

[*] 本章作者：李标、孙琨、孙根紧。原载于《改革》2022 年第 3 期。
[①] 李政、周希祯：《数据作为生产要素参与分配的政治经济学分析》，《学习与探索》2020 年第 1 期。

行之举。个人数据的生产主体是个人,个人数据应完全归个人所有;企业对基于原始数据匿名、清洗等处理后的数据集享有限制性所有权,即不完整的所有权[①];政府具有公权力属性,政府收集数据的花费主要由税费支付,政府数据应属于全社会共同所有[②]。然而,《中华人民共和国数据安全法》等并没有规定数据的具体权属,主要原因在于数据载体多样,价值有差异且不稳定,外部性等使数据产权难以照搬或参照物权予以界定。由此,对于数据要素产权的归属仍需加强司法解释,探索数据生产链条各环节的数据确权问题。

二是关注数据及其衍生品定价。市场主体针对数据及其产品定价展开了探索。有研究指出,为确保成本回收和利润最大化,规模经济与共用品特征突出的网络信息产品适合差别定价法[③];Fan等归纳整理了大数据市场基于卖方视角的两大类定价策略[④];左文进和刘丽君分析了基于大数据资产属性与买方视角的数据资产公允估价方法[⑤]。目前,数据市场上尚未形成统一的定价机制与技术,这使数据市场分割、定价不客观、垄断等市场失灵问题突出,导致了数据要素收益分配扭曲。因此,仍需研究设计有层次、适用差异化场景的数据要素价格生成机制,以更好地匹配数据的资源化、资本化和资产化。

三是关注数据市场交易。在市场经济条件下,让渡所有权或部分权能是要素参与收入分配的基本方式,交易机制对要素收益分配结果有重要影响。一些研究认为,数据交易应通过法律法规明确流转范围与内容[⑥],合理

[①] 王融:《关于大数据交易核心法律问题——数据所有权的探讨》,《大数据》2015 年第 2 期。

[②] 刘朝阳:《大数据定价问题分析》,《图书情报知识》2016 年第 1 期。

[③] 于春晖、钮继新:《网络信息产品市场的定价模式》,《中国工业经济》2003 年第 5 期。

[④] Liang F., Yu W., An D., et al., "A Survey on Big Data Market: Pricing, Trading and Protection", *IEEE Access*, 2018, 6 (4), pp. 15132 - 15154.

[⑤] 左文进、刘丽君:《大数据资产估价方法研究——基于资产评估方法比较选择的分析》,《价格理论与实践》2019 年第 8 期。

[⑥] 朱新力、周许阳:《大数据时代个人数据利用与保护的均衡——"资源准入模式"之提出》,《浙江大学学报》(人文社会科学版)2018 年第 1 期。

规范数据要素使用权①，以确保数据交易安全有序；数据交易机制应简洁、程序化，减少人为因素②，以提升数据交易效率；还应加强个人隐私保护③，利益相关者就个人数据使用协商补偿④，将必要设施原则用于数据垄断规制⑤，以确保交易公平。

本章在现有研究的基础上，进行了三方面的拓展。第一，加强数据要素参与收入分配的理论分析。与西方经济学或法学视角不同，本章侧重论述这一制度内蕴的政治经济学逻辑。第二，细化数据要素参与收入分配的事实依据。在前期研究基础上，本章梳理了数据在动能塑造、转型升级和宏观调控方面的经济表现，并将之作为此制度安排的现实依据。第三，探讨数据要素参与收入分配的实现路径。现有文献尚未系统回应如何实践此激励制度，本章从产权界定、价格制定、方式创新、制度保障四个方面加以分析。

二 数据要素参与收入分配的理论分析

这里着重从政治经济学角度找寻数据要素参与收入分配的理论渊源，阐释其内涵，论述数据要素增进财富的作用机制。

（一）数据要素参与收入分配的理论基础

直观地看，数据要素参与收入分配以"斯密教条"（即"三要素价值理论"）为理论依据，是生产过程中数据要素创造价值在分配领域的具体表现。实际上，按照马克思的劳动价值论，生产环节创造价值的要素只有"活劳动"，而作为生产要素之一的数据仅是通过提供相关信息

---

① 陈琳琳、夏杰长、刘诚：《数字经济市场化监管与公平竞争秩序的构建》，《改革》2021年第7期。
② 吴江：《数据交易机制初探——新制度经济学的视角》，《天津商业大学学报》2015年第3期。
③ Kerber W., "Digital Markets, Data and Privacy: Competition, Law, Consumer Law, and Data Protection", *Journal of Intellectual Property Law & Practice*, 2016, 11 (11), pp. 856–866.
④ Samuelson P., "Privacy as Intellectual Property?", *Stanford Law Review*, 2000, 52 (5), pp. 1125–1173.
⑤ 曾彩霞、朱雪忠：《必要设施原则在大数据垄断规制中的适用》，《中国软科学》2019年第11期。

等方式协助价值创造，其参与收入分配的理论基础并不是"三要素理论"，而是马克思的劳动价值论与分配理论。

亚当·斯密的"三要素价值理论"的核心要义是：劳动、资本和土地三种要素协同生产商品，提供了商品效用，所有的生产要素共同创造了价值，进而劳动要素获得工资、资本要素获得利润、土地要素获得地租，即"三位一体"公式。相对地，马克思则认为，亚当·斯密混淆了价值与使用价值的来源，并明确指出："工资、利息、地租等作为社会生产过程的各种特殊因素所分得的收入的不同形式，源泉仍然是劳动创造的价值。"① 实际上，按生产要素分配与"三位一体"公式有着显著的区别。一方面，"三位一体"公式过于表面，其庸俗性在于将资本、劳动、土地都同等地看作价值的源泉；另一方面，"三位一体"公式混淆了收入分配与价值创造，二者不是同一层面的问题，价值创造与劳动相关，分配则与要素所有权相关，分配过程就是要素所有权的实现过程②。

依循马克思的逻辑进路，生产要素参与收入分配是各种生产要素所有权的经济实现，也即新价值在不同要素所有者之间的分配。如马克思在《资本论》中所指出的："这个价值的一部分属于劳动力的所有者，另一部分属于或归于资本的所有者，第三部分属于或归于地产的所有者。因此，这就是分配的关系或形式，因为它们表示出新生产的总价值在不同生产要素的所有者之间进行分配的关系。"③ 总的来说，"各要素所有者参与收入分配是实现要素所有权的诉求，有着合理性与客观必然性"④。数据要素与其他生产力要素共同参与财富形式的收入分配与马克思的劳动价值论、分配理论相容。

（二）数据要素参与收入分配的内涵释义

1. 数据要素参与收入分配的含义

数据有着生产成本低、大规模获取的特性，且具备非竞争性、非排

---

① ［德］马克思：《资本论》第三卷，人民出版社2004年版，第931页。
② 洪银兴：《先进社会生产力与科学的劳动价值论》，《学术月刊》2001年第10期。
③ ［德］马克思：《资本论》第三卷，人民出版社2004年版，第933页。
④ 洪银兴：《中国特色社会主义政治经济学财富理论的探讨——基于马克思的财富理论的延展性思考》，《经济研究》2020年第5期。

他性或部分排他性、低复制成本、外部性、即时性等独有的技术—经济特征①，这使数据能够独立作为一种新生产要素。基于前述分析，本章将数据要素参与收入分配界定为数据要素资源所有权的经济实现，即市场主体通过数据要素及其相关产品所有权或使用权转移而获取收益的经济行为。数据要素参与收入分配的原因在于其渗透融入社会再生产各环节而衍生的经济益处。数据要素与劳动相结合能提高劳动技能与综合素质、提高劳动生产率；数据要素与劳动资料相结合能革新劳动工具、提升劳动资料质量与效率；数据要素与劳动对象相结合能形成新型劳动对象、扩大劳动对象范围、提升附加值；数据要素与科技相结合能推动科技发展、加速科技与生产融合②；数据要素与管理要素相结合能够减少不确定性冲击，赋能市场和政府主体优化决策，实现经济活动效率化、经济管理精细化和经济决策科学化。微观上，赋能企业更准确掌握市场供需、科学决策、安排生产与优化资本流向；宏观上，赋能政府做好国民经济预测与发展规划工作，合理配置生产要素，实现结构优化，促进经济循环畅通。总之，数据要素与其他要素融合能有效促进生产力发展，对经济增长产生较大贡献。

2. 数据要素参与收入分配的内容

在现代经济中，价值表现为货币化的财富，从而收入分配与财富分配具有了内在一致性。在马克思那里，财富的创造与增进（主要指货币化的使用价值数量增长）是各种生产要素的共同作用，非劳动要素所有者凭借要素所有权而分配价值或财富符合调动全部主体、全部要素参与生产积极性的制度安排出发点。在分配内容上，价值分配与财富分配的内容与数量上完全一致，是社会总产品价值扣除三大部分（简单再生产消耗的生产资料价值、扩大再生产追加的生产资料与生活资料价值以及应对不确定性的后备基金或社会保险基金）之后的净剩余。理论上，用于分配的部分在价值量上通常是可变资本价值与剩余价值之和，也即社

---

① 蔡跃洲、马文君：《数据要素对高质量发展影响与数据流动制约》，《数量经济技术经济研究》2021年第3期。

② 蒋永穆：《数据作为生产要素参与分配的现实路径》，《国家治理》2020年第31期。

会净价值、净财富或净收入。这也是数据要素与其他生产要素成为共同分配的对象。

3. 数据要素参与收入分配的原则

允许非劳动要素参与收入分配,一方面是出于发展生产力的需要,调动生产要素及其所有者服务生产的主动性与积极性,促进物质财富增长;另一方面,既然非劳动要素及其所有者在国民经济财富增长过程中有较大贡献,那么,从公平角度出发,其参与收入分配合乎客观逻辑。因此,数据要素参与收入分配首先应遵循"效率与公平兼顾"的指导原则,既要激励数据要素融入社会再生产过程,又要确保其所有者凭借所有权获取应得收益。

与中国特色社会主义市场经济体制相适应,数据要素收益权的实现离不开市场,需要通过市场交换价值或价格来体现。由此来看,数据要素参与收入分配应遵循"供需匹配"的实践原则,由数据要素相关市场主体按照统一、规范的标准,评价数据要素贡献大小,由市场供给与需求决定数据要素的价格。这一原则适用于整个数据价值链条,包括数据衍生产品和深入挖掘的价值模型与定价模型等。

(三) 数据要素增进财富的机制

1. 生产力促进机制

政治经济学基本原理表明,财富增长与生产力成正比,在不考虑其他因素影响的情形下,劳动生产率越高,生产体系创造的使用价值规模越大。与劳动、资本、土地、知识、技术和管理一样,当数据与生产资料分离时,它们只是可能的生产要素①。数据要素作用于财富增长的逻辑进路是"数据要素—生产环节—生产力(劳动生产率)—财富"。在生产环节,数据借助工业互联网,有助于组织要素投入,实现机器间数据共享、协同生产,降低生产成本、提高生产效率②,还能"促进技术

---

① 谢康、夏正豪、肖静华:《大数据成为现实生产要素的企业实现机制:产品创新视角》,《中国工业经济》2020年第51期。
② 宋冬林、孙尚斌、范欣:《数据成为现代生产要素的政治经济学分析》,《经济学家》2021年第7期。

模块化变革，使技术更加通用和易操作，释放溢出效应和赋能效应"①，从而提高生产力水平，财富增进得以实现。

2. 流通效率改善机制

一般地，交换效率越高，社会再生产循环便越快，财富增进效果越好。数据要素通过影响流通而促进财富增进的路径是"数据要素—流通（交换）环节—流通效率提升—财富增进"。一方面，数据要素的运用不仅促使传统的"线下"面对面交换模式转向依托虚拟数字平台市场的"线上"交换模式，而且通过精准预测与推送等智能方式深度优化了"线上"交易模式，降低了搜寻匹配成本，缩短了交易流程；另一方面，高效流通体系能够在更大范围把生产和消费联系起来，扩大交易范围，大数据技术能够实现商品的高效集中与分散，大幅节约商品到达消费者手中的流通时间。因此，数据要素及其隐藏的信息被运用于交换环节可有效改善交换效率，加速经济循环，促进财富增进。

3. 消费扩容提质机制

政治经济学基本原理表明，消费为生产提供了动机，且只有建立在消费增加基础上的扩大再生产才具备增长效应。深度挖掘运用消费数据，能精准捕获需求信息，提高供需匹配效率，扩大消费规模，促进经济循环量能与效能提升，此即数据要素借助消费渠道发挥牵引财富增长的机制。具体地，"运用大数据技术匹配历史消费数据与即时消费数据、刻画消费真实情景与消费者行为规律，使精准预测需求偏好、识别消费需求成为可能"②，供需匹配效果与消费效率明显改善，社会再生产循环加速，财富随之增加。基于平台的商品供需集合较大，辅以显性化的质量评价数据，选择"物美价廉"的商品成为可能，消费数量、频次提升概率大，从而带动财富增进。此外，数据要素的渗透能促进数字教育、数字医疗等新消费发展，塑造新增长着力点。

---

① 王梦菲、张昕蔚：《数字经济时代技术变革对生产过程的影响机制研究》，《经济学家》2020 年第 1 期。

② Mckinsey & Company, *Big Data*: *The Next Frontier for Innovation*, *Competition and Productivity*, https：//www.mckinsey.com/business-functions/mckinsey-digital/our-insights/big-data-the-next-frontier-for-innovation.

4. 分配结构优化机制

分配是社会再生产的重要环节，分配不合理会损害要素主体生产积极性，抑制财富增长。在数字经济时代，各行业、各环节、各场景普遍存在数据因子融入的形式，由此数据要素参与收入分配原本就是优化分配结构的体现。数据要素还能改善分配效率，促进财富增长。一方面，大数据技术在征税方面的运用，有利于规制偷税、漏税与取缔非法收入，由此增加的财政收入可用于教育、医疗等公共服务，提升人力资本质量，促进财富增长。另一方面，"人工智能对表面不具有相关性的海量数据展开机器学习，能解决传统分配方式中存在的信息黑箱问题，科学甄别要素边际产出，合理确定要素收入份额，激发要素生产积极性，提高资源配置效率"[1]，推动财富规模扩张。

需要强调的是，马克思基于劳动价值论与分配理论分析商品价值转化为生产价格时，内生规定了生产要素在高利润率与低利润率部门之间自由流动，这说明形成平均利润率与生产价格时隐含了完全竞争或近似完全竞争的假设。因此，数据要素参与收入分配要充分发挥效率与公平兼顾以及供需匹配两大原则的作用，高效实践"由市场评价贡献、按贡献决定报酬机制"，清晰界定数据产权，并尽可能确保数据市场竞争生态良好。实际上，我国的数据要素市场正处于探索阶段，由数据要素交易主体、交易手段、交易中介和交易监管构成的市场体系逐步成型。该阶段下，囿于数据收集成本高、数据标准不一、数据及其衍生品定价机制迥异等，出现了类似"算法共谋""大数据杀熟""二选一"等互联网平台垄断市场结构，倘若不进行制度规制，数据要素收益很难公平分配，因为数据垄断主体能够借助垄断低价与垄断高价获取高额不正当收益。这意味着，推动数据要素参与收入分配有必要按照数据的经济属性，综合考虑法律、文化等因素，依法开展"数据分类确权"，进而对垄断等市场失灵现象进行规制，以更好地发挥效率与公平兼顾、供需匹配的作用。

---

[1] 师博：《人工智能助推经济高质量发展的机理诠释》，《改革》2020年第1期。

三 数据要素参与收入分配的事实依据

从国民经济运用数据要素的最终输出结果来看,我国经济发展深度使用数据要素以后出现了诸多显著改善。例如,塑造了增长的新动能,推动了经济转型升级,改善了宏观调控绩效。这些实际经济益处,既体现了数据要素参与收入分配内蕴的现实逻辑,又为其提供了牢固的事实依据。

(一)塑造了数字增长动能

从要素投入角度来看,要素总量扩张的发展模式推动了我国改革开放以来的经济规模迅速增大。经济发展进入新常态后,数量扩张型增长模式掩盖的结构性问题显化,重塑经济增长动能成为主动适应经济发展新规律、新格局的客观需要。国际数据公司(IDC)发布的《数据时代2025》显示,2025年全球每年产生的数据量将从2018年的33ZB(1ZB=10万亿亿字节)增长到175ZB。在互联网、大数据、云计算、物联网、人工智能等被广泛运用的数字经济时代,数据要素与经济融合的程度日益加深,经济增长的数字动力显著。《中国数字经济发展白皮书(2021年)》表明,我国数字经济规模由2005年的2.6万亿元扩张到2020年的39.2万亿元,占GDP比重由2005年的14.2%提升至2020年的38.6%;2015—2020年,数字经济增速显著高于同期GDP增速,且2020年数字经济在新冠肺炎疫情冲击和世界经济下行影响下仍保持9.7%的增速,远超同期GDP名义增速。

在现代经济增长分析框架下,经济增长数字动能形成的主要原因在于数据要素的运用提高了全要素生产率。有学者发现,以数据为关键要素的互联网电子商务及其应用显著促进了我国企业全要素生产率的提升[1]。理论上,全要素生产率涵盖了劳动生产率、要素配置效率、供需匹配效率等,生产环节将数据与其他要素高效融合有助于提高劳动生产率。《中国数字经济发展白皮书(2021年)》显示,产品全生命周期数据管控助力企业新产品研发周期降低16.9%,产能利用率提升15.7%,设备综

---

[1] 陈维涛、韩峰、张国峰:《互联网电子商务、企业研发与全要素生产率》,《南开经济研究》2019年第5期。

合利用率提升9.5%。充分运用大数据有利于降低交易发生的信息门槛与搜寻成本，促成大量新交易，加快资源流通速度，改进资源配置效率①。此外，与数据要素运用紧密相关的新技术大幅提高了供需匹配效率。

简而言之，不论是理论视角还是实证视角，数据要素不仅促进了全要素生产率改善，而且生成的数字经济这一新经济形态对经济发展的贡献也较为显著。《2020—2026年中国数字经济行业市场前景规划及市场前景趋势分析报告》显示，2019年数字经济对经济增长的贡献率为67.7%。可见，数字经济正逐步成为结构性减速背景下拉动我国经济增长的新动力，数据要素有较大可能成为引领新一轮经济周期的关键变量。国家适时给出数据要素参与收入分配的制度设计，既是对数据要素驱动经济增长能力的回应，又是确保数据要素能够持续释放生产力的科学激励机制。

（二）推动了经济转型升级

经济转型升级是促进经济发展方式转变的抓手之一，也是新时代下建立现代化经济体系的主要目标。立足供给侧结构性改革的视角，经济转型升级的关键在于产业调整及其结构优化。历史地看，不同经济发展阶段对应的支柱产业与主导产业明显不同，影响产业结构升级的关键因素也有所差异。新一代数字技术的突破性发展，使数据日益成为产业发展的核心生产要素，三次产业的边界日趋模糊，推动产业数字化、智能化转型，促进从研发设计、生产加工、经营管理到销售服务全流程数字化，促进产业融合发展和供需精准对接，从而为转型升级开辟新路径②。《全球数字经济白皮书（2020年）》显示，工业互联网已在我国40个国民经济大类行业落地应用，涌现出100余个具有一定影响力的工业互联网平台，平台连接工业设备总数突破7300万台（套），形成数字化研发、智能化制造、网络化协同、个性化定制、服务化延伸、精益化管理等模式。

随着我国对数字经济发展的日益重视，数据要素正不断与传统产业

---

① 杨汝岱：《大数据与经济增长》，《财经问题研究》2018年第2期。
② 王一鸣：《数字经济启动发展新引擎——激发数字经济新动能》，《人民日报》2020年7月28日第5版。

渗透融合，加速了不同产业、不同行业的数字化、智能化发展，有效推动了国民经济的"数智化"转型升级。来自《中国数字经济发展白皮书（2021 年）》的数据表明，2020 年我国的产业数字化依然保持快速发展趋势，产业数字化规模达 31.7 万亿元，占 GDP 比重为 31.2%，同比名义增长 10.3%；占数字经济比重由 2015 年的 74.3% 提升至 2020 年年底的 80.9%，农业、工业、服务业数字经济渗透率分别为 8.9%、21.0% 和 40.7%。我国经济正沿着"数智化"方向快速转型，已取得突出效果。当前，数据要素已成为经济"数智化"转型的关键因子。确立数据要素参与收入分配的制度，并将之付诸实践，有利于促进数据要素稳定释放结构、调整红利。2021 年 3 月，在《中华人民共和国国民经济和社会发展第十四个五年规划和二〇三五年远景目标纲要》中，专门设置了一篇"加快数字化发展，建设数字中国"，强调了要激活数据要素潜能，以数字化转型为驱动力，深度推动社会生产生活方式的转变和治理方式的数字化变革。

（三）改善了宏观调控效率

在完全信息条件难以得到满足时，为避免可能的市场失灵导致经济福利损失，政府通过宏观调控履行一定的经济职能，具备理论与实践的双重必要性。理论上，宏观调控是否有效主要取决于政府职能部门能否搜集、整合、分类和处理海量数据，获取完备、充足的有效信息。在工业化时代，科技水平和技术手段只能搜集和提供不完全的信息。由于作为决策依据的信息不完全和不准确，政府在制定和实施产业政策、财政政策、投融资政策时不可避免地有不科学的成分。在大数据时代，经由大数据智能平台获得完全信息和准确信息成为可能[①]。新一轮科技革命为数据服务于宏观调控提供了良好技术条件和设施条件，以数据为基础、具有中国特色的新型宏观调控模式正逐步成为现实。《数字时代治理现代化研究报告——数字政府的实践与创新（2021 年）》显示，在经历 2000—2014 年的电子政务、2015—2018 年的"互联网+政府服务"后，2019 年我国各

---

① 何大安、杨益均：《大数据时代政府宏观调控的思维模式》，《学术月刊》2018 年第 5 期。

地开始推进数字政府建设，将数据的驱动作用从政务服务拓展至社会管理。截至2020年年底，已有至少19个省份设立大数据管理机构。

政府将数据要素融合于经济管理领域，实现了宏观调控绩效的优化。首先，数据要素的充分运用能够更好地发挥政府调节市场经济的作用。大数据特有的海量挖掘、实时获取、高速处理和即时分享市场信息的技术属性使市场更有效、政府更有为[1]，能真正实现以市场发挥决定资源配置作用为基础的宏观调控，明确政府宏观调控的界限。其次，数据要素的运用使宏观调控更趋精准。得益于大数据相关技术的发展与广泛运用，我国的宏观调控已由过去的"总量调控"转向"区间调控、定向调控、相机调控、精准调控、适时预调和微调控"。国家相关管理部门采取多种方式开发利用形式多样的大数据，并与政府信息整合，构建大数据经济分析模型，对国民经济各领域的运行状况及时监测，提高了宏观调控的精准性[2]。最后，数据要素的运用使宏观调控政策更加及时有效。运用大数据分析有效刷新了政府的认知能力，缩短了调控时滞，提升了宏观经济政策的时效。

数据要素进入生产函数并获得相应的经济回报，不仅是马克思劳动价值论与分配理论核心要义的具体体现，而且是经济实践的客观要求。伴随数据要素利用广度与深度的提升，供需的快速匹配加速了价值的循环与周转，使数字经济成为增长新动力。数据要素向传统产业的渗透催生了产业数字化的新业态，加速了经济转型升级。生产、交换与消费环节充分挖掘、使用数据，有效优化了生产效率。大数据技术的充分运用提高了获取更多数据以及更精准地甄别数据映射信息的能力，使政府决策的依据更加牢靠、更加科学，改善了宏观调控绩效。在数据要素渗透融合经济社会各领域的新发展时代，数据要素参与收入分配以数据作出重大经济发展贡献的事实为依据，因此，有必要加快推动数据要素参与收入分配这一制度安排的落实，以更好地发挥数据要素优化经济发展质量的作用。

---

[1] 朱建田、何艳霞：《大数据：重塑"新计划经济"还是完善社会主义市场经济?》，《西部论坛》2020年第5期。

[2] 马建堂：《新常态下我国宏观调控思路和方式的重大创新》，《行政管理改革》2015年第11期。

四 数据要素参与收入分配的实践路径

（一）加快完善数据要素产权的细化分类界定

数据要素"具有载体多栖性、价值差异性、使用高盈利性以及外部性，使现有法律制度难以解决数据的产权安排"[1]。综合考虑我国实际以及《民法典》明确了数据与网络虚拟财产可视为"物"，突破了"数据由于无形、无独立经济价值而不能独立被视为民事权利客体与财产"[2] 的制约，因而应遵循"分类确权"原则，明确数据权属配置。

数据收益分配的主体包括数据来源用户、数字企业、非数字企业、政府。与之相适应，数据要素的产权应进行区别界定。个人是数据最初的生产者，考虑到姓名、性别、交易信息等数据能形成"人格画像"，属于隐私范畴，因而应遵循人格保护原则，将原始或底层数据的绝对所有权界定给个人，以体现个人对自身信息的安全把控。基于个人数据"衍生的所有权归政府和企业等数据二次开发利用主体所有"[3]。相关主体共享或交易数据时，应始终坚持"不穿透底层"的安全红线，确保隐私保护与数据价值挖掘相容。实践中，华东江苏大数据交易中心在数据交易"四不准则"中，专列一条强调"绝不交易底层数据，而是交易经过分析、清洗、脱敏、脱密后的数据产品"；2022年1月1日起施行的《深圳经济特区数据条例》也体现了上述原则。

企业数据主要有自身数据、用户数据以及脱敏建模数据三类。对于为改善劳动生产率而自行搜集的用于提供最终产品或服务的生产数据，企业拥有全部的所有权。企业也可能会搜集具体交易发生前后生成的用户数据，进行"精准营销"与"大数据杀熟"行为，这会侵犯用户隐私权与知情权。企业对用户数据仅享有不完全所有权，即在用户授权下享有使用权，应承诺与用户分享收益，如派现（券）、服务折扣、数据

---

[1] 丁文联：《数据竞争的法律制度基础》，《财经问题研究》2018年第2期。
[2] 梅夏英：《数据的法律属性及其法定位》，《中国社会科学》2016年第9期。
[3] 戴双兴：《数据要素：主要特征、推动效应及发展路径》，《马克思主义与现实》2020年第6期。

衍生品优先、免费或优惠使用等，对此司法解释应予以明确（深圳就确立了以"告知—同意"为前提的个人数据处理规则）。如果企业（包括数字企业与网络平台企业）在经过用户同意而搜集原始底层数据之后，运用算法建模脱敏清洗，可遵循"额头出汗（谁付出劳动，谁享有所有权）"原则或"算法规制反向确权"[①]原则，将此类开发数据及其衍生品的产权赋予算法技术劳动付出企业。特别地，公共事业经营企业的数据属于依法从事公共管理和服务职能而产生和获取的，根本目的是公共利益最大化，公共属性明显，其产权是不完全的，收益权不应由企业独享。在为更好地提供诸如疫情防控、交通管理、公共资源配置以及国家安全等公共服务的特定条件下，企业应配合政府调取相关数据。

政府数据具有非排他性、非竞争性和使用价值不可分割的特征，同时考虑政府与生俱来的公共属性，本章认为政府数据属于公共产品或公共资源。但这并不意味着其没有产权主体，因为政府依法在数据搜集、整理、存储、挖掘、确权等方面付出了大量劳动，为数据资源化、资产化与价值化提供了可能，政府使用数据也是以公共利益为基本导向的，且通过稳妥开放共享数据，推动"数据孤岛"问题的破解。从最大化政府数据效益与安全发展的角度考量，政府数据的所有权应由国家代表全体人民享有（即国家所有权），其产权应界定给政府，并授权相应职能部门或特定法人机构运营。

（二）建立健全数据要素科学的价格生成机制

沿着要素配置市场化变革的逻辑进路，数据要素合理价格的制定应充分体现市场决定要素价格的基本经济原则，建立由均衡价格参照机制、询价竞价机制、公允估价机制构成的数据要素科学价格生成机制。

数据要素的均衡价格参照机制是基于国民经济部门的投入产出均衡而形成数据理论价格的定价机制。按照马克思的劳动价值论和价值转型理论，商品的价值分为不变资本、可变资本与剩余价值三部分，依循完全竞争假设与等量资本获得等量利润原则，经过要素在部门内部与部门

---

① 韩旭至：《数据确权的困境及破解之道》，《东方法学》2020年第1期。

之间自由流动直至达到相对稳定状态，商品价值转化为生产价格，即生产成本（预付资本，即不变资本加上可变资本）与平均利润（预付资本与平均利润率的乘积）之和。借助大数据技术，依据特定"算法"能模拟出数据要素在不同部门达到相对均衡状态时的理论价格，可将之用于数据要素定价或市场交易参考基准。

数据要素的询价竞价机制是由供需双方共同作用而生成交易价格的定价机制，是市场机制实现其价值的直接表现。数据市场交易价格与供需状况、市场结构等紧密相关。当供需不匹配时，数据市场交易价格将偏离理论基准价格。如果供需的数量都很大，数据市场接近完全竞争状态，可让买卖双方基于初始基准价格在依法建设运行的平台上询价与竞价，由市场自行探索生成体现遵循价值规律的价格。当供给方较少时，应允许卖方采取成本加成策略，获取适度垄断利润，引导卖方主动出售数据，增加数据供给量。此外，倘若数据要素供给与需求的市场主体都存在较强的垄断力量，这时可遵循福祉最大化原则，通过竞价拍卖的模式形成市场交易价格。

数据要素的公允估价机制是在数据要素资源化基础上，经由可信第三方对数据资源进行评估的定价机制。数据经搜集与建模脱敏等处理形成要素资源后的价值较低，而且受高频性、外部性等因素影响，数据价值不够稳定。通过数据要素与具体业务融合以及交易、流通等社会化配置等方式实现资产化与资本化，能够提升拓展数据的使用价值与交换价值。由于数据集可分割、需求方技术能力和使用目的差异以及诸如并购、诉讼等非交易场景的存在，基于卖方视角的询价竞价机制不适用，需要立足买方视角依托持有数据资产评估许可证的第三方对数据资产进行估价，形成公允价格。2021年10月，国家市场监督管理总局、国家标准化管理委员会发布的《信息技术数据资产管理要求》（GB/T 40685—2021）为数据资产管理和价值评估提供了借鉴参考。

（三）创新拓宽数据要素参与收入分配的方式

数据要素参与收入分配的直接方式是通过市场出售脱敏的数据原材料、交易标准化与定制化数据产品、提供数据接口（API）服务、为B

端行业客户与 G 端政府客户提供数据咨询服务、为 C 端客户提供消费"画像"与营销触达服务，从而获取经济回报。这与数据要素资源化相适应，但难以支撑数据的资产化与资本化。因此，可尝试"估价作股、数字租金、以数易数或以数易商（服）"等方法以适应数据价值链的延展。

估价作股是通过数据资产估价参股企业，并凭借股份从数据资产收入中获取股息、股利或者通过出让股份获取收益的分配方式。此种分配方式适用于组合海量数据、构建数据集合、深度挖掘数据价值的情景，有利于促进数据由要素资源升级为资产与资本。数字租金是数据平台等相关企业向租户提供经过封装和脱敏的价值数据和开发环境，合作开发大数据产品与服务，租户则向平台商缴纳平台资源使用费用、数据调用费、技术服务费等，这是数据要素参与收入分配的另一种方式。在数据要素产业链分工严格、技术门槛高、成本较大的背景下，数字租金模式一定程度上能够消除数据及其衍生品需求方资金不足、技术不足、使用目的差异等制约，加速数据要素价值实现提速，使数据要素价值成倍增加。此外，数据生产经营主体也可尝试以数易数或以数易商（服）模式实现数据收益分配。与前述不同，该分配模式并未通过货币中介体现价值，数据供给主体之间或数据供给主体与需求主体之间（平台与平台、个人与平台等）遵循商品交换的等价交换原则，在签署共享服务等协议条件下直接进行数据与数据的交换或数据与服务使用权限的交换（如京东万象、阿里等数据平台进行的 API 交换，数据宝平台上国有数据、政府数据之间的交换），这有利于引导各方共享数据，降低搜集成本，壮大数据集合，加速数据要素市场形成。

（四）建立健全数据收益公平分配的制度保障

数据要素产权不清、商业机密和个人隐私泄露、市场垄断、监管缺位等问题容易导致人民福祉受损，致使分配结果不公。因此，有必要基于社会主义收入分配制度内在的公平导向，健全完善数据要素收益公平分配的制度安排。

健全有关数据安全和隐私保护的法制。《中华人民共和国网络安全法》《中华人民共和国数据安全法》就数据安全作出了相对完备的规定，但其中与个人信息保护相关的条款较为笼统。虽然《中华人民共和国网络安全法》对个人数据搜集、处理、传输与使用等予以了说明，《中华人民共和国数据安全法》也强调保护国家利益、公共利益和个人利益、组织利益，但其对个人信息等涉及安全与隐私保护的问题未给出充分的司法解释。在发达的数据交叉识别技术下，数据占有主体完全能通过看似碎片化的行为、习惯、偏好等数据识别个人身份或窥探隐私，并将之运用于经营，获取不正当经济利益，而作为数据提供者的个人没有获得应有的收益补偿。为解决数据使用可能导致社会福利受损的外部性，需要在《中华人民共和国个人信息保护法》明确自然人信息受法律保护及相关细则的基础上，加快界定不同数据产权，完善数据财产权制度，促进数据人格权与财产权两大权利属性特征兼容；鼓励深圳、上海、广州等有条件的地区积极探索，完善出台地方性的数据交易条例（规范），对数据运营企业进行技术、安全审查等准入审查，确保其具备深度脱敏、安全运营微观主体数据的能力；在数据人格权适度商业化的前提下，尝试探索个人在数据市场上交易私人信息的司法实践，确保个体获取隐私数据交易收益，促进个人分享数据，降低隐私保护及维权成本。

  健全数据要素流通的治理制度。确保数据要素收益公平分配，需加强数据要素市场的监督管理制度建设，着力消除市场失灵，形成全国统一、公平竞争、规范有序的数据要素市场体系。首先，应在地方设定的数据交易规范或标准基础上，建立全国适用的数据交易法律或法规，统一数据交易市场规则，提升数据流通效率。其次，国家应坚持福祉提升和公平竞争导向，发布数据要素交易与使用的垄断和不正当竞争行为指南；适时修订《中华人民共和国反垄断法》和《中华人民共和国反不正当竞争法》，统一执法标准，以限制竞争与否和支配地位滥用与否为监管重点，明确对数据垄断与不正当竞争行为的处罚力度。此外，应加强监管队伍建设，设立专门监管数据流通的政府职能部门；建立监管信息共享机制，形成全面监管的制度环境。最后，应探索征收"数字税"，实施强制许可制度。

第十五章　数字经济发展缩小了城乡居民收入差距吗*

党的十九届五中全会明确指出要把"居民收入增长和经济增长基本同步,分配结构明显改善"作为"十四五"时期我国经济社会发展的主要目标之一,强调要"优先发展农业农村,加快农业农村现代化"。一方面,要实现农业农村现代化,就必然面临缩小城乡差距,尤其是缩小城乡居民收入差距的现实要求;另一方面,在工业4.0时代,数字经济逐渐成为推动城乡发展的主动力[1]。数字经济发展势必会转变城乡发展关系,对城乡居民收入分配格局产生深远的影响。深入剖析数字经济发展与城乡居民收入间的关系,对提高乡村地区劳动者收入水平、加快农业农村现代化进程等较具有现实意义。

学界关于城乡居民收入差距影响的研究成果颇丰。如苏雪串认为,协调发展是缩小城乡居民收入差距,以及缩小区域收入差距的重要措施[2]。陆铭和陈钊认为,城市化对降低城乡收入差距有显著的作用[3]。张海峰指出,城乡居民收入水平与接受教育程度休戚相关[4]。

---

* 本章作者:王军、肖华堂。原载于《经济体制改革》2021年第6期。

[1] 2021年4月,中国信息通信研究院公开发布的《中国数字经济发展白皮书》显示,2020年,我国数字经济增加值达到39.2万亿元,增长率为9.7%,占GDP的比重达到38.6%,数字经济在服务业、工业与农业的渗透率分别为40.7%、21.0%、8.9%。

[2] 苏雪串:《产业结构升级与居民收入分配》,《商业研究》2002年第22期。

[3] 陆铭、陈钊:《城市化、城市倾向的经济政策与城乡收入差距》,《经济研究》2004年第6期。

[4] 张海峰:《城乡教育不平等与收入差距扩大——基于省级混合截面数据的实证分析》,《山西财经大学学报》2006年第2期。

王艺明和蔡翔研究发现，财政支出结构对城乡收入差距有显著影响，且影响程度存在区域差异①。随着数字经济成为推动经济社会发展的新引擎，数字经济发展与城乡居民收入差距的关系也引起了学者的广泛关注，其研究成果大致可分为两类。一是数字经济对城乡居民收入具有扩大效应，强调以互联网、大数据、人工智能等为主要表征的数字经济在城乡之间可能出现不平衡发展②，从而产生城乡"数字鸿沟"③，更有利于城市高收入群体，而对农村低收入群体不利④。也有学者认为，城乡居民的综合素养不同也导致了其对数字经济的接受度和应用程度存在差距，进而扩大城乡居民收入差距⑤。二是数字经济发展有利于缩小城乡居民收入差距，指出数字经济发展，可通过与生产、生活和生态的深入融合，并发挥其普惠性与共享性⑥，从而有助于熨平城乡不平衡发展，缩小城乡居民收入差距。且随着"数字革命"逐渐向"数字机遇"转化，城乡之间的界线日益消弭，"数字红利"得以凸显，城乡居民收入趋于收敛⑦。具体地，一方面，乡村和城市通过互联网进行链接，实现全产业链信息化服务，有利于提高生产力、减少成本等，从而使农民增收⑧；另一

---

① 王艺明、蔡翔：《财政支出结构与城乡收入差距——基于东、中、西部地区省级面板数据的经验分析》，《财经科学》2010年第8期。

② B. Furuholt, Stein Kristiansen, "A Rural-urban Digital Divide? : Regional Aspects of Internet Use in Tanzania", *Electronic Journal of Information Systems in Developing Countries*, 2007, 31 (6), pp. 1 – 15.

③ D. Lorence, H. Park, S. Fox, "Racial Disparities in Health Information Access: Resilience of the Digital Divide", *Journal of Medical Systems*, 2006, 30 (4), pp. 241 – 249.

④ Paul Gorski, Christine Clark, "Multicultural Education and the Digital Divide: Focus on Disability", *Multicultural Perspectives*, 2002, 4 (4), pp. 28 – 36.

⑤ 谭燕芝、李云仲、胡万俊：《数字鸿沟还是信息红利：信息化对城乡收入回报率的差异研究》，《现代经济探讨》2017年第10期。

⑥ 付晓东：《数字经济：中国经济发展的新动能》，《人民论坛》2020年第21期。

⑦ 胡鞍钢、王蔚、周绍杰等：《中国开创"新经济"——从缩小"数字鸿沟"到收获"数字红利"》，《国家行政学院学报》2016年第3期；魏萍、陈晓文：《数字经济、空间溢出与城乡收入差距——基于空间杜宾模型的研究》，《山东科技大学学报》（社会科学版）2020年第22期。

⑧ 程名望、张家平：《互联网普及与城乡收入差距：理论与实证》，《中国农村经济》2019年第2期。

方面，数字普惠金融也对城乡居民收入差距具有缩减效应①。此外，还有学者认为，区块链技术的发展，为"数字减贫"和创新农业发展新模式提供了契机，有利于打破城乡居民收入不平衡格局②。

综上，学界对数字经济发展与城乡居民收入关系进行了大量有益探析，对本章研究有重要启示。但不可否认的是，现有研究成果仍存在一定的视角"盲区"，如多从理论视角探讨，缺少从实证角度进行分析；缺乏数字经济影响城乡收入差距的区域异质性分析；数字经济发展影响城乡居民收入的内在机制分析也相对较少等。本章在相关研究基础上，测度了2013—2019年30个省份数字经济发展水平，探析数字经济发展与城乡居民收入差距的关系，提出促进数字经济发展的具体对策。

一 数字经济发展与缩小城乡居民收入差距内在逻辑

数字经济正逐步成为社会经济发展的新引擎，其具有三个鲜明特征。一是以电子信息技术为依托，促使互联网、人工智能、区块链以及大数据的产生和发展，催生出数字经济这一新业态③。二是加速同实体产业深度融合④，数字红利释放得益于数字经济与产业的深度融合，通过数字赋能于三大产业，提升劳动生产率⑤。三是优化经济发展结构，高质量发展是时代主旋律，势必会要求转变经济发展模式和调整产业结构，摆脱粗放式发展模式，通过数字赋能产业，不仅对产业结构有所影响，

---

① 宋晓玲：《数字普惠金融缩小城乡收入差距的实证检验》，《财经科学》2017年第6期；周利、冯大威、易行健：《数字普惠金融与城乡收入差距："数字红利"还是"数字鸿沟"》，《经济学家》2020年第5期。
② 李东坡、罗浚文：《区块链助推数字减贫及农业现代化建设：架构与应用》，《东北财经大学学报》2020年第1期。
③ 关会娟、许宪春、张美慧等：《中国数字经济产业统计分类问题研究》，《统计研究》2020年第37期。
④ 刘淑春：《中国数字经济高质量发展的靶向路径与政策供给》，《经济学家》2019年第6期。
⑤ 李晓钟、吴甲戌：《数字经济驱动产业结构转型升级的区域差异》，《国际经济合作》2020年第4期。

而且对经济发展模式转变也产生一定推力①,如平台经济、数字普惠金融服务等就有力地助推了经济结构调整②。而随着电子信息技术不断更新、产业数字化程度越深,将会推动数字经济应用维度进一步深化。但不容忽视的是,数字经济在城乡之间发展的非均衡性,如互联网与数字技术等在城乡普及程度差距过甚,易出现城乡"数字鸿沟"③,不利于缩小城乡居民收入差距。

数字经济发展促进城乡居民收入差距缩小,主要表现为,一是数字经济赋能第二、第三产业,如制造业智能化、餐饮业数字化、平台经济等,有利于调整农业产业结构,延伸产业链、价值链以及增收链,从而提高乡村居民收入水平。二是城乡互联网普及率、数字技术应用程度、电子商务发展水平等差距依然存在,广大乡村地区可利用"后发优势",充分释放数字经济红利,缩小同城市居民收入差距。但值得关注的是,城乡"数字鸿沟"也可能致使城乡数字经济非协同发展,不利于缩小城乡居民收入水平差距。三是互联网和大数据等应用于农业,在降低农业生产成本的同时,还有利于提高农民的信息获取能力,促进农产品的生产、加工与销售全产业链协调发展,与农业相关的康养、研学等服务业也能得到相应发展,更有利于提高乡村地区居民收入水平。四是数字经济发展还有利于为乡村地区创造就业机会,扩大就业基数,提高居民就业质量和收入水平。

总之,数字经济可通过技术变革赋能产业,促进农村三大产业融合发展,延伸产业链和价值链,创造新的就业机会,释放乡村土地、劳动力等要素经济价值,提高居民收入水平,有助于缩小城乡居民收入差距,增进民生福祉。同时,城乡面临的"数字鸿沟"现实问题,也可能成为阻碍城乡居民收入差距缩小的"绊脚石",但城乡"数字鸿沟"对居民收入水平缩小或扩大的具体作用机制还需实证检验。

---

① 葛和平、吴福象:《数字经济赋能经济高质量发展:理论机制与经验证据》,《南京社会科学》2021年第1期。
② 李晓华:《数字经济新特征与数字经济新动能的形成机制》,《改革》2019年第11期。
③ 中国互联网络信息中心(CNNIC)发布的第47次《中国互联网络发展状况统计报告》显示,截至2020年年底,城镇与农村互联网普及率差值达到23.9%。

二 模型设定、变量选取与数据说明

（一）模型设定

基于上述理论分析，设立如下基准回归模型：

$$gap_{it} = \alpha_0 + \gamma_1 dedci_{it} + \beta_i x_{it} + \varphi_i + \mu_t + \varepsilon_{it} \quad (15-1)$$

为探析数字经济发展与城乡居民收入差距是否存在非线性关系，建立如下模型：

$$gap_{it} = \alpha_0 + \gamma_0 dedci_{it}^2 + \gamma_1 dedci_{it} + \beta_i x_{it} + \varphi_i + \mu_t + \varepsilon_{it} \quad (15-2)$$

其中，gap 为被解释变量，表示城乡居民收入差距；$dedci$ 为解释变量表示数字经济发展水平，$dedci_{it}^2$ 是数字经济发展水平的平方项，x_{it} 为一系列控制变量，φ_i 表示省份控制效应，μ_t 表示年份固定效应，除了 SYS-GMM，本章均加入了省份控制效应和年份控制效应，ε_{it} 为随机干扰项。

根据上述分析，将产业结构和城乡"数字鸿沟"作为中介变量进行数字经济发展与城乡收入差距的机制分析，具体模型如下：

$$gap_{it} = \alpha_0 + \gamma_0 dedci_{it} + \varphi_i + \mu_t + \varepsilon_{it} \quad (15-3)$$

$$md_{it} = \alpha_0 + \gamma_1 dedci_{it} + \varphi_i + \mu_t + \varepsilon_{it} \quad (15-4)$$

$$gap_{it} = \alpha_0 + \gamma_0' dedci_{it} + \gamma_2 md_{it} + \varphi_i + \mu_t + \varepsilon_{it} \quad (15-5)$$

借鉴温忠麟等的中介机制检验方法[1]，对产业结构和城乡"数字鸿沟"进行中介效应检验，若 γ_0、γ_1、γ_2 均显著，则中介效应显著；若 γ_1、γ_2 不都显著，则需要通过 Sobel 检验进行分析，若显著，则为中介变量，反之，中介效应不成立。

（二）变量选取与数据说明

1. 被解释变量：城乡居民收入差距

学者大多采用基尼系数[2]、城乡居民可支配收入比[3]、城乡居民消

---

[1] 温忠麟、张雷、侯杰泰等：《中介效应检验程序及其应用》，《心理学报》2004 年第 5 期。

[2] 李齐云、迟诚：《城乡收入差距的总体分解及地区差异——基于收入来源的视角》，《经济体制改革》2015 年第 6 期。

[3] 陈斌开、林毅夫：《发展战略、城市化与中国城乡收入差距》，《中国社会科学》2013 年第 4 期。

费比以及泰尔指数等①，作为衡量城乡居民收入差距的评判标准，本章采用城乡居民人均可支配收入比作为城乡居民收入差距的替代指标，记为 gap。

2. 解释变量：数字经济发展水平

数字经济发展水平主要受数字基础设施建设、数字产业化、产业数字化、数字经济发展环境四个方面影响。借鉴王军等对数字经济发展水平的测度方法对 2013—2019 年中国数字经济发展水平进行测度②，并记作 $dedci$。

3. 中介变量

基于前文探讨，将产业结构和城乡"数字鸿沟"作为中介变量。具体地，用第三产业产值与第二产业产值之比替代产业结构，记为 is；城乡"数字鸿沟"用城乡互联网宽带接入比来衡量，记为 nr。

4. 控制变量

对外开放程度，用进出口总额占 GDP 的比值替代，记为 $open$。平均公路里程数，道路的修建关系到交通的便利程度，从而影响到城乡要素的流动，会影响城乡居民收入，用各省公路总里程数/国土面积以衡量，记为 $road$。城镇化水平，用各省年末城镇常住人口与总人口之比衡量，记为 urb。经济发展水平，用各省当年实现的 GDP 来表示，记为 gdp。科研投入，科研的投入水平决定了地区的创新能力，是推动经济发展的重要动力，囿于农村科研水平明显低于城市，因而城乡居民的收入水平存在差距，用各省每年 R&D 投入来表示，记为 rd。教育投入与劳动者素质息息相关，而劳动者素质高低决定其收入水平，采用各省财政教育支出/一般公共预算支出来表示，记为 edu。

若无特别说明，上述所有变量数据均依据国家工业和信息化部、国家统计局、财政部、中国信息通信研究院、30 个省份公开发布的相关数据整理计算所得。由于西藏自治区部分数据有缺失，本章分析未将其纳入。

---

① 刘江会、唐东波：《财产性收入差距、市场化程度与经济增长的关系——基于城乡间的比较分析》，《数量经济技术经济研究》2010 年第 4 期。

② 王军、朱杰、罗茜：《中国数字经济发展水平及演变测度》，《数量经济技术经济研究》2021 年第 7 期。

三 实证分析

(一) 基准回归

数字经济发展与城乡居民收入差距的基准回归结果显示（见表 15-1），数字经济与城乡收入差距呈显著负向关系，即平均来说，数字经济发展水平每提高一个单位，城乡居民收入差距减少 0.845 个单位，说明数字经济发展带来了大量数字红利，尤其是对于农村地区，电商平台、互联网平台的涌现有利于农村产业发展，促进农村居民收入水平提高，使城乡收入差距趋于缩小。

具体来讲，贸易开放度每增加一个单位，城乡居民收入差距增加 0.511 个单位，即贸易开放水平的提高有利于城镇的进出口与经济发展，而对于农村经济的影响甚微，因而会进一步扩大城乡收入差距。道路每增加一单位，城乡居民收入差距缩小 0.094 个单位，即道路等基础设施建设也有利于缩小城乡居民收入差距。城镇化发展水平每提高一个单位，城乡居民收入差距缩小 3.204 个单位，表明城镇化有利于促进要素在城乡间双向流动，进而缩小城乡居民收入差距。地方经济发展水平提高一个单位，城乡居民收入差距缩小 0.231 个单位，说明经济发展更有利于提高农村居民收入水平，这和近年来很多地区农村居民可支配收入增长速度高于城镇居民的现实也是相符合的。科研投入每增加一个单位，城乡居民收入差距扩大 0.095 个单位，表明科研投入的增加，更有利于城镇居民收入水平的提高。教育投入每增加一个单位，城乡居民收入差距减少 0.077 个单位，即接受教育对农村劳动者提高收入水平贡献更大，更有利于提高其收入水平。

表 15-1　数字经济发展与城乡居民收入差距基准模型

变量	(1)	(2)	(3)
$Dedci\ 2$	—	—	1.053** (0.368)
$Dedci$	-0.939*** (0.164)	-0.845*** (0.187)	-1.659*** (0.393)

续表

变量	(1)	(2)	(3)
$Open$	0.522*** (0.062)	0.511*** (0.065)	0.559*** (0.078)
Urb	-3.692*** (0.151)	-3.204*** (0.285)	-3.362*** (0.245)
$Road$	-0.085*** (0.022)	-0.094*** (0.024)	-0.096*** (0.025)
Gdp	-0.214*** (0.019)	-0.231*** (0.018)	-0.218*** (0.013)
Rd	0.091*** (0.010)	0.095*** (0.010)	0.088*** (0.007)
Edu	—	-0.077** (0.024)	-0.064** (0.021)
Constant	4.992*** (0.103)	5.460*** (0.137)	5.437*** (0.129)
控制变量	YES	YES	YES
年份控制效应	YES	YES	YES
省份控制效应	YES	YES	YES
观测值	210	210	210
R^2	0.564	0.572	0.567
省份数量	30	30	30

注：*、**、***分别表示在10%、5%、1%水平上显著，括号里为标准误。

(二) 非线性回归

表15-1中的第(3)列是数字经济发展与城乡居民收入差距的非线性回归。结果显示，数字经济发展平方项与城乡居民收入差距表现出显著正向关系，加之数字经济发展与城乡居民收入差距表现出显著负向关系，则数字经济发展与城乡居民收入差距为"U"形关系，即在一定范围内，数字经济发展对城乡居民收入具有收敛效应，而到达一定程度后，可能会扩大城乡收入差距。说明数字经济发展的前期阶段体现为普

惠性，加之数字技术的使用门槛不高，全民可共享数字经济红利。而数字经济发展水平较高时，特别是"数字鸿沟"逐渐显露，可能会出现一定技术门槛，即数字经济发展对从业者素质具有更高要求，囿于农村居民的教育水平普遍较低，数字经济发展可能不利于促进缩小城乡收入差距。因此，新发展阶段，农村应通过提高劳动者接受教育水平、开展专项培训等尽力减少城乡"数字鸿沟"影响。

此外，数字经济发展与城乡收入差距呈"U"形关系，其拐点为0.787，从2019年全国30个省份的情况来看，广东省处于拐点右侧且差距不大，几乎处于最低点，即城乡收入差距最小处。全国大部分地区仍处于数字经济发展有利于缩小城乡居民收入差距的阶段，可通过提升数字经济发展整体水平以缩小城乡居民收入差距。

（三）异质性分析：分区域比较

数字经济发展与城乡居民收入差距异质性检验显示，不同区域（主要指东部地区、中部地区、西部地区和东北地区）[①] 数字经济发展对缩小城乡居民收入差距存在异质性（见表15-2）。其中，中西部地区数字经济水平提高可促使城乡居民收入差距缩小，且西部地区缩减效应甚于中部地区。可能的原因在于中西部地区经济发展的水平与质量本就较低，加之城乡发展失衡，有很大提升空间。"后发优势"明显，更有利于提高乡村地区居民收入水平。东北地区数字经济对城乡居民收入差距的影响还未显现，可能原因是近年来东北地区的数字经济发展水平较低，数字经济对城乡居民收入的作用较小。而对东部地区来讲，数字经济发展水平的提高可能会稍微扩大收入差距，可能的原因是东部地区因其资源禀赋、地理区位及人才等促使其数字经济发展明显快于中西部地区。与此同时，东部地区对数字经济的认知、利用及开发程度也较高，发展数字经济对劳动者的要求也更高，而东部地区同样面临农村居民综合素养低

---

① 东部地区是指北京、天津、河北、上海、江苏、浙江、福建、山东、广东和海南10省份；中部地区是指山西、安徽、江西、河南、湖北和湖南6省份；西部地区是指内蒙古、广西、重庆、四川、贵州、云南、陕西、甘肃、青海、宁夏和新疆11省份；东北地区是指辽宁、吉林和黑龙江3省份。由于西藏自治区部分数据有缺失，本章分析未将其纳入。

于城镇居民的现状,因而数字经济发展更有利于提高城镇居民收入水平。

表 15-2　　数字经济发展与城乡居民收入差距异质性检验

变量	东部	中部	西部	东北
$Dedci$	0.377*** (0.095)	-1.635** (0.644)	-6.700** (1.843)	1.932 (1.562)
Constant	2.537** (0.088)	2.298*** (0.253)	5.970*** (0.615)	1.715*** (0.307)
控制变量	YES	YES	YES	YES
年份控制效应	YES	YES	YES	YES
省份控制效应	YES	YES	YES	YES
观测值	70	42	77	21
R^2	0.594	0.375	0.714	0.940
省份个数	10	6	11	3

注:*、**、***分别表示在10%、5%、1%水平上显著,括号里为标准误。

(四) 内在机制检验

表 15-3 是数字经济发展与城乡收入差距的机制检验结果,表 15-4 是根据表 15-3 结果进行的整理。表 15-3 中的第 (1) 列至第 (3) 列是产业结构的中介机制实证结果,第 (4) 列至第 (6) 列为城乡"数字鸿沟"的中介机制检验结果。

一方面,由表 15-3 中的第 (1) 列可知,数字经济缩小了城乡居民收入差距,第 (2) 列表示数字经济有利于优化产业结构,第 (3) 列显示产业结构调整对缩小城乡居民收入差距有促进作用,产业结构中介效应显著,即数字经济发展可通过与产业深度融合实现产业结构优化升级,带动居民实现更加充分、更高质量就业,进而提高其收入水平,且更有利于提高乡村居民收入。

另一方面,由表 15-3 中的第 (5) 列可知,数字经济与城乡"数字鸿沟"为显著负相关,第 (6) 列中城乡"数字鸿沟"与城乡居民收入差距不显著，则需要进行 Sobel 检验，得出 Z 值的绝对值为 1.210，大于显著性水平 0.05 下的临界值 0.971，说明城乡"数字鸿沟"中介效应显著，即数字经济发挥其普惠性与共享性的特征，通过提高互联网普及率、数字经济知识推广、数字技能培训等，可缩小城乡"数字鸿沟"，使城乡居民平等享有"数字红利"，促使城乡居民收入差距收敛。

表 15-3　　　　数字经济发展与城乡居民收入差距机制检验

变量	(1)	(2)	(3)	(4)	(5)	(6)
$dedci$	-0.845*** (-0.187)	3.551*** (0.691)	-0.669*** (0.214)	-0.845*** (-0.187)	-1.610** (0.651)	-1.004*** (0.142)
$ls\&nr$	—	—	-0.050*** (0.012)	—	—	0.035 (0.025)
Constant	5.460*** (0.137)	-0.391 (0.204)	5.440*** (0.132)	5.460*** (0.137)	-0.530 (0.408)	5.131*** (0.831)
控制变量	YES	YES	YES	YES	YES	YES
省份控制效应	YES	YES	YES	YES	YES	YES
年份控制效应	YES	YES	YES	YES	YES	YES
观测值	210	210	210	210	210	210
R^2	0.572	0.694	0.574	0.572	0.392	0.557
省份数量	30	30	30	30	30	30

注：*、**、*** 分别表示在 10%、5%、1% 水平上显著，括号里为标准误。

表 15-4　　　　　　　　中介检验结果整理

系数	c	a	b	c'
$dedci\&is$	-0.845*** (-0.187)	3.551*** (0.691)	-0.050*** (0.012)	-0.669*** (0.214)
$dedci\&nr$	-0.845*** (-0.187)	-1.610** (-2.92)	0.035 (0.025)	-1.004*** (0.155)

注：*、**、*** 分别表示在 10%、5%、1% 水平上显著，括号里为标准误。

(五) 稳健性检验

本章采用四种方法进行稳健性检验，以确保上述结果是稳健可靠的（见表15-5）。第（1）列为替换变量，泰尔指数也可衡量城乡收入差距，故用泰尔指数替代被解释变量；第（2）列为删除极端值，数据差距过大可能会影响结果的可靠性，故删去北京、上海、天津和重庆的数据进行回归；第（3）列为1%缩尾，避免被解释变量波动较大影响回归结果，故对其进行1%缩尾；第（4）列为检验模型内生性问题，对模型进行系统差分（SYS-GMM）回归。表15-5呈现了四种方法的回归结果，可知其与基准回归结果相差无几，则说明本章的结果稳健可靠。

表15-5　稳健性检验

变量	替换变量 (1)	删除极端值 (2)	1%缩尾 (3)	SYS-GMM (4)
$L.gap$	—	—	—	0.945** (2.110)
$Dedci$	-0.770*** (0.160)	-1.803*** (0.195)	-0.832*** (0.179)	-3.356** (-2.560)
Constant	4.581*** (0.064)	6.016*** (0.246)	5.426*** (0.144)	9.780*** (4.500)
控制变量	YES	YES	YES	YES
省份控制效应	YES	YES	YES	YES
年份控制效应	YES	YES	YES	YES
观测值	210	182	210	196
R^2	0.790	0.542	0.571	—
省份数量	30	30	30	30

注：*、**、***分别表示在10%、5%、1%水平上显著，括号里为标准误。

四 结论与政策建议

深入剖析数字经济发展与城乡居民收入差距的关系较具有现实意义。基于30个省份2013—2019年的面板数据进行实证研究，结果显示，数字经济发展对城乡收入差距具有缩减效应；数字经济发展与城乡居民收入差距呈"U"形关系，拐点为0.787；数字经济与城乡居民收入差距二者关系具有区域异质性，其中在中部和西部地区具有缩小效应，东部囿于资源禀赋与经济发展水平等，数字经济发展会略微扩大城乡居民收入差距，东北地区效应不明显。促进数字经济健康发展、缩小城乡居民收入差距、加快农业农村现代化进程可从以下四个方面探索。

第一，大力发展数字经济，应加快培育数字经济载体，加强数字经济发展环境建设。具体地，需提升各地5G、宽带与互联网等数字基础设施建设，充分发挥政府、社会以及公众对数字经济发展的作用，筑牢数字经济发展基础，保障数字经济行稳致远，助力缩小城乡居民收入差距。

第二，加快产业数字化转型，实现数字经济与产业深度融合。数字经济可通过提高与乡村三大产业的融合程度以促进产业结构优化升级，进而转变乡村三大产业发展模式，创造出更多、更高质量就业机会，提高居民收入水平。应从土地、税收等方面，出台专门支持乡村地区数字经济发展措施，加快乡村产业数字化转型，提高乡村数字经济发展水平。

第三，努力缩小城乡和地区之间"数字鸿沟"。数字经济发展在一定阶段有利于缩小城乡居民收入差距，但城乡"数字鸿沟"问题仍不能掉以轻心。需建立数字经济知识普及平台，对农民进行数字经济知识普及、应用技能培训，加大数字经济人才引进培育力度，尽可能减小"数字鸿沟"影响，扩大对农村居民收入增长正向影响。

第四，实施差异化的数字经济发展策略。由于东部、中部和西部地区数字经济发展水平，以及区域自身各种资源要素禀赋存在较大差异。在中西部地区仍可通过提高数字经济基础设施水平、鼓励电子信息技术企业发展、提升产业与数字经济融合度等途径，加快乡村数字经济发展。东部地区本身数字经济发展水平较高，应注重提高劳动者素养、注重提升数字经济在农村创新应用等，提高乡村数字经济发展质量，形成示范带动效益。

第十六章　中国数字经济发展水平及演变测度[*]

数据作为当今时代最重要的生产要素之一，给我们的生产、生活与生态带来全方位而深刻的影响。依托数据为生产要素，以信息通信技术和人工智能有效使用为载体的一系列经济活动——数字经济[①]，给各国、各地区带来了新一轮经济发展之契机，为缩小国家和地区间的发展鸿沟创造了条件。联合国发布的《2019年数字经济报告》中就指出数字经济没有呈现传统的南北鸿沟，而是由一个发达国家和一个发展中国家共同领导，如美国与中国[②]。尤以中国而言，数字经济的兴起、发展与广泛应用为推动经济高质量发展带来了机遇，数字经济逐渐渗透于创新、绿色、协调、共享和发展之中，成了中国经济高质量发展的核心驱动。《中国数字经济发展白皮书（2020年）》中指出，2019年中国的数字经济规模达到35.8万亿元，占GDP比重达36.2%，同时，数字产业化增加值达7.1万亿元，同比增长11.1%；数值产业化增加值约为28.8万亿元，占GDP比重为29%[③]。数字经济在中国经济快速和高质量的发展之中扮演的角色已不可或缺、愈加重要，成为中国赶超发达

---

[*] 本章作者：王军、朱杰、罗茜。原载于《数量经济技术经济研究》2021年第7期。

[①] Brynjolfsson E., et al., "Accounting for the Value of New and Free Goods in the Digital Economy", NBER Working Papers No. 25695, 2019.

[②] 参见联合国《2019年数字经济发展报告》，联合国官网，2019年9月4日。

[③] 参见中国信息通信研究院《中国数字经济发展白皮书（2020年）》，2020年7月3日。

国家、缩小贫富差距及实现共同富裕的重要增长极和新动能。

一 文献综述

目前，数字经济作为时代热点，成为学术界的热议话题，其对数字经济的研究多聚焦于数字经济的内涵界定[①]、对外贸易[②]、高质量经济发展[③]、产业转型[④]以及消费调整[⑤]等，而对于数字经济本身指标的建构与测度的相关研究却较少，成了数字经济研究之短板。特别是，相较于数字经济的飞速发展，关于数字经济指标体系的建构与测度却显得相对滞后，仍没有跟上数字经济发展步伐。就现今对中国数字经济指标的建构与测度都是基于联合国抑或是中国等其他国家的数字经济发展报告中对数字经济的解读，从不同侧重点对数字经济指标体系进行构建与测度。主要有如下两个维度。

第一，数字经济指标建构涵盖其发展基础、深度融合及发展环境。《中国数字经济发展指数白皮书（2019年）》将数字经济的指标体系分解为基础指标、产业指标、融合指标及环境指标四部分，有学者就从数字化投入、数字化环境与数字化产出三个方面对数字经济的指标进行了学理性阐释[⑥]，更有学者在信息网络空间、实体物理空间和人类社会空间三元空间理论的基础上，建立数字经济发展评价体系，对后续指标体系的

[①] 裴长洪、倪江飞、李越：《数字经济的政治经济学分析》，《财贸经济》2018年第9期；李长江：《关于数字经济内涵的初步探讨》，《电子政务》2017年第9期。

[②] 李忠民、周维颖、田仲他：《数字贸易：发展态势、影响及对策》，《国际经济评论》2014年第6期。

[③] 荆文君、孙宝文：《数字经济促进经济高质量发展：一个理论分析框架》，《经济学家》2019年第2期；任保平：《数字经济引领高质量发展的逻辑、机制与路径》，《西安财经学院学报》2020年第2期。

[④] 戚聿东、肖旭、蔡呈伟：《产业组织的数字化重构》，《北京师范大学学报》（社会科学版）2020年第2期；孟方琳、汪遵瑛、赵袁军等：《数字经济生态系统的运行机理与演化》，《宏观经济管理》2020年第2期。

[⑤] 马香品：《数字经济时代的居民消费变革：趋势、特征、机理与模式》，《财经科学》2020年第1期；夏杰长、肖宇：《数字娱乐消费发展趋势及其未来取向》，《改革》2019年第12期。

[⑥] 万晓榆、罗焱卿、袁野：《数字经济发展的评估指标体系研究——基于投入产出视角》，《重庆邮电大学学报》（社会科学版）2019年第6期。

建构和测算有一定的参考价值，但是却忽略了数据的时代性与可获得性，难以从实证的角度进行深层次研究。

第二，大多学者都不是以数字经济指标的建构与测算作为核心内容，而是选取少量代表性指标从不同维度对数字经济综合指数进行测算，而后用于实证研究。就测算维度而言，仍是从数字经济的内涵定义出发，首先，数字经济发展所需的基础条件是其持续发展之基石，主要包括数字经济基础设施[1]和信息化产业（ICT）[2] 两个方面；其次，数字经济发展的外部环境[3]，如政府在数字经济发展潮流中的作用等[4]；最后，数字经济的融合应用是数字经济发展之落脚点，也是学者研究之重点，数字经济的融合主要是在三大产业，农业数字化相较于工业和服务业的数字化进程较为缓慢，工业数字化主要是在生产制造过程中[5]，而在服务业的应用最为广泛，日常中的消费、电子商务[6]、数字普惠金融[7]等无一不体现数字经济的身影，同时数字经济在对外贸易中的作用也不可忽视[8]。上述为目前学者对于数字经济指标建构与测度中所运用的基础指标，但是大多从自身所需的单一维度对指标进行测度，缺乏对数字经济综合指数进行的全面测算。

一言以蔽之，围绕数字经济已经进行了一定程度的研究，取得了一

---

[1] 王开科、吴国兵、章贵军：《数字经济发展改善了生产效率吗》，《经济学家》2020 年第 10 期。

[2] 刘方、孟祺：《数字经济发展：测度、国际比较与政策建议》，《青海社会科学》2019 年第 4 期。

[3] 张雪玲、焦月霞：《中国数字经济发展指数及其应用初探》，《浙江社会科学》2017 年第 4 期。

[4] 郭凤鸣：《数字经济发展能缓解农民工过度劳动吗?》，《浙江学刊》2020 年第 5 期。

[5] 刘军、杨渊鋆、张三峰：《中国数字经济测度与驱动因素研究》，《上海经济研究》2020 年第 6 期。

[6] 温珺、阎志军、程愚：《数字经济与区域创新能力的提升》，《经济问题探索》2019 年第 11 期。

[7] 张勋、万广华、张佳佳等：《数字经济、普惠金融与包容性增长》，《经济研究》2019 年第 8 期；赵涛、张智、梁上坤：《数字经济、创业活跃度与高质量发展——来自中国城市的经验证据》，《管理世界》2020 年第 10 期。

[8] 齐俊妍、任奕达：《东道国数字经济发展水平与中国对外直接投资——基于"一带一路"沿线 43 国的考察》，《国际经贸探索》2020 年第 9 期。

定的研究成果，但是由于处于发展之初，还存在如下不足之处。第一，对数字经济全面综合指数的测算仅有学理上的阐释，缺乏从实证角度进行研究；第二，现有研究对数字经济指标的涵盖面不足，大多仅从单个视角分析；第三，缺乏对数字经济发展区域异质性的分析；第四，数字经济发展在时序和空间上呈现何种特征也鲜有探析。如何进行数字经济的建构与测度是新时代追求经济高质量发展的重要命题，对于中国经济持续健康发展尤为重要，故建立一套全方位、宽领域及多层次的数字经济指标体系并对此进行测度迫在眉睫。笔者认为，对数字经济指标体系的建构与测度应当基于其内涵界定，就内涵来看，数字经济应该是以基础设施建设为"压舱石"，以数字化产业的发展为支撑，以产业数字化的深度融合为重点，在数字经济环境即治理环境和创新环境良好保障中，不断拓展数字经济融合的广度和深度。因此，首先，选取数字经济发展载体、数字化产业、产业数字化及数字发展环境作为数字经济的4个一级指标，并下设9个二级指标和30个三级指标，考虑指标的时代性和可获得性，对数字经济的综合指数进行测算。其次，对四大区域及五大经济带的数字经济发展特征进行分析。再次，着重对数字经济发展在时序演变和空间关联上深入剖析。旨在为高质量经济发展、缩小区域数字经济鸿沟、促进区间协调发展及缩小贫富差距和实现共同富裕提供政策建议。

二 数字经济发展水平指标的建构、测度与分析

（一）数字经济指标体系的建构

1. 指标建立

本章基于数字经济的内涵，着眼于数字经济的条件、应用与环境，从目标层、一级指标、二级指标及三级指标全方位地搭建数字经济指标体系。具体而言，数字经济发展水平综合指数是目标层；依据数字经济内涵和现实背景共设数字经济发展载体、数字产业化、产业数字化及数字经济发展环境4个一级指标，通过该一级指标能从宏观层面反映数字经济所需之先决条件、ICT产业发展、数字产业融合及发展环境；二级指标共选取了9个，分别为体现数字经济发展载体的传统基础设施和新

型数字基础设施,体现数字产业化的产业规模和产业种类,体现产业数字化的农业产业数字化、工业产业数字化及服务业数字化;三级指标的选取主要是依据科学性、层次性及数据的可获得性等原则,共选取30个三级指标(见表16-1)。

2. 数据来源

样本数据主要来源于国家统计局官网、中国信息通信研究院以及工业和信息化相关研究报告和公布数据、各省份历年统计年鉴、历年中国数字经济发展报告、《中国统计年鉴》、《中国信息年鉴》、《中国信息产业年鉴》。

3. 数据处理

在权衡指标体系的全面性和数据可得性的基础上,选取2013—2018年为研究样本区间,样本为除西藏以外的30个省份,并对数据进行以下处理。一是采取插值法或类推法对缺失数据进行补充;二是在原始指标的基础上对部分指标进行了比重测算,比如开通互联网宽带业务的行政村比重、工业应用互联网比重和电子商务交易活动企业比重。通过数据的收集与处理最终得到2013—2018年30个省份的面板数据。

表16-1　　中国省际数字经济发展水平指标体系

目标	一级指标	二级指标	三级指标	单位	属性
数字经济发展水平指标体系	数字经济发展载体	传统基础设施	互联网宽带接入端口数	万个	正向
			互联网宽带接入用户数	万户	正向
			每千人拥有域名数	万个	正向
			每千人拥有网站数	万个	正向
		新型数字基础设施	电子信息产业固定投资	亿元	正向
			移动电话基站数	万个	正向
			IPV4/IPV6地址数	万个	正向

续表

目标	一级指标	二级指标	三级指标	单位	属性
数字经济发展水平指标体系	数字产业化	产业规模	电信业务总量	亿元	正向
			软件产品收入规模	亿元	正向
			信息服务收入规模	亿元	正向
		产业种类	ICT上市公司数量	个	正向
			互联网百强企业数量	个	正向
			电子信息产业制造业企业数量	个	正向
	产业数字化	农业数字化	开通互联网宽带业务的行政村比重	%	正向
			农村宽带接入用户	万户	正向
			农产品电子商务额	亿元	正向
		工业数字化	工业应用互联网比重	%	正向
			工业企业每百人使用计算机台数	台	正向
			两化融合指数	—	正向
			工业企业电子商务交易额	亿元	正向
		服务业数字化	电子商务交易活动企业比重	%	正向
			电子商务交易额	亿元	正向
			互联网相关服务业投入	亿元	正向
			数字普惠金融指数	—	正向
	数字经济发展环境	治理环境	政务机构微博数量	个	正向
			政府政务应用指数	—	正向
			数字知识产权成交合同数	个	正向
		创新环境	R&D经费	亿元	正向
			数字知识型人才就业比例	%	正向
			软件研发人员就业人数	人	正向

（二）数字经济发展水平综合指数的测度方法

要确定数字经济发展水平的综合指数不仅需要建立可获得的具体指标，也需要对相关指标赋予权重。通常来看，已有的赋权法主要包括主观赋权法和客观赋权法，就主观赋权法而言是依据指标之间的相对重要程度通过主观判断以对指标赋予相应权重，如主成分分析法[①]、Delphi法及AHP法等，而客观赋权法是以指标的原始信息为依据来进行赋权的，如聚类分析法、标准差法、熵值法及极差法等。徐志向和丁任重认为，主观的赋权方法有可能受到主观人为的影响，在对指标权重的赋值时有失偏颇，故而不能很好地反映指标综合指数[②]。因此，经综合考虑，为避免主观赋权造成指数测度不准确，在此采用客观赋权法中的熵值法对指标进行赋权。

特别地，上述30个指标来源于不同层次，其指标值的量纲与数量级均存在显著差异，因之，只有将这些不同指标进行正规化之后，才具有横向的可比性和实用性，才能保证最终估出指数的精准性。对正向和负向指标进行处理的公式如下：

正向指标：
$$x_{ij} = \frac{x_{ij} - \min\{x_j\}}{\max\{x_j\} - \min\{x_j\}} \quad (16-1)$$

负向指标：
$$x_{ij} = \frac{\max\{x_j\} - x_{ij}}{\max\{x_j\} - \min\{x_j\}} \quad (16-2)$$

其中，$\max\{x_j\}$为所有年份中指标的最大值，$\min\{x_j\}$为所有年份指标中的最小值，x_{ij}为无量纲化的结果。在对指标进行正规化处理之后，依照王军等[③]所使用的熵值法步骤求出每个指标的客观权重。

计算第i年第j项指标所占比重，使用ω_{ij}表示：

[①] 王军、詹韵秋：《"五大发展理念"视域下中国经济增长质量的弹性分析》，《软科学》2018年第6期；吕承超、崔悦：《中国高质量发展地区差距及时空收敛性研究》，《数量经济技术经济研究》2020年第9期。

[②] 徐志向、丁任重：《新时代中国省际经济发展质量的测度、预判与路径选择》，《政治经济学评论》2019年第1期。

[③] 王军、邹广平、石先进：《制度变迁对中国经济增长的影响——基于VAR模型的实证研究》，《中国工业经济》2013年第6期。

$$\omega_{ij} = \frac{x_{ij}}{\sum_{i=1}^{m} x_{ij}} \quad (16-3)$$

计算指标的信息熵 e_j，则：

$$e_j = -\frac{1}{\ln m} \sum_{i=1}^{m} \omega_{ij} \times \ln \omega_{ij} \quad (16-4)$$

计算信息熵冗余度 d_j：

$$d_j: d_j = 1 - e_j \quad (16-5)$$

其中，m 为评价年度，根据信息熵冗余度计算指标权重 φ_j：

$$\varphi_j: \varphi_j = \frac{d_j}{\sum_{j=1}^{m} d_j} \quad (16-6)$$

基于标准化的指标 x_{ij} 及测算的指标权重 φ_j，使用多重线性函数的加权求出数字经济发展水平的指数水平（DEDCI）。计算结果如下：

$$DEDCI_i = \sum_{j=1}^{m} \varphi_j \times \omega_{ij} \quad (16-7)$$

通过上述公式计算出数字经济发展综合指数，其中 $DEDCI_i$ 表示 i 省的数字经济发展综合指数，在 0—1。$DEDCI_i$ 越大，则表示数字经济发展水平越高，反之，$DEDCI_i$ 越小，则数字经济发展水平越低。

（三）数字经济发展水平综合指数结果分析

表 16-2 为根据上述熵值法测算出来的 2013—2018 年数字经济发展水平综合指数（DEDCI）的估计结果，可以看出数字经济发展水平在时空上具有显著的异质性。整体上来说，中国数字经济发展水平的均值从 0.1137 增长至 0.3008，年平均增长率达到 25.0947%，分省份发展水平也有显著提升。具体地，2018 年广东、北京、江苏、山东、浙江及上海的数字经济发展水平处于领先行列，此外，青海、贵州、甘肃、宁夏、吉林的年均增长率名列前茅，均超过了 30%，发展势头依旧迅猛，处于数字经济发展的追赶行列。但不可否认的是省际差距依旧较为凸显，例如，2018 年广东的 DEDCI（0.7462）是青海 DEDCI（0.1163）的 6.41 倍，说明省际的差距依然巨大，但具有明显的追赶趋势。就四大区域而言，四大地区的 DEDCI 呈逐年递增之趋势，其中西部的年均增长率最快为 28.1228%，中部为

25.3896%次之，东北的23.9072%处于第三，东部17.589%为最末。但从数字经济发展水平来看，2018年东部DEDCI为0.4467，中部0.2813次之，紧接着是西部为0.2057，东北为0.2022和西部相差无几。这说明东部的数字经济水平存量大，而其他地区的DEDCI本身就较低，因此增长率较快也无可厚非。此外，采用主观赋权法对30个基础指标进行合理赋权，得到基于主观赋权法的数字经济发展水平综合指数，从其测度结果来看与熵值法测算结果差别不大。具体地，一是数字经济发展水平在不同地区存在较大差异，2018年广东、北京、江苏、山东、浙江及上海处于领先位置，而新疆、宁夏和青海数字经济发展水平仍然较低，其中广东与新疆相差0.6299，差距依旧很大；二是数字经济发展在不同区域不尽相同，东部引领数字经济发展，其DEDCI为0.4510，中部0.2841次之，而西部0.2077与东北部0.2042的水平相距甚微，且水平较低，但是西部、中部、东北的增长率均高于东部，分别为28.1229%、25.3897%和21.8064%。然则，深究区域间的数字经济发展之异质性，西部、中部及东北的追赶效应明显，对于DEDCI水平较低的地区仍具有很大的发展空间，提高相对落后地区的数字经济发展水平、缩小区域之间数字经济发展水平的差距及避免"数字鸿沟"的扩大仍是当务之急。

表16-2　2013—2018年数字经济发展水平综合指数测度结果

区域		2013年	2014年	2015年	2016年	2017年	2018年	年均增长率(%)
东部地区	北京	0.2767	0.4146	0.4184	0.4656	0.6177	0.6533	18.7435
	天津	0.0939	0.1152	0.1555	0.1638	0.1825	0.2021	16.5676
	河北	0.1074	0.1365	0.1773	0.2273	0.2719	0.2926	22.2058
	上海	0.2290	0.2979	0.3559	0.4003	0.4373	0.4784	15.8781
	江苏	0.2924	0.3395	0.4407	0.4723	0.5201	0.5728	14.3916
	浙江	0.2497	0.2817	0.3642	0.4137	0.4454	0.5018	14.9812
	福建	0.1506	0.1789	0.2359	0.2684	0.3058	0.3415	17.7919
	山东	0.1877	0.2462	0.3138	0.3867	0.4524	0.5131	22.2829
	广东	0.3495	0.4232	0.5127	0.5904	0.6596	0.7462	16.3843
	海南	0.0501	0.0844	0.1291	0.1416	0.1541	0.1652	26.9337
	均值	0.1987	0.2518	0.3104	0.3530	0.4047	0.4467	17.5890

续表

区域		2013年	2014年	2015年	2016年	2017年	2018年	年均增长率(%)
中部地区	山西	0.0537	0.0782	0.1181	0.1397	0.1554	0.1800	27.3555
	安徽	0.1021	0.1469	0.2074	0.2434	0.2757	0.3231	25.9081
	江西	0.0724	0.0991	0.1580	0.1797	0.2155	0.2482	27.9273
	河南	0.1114	0.1574	0.2254	0.2664	0.3103	0.3527	25.9250
	湖北	0.1134	0.1491	0.2050	0.2362	0.2665	0.3056	21.9385
	湖南	0.0916	0.1264	0.1795	0.2172	0.2506	0.2785	24.9091
	均值	0.0908	0.1262	0.1822	0.2138	0.2457	0.2813	25.3896
西部地区	内蒙古	0.0497	0.0809	0.1071	0.1348	0.1567	0.1665	27.3348
	广西	0.0716	0.1033	0.1417	0.1734	0.1989	0.2308	26.3744
	重庆	0.0835	0.1168	0.1567	0.1922	0.2191	0.2446	23.9840
	四川	0.1345	0.1730	0.2546	0.3052	0.3543	0.3978	24.2130
	贵州	0.0405	0.0683	0.1108	0.1448	0.1681	0.1975	37.2880
	云南	0.0645	0.0928	0.1409	0.1750	0.1845	0.2135	27.0604
	陕西	0.0870	0.1303	0.1707	0.2054	0.2322	0.2609	24.5490
	甘肃	0.0342	0.0606	0.1016	0.1251	0.1368	0.1607	36.2836
	青海	0.0125	0.0325	0.0764	0.0878	0.1004	0.1163	56.1246
	宁夏	0.0289	0.0559	0.0923	0.1006	0.1164	0.1242	33.8877
	新疆	0.0483	0.0735	0.1114	0.1209	0.1373	0.1495	25.3585
	均值	0.0596	0.0898	0.1331	0.1605	0.1822	0.2057	28.1228
东北地区	辽宁	0.1160	0.1568	0.1955	0.1951	0.2230	0.2423	15.8766
	吉林	0.0491	0.0749	0.1042	0.1206	0.1563	0.1857	30.4739
	黑龙江	0.0612	0.0883	0.1143	0.1347	0.1597	0.1787	23.9072
	均值	0.0754	0.1067	0.1380	0.1502	0.1796	0.2022	21.8060
全国	均值	0.1137	0.1527	0.2025	0.2342	0.2688	0.3008	25.0947

三 中国数字经济发展水平的区域时空差异

为揭示中国数字经济发展的时空特征，本章采用了描述性统计、泰尔指数、自然间断点法、莫兰指数及时空跃迁法对 DEDCI 从时间和空间上进行分析，将中国划分为四大区域和五大经济带来进行进一步的区域异质性分析，以分析区域间和区域内部的发展差异，通过追寻数字经济发展时空异质性之源头，为缩小地区之间数字经济差距、实现地区数字经济协同发展和各地区数字经济发展水平提升的政策制定提供事实依据。

（一）中国数字经济发展水平的时间演变

表 16 - 2 的测算结果显示出明显的时序特征，为进一步分析 DEDCI 的时序特征，故采用描述性统计和泰尔指数从四大地区和五大经济带的视角对数字经济发展水平差异追根溯源，以分析区域数字经济发展水平之差异及根本。

1. 四大地区

为了实现区域的协同发展，中国相继出台了关于东部率先崛起、西部大开发、东北振兴、中部崛起等一系列的政策举措[①]，各地的经济发展水平日益提升，同时，伴随着互联网、人工智能和大数据的深入应用，数字经济成为经济高质量发展的重要增长极，并且由于政策导向和资源禀赋等缘由，致使四大区域的数字经济发展水平不尽相同。具体地，从图 16 - 1 四大区域 DEDCI 可以看出以下几点。第一，各个区域的 DEDCI 呈递增之态势，从均值来看，东部遥遥领先，中部第二，西部位列第三，而东北稍落后于西部。第二，从区域的数字经济增幅来看，西部和中部较高，东北部次之，而东部的增长率相对低于其他三大区域。第三，东部、中部、西部和东北之间并没有表现出趋同之势，而是随着时序的推进，呈现出的差距愈加明显，说明由于资源禀赋抑或

---

① 郭芸、范柏乃、龙剑：《我国区域高质量发展的实际测度与时空演变特征研究》，《数量经济技术经济研究》2020 年第 10 期。

是"虹吸效应"的存在,东部地区数字经济发展水平明显高于其他三大区域,西部和东北地区长期处于较低发展水平。因此,区域性发展政策实现区域协调尤其是区域数字经济协同发展方面存在一定的积极作用,但是后续应继续推进精准化的区域数字经济发展举措,逐步缩小区域差异。

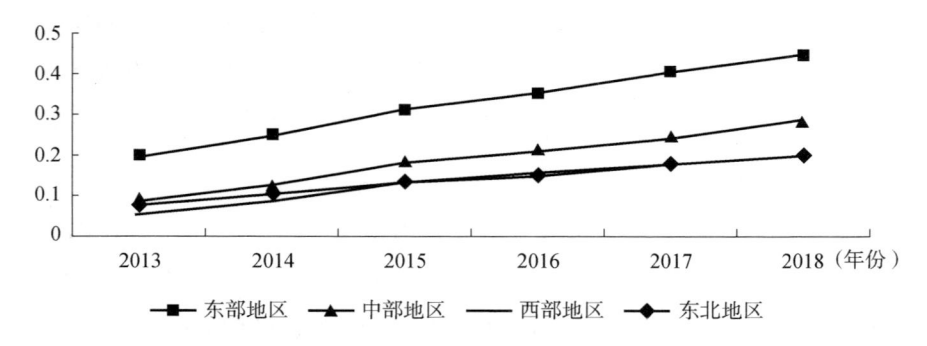

图 16-1　四大地区数字经济发展水平综合指数的时间演变

泰尔指数正是由于泰尔利用信息理论中的熵概念以计算收入不平等而得名,成为学术界衡量个人之间抑或是地区之间收入差距(不平等)的重要指标,通过对泰尔指数的测算可以直观地分析地区差异及来源。本章借用泰尔指数分析区域间和区域的数字经济发展水平的差异,同时也测算出其在总体差异中的重要程度与贡献率。具体公式如下:

$$T = \frac{1}{n}\sum_{i=1}^{n}\frac{y_i}{\bar{y}}\log\left(\frac{y_i}{\bar{y}}\right) \quad (16-8)$$

其中,T 是数字经济发展的泰尔指数,y_i 表示第 i 个区域的数字经济发展水平,$\bar{y}$ 为区域数字经济发展的平均水平。$T \in [0,1]$,T 越大则表示地区的差异越大,反之,T 越小则地区的差异越小。对整体的差异进行刻画后,还需分析群组间和群组内的差异性,因此对于泰尔指数的分解尤为重要。如公式:

$$T = T_b + T_w = \sum_{k=1}^{K} y_k \log\frac{y_k}{n_k/n} + \sum_{k=1}^{K} y_k \left(\sum_{i \in g_k} \frac{y_i}{y_k} \log\frac{y_i/y_k}{1/n_k}\right) \quad (16-9)$$

其中 $T_b = \sum_{k=1}^{K} y_k \log \frac{y_k}{n_k/n}$ 为区域间差异，$T_w = \sum_{k=1}^{K} y_k \left(\sum_{i \in g_k} \frac{y_i}{y_k} \log \frac{y_i/y_k}{1/n_k} \right)$ 代表区域内差异，$T_k = \sum_{i \in g_k} \frac{y_i}{y_k} \log \frac{y_i/y_k}{1/n_k}$ 为 k 组的组内差距，$k = 1, \cdots, K$。基于此，计算出组内差距和组间差距的贡献率，如下：

$$D_k = y_k \times \frac{T_k}{T}, \quad k = 1, \cdots, K \qquad (16-10)$$

$$D_b = \frac{T_b}{T} \qquad (16-11)$$

通过式（16-8）至式（16-11）可以计算出 2013—2018 年中国数字经济发展水平的总体差异、地区内差异、地区间差异及贡献率，具体结果如表 16-3 所示。第一，中国数字经济发展的总体差距依然显著，但是差距呈逐渐缩小之势，从 2013 年总体的泰尔指数 0.2428 下降到 2018 年的 0.1254，短期内差距缩小了一倍左右，这佐证了中国区域协调发展相关政策的有效性。第二，从数字经济发展差异结构而言，2015 年是一个分界点。2013 年和 2014 年数字经济发展总体差异大多来自地区间的差异，而地区内差异较少。2015 年以后，数字经济发展水平差异的来源在地区内和地区间基本相等，这表明中国 DEDCI 的差异来源已逐渐演变为地区间和地区内互为犄角之势。究其原因，虽然区域间的差距有所缓解，地区内部的发展差距却在逐渐显现，诸多地区出现了一个省重点打造一个城市的现象，如四川成都、湖北武汉等，区域内部的发展不均衡问题需要引起进一步重视。第三，就四大区域来看，东北和中部内部的差异相较于其他两大区域较小，意味着其内部数字经济发展水平不平衡程度较小。此外，东部的贡献率最大并逐年递增，从 2013 年的 3.1405% 增加到 2018 年的 5.3225%，西部次之从 2013 年的 1.2761% 增加到 2018 年的 1.9104%，中部的贡献率第三且增长较为缓慢，而东北的贡献率却呈递减之势。因此，区域间逐渐呈现出差异性分化，但区域内省际的数字经济发展水平差异逐年递减，表明在新发展理念的指导下，从数字经济协同发展的视角来看，中国现阶段的区域性政策是积极有效的。

表16-3　2013—2018年四大区域数字经济发展的泰尔指数及贡献率

年份	总体差异	地区内差异数值及贡献率	地区间差异数值及贡献率	东部区域数值及贡献率	中部区域数值及贡献率	西部区域数值及贡献率	东北区域数值及贡献率
2013	0.2428	0.1057 (43.5338%)	0.1371 (56.4662%)	0.1176 (3.1405%)	0.0300 (0.2195%)	0.1449 (1.2761%)	0.0708 (0.2154%)
2014	0.1907	0.0873 (45.7787%)	0.1034 (52.2313%)	0.1100 (3.7244%)	0.0275 (0.2804%)	0.0859 (1.1409%)	0.0539 (0.2320%)
2015	0.1353	0.0718 (53.0673%)	0.0634 (46.9327%)	0.0846 (3.5316%)	0.0205 (0.3011%)	0.0566 (1.1147%)	0.0417 (0.2322%)
2016	0.1277	0.0620 (48.5513%)	0.0656 (51.4487%)	0.0829 (3.9326%)	0.0208 (0.3586%)	0.0604 (1.4322%)	0.0224 (0.1355%)
2017	0.1294	0.0653 (50.4637%)	0.0641 (49.5363%)	0.0872 (4.7466%)	0.0214 (0.4244%)	0.0621 (1.6728%)	0.0141 (0.1021%)
2018	0.1254	0.0642 (51.1962%)	0.0612 (48.8038%)	0.0886 (5.3225%)	0.0209 (0.4752%)	0.0628 (1.9104%)	0.0096 (0.0787%)

2. 五大经济带

近年来，随着中国经济进入新常态，经济增速逐步放缓，高质量发展成为时代主题。因此，强调区域高质量发展，通过区域发展以带动各点的发展尤为重要，京津冀协同发展经济带、长江经济带、"一带一路"建设经济带、长三角一体化经济带及黄河流域经济带的相继推出，成为中国经济高质量发展的重要增长极，依托国家战略和相关政策，加之资源禀赋、区域位置等原因，各大经济带经济发展水平不尽相同，从而也导致数字经济发展水平呈现差异。由表16-4可知，五大经济带的数字经济发展水平在研究的样本期内都有一个显著提升，从平均DEDCI来看，长三角一体化经济带处于首要位置，其DEDCI均值为0.3497，京津冀协同发展经济带的均值为0.2762位列第二，长江经济带DEDCI均值为0.2427处于第三，"一带一路"建设经济带和黄河流域经济带依次为第四、第五位，其DEDCI均值分别为0.1891和0.1706。如图16-2所示，2013—2018年，长三角一体化经济带的数字经济发展水平始终处于第一位，京津冀协同发展经济带和长江经济带处于第二、第三位且二者差距不大，"一带一路"建设经济带和黄河流域经济带的发展水平相近。但是，从增长率来看，却与 DEDCI 呈相反之势，黄河流域经济带以 26.5633% 的增长率名列第一，"一带一路"建设经济带和长江经济带分别以 21.0308%、20.6160% 处于第二、第三位，京津冀协同发展和长三角一体化经济带处于末端，其增长率分别为 19.1530% 和 16.5274%。这充分说明了数字经济发展水平较落后地区，例如"一带一路"建设经济带和黄河流域经济带受到政策的支持具有明显追赶效应，正在逐渐缩小与数字经济发展水平较高经济带之间的差距。同时也体现出国家相关的区域性扶持政策对缩小数字经济不平衡、避免区域"数字鸿沟"的出现起到了积极作用。

表 16-4　　2013—2018 年五大经济带数字经济发展测评结果

	2013 年	2014 年	2015 年	2016 年	2017 年	2018 年	DEDCI 均值	年均增长率(%)
京津冀协同发展经济带	0.1593	0.2221	0.2504	0.2856	0.3574	0.3827	0.2762	19.1530
长江经济带	0.1340	0.1720	0.2340	0.2709	0.3034	0.3420	0.2427	20.6160
"一带一路"建设经济带	0.1021	0.1372	0.1830	0.2106	0.2367	0.2651	0.1891	21.0308
长三角一体化经济带	0.2183	0.2665	0.3421	0.3824	0.4196	0.4690	0.3497	16.5274
黄河流域经济带	0.0777	0.1128	0.1622	0.1946	0.2239	0.2525	0.1706	26.5633

为了更好地反映区域内数字经济发展的不平衡性，进一步使用泰尔指数来进行考察。根据表 16-5 可知，五大经济带的泰尔指数呈下降趋势，说明其内部数字经济发展水平的不平衡程度降低。因此，说明国家出台一系列区域协调发展政策，确实是行之有效的，能极大地缩小经济带内的数字经济发展水平差异。

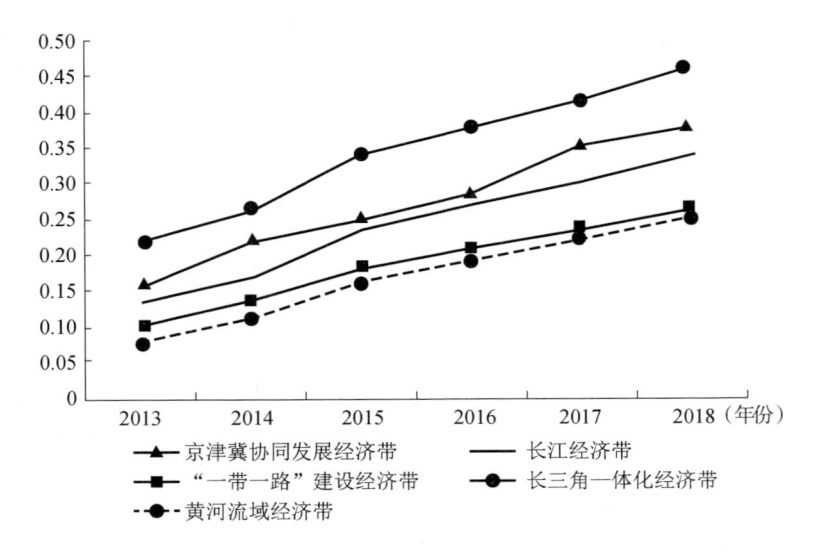

图 16-2　五大经济带数字经济发展水平综合指数的时间演变

表 16-5　2013—2018 年五大经济带数字经济发展泰尔指数

年份	京津冀协同发展经济带	长江经济带	"一带一路"建设经济带	长三角一体化经济带	黄河流域经济带
2013	0.1276	0.1680	0.3173	0.0600	0.2379
2014	0.1762	0.1227	0.2264	0.0409	0.1625
2015	0.1054	0.0902	0.1674	0.0330	0.1138
2016	0.0990	0.0728	0.1614	0.0266	0.1195
2017	0.1313	0.0664	0.1525	0.0240	0.1262
2018	0.1234	0.0605	0.1528	0.200	0.1277

（二）数字经济发展水平的空间分布

数字经济的发展水平除了在省际、四大区域、五大经济带呈现相应的时序特征，也具有空间关联性，并且分析数字经济在不同区域的发展相关性有利于因地施策，进而实现区域数字经济的协调可持续发展。

在此采取了描述性统计法、自然间断点分级法、局部莫兰指数及时空跃迁法用以分析地区的数字经济空间相关性。

1. 数字经济发展总体水平空间异质性分析

根据自然间断点分级法，从空间上分析中国数字经济发展水平的异质性，将中国的数字经济发展水平划分为高水平、中高水平、中低水平及低水平，其范围分别为（0.4003，0.7462]、（0.2362，0.4003]、（0.1303，0.2362]、（0.0125，0.1303]。从表16-6可知，2013年中国处于中高水平与中低水平阶段的各有4个省份，其余地区数字经济发展均处于低水平阶段；2018年中国处于高水平阶段的共6个省份，中高水平和中低水平各有11个省份，而仍有2个省份处于低水平阶段。总体来说，从空间维度出发，中国数字经济发展水平正在从低、中低水平向着中高、高水平发展演变。此外，中国数字经济发展水平也呈现出时间上的发展不充分和空间上的发展不平衡两个特征。

表16-6　　　2013—2018年中国的数字经济省际发展水平

年份	低水平	中低水平	中高水平	高水平
2013	天津、河北、山西、内蒙古、辽宁、吉林、黑龙江、安徽、江西、河南、湖北、湖南、广西、海南、重庆、贵州、云南、陕西、甘肃、青海、宁夏、新疆	上海、福建、山东、四川	北京、江苏、浙江、广东	—
2014	天津、山西、内蒙古、吉林、黑龙江、江西、湖南、广西、海南、重庆、贵州、云南、陕西、甘肃、青海、宁夏、新疆	河北、辽宁、安徽、福建、河南、湖北、四川	上海、江苏、浙江、山东	北京、广东

续表

年份	低水平	中低水平	中高水平	高水平
2015	山西、内蒙古、吉林、黑龙江、海南、贵州、甘肃、青海、宁夏、新疆	天津、河北、辽宁、安徽、福建、江西、河南、湖北、湖南、广西、重庆、云南、陕西	上海、浙江、山东、四川	北京、广东、江苏
2016	吉林、甘肃、青海、宁夏、新疆	天津、河北、山西、内蒙古、辽宁、黑龙江、江西、湖北、湖南、广西、海南、重庆、贵州、云南、陕西	上海、山东、四川、安徽、福建、河南	北京、广东、江苏、浙江
2017	青海、宁夏	天津、山西、内蒙古、辽宁、吉林、黑龙江、江西、广西、海南、重庆、贵州、云南、陕西、甘肃、新疆	河北、安徽、福建、河南、湖北、湖南、四川	北京、广东、江苏、浙江、上海、山东
2018	青海、宁夏	天津、山西、内蒙古、吉林、黑龙江、广西、海南、贵州、云南、甘肃、新疆	河北、辽宁、安徽、福建、江西、河南、湖北、湖南、重庆、四川、陕西	北京、广东、江苏、浙江、上海、山东

第一，发展不充分。2013—2018 年，各省份的数字经济发展水平不尽相同，参差不齐，且差距显著。具体来看，广东、北京、江苏、山东、浙江及上海的发展水平始终名列前茅；而相对而言，甘肃、新疆、宁夏和青海的数字经济发展一直处于低水平和低增速阶段。图 16-3 反映了每年数字经济发展水平的极大值、极小值及二者之差，可知极大值和极小值都在不断提高，这表明数字经济发展水平处于不断提升之中，佐证了前文观点。但极大值的增值速度明显快于极小值，二者之间的差值不断增大，这表明中国区域间数字经济发展水平依然存在着明显的差异，且在短时间内难以消除。就区域来看，数字

经济发展水平从东部、中部、西部及东北依次递减，东部发展水平遥遥领先于其他，这表明无论从整体还是分区域来看，中国的数字经济发展不充分问题都较为严重，低水平发展的地区，如西部和东北仍具有很大的提升空间。

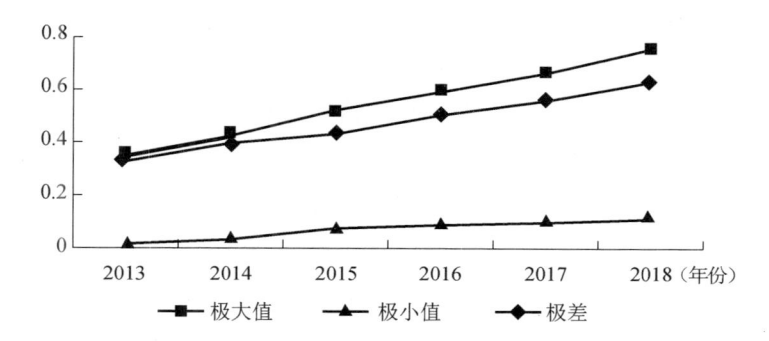

图 16-3　各时期中国省际数字经济发展水平综合指数离散程度

第二，发展不平衡。依托资源禀赋优势，广东、江苏、北京、上海、浙江及山东率先步入数字经济高水平阶段，而其他地区截至 2018 年仍处于低水平抑或是中等水平阶段。依托国家西部大开发战略，四川成为西南地区发展的中坚力量，其数字经济发展趋于高水平阶段。与此相伴的是，由于缺乏数字经济发展的先决条件，如数字基础设施建设、数字化产业发展、创新人才等，加之经济发展水平相对落后，导致甘肃、新疆、宁夏和青海的数字经济发展始终处于低水平阶段。一是由于初始水平较低，二是因为增速较缓，各种因素的杂糅致使各地数字经济发展不平衡。此外，区域间和区域内部的不平衡同样严峻，一是中国数字经济发展东部是"领头羊"且与其他区域的水平差距较大，而西部和东北发展处于较低水平，与其他区域的发展水平差距显著，囿于其本身经济发展水平较低，难以聚集新型互联网科技与人才，似乎难以摆脱"数字经济贫困陷阱"。因之，区域之间的数字经济发展不平衡问题需引起高度重视。二是区域内部的不平衡仍然存在，东部地区一片欣欣向荣的背后也有福建、天津及河北的发展水平较低，而西部整体发展不佳的状况下，四川的数字经济发展水平却异常亮眼。故而，伴随着数字时代的深入发展，数字经济发展水平的不平衡不是局部的而是全面的，如何有效解决中国数字经济发展的不平衡问题已经成为当务之急。

2. 数字经济四大部分的空间异质性

数字经济的测度是从数字经济发展载体、数字产业化、产业数字化及数字经济发展环境四大部分综合而来。表 16 – 7 反映了中国 2013—2018 年数字经济四大部分测度结果，从结果可知，每个部分都是逐年递增，其中产业数字化的年均增长率最高为 26.5503%，数字经济发展载体为 18.5134%，数字产业化为 14.9803%，而数字经济发展环境的年均增速最低为 10.5470%；囿于四大部分年均增速的不同，致使四大部分的发展水平不尽相同，产业数字化的水平最高，其均值为 3.5535，数字经济发展载体次之为 1.7130，数字经济发展环境和数字产业化的均值分别为 0.6840 和 0.4142。这说明中国数字经济发展环境和数字的业化水平是制约中国数字经济发展的重要短板，急需制定政策促使其快速提升。可见，数字经济发展中将数字经济与传统产业相互融合是首要之义，也是数字经济发展的落脚点，同时数字经济发展载体作为新型基础设施对数字经济融合的广度和深度有着不可磨灭之作用，加之数字化产业的发展和数字经济发展环境的提高，均有利于达成数字经济深度应用之目的。

表 16 – 7　　　2013—2018 年数字经济四大部分测度结果

数字经济四大部分	2013 年	2014 年	2015 年	2016 年	2017 年	2018 年	均值	年均增长率(%)
数字经济发展载体	1.0253	1.3157	1.5382	1.8310	2.1707	2.3970	1.7130	18.5134
数字产业化	0.2814	0.3259	0.3725	0.4340	0.5058	0.5654	0.4142	14.9803
产业数字化	1.6203	2.3491	3.4465	4.0380	4.6083	5.2590	3.5535	26.5503
数字经济发展环境	0.4862	0.5924	0.7179	0.7252	0.7796	0.8027	0.6840	10.5470

此外，对四大部分的空间分布特征进行剖析发现，其呈向东—中—西依次递减之趋势，沿海地区的数字经济处于较高的水平，内陆地区发展水平相对滞后。具体如下。第一，数字经济发展载体参差不齐且差距显著。2018年排名前五的分别为广东、江苏、北京、山东、浙江，并且在前几年这几个地区的数字经济载体的发展水平依然名列前茅，然而海南、宁夏和青海的发展水平在2013—2018年都是最后三名，且与前几名的差距持续扩大，说明区域的经济发展水平会对数字经济载体的发展水平产生重要的影响。第二，就数字化产业发展而言，北京、广东、上海、江苏、浙江、山东、四川、重庆处于第一梯队，宁夏、内蒙古、山西的数字化产业水平处于末端，且从2013—2018年基本没变，由此导致与第一梯队的差距愈加扩大。第三，产业数字化发展水平较高的地区始终是广东、北京、上海、山东、江苏和浙江，而甘肃、青海、宁夏和新疆的数字化水平较低，进一步凸显数字经济发展呈"沿海—内陆"递减之势。第四，广东、北京、江苏、山东和浙江的数字经济发展环境水平名列前茅，且与海南、宁夏及青海（后三名）的距离愈加拉大。通过对四大部分空间异质性的分析表明，囿于地区的经济发展水平、科技水平、资源禀赋等因素，进而导致数字经济四大部分呈现东高西低、沿海高内陆低的态势，而且各部分发展状况分布相对稳定，西部地区发展始终滞后于东部沿海。

3. 空间相关性分析

数字经济发展在空间上差异显著，然则各地区间是否存在关联性还需加以验证，故需要进一步检验其空间相关性。空间相关性包括全局相关性和局部相关性，而学术界常用莫兰指数分析区域间的相关性，其中，局部莫兰指数[①]是研究每个要素的相关性，故本章为分析每个省份间的相关性特征，采用局部莫兰指数（Moran's I）进行分析。具体公式如下：

---

① Anselin L., "Local Indicator of Spatial Association—LISA", *Geographical Analysis*, 1995, 27 (2), pp. 93 – 115.

$$I_i = \frac{y_i - \bar{y}}{\frac{1}{n}\sum(y_i - \bar{y})^2} \sum_{j \neq i}^{n} \omega_{ij}(y_i - \bar{y}) \qquad (16-12)$$

其中，w_{ij} 为空间权重值，n 为地区总数（30 个省份），I_i 为局部莫兰指数，y_i 为地区数字经济水平指数，$\bar{y}$ 为地区数字经济水平均值。通过莫兰指数的测算可分为四个象限即四个区域，分别为第一象限的高—高（HH）区域、第二象限的低—高（LH）区域、第三象限的低—低（LL）区域、第四象限为高—低（HL）区域。因此，将数字经济的发展划分为四种空间关联模式。第一，HH 为促进区，即观测地区自身的数字经济水平高且周围的也高，呈正相关性。第二，LH 为过渡区，即观测地区的数字经济发展水平较低而周围的较高，呈负相关性。第三，LL 为低水平区，即观测地区的数字经济发展水平较低且周围的同样低，呈正相关性。第四，HL 为辐射区，即观测地区的数字经济发展水平较高而周围的较低，呈负相关性。此外，借鉴 Rey[①] 的时空跃迁法以测度不同时段数字经济发展空间关联模式的变化情况，主要包含观测区跳跃至临近象限、观测区跳跃至相间象限、观测区无变动且与周围正相关以及观测区无变动且与周围负相关四种情况。

表 16-8 呈现了 2013—2018 年局部 Moran's I 区域分布情况，根据研究结果可知以下几点。第一，中国地区的数字经济发展具有显著的空间相关性，即地区的数字经济发展呈现高度聚集态势。具体地，东部沿海地区主要在第一象限即促进区（HH），而西部内陆地区主要聚焦在低水平区（LL），呈显著的正相关性。第二，研究时段内大多地区并未发生跃迁，但有四个地区发生跃迁且都跃迁至相邻区域，而大部分地区处于低水平区（LL），与周围呈显著正相关。第三，中国数字经济发展水平空间异质性明显，主要体现在天津、江西、广西、湖南、河北、海南等地处于过渡区（LH）以及北京、广东、四川、湖北等地处于辐射区（HL），呈显著负相关性。此外，中国大部分省

[①] Rey S. J., "Spatial Empirics for Regional Economic Growth and Convergence", *Geographical Analysis*, 2001, 33 (3), pp. 195–214.

份处于低水平区且长期未变动，因之，中国数字经济发展仍有待提高，缩小地区间数字经济发展差距和数字鸿沟，是摆在中国经济高质量发展面前的重要命题。

表16-8　　　2013—2018年局部Moran's I区域分布情况

年份	促进区 (High-High)	过渡区 (Low-High)	低水平区 (Low-Low)	辐射区 (High-Low)
2013	上海、江苏、浙江、山东、福建	天津、江西、广西、湖南、河北、海南、安徽、河南	黑龙江、吉林、辽宁、陕西、山西、内蒙古、重庆、云南、贵州、甘肃、新疆、宁夏、青海、湖北	北京、广东、四川、辽宁
2014	上海、江苏、浙江、山东、福建、河南	天津、江西、广西、湖南、河北、海南、安徽	黑龙江、吉林、陕西、山西、内蒙古、重庆、云南、贵州、甘肃、新疆、宁夏、青海、湖北	北京、广东、四川、辽宁
2015	上海、江苏、浙江、山东、福建、安徽、河南	天津、江西、广西、湖南、河北、海南	黑龙江、吉林、辽宁、陕西、山西、内蒙古、重庆、云南、贵州、甘肃、新疆、宁夏、青海	北京、广东、四川、湖北
2016	上海、江苏、浙江、山东、福建、安徽、河南	天津、江西、广西、湖南、河北、海南	黑龙江、吉林、辽宁、陕西、山西、内蒙古、重庆、云南、贵州、甘肃、新疆、宁夏、青海	北京、广东、四川、湖北
2017	上海、江苏、浙江、山东、福建、安徽、河南、河北	天津、江西、广西、湖南、海南	黑龙江、吉林、辽宁、陕西、山西、内蒙古、重庆、云南、贵州、甘肃、新疆、宁夏、青海	北京、广东、四川、湖北
2018	上海、江苏、浙江、山东、福建、安徽、河南	天津、江西、广西、湖南、河北、海南	黑龙江、吉林、辽宁、陕西、山西、内蒙古、重庆、云南、贵州、甘肃、新疆、宁夏、青海	北京、广东、四川、湖北

四　结论及政策建议

随着数字经济时代的道路，数字经济正充斥着我们日常生活的方方面面，是实现中国经济高质量发展的新动能和重要增长极。但是，准确测知数字经济的发展水平及其区域异质性，才能更好地因时因地制定政策，充分发挥其积极作用。故而，将数字经济划分为数字经济发展载体等四个部分，对数字经济的指标体系进行构建、测度与解读。另外，运用描述性统计、泰尔指数、自然间断点法、莫兰指数及时空跃迁法对DCDEI的时空特征进行分析发现以下几点。第一，DEDCI在时序上呈现东部沿海仍然高于其他三大区域及长三角一体化经济带、高于其他四大经济带之特征，但总体、四大区域及五大经济带的泰尔指数逐年递减，这说明数字经济发展不平衡程度逐渐降低。总体的不平衡由早期的来源于组间演变为来源于组内和组间两大部分，组内差距的诱因日益凸显，此外，四大区域中东部地区贡献最大。第二，DEDCI在空间上存在发展不充分和不平衡两大难题，具体地，呈现"东—中—西"及"沿海—内陆"依次递减之势，同时采用莫兰指数与时空跃迁法研究表明，大部分地区处于低水平区且长期无跃迁、保持稳态。因此，中国数字经济发展不充分和不平衡问题依然显著，提高数字经济总体水平和高质量发展任重道远。任保平认为，数字经济引领高质量发展的内在逻辑在于规模经济与范围经济的结合，一方面，促进了产业组织和产业结构的优化升级，实现了数字经济与产业的深度融合；另一方面，优化了资源的配置，调整了经济结构，使其合理化[1]。因此，数字经济是促进中国经济高质量发展的核心动能[2]，要想数字经济高质量发展以此成为经济高质量发展的重要增长极，需要抓住病因，从数字经济构成的四大方面着手，彻底破解数字经济发展难题。

一是大力发展数字经济载体。数字经济的载体是数字产业发展、产

---

[1] 任保平：《数字经济引领高质量发展的逻辑、机制与路径》，《西安财经学院学报》2020年第2期。

[2] 刘淑春：《中国数字经济高质量发展的靶向路径与政策供给》，《经济学家》2019年第6期。

业数字化融合的基石,只有强有力的数字经济载体才能促进数字化产业快速发展,进而拓展数字经济与产业的广度与深度,充分发挥其效能。对于沿海地区,更多地应该增加新型数字基础设施的投入,如增加电子信息产业的固定投资、IPV6 地址数、5G 基站等,进一步发挥该地区的引领作用,而对于西部内陆地区应积极扩大传统基础设施和新型数字基础设施的投入,尤以新型数字基础设施为主,并发挥地区的带动作用,同时政府应发展其主导作用。

二是提高数字化产业水平。要想实现数字经济与产业的深度融合,提升数字经济在经济高质量发展中的效能,提高自身的数字化产业的规模与质量是关键举措。具体地,东部沿海地区应大力提升电子信息技术产业的质量,即增加互联网百强企业数量和 ICT 上市公司数,同时发挥广东、北京、江苏、山东和浙江的区域核心地位,充分发挥其对周边相对低水平地区的产业和技术溢出效应;而其他发展水平落后地区应提高数字化产业的数量,增加电子信息制造业数量、互联网企业数量等,强化中央和地方政府的引导与扶持,使其走出数字化产业"低水平陷阱",实现量与质的协同提升。

三是不断拓展产业数字化的广度与深度。产业数字化是数字经济发展的最终落脚点,扩大数字经济应用维度,实现数字经济与三大产业的深度融合是经济高质量发展的重要抓手。发展水平较高的东部沿海地区,如广东、北京、上海、山东、江苏和浙江应该在原有基础上逐步提升工业数字化和服务业数字化的水平,即强化数字经济在制造业、电子商务和互联网金融等方面的应用,提升产业数字化的质量;而对于发展水平很低的西部内陆地区,应先提高数字经济在农业和工业上的应用程度,而后逐渐适当提高与第三产业的融合度,如适当提升数字经济在电子商务、互联网金融等服务业方面的应用。通过因地制宜地施行产业数字化举措,能有效实现数字经济高质量发展,进而实现经济的高质量发展。

四是强化数字经济发展环境。数字经济发展环境(治理环境和创新环境)是确保数字经济与传统产业融合的外部保障,有利于实现数字经济与传统产业的深度融合,利于进一步扩大数字经济应用范围,促使数字经济释放更大效能。因此，强化数字经济的治理和创新环境就显得尤为重要。具体地，对于新疆、吉林、宁夏、海南、青海等数字经济环境水平较低的地区，需要增加政府机构微博和头条数量、深化政府政务互联网应用程度、增加数字知识产权合同数、提高 R&D 经费投入、培育数字知识性人才、提升软件研发人员就业比重等，从治理环境和创新环境两方面进行强化，而发展水平较高的地区，如广东、北京、江苏、山东、浙江、四川、上海等地区，可偏重于强化自身的创新环境。

第十七章　谁更担心在人工智能时代失业[*]
——基于就业者和消费者双重视角的实证分析

随着科技革命的不断发展，人工智能作为新一代通用目的技术取得了较大突破，渗透到了社会、经济、文化等多个领域以及生产生活的各个环节，成为引领产业革命和驱动经济增长的新引擎与新动能。由于人工智能对经济社会发展有着重要的推动作用，并在很大程度上影响着一个国家的国际竞争力，因而诸多国家都非常重视人工智能的发展。中国政府也将发展人工智能提高到了国家战略的高度，党的十九大报告明确指出要推动"人工智能和实体经济深度融合"。在此背景下，与人工智能相关的产业蓬勃发展，成为新一轮经济增长的动力源。

技术进步对就业有着广泛而深远的影响，人工智能作为衡量现代科技水平的重要标准，一方面能够有效提高社会劳动生产率[①]，另一方面也带来了人们关于"机器换人"的隐忧。大数据的积累增加了人工智能可能引发失业的风险[②]，学者围绕人工智能是否挤压了人类的就业机会以及是否会形成大规模的结构性失业展开了全面的研究，悲观者不在少数。但是，关于人工智能技术应用对失业影响的研究多为定性探讨，

---

[*] 本章作者：王军、詹韵秋、王金哲。原载于《中国软科学》2021年第3期。

[①] Furman J., Seamans R., "AI and the Economy", *NBER/Innovation Policy and the Economy*, 2019, 19 (1), pp. 161–191.

[②] McAfee A., Brynjolfsson E., *Machine, Platform, Crowd: Harnessing Our Digital Future*, New York: W. W. Norton & Company, 2017.

实证研究相对缺乏。近几年，学者开始针对人工智能与失业问题进行定量上的尝试，相关文献多集中于探讨人工智能对就业的创造效应、替代效应，以及比较不同职业被人工智能替代的风险大小[①]，不足之处在于多数研究采用宏观层面数据分析行业替代率，关注个人主观失业风险感知的研究相对不足，在探讨不同职业所面临的被替代风险时也很少考虑就业者的雇佣类型。此外，尽管国外关于人工智能与就业的定量研究有了一定突破，但针对中国国情的研究依旧相对欠缺。

本章旨在通过实证全面揭示 AI 和就业失业之间的关系，研究的内容主要包括阐明教育水平、职业许可证等人力资本变量对人工智能背景下人们的失业风险感知产生的影响；然后，分析性别、年龄、户籍、收入等其他人口学特征变量导致的失业风险感知异质性；同时，基于生产者视角，探讨不同行业以及不同雇佣类型就业者的失业风险感知存在的差异；最后，基于消费者视角，结合人口学特征来判断人工智能技术的应用最有可能替代的服务类型。对于上述问题的研究能够从多个视角全面考察人工智能背景下人们的失业风险感知，提升社会对于人工智能与失业问题的认知，推进相关政策的制定和完善。本章接下来的结构安排如下：第二部分梳理回顾相关文献，第三部分介绍数据来源、相关变量和实证模型，第四部分汇报实证分析结果，包括基准回归分析、稳健性检验、异质性分析等，第五部分是简要总结与政策建议。

一 文献回顾与理论基础

（一）文献回顾

人工智能这一概念最早是由美国科学家 McCarthy 于 1956 年提出

---

① Frey C. B., Osborne M. A., "The Future of Employment: How Susceptible are Jobs to Computerisation?", *Technological Forecasting & Social Change*, 2017, 114 (1), pp. 254 – 280; Dauth W., Findeisen S., "German Robots: The Impact of Industrial Robots on Workers", CEPR Discussion Papers, 2017; Oschinski M., Wyonch R., "Future Shock? The Impact of Automation on Canada's Labour Market", C. D. Howe Institute Commentary, 2017, (5), pp. 1 – 28.

的。由于研究领域和方向存在差异,学者对人工智能的理解和界定不尽相同,这也铸就了人工智能内涵的多元化。概而言之,人工智能是一系列技术的集合,是对人类智能的拓展和延伸,它包括但不限于机器学习、推理、感知、自然语言处理等。

近年来,人工智能技术加速发展,渗透进了医疗健康、养老、教育、安全等多个领域,贯穿生产与消费的各个环节,也应用于经济社会的各个方面[1]。从经济史的研究角度来看,机器的应用会深刻影响到经济、医疗、环境等方面,但是人们对技术进步所持的看法是存在矛盾的[2]。人工智能作为21世纪一项重要的尖端技术,对驱动经济高质量增长有着重要意义。学者围绕人工智能对经济的影响展开了广泛探讨,研究涉及经济增长[3]、劳动生产[4]、收入[5]以及就业[6]等多个维度。

关于人工智能对就业的影响,主要有以下几类观点。第一种观点比较乐观,主要是从岗位创造、提高劳动生产率以及岗位合作等角度论述了人工智能技术对就业的正向效应。在岗位创造方面,Trajtenberg 在研究中否定了技术进步会引发大规模失业的悲观预言,提出要

---

[1] Trajtenberg M., "AI as the Next GPT: A Political-economy Perspective", CEPR Discussion Papers, 2018.

[2] Ziebarth N. L., Vickers C., Mokyr J., "The History of Technological Anxiety and the Future of Economic Growth: Is this Time Different?", The Journal of Economic Perspectives, 2015, 29 (3), pp. 31 – 50.

[3] Aghion P., Jones B. F., Jones C. I., "Artificial Intelligence and Economic Growth", NBER Working Papers, 2017.

[4] Daron A., Pascual R., "The Race between Man and Machine: Implications of Technology for Growth, Factor Shares, and Employment", American Economic Review, 2018, 108 (6), pp. 1488 – 1542.

[5] Acemoglu D., "Equilibrium Bias of Technology", SSRN Electronic Journal, 2005 (11), pp. 1 – 36; Brynjolfsson E., Mcafee A., "The Second Machine Age", NZ Business, 2014, 14 (11), pp. 1895 – 1896.

[6] David H. Autor, "Why are There Still So Many Jobs the History and Future of Workplace Automation", The Journal of Economic Perspectives, 2015, 3, pp. 3 – 30; Goos M., Manning A., Salomons A., "Explaining Job Polarization: Routine-biased Technological Change and Offshoring", American Economic Review, 2014, 104 (8), pp. 2509 – 2526.

看到人工智能对未来医疗、教育等领域就业增长的正向效应[1]。Gregary 等区分了技术变革影响劳动力需求的主要途径，结果显示，1999—2010 年技术进步带来了产品需求的增加，对 27 个欧洲国家的就业产生了积极作用[2]。在劳动生产率方面，Alexopoulos 和 Cohen 采用新的技术进步指标，分析了正向的技术冲击在周期性经济波动中所扮演的角色，其研究结论表明技术进步能够通过提高生产率进而降低失业率[3]。在岗位合作方面，Acemoglu 等指出人工智能辅助人类工作能够有效提高工作效率，人工智能技术可以通过收集和处理数据，在教育、医疗保健等方面实现人机互动与合作[4]。Markoff 则认为随着人工智能超越人类，世界将不可逆转地改变这种观点并不全面，将机器人作为合作伙伴能够成就人类与机器的共存[5]。

  第二种观点相对悲观，主要是从岗位替代和破坏等视角研究了人工智能技术对就业的负向效应。曹静和周亚林在研究中指出，人工智能对岗位的破坏效应远胜于以往的技术进步[6]。Susskind 基于静态和动态模型分析了自动化技术对劳动力的替代作用，在其看来，智能机器的应用降低了相对工资，劳动力所对应的就业岗位越来越少，技术性失业不可避免[7]。更多的学者则是对人工智能的岗位代替率进行了测算，测算结果存在较大差异。其中，David 的研究表明日本 55% 左右的岗位将

---

[1] Trajtenberg M., "AI as the Next GPT: A Political-economy Perspective", CEPR Discussion Papers, 2018.

[2] Gregory T., Salomons A., Zierahn U., "Racing with or Against the Machine? Evidence from Europe", ZEW-Centre for European Economic Research Discussing Paper No. 16-053, 2016, pp. 1-42.

[3] Alexopoulos M., Cohen J., "The Medium is the Measure: Technical Change and Employment, 1909-1949", *Review of Economics and Statistics*, 2016, 98 (4), pp. 792-810.

[4] Acemoglu D., Restrepo P., "The Wrong Kind of AI? Artificial Intelligence and the Future of Labour Demand", *Cambridge Journal of Regions, Economy and Society*, 2019, (3), pp. 25-35.

[5] Markoff J. A., *Machines of Loving Grace: The Quest for Common Ground between Humans and Robots*, New York: Harper Collins Publishers, 2016.

[6] 曹静、周亚林：《人工智能对经济的影响研究进展》，《经济学动态》2018 年第 1 期。

[7] Susskind D., "A Model of Technological Unemployment", Economics Series Working Papers, 2017.

被人工智能取代[1],这一结果和世界银行的测算相似,后者将测算范围放大到了 OECD 国家并指出未来 20 年内人工智能将替代这些国家 57%的工作[2]。此外,Pajarinen 和 Rouvinen 预计人工智能将冲击芬兰超过 35%的工作[3]、Frey 等判定美国有 47%的岗位面临被替代的风险[4]。上述研究结果明显高于 Oschinski 和 Wyonch[5]以及 Melanie 等[6]的测算结果。学者的研究结论存在明显差异可能是由于研究对象、统计口径、数据来源以及测算方法异质性导致的。

第三种观点看到了人工智能技术对就业的均衡效应,即在破坏和替代某些就业岗位的同时也能创造出新的就业岗位,这类学者通常将关注点放在了比较不同行业或领域被人工智能技术替代的风险大小上。普华永道的研究结果显示,从短期来看,金融服务等领域被人工智能替代的风险高,教育、医疗保健领域风险低,而从长期来看,交通运输领域被人工智能替代的风险较高[7]。Autor 等将手工劳动和简单脑力劳动列为容易被计算机化的工作[8]。Deming 指出,劳动力市场越来越重视社交技能,而社交技能能够有效降低岗位被自动化的风险,幼儿教师、护理等职业因对社交技能有着较高要求所以不容易被人工智能取代[9]。Gaggl

---

[1] Benjamin D, "Computer Technology and Probable Job Destructions in Japan: An Evaluation", *Journal of the Japanese and International Economies*, 2017, 43, pp. 77–87.

[2] 邓洲、黄娅娜:《人工智能发展的就业影响研究》,《学习与探索》2019 年第 7 期。

[3] Pajarinen M., Rouvinen P., "Computerization Threatens one Third of Finnish Employment", *ETLA Brief*, 2014, 32 (2), pp. 6–42.

[4] Frey C. B., Osborne M. A., "The Future of Employment: How Susceptible are Jobs to Computerisation?", *Technological Forecasting & Social Change*, 2017, 114 (1), pp. 254–280.

[5] Oschinski M., Wyonch R., "Future Shock? The Impact of Automation on Canada's Labour Market", *C. D. Howe Institute Commentary*, 2017, 5, pp. 1–28.

[6] Melanie A., Terry G., Ulrich Z., "The Risk of Automation for Jobs in OECD Countries: A Comparative Analysis", *OECD Social Employment & Migration Working Papers No. 189*, 2016, pp. 1–35.

[7] Hawksworth J., Berriman R., Goel S., "Will Robots Really Steal Our Jobs? An International Analysis of the Potential Long Term Impact of Automation", https://www.pwc.co.uk/services/economics-policy/insights/the-impact-of-automation-on-jobs.html。

[8] Autor D. H., Levy F., Murnane R. J., "The Skill Content of Recent Technological Change: An Empirical Exploration", *The Quarterly Journal of Economics*, 2003, 118 (4), pp. 1279–1333.

[9] Deming D. J., "The Growing Importance of Social Skills in the Labor Market", *The Quarter Journal of Economics*, 2017, 132 (4), pp. 1593–1640.

和 Wright 分析比较了自动化背景下常规认知工作和非常规知识密集型认知工作被取代的概率①。李磊和何艳辉则是按照被人工智能替代的风险高低将职业分为高风险型和低风险型，研究结果显示行政人员、生产人员、物流人员等属于高风险型，而教育、科技、医疗等行业的就业者属于低风险型②。

除了上述人工智能技术对不同行业（领域）就业岗位的影响研究，还有学者围绕人口学特征与人工智能替代效应之间的关联展开了探讨。从收入层面来看，有研究发现随着人工智能技术的发展，中等收入的工作相较于高收入和低收入有所减少③，也有研究表明收入与被计算机化的概率之间负相关④。从性别层面来看，有学者的研究结果显示，男性被人工智能技术替代的风险高于女性⑤。从教育层面来看，岳昌君等强调提升教育水平与就读重点高校能够缓解人工智能对就业的破坏效应⑥。

综上所述，现有人工智能与失业问题的研究主要围绕人工智能对就业的正向效应、负向效应和均衡效应展开，其中正向效应和负向效应的研究多采用宏观数据或通过专家打分的方式进行分析，鲜有学者从微观视角分析个体的失业风险感知，均衡效应的研究则是集中于比较人工智能对不同行业（领域）或职位的替代风险，很少结合就业者的雇佣类型进行综合考察。另外，国内关于人工智能就业替代风险的研究较少，微观实证研究更是非常有限。

---

① Gaggl P., Wright G. C., "A Short-run View of What Computers Do: Evidence from a UK Tax Incentive", *Social Science Electronic Publishing*, 2014, 5, pp. 1–38.

② 李磊、何艳辉：《人工智能与就业——以中国为例》，《贵州大学学报》（社会科学版）2019 年第 37 期。

③ Feng A., Graetz G., "Rise of the Machines: The Effects of Labor-saving Innovations on Jobs and Wages", *Social Science Electronic Publishing*, 2015, 12, pp. 1–58.

④ Frey C. B., Osborne M. A., "The Future of Employment: How Susceptible are Jobs to Computerisation?", *Technological Forecasting & Social Change*, 2017, 114（1）, pp. 254–280.

⑤ 段海英、郭元元：《人工智能的就业效应述评》，《经济体制改革》2018 年第 3 期。

⑥ 岳昌君、张沛康、林涵倩：《就读重点大学对人工智能就业替代压力的缓解作用》，《中国人口科学》2019 年第 2 期。

（二）理论基础

1. 相对过剩人口理论与"失业恐惧"

技术进步与失业的理论研究最早可以追溯到古希腊时期，亚里士多德将工具自动化视为技术性失业的根源①。然而失业其实是工业社会的产物，属于历史范畴。工业革命之后，人类劳动力开始被以机器为载体的自然力取代，失业率迅速攀升。马克思在目睹了工人生活的悲惨状况后提出了相对过剩人口理论，该理论详细阐述了技术进步对就业产生的负面效应。由此可见，技术进步将不可避免地带来自然力对人力的替代，人工智能作为新一代通用技术，其可能带来的失业规模和速度将明显高于普通技术性失业。事实上，人工智能在提高劳动者工作弹性、带动市场创新的同时也引发了劳动者对失业的恐惧与担忧，Vladimir 和 Aleksey 把这种现象诠释为"失业恐惧"②。对于个体来说，失业不仅关系劳动者自身的生理、心理健康，也会对婚姻家庭稳定、社会经济发展产生较大影响，学者在考察人工智能对人力替代风险时多采用宏观视角，很少有研究从微观角度分析劳动者的失业风险。因此，本章以自身的失业风险感知为着眼点，尝试着从微观视角探寻人工智能给不同群体带来的失业风险。

2. 劳动力市场分割理论与社会分层

早在 1954 年，美国学者 Clark 在分析劳动力市场工资待遇存在差异的根源时就提出了劳动力市场分割这一观点，在 Clark 看来，二元分立的内部市场和外部市场共同构成了劳动力市场③。随后，Doeringer 和 Piore 于 1971 年进一步阐述了劳动力市场存在的分割局面——分割之一为主要劳动力市场，然后是次要劳动力市场，其中主要劳动力市场的薪

---

① 唐永、张衔：《人工智能会加剧资本主义失业风险吗——基于政治经济学视角的分析》，《财经科学》2020 年第 6 期。

② 转引自李佩《人工智能时代的技术发展与就业挑战：基于失业风险恐惧的探索》，《智库理论与实践》2019 年第 4 期。

③ Clark K., *The Balkanization of Labor Markets*, *Labor Mobility and Economic Opportunity*, Cambridge, MA: M. I. T. Press, 1954.

酬待遇、福利水平以及工作环境等都优于次要劳动力市场[①]。国内关于劳动力市场分割理论的研究开始得较晚，针对中国特有的城乡二元户籍制度，不少学者从制度性因素出发探讨了中国劳动力市场分割的根源，其中李建民分析总结出中国劳动力市场存在三重分隔格局，且不同行业、雇佣类型以及城乡间劳动者在劳动力市场上面临的失业风险也应当存在较大差异[②]。此外，不同于劳动力市场分割理论将聚焦点放在就业领域，社会分层理论研究的领域更为宽泛，它强调以一定的标准将不同社会群体划分成具有高低次序的若干等级层次，性别、年龄、收入等是划分不同群体等级层次的重要标准，也是社会分层理论主要关注的内容。

基于此，本章重点比较了不同行业与雇佣类型就业者在人工智能背景下所感知到的失业风险差异，并将劳动者的户籍作为划分城乡劳动力的变量进行考察，并将性别、年龄、收入、婚姻状况等人口学特征的差异导致个体对人工智能所带来的失业风险感知的不同纳入研究。这有助于在人工智能背景下，进一步拓展劳动力市场分割理论与社会分层相关理论。

3. 人力资本理论

人力资本理论的产生和发展历时较长，其理论渊源能够在古典经济学的一些著作中找到，如亚当·斯密的《国富论》中就含有人力资本的内容[③]，但他并未明确提出人力资本这一概念。直到 20 世纪 60 年代，Schultz 最早提出了这一概念，他认为加大人力资本投资是促进经济增长、缓解贫困问题的必要手段，而医疗保健、教育、技能培训等则是人力资本投资的有效途径[④]。此后，关于人力资本理论的研究在学界广泛展开，Becker、Paul Romer、Robert Lucas 等学者都对人力资本的内涵与

[①] Doeringer P., Piore M., *Internal Labor Markets and Manpower Analysis*, MA: Lexington, 1971.

[②] 李建民：《中国劳动力市场多重分隔及其对劳动力供求的影响》，《中国人口科学》2002 年第 2 期。

[③] [英] 亚当·斯密：《国富论》，郭大力、王亚南译，商务印书馆 1964 年版，第 257—258 页。

[④] Schultz T. W., "Value of Ability to Deal with Disequilbria", *Journal of Economic Literature*, 1975, 13 (1), pp. 827–846.

外延进行了深入的探讨,还有学者将人力资本分为专业技能等认知能力以及人格特征等非认知能力两个部分,强调教育干预对人力资本积累的意义①。基于人力资本理论,劳动者自身的人力资本存量与其就业、收入紧密相关,因此本章从受教育程度、专业领域以及职业许可证三个方面考察人力资本异质性对人工智能背景下劳动者失业风险的影响。

4. 生产者与消费者统一理论

马克思主义人口理论认为,人口作为社会经济的主体,既是生产者也是消费者。生产是人类最基础的经济行为,只有当人口作为生产者进行物质资料生产之后,其他的人类活动才具有意义。但与此同时,人口又必须作为消费者,通过消费物质精神产品以补充其在生产过程中体力精力的损耗,维持自己的生命,进而更好地从事生产活动。因此从本质上来讲,生产和消费这两种行为映射出了人口生产和消费的双重属性,人口是生产者和消费者的统一②。本章基于生产者和消费者统一理论,将劳动者作为生产和消费的共同体,一方面考察其作为生产者对于自身失业风险的感知,另一方面也想探讨人口作为消费者更倾向于人工智能技术替代或者不替代哪些类型的服务。介于人口作为消费者更多的是消费产品或服务,因此本章从消费者视角重点关注服务业的就业替代情况。

和现有文献相比,本章创新点有以下三点。第一,基于国内收集到的一手数据,在微观层面对人工智能背景下个人主观失业风险进行实证分析。第二,一方面比较分析了不同行业与雇佣类型就业者在人工智能背景下所感知到的失业风险;另一方面以人力资本为切入点,分析教育程度、职业许可证等人力资本变量会对人工智能背景下个体的失业风险感知产生怎样的影响,并结合性别、年龄、户籍、收入等其他人口学特征从较为全面的视角进行综合考察。第三,将受访者看作生产和消费的共同体,既考虑到人们作为生产者的失业风险感知,也分析人们作为消

---

① Bouchard T. J., Loehlin J. C., "Genes, Evolution, and Personality", *Behavior Genetics*, 2001, 31 (3), pp. 243 – 273.

② 刘铮编:《人口理论教程》,中国人民大学出版社2003年版。

费者更倾向于人工智能技术替代哪些类型的服务。

二 数据、变量与模型设定

（一）数据来源与样本概况

本章采用的数据来自2019—2020年进行的关于人工智能对就业影响的问卷，调查方式为互联网问卷发放、电话访问和实地访谈三种形式，其中互联网问卷采取滚雪球的调查方式，电话访问和实地访谈由调查员在全国范围内选择符合条件的农民和农民工进行数据收集，样本分布在四川、安徽、浙江、重庆、上海、北京、云南、广东等31个省（直辖市、自治区），调查共收集问卷2947份，处理缺失值后得到有效样本2549份，其中互联网样本1873份，农民工样本464份，农民样本212份。调查对象的年龄分布为18—60岁，其中男性占比47.66%，在业者样本2337份，91.68%的受访者处于在业状态。

（二）变量选取

1. 被解释变量

本章的核心被解释变量为人工智能背景下的个体失业风险感知，问卷中的对应问题是："您如何看待人工智能和机器人技术对您未来工作的影响？"选项分别为"我可能会失业""不确定"和"我认为我不会失业"。根据受访者对失业风险的态度依次赋值为1、2、3，分值越高越乐观。其中29.51%的受访者表示自己可能会失业，12.72%表示不确定，剩下57.77%认为自己不会失业。第二个被解释变量为能够被人工智能替代的服务类型，对应问题是："您认为下列哪些服务可以由机器人完成？"将答案设定为多项选择，选项包括"一般家务（做饭、打扫、洗衣服等）""养育孩子""照顾老人/病人""购物"和"以上均没有"。其中选择"一般家务（做饭、打扫、洗衣服等）"的受访者最多，占比高达89.57%，其次是购物、照顾老人/病人，选择"养育孩子"的最少，仅为8.49%。第三个被解释变量为不能被人工智能替代的服务类型，对应问题是："您认为下列哪些服务应当由人类而非机器人来完成？"同样将答案设定为多项选择，选项包括"幼儿服务""美容美发服务""教育服务""车辆运输服务"和"以上均没有"。受访者中认为幼儿服务不应当由机器人完成的最多,占 79.01%;其次是教育服务和美容美发服务;认为车辆运输服务不能由机器人完成的最少,仅为 16.75%。

2. 核心解释变量

本章的核心解释变量包括以下几种。一是行业类型。本章参考《中国统计年鉴》对行业的分类标准并结合研究需要将行业类型分为农、林、牧、副、渔业,建筑业,制造业,信息传输、软件和信息技术服务业,交通运输、仓储和邮政业,批发和零售业,金融、财会和保险业,房地产业,住宿、餐饮业,医疗卫生、医疗保健,教育,居民服务、修理和其他服务业,公共管理、社会保障和社会组织,其他行业。二是雇佣类型。本章将雇佣类型分为自家农业生产经营、个体工商户/私营企业主、家庭工作者、正式雇员、临时雇员和兼职雇员,其中正式雇员占比高达 46.6%。三是受教育程度。这里将受教育程度分为初中及以下、高中/中专/技校/职高、大专、本科、硕士以及上,超过半数的受访者拥有大专及以上学历。四是职业许可证。具体操作化为"您从事这份工作是否具有非垄断许可证"以及"您从事这份工作是否具有垄断许可证"①。

3. 其他解释变量

除了上述解释变量,本章还结合了一系列人口学特征变量综合考察,包括性别、年龄、婚姻状况、户籍、工作状态、收入、专业领域②等。此外,本章在对能够被人工智能替代的服务类型以及不能被人工智能替代的服务类型进行估算时还涉及是否在业、家中是否有成员需要照料和是否有孩子等变量。

(三)模型设定

由于本章的第一个被解释变量个体失业风险感知是一个取值为1—3

---

① 持有非垄断许可证代表某项技能,但非从事工作先决条件,如茶艺师等级证书、职业农民证书等。持有垄断许可证是从事工作的先决条件,如教师资格证、律师从业资格证等。
② 专业领域主要分为"人文社科领域的就业者"和"自然科学领域的就业者",本章以高等院校对自然科学与人文社科专业的划分为判断依据。

的有序分类变量，因而运用 Ologit 模型进行估计。有序 Logistic 基本模型为：

$$P(y=j|x_i) = \frac{1}{1+e^{-(\alpha+\beta x_i)}} \quad (17-1)$$

其中，y 代表人工智能背景下失业风险感知的等级，给各等级 y 赋值 j，分别赋值为 1，2，3，其中 1 代表受访者认为自己可能失业，2 代表不确定是否失业，3 代表不认为自己会失业，等级越高代表受访者的失业风险感知越低，对自己的工作前景越乐观，x_i 表示第 i 个指标变量。

本章另外两个被解释变量是能够被人工智能替代的服务类型和不能被人工智能替代的服务类型，将每项服务单独进行回归分析，设置为二分类变量，如在能够被人工智能替代的服务类型中，选择了"一般家务（做饭、打扫、洗衣服等）"的受访者此项记为 1，反之记为 0，其他服务同理。在不能被人工智能替代的服务类型中，选择了"幼儿服务"的受访者此项记为 1，反之记为 0，其他服务同理。运用二元 Logit 模型进行估计，假设在解释变量 x_1，x_2，…，x_i 作用下，受访者选择某项服务这一事件发生的概率为 P（$0 \leq P \leq 1$），发生与不发生的概率为 $P/(1-P)$，构建二元 Logit 模型：

$$Logit(P) = \ln\left[\frac{P}{1-P}\right] = \beta_0 + \beta_1 X_1 + \beta_2 X_2 + \cdots + \beta_i X_i \quad (17-2)$$

$$P = e^{\beta_0+\beta_1 X_1+\beta_2 X_2+\cdots+\beta_i X_i}/(1+e^{\beta_0+\beta_1 X_1+\beta_2 X_2+\cdots+\beta_i X_i}) \quad (17-3)$$

三 结果与分析

（一）基准回归结果（个体失业风险感知的影响因素分析）

模型 1 至模型 4 是 Ologit 模型的基准回归结果，选取在业人口作为分析对象，正向系数表示相对于参考类别更倾向于认为自己不会失业（见表 17-1）。模型 1 在估计人工智能背景下个体失业风险感知的影响因素时仅仅考察了性别、年龄、婚姻状态和户籍变量，未纳入收入、专业领域以及人力资本层面（教育程度和职业许可证）的变量，为尽可能控制其他相关变量对模型结果产生干扰，模型 2 加入了个人年收入这一变量，按照年收入的 25 分位、50 分位和 75 分位将年收入分为 2 万元以下、2 万—6 万元、6 万—10 万元以及 10 万元以上 4 组，模型 3 在上述模型的基础上又加入了专业领域、教育程度和垄断许可证 3 个变量，模型 4 则是将模型 3 中的垄断许可证替换为非垄断许可证进行估计。

　　回归结果如下。第一，在性别方面，相比女性，男性更倾向于认为自己的工作不会被人工智能替代，导致这一结果的原因可能与性别分层有关，性别分层理论以社会性别角色为基础，将男女两性划分成有着性别等级差异的两类群体，女性在就业领域处于弱势地位，在人工智能带来技术冲击和岗位破坏的情况下，女性会比男性感知到更高的失业风险。第二，在年龄方面，将 30—49 岁年龄段的在业人口作为参照组，30 岁以下在业人口倾向于认为自己的工作不会被人工智能取代，这说明年轻人对待人工智能的态度相对乐观，对失业的担忧较少；而 50 岁以上的在业人口则倾向于认为自己可能会失业，这可能是因为随着年龄的增长，身体机能开始老化，再加之自身人力资本难以与技术革新相适应，加剧了 50 岁以上大龄就业者对失业的担忧。第三，从婚姻和户籍状况来看，与未婚者相比，已婚在业人口对自己的工作前景更为乐观，城市户籍人口比农村户籍人口乐观。第四，在收入方面，与年收入在 2 万元以下的低收入者相比，年收入在 2 万—6 万元的就业者更倾向于认为自己的工作会被人工智能替代，而年收入在 6 万—10 万元以及 10 万元以上的高收入者则对自己的工作前景较为乐观，说明人工智能的确可能带来岗位的极化，中等收入者面临较大的失业压力，这一结论与 Feng 和 Graetz[1] 的研究相似。第五，在专业领域方面，从事人文社科领域的就业者相比自然科学领域和其他领域的就业者倾向于认为自己的工作有被人工智能取代的风险。第六，在教育方面，提升受教育水平能够降低就业者感觉自己会失业的概率，而就职业许可证而言，无论是拥有垄断许可证（持有垄断许可证是从事工作的先决条件，如教师资格证、律师从业资格证等）还是拥有非垄断许可证（持有非垄断

---

[1] Feng A., Graetz G., "Rise of the Machines: The Effects of Labor-saving Innovations on Jobs and Wages", *Social Science Electronic Publishing*, 2015, 12, p.158.

许可证代表某项技能，但非从事工作先决条件，如茶艺师等级证书、职业农民证书等）均能降低就业者感觉自己会失业的概率，其中垄断许可证对失业的抑制效应更加明显。这一方面说明持有职业许可证能够代表就业者具备特定的职业技能从而降低了其失业风险；另一方面也体现出垄断许可证作为从事工作先决条件会在某种程度上受到法律法规保护，具有一定的排他性。因此，面对人工智能技术的应用和发展，提高个人受教育水平以及获得代表技能水平的职业许可证书能够让就业者对自己的工作前景更乐观，人力资本投资能够有效缓解人工智能对工作的替代压力。

表 17-1 基准回归结果（个体失业风险感知的影响因素分析）

变量		模型 1 (Ologit)	模型 2 (Ologit)	模型 3 (Ologit)	模型 4 (Ologit)
男性		0.616*** (0.050)	0.419*** (0.057)	0.396*** (0.057)	0.393*** (0.058)
年龄参照组：30—49 岁	30 岁以下	0.425*** (0.065)	0.525*** (0.071)	0.622*** (0.075)	0.614*** (0.075)
	50 岁以上	-0.647*** (0.079)	-0.525*** (0.091)	-0.440*** (0.096)	-0.400*** (0.096)
已婚		0.322*** (0.064)	0.355*** (0.070)	0.582*** (0.075)	0.560*** (0.074)
城市户口		0.266*** (0.054)	0.365*** (0.064)	0.245*** (0.069)	0.212*** (0.068)
收入参照组：2 万元以下	2 万—6 万元	—	-0.227** (0.110)	-0.236** (0.116)	-0.241** (0.116)
	6 万—10 万元	—	0.195* (0.111)	0.201* (0.117)	0.205* (0.117)
	10 万元以上	—	0.255** (0.118)	0.219* (0.124)	0.220* (0.124)

续表

变量		模型 1 (Ologit)	模型 2 (Ologit)	模型 3 (Ologit)	模型 4 (Ologit)
人文社科领域		—	—	-0.132* (0.070)	-0.160** (0.071)
教育程度参照组：初中及以下	高中/中专/技校/职高	—	—	1.157*** (0.150)	1.190*** (0.150)
	大专	—	—	1.201*** (0.142)	1.244*** (0.142)
	本科	—	—	1.142*** (0.133)	1.211*** (0.134)
	硕士及以上	—	—	1.591*** (0.154)	1.668*** (0.154)
垄断许可证		—	—	0.195*** (0.060)	—
非垄断许可证		—	—	—	0.119** (0.060)
样本量		2337	2337	2337	2337

注：显著性水平：*p<0.1，**p<0.05，***p<0.01。

（二）稳健性检验

为进一步检验结果的稳健性，本章替换了基准回归中所使用的模型。根据表17-2，模型5和模型6用OLS模型代替Ologit模型进行稳健性检验，将被解释变量作为取值为1、2、3的连续性变量进行线性回归分析，正向系数代表相对于参考类别更倾向于认为自己不会失业。由模型5、模型6可以看出，在用OLS模型之后，回归的结果和前文具有一致性，说明本章的研究结果是稳健的。

表 17-2　　　　　　　　稳健性检验和异质性分析结果

变量		模型 5 OLS	模型 6 OLS	模型 7 Ologit（考虑样本来源）	模型 8 Ologit（考虑样本来源）
男性		0.173*** (0.024)	0.173*** (0.024)	0.401*** (0.058)	0.399*** (0.058)
年龄 参照组：30—49 岁	30 岁以下	0.233*** (0.032)	0.232*** (0.032)	0.643*** (0.075)	0.631*** (0.075)
	50 岁以上	-0.213*** (0.041)	-0.198*** (0.041)	-0.437*** (0.096)	-0.394*** (0.096)
已婚		0.230*** (0.031)	0.224*** (0.031)	0.583*** (0.075)	0.557*** (0.074)
城市户口		0.120*** (0.029)	0.109*** (0.029)	0.282*** (0.070)	0.241*** (0.068)
收入 参照组：2 万元以下	2 万—6 万元	-0.103** (0.050)	-0.105** (0.050)	-0.217* (0.113)	-0.220* (0.113)
	6 万—10 万元	0.113** (0.050)	0.117** (0.050)	0.233** (0.113)	0.235** (0.113)
	10 万元以上	0.101* (0.053)	0.107* (0.053)	0.233* (0.121)	0.236* (0.121)
人文社科领域		-0.059** (0.029)	-0.064** (0.029)	-0.119* (0.072)	-0.120* (0.072)
教育程度 参照组：初中及以下	高中/中专/技校/职高	0.565*** (0.066)	0.578*** (0.066)	1.194*** (0.150)	1.227*** (0.151)
	大专	0.559*** (0.062)	0.576*** (0.062)	1.208*** (0.142)	1.253*** (0.143)
	本科	0.528*** (0.058)	0.556*** (0.059)	1.160*** (0.133)	1.232*** (0.134)
	硕士及以上	0.719*** (0.066)	0.749*** (0.066)	1.640*** (0.155)	1.718*** (0.155)

续表

变量		模型 5 OLS	模型 6 OLS	模型 7 Ologit （考虑样本来源）	模型 8 Ologit （考虑样本来源）
垄断许可证		0.082*** (0.025)	—	0.218*** (0.060)	—
非垄断许可证		—	0.057** (0.025)	—	0.124** (0.060)
样本来源参照组：互联网样本	农民样本	—	—	0.616*** (0.189)	0.548*** (0.188)
	农民工样本	—	—	-0.423** (0.165)	-0.327** (0.163)
样本量		2337	2337	2337	2337

注：显著性水平：* $p<0.1$，** $p<0.05$，*** $p<0.01$。

（三）异质性分析

本章样本由互联网样本、农民工样本和农民样本三部分构成，为考察样本来源的异质性是否会对人工智能背景下的失业风险感知产生影响，表 17-2 中模型 7 和模型 8 进一步加入了样本来源这一变量并采用 Ologit 模型进行分析，以互联网样本作为参照组，结果显示相对于互联网样本，农民倾向于认为自己的工作不会被人工智能取代，这可能是因为农民对人工智能的应用和发展缺乏一定的了解，所以对于工作被人工智能取代的担忧也较少。另一种可能的解释是人工智能技术的发展推动了农业领域的技术创新，现代化农业生产和人工智能技术的融合创造出了新的涉农就业岗位进而降低了农民的失业风险。与此相反，农民工对自己工作的前景较为悲观，说明农民工由于自身技能水平和受教育水平较低，多从事程序化且缺少变化的工作，岗位被人工智能替代的概率较大。此外，农村进城务工人员相对农民来说，视野更为开阔，忧患意识更强，也会加剧其悲观情绪。

（四）雇佣类型和行业分类对个体失业风险感知的影响

为进一步考察雇佣类型和行业分类对人工智能背景下个体失业风险感知的影响，在前文分析的基础上加入就业者雇佣类型和行业分类变量，雇佣类型对人工智能背景下个体失业风险感知的影响结果（见表17-3），将雇佣类型为正式雇员的就业者作为参考类别，模型9为Ologit模型回归结果，模型10采用OLS模型进行稳健性检验。从模型9和模型10的结果可以看出，与正式雇员相比，自家农业生产经营、家庭工作者倾向于认为自己的工作不会被人工智能取代，而个体工商户/私营企业主、临时雇员和兼职雇员对自己的工作前景则持相对悲观的态度，说明面对人工智能技术的应用和发展，相较于工作相对稳定、保障性较强的正式雇员，风险性较高的个体工商户/私营企业主等创业者以及工作流动性强、劳动关系不稳定的临时雇员和兼职雇员对自己未来的工作前景更为悲观。

表17-3　　雇佣类型对个体失业风险感知的影响结果

变量	模型9 Ologit	模型10 OLS
自家农业生产经营	0.572*** (0.131)	0.228*** (0.051)
个体工商户/私营企业主	-0.231** (0.104)	-0.159*** (0.045)
家庭工作者	1.145*** (0.326)	0.516*** (0.131)
临时雇员	-0.957*** (0.287)	-0.289*** (0.098)

续表

变量	模型 9	模型 10
	Ologit	OLS
兼职雇员	-0.307**	-0.163***
	(0.147)	(0.062)
样本量	2337	2337

注：①模型9汇报各变量平均边际效应并提供聚类标准误；②显著性水平：* $p < 0.1$，** $p < 0.05$，*** $p < 0.01$；③在将垄断许可证和非垄断许可证分别纳入模型进行分析时，雇佣类型对个体失业风险感知的影响结果非常接近，所以这里仅汇报将垄断许可证纳入模型所得的结果。

表17-4为行业分类对人工智能背景下个体失业风险感知的结果，将金融、财会和保险业的就业者作为参考类别，模型11为Ologit模型回归结果，模型12采用OLS模型进行稳健性检验。结果显示，相对于金融、财会和保险业，农、林、牧、副、渔业，信息传输、软件和信息技术服务业，房地产业，医疗卫生、医疗保健，教育以及公共管理、社会保障和社会组织的就业者倾向于认为自己的工作不会被人工智能取代，而交通运输、仓储和邮政业，批发和零售业，居民服务、修理和其他服务业的就业者则表现出较强的失业担忧。

表17-4　　行业分类对个体失业风险感知的影响结果

变量	模型 11	模型 12
	Ologit	OLS
农、林、牧、副、渔业	0.450**	0.212**
	(0.226)	(0.105)
建筑业	0.050	0.015
	(0.186)	(0.076)
制造业	0.082	0.010
	(0.110)	(0.046)
信息传输、软件和信息技术服务业	1.196***	0.368***
	(0.181)	(0.062)

续表

变量	模型 11 Ologit	模型 12 OLS
交通运输、仓储和邮政业	-0.551*** (0.154)	-0.268*** (0.065)
批发和零售业	-0.268** (0.132)	-0.151*** (0.056)
房地产业	0.467*** (0.126)	0.175*** (0.046)
住宿、餐饮业	0.354 (0.246)	0.116 (0.101)
医疗卫生、医疗保健	0.478*** (0.116)	0.196*** (0.048)
教育	0.205** (0.102)	0.098** (0.045)
居民服务、修理和其他服务业	-0.975*** (0.204)	-0.413*** (0.081)
公共管理、社会保障和社会组织	0.684*** (0.150)	0.276*** (0.063)
其他行业	0.030 (0.110)	0.048 (0.047)
样本量	2337	2337

注：①模型11汇报各变量平均边际效应并提供聚类标准误；②显著性水平：* $p<0.1$，** $p<0.05$，*** $p<0.01$；③在将垄断许可证和非垄断许可证分别纳入模型进行分析时，行业分类对个体失业风险感知的影响结果非常接近，所以这里仅汇报将垄断许可证纳入模型所得的结果。

（五）消费者视角下人工智能对各项服务的替代效应

在就业者分析视角的基础上，进一步从消费者视角出发，对人工智能能够替代和不能替代的服务类型进行分析比较。表17-5为受访者认为能够和不能被人工智能替代的服务类型。从模型 13 至模型 16 的结果可以看出，在性别方面，除了一般家务，男性边际效应为正，代表男性比女性更倾向于由机器人来完成养育孩子、购物等服务，这反映出男性对于机器人代替人类服务的态度整体较为积极。在年龄方面，一般家务和照顾老人/病人服务在 50 岁以上年龄组的边际效应显著为正，说明老年人有被机器人照顾和由机器人帮助完成一般家务的愿望。在婚姻状况方面，已婚者认为人工智能能够替代人类做一般家务以及照顾老人/病人的概率比未婚者分别高出 3.1 个和 5.1 个百分点。在户籍方面，与农业户籍人口和非在业人口相比，城市人口、在业人口更倾向于由机器人来完成各项服务。在收入方面，高收入群体对于机器人替代各项服务的态度更为积极。在教育方面，受教育水平的提高会增加人们认为人工智能能够替代人类做一般家务、照顾老人/病人和购物的概率。家中有成员需要照料的人群更倾向于由人类而非机器人照顾老人/病人，这可能是出于一种对人工服务更为放心的心理，此外，有小孩的人更倾向于由机器人代替人类来完成一般家务、养育孩子、照顾老人/病人以及购物服务。

从模型 17 至模型 20 的结果可以看出，在性别方面，除了教育服务，女性比男性更倾向于由人类工作者来完成其他服务，这也进一步验证了男性对于机器人代替人类服务的接受度高于女性。在年龄方面，幼儿服务、美容美发服务和教育服务在 50 岁以上年龄组的边际效应显著为负，从反面说明年长者对机器人代替人类服务持较为积极的态度。在婚姻状况方面，已婚者认为人工智能不能替代幼儿服务和教育服务的概率比未婚者分别高出 8.2% 和 12.5%。在户籍方面，相较于农业户籍人口，城市人口在美容美发服务和教育服务方面展现出了较强的人工偏好。在收入方面，高收入组各项服务的边际效应均为负，这一结论和前文相吻合，即高收入者对于机器人提供服务的接受度普遍较高。在教育方面，受教育程度较高者倾向于幼儿服务、教育服务由人类而非机器人来完成，家中有成员需要照料的人群在美容美发服务、教育服务以及车辆运输服务方面均存在较强的人工偏好，而有小孩的人对于机器人代替人类服务整体上持积极态度，这一结论也和前文相符。

表17-5 能够和不能能被人工智能替代的服务

		能够被人工智能替代的服务				不能被人工智能替代的服务		
变量		模型13	模型14	模型15	模型16	模型17	模型18	模型19	模型20
		一般家务（做饭、打扫、洗衣服等）	养育孩子	照顾老人/病人	购物	幼儿服务	美容美发服务	教育服务	车辆运输服务
男性		-0.012* (0.007)	0.017** (0.007)	0.022* (0.012)	0.033*** (0.012)	-0.026** (0.010)	-0.019* (0.011)	0.032*** (0.012)	-0.016 (0.010)
年龄参照组：30—49岁	30岁以下	-0.011 (0.010)	-0.013 (0.011)	-0.056*** (0.019)	0.086*** (0.019)	0.020 (0.015)	-0.001 (0.018)	-0.065*** (0.017)	0.027** (0.013)
	50岁以上	0.046*** (0.008)	-0.002 (0.012)	0.073*** (0.021)	0.030 (0.021)	-0.091*** (0.019)	-0.033* (0.018)	-0.047** (0.019)	0.172*** (0.019)
已婚		0.031** (0.014)	-0.107*** (0.015)	0.051** (0.021)	-0.130*** (0.020)	0.082*** (0.017)	0.029 (0.019)	0.125*** (0.019)	-0.018 (0.016)
城市户口		0.024*** (0.008)	0.076*** (0.010)	0.149*** (0.014)	0.126*** (0.014)	-0.025** (0.012)	0.062*** (0.013)	0.075*** (0.013)	-0.005 (0.011)
在业		0.051*** (0.018)	0.057*** (0.014)	0.141*** (0.029)	0.049* (0.029)	0.043* (0.025)	0.045* (0.025)	-0.083*** (0.027)	0.112*** (0.020)
收入参照组：2万元以下	2万—6万元	0.124*** (0.015)	0.122*** (0.021)	0.068** (0.027)	0.103*** (0.028)	-0.054** (0.021)	-0.127*** (0.027)	-0.054** (0.026)	-0.075*** (0.020)
	6万—10万元	0.058*** (0.013)	0.089*** (0.022)	0.129*** (0.027)	0.022 (0.029)	-0.059*** (0.022)	-0.068** (0.028)	-0.004 (0.026)	-0.009 (0.022)

第十七章 谁更担心在人工智能时代失业

续表

		能够被人工智能替代的服务				不能被人工智能替代的服务		
变量		模型13 一般家务(做饭、打扫、洗衣服等)	模型14 养育孩子	模型15 照顾老人/病人	模型16 购物	模型17 幼儿服务	模型18 美容美发服务	模型19 教育服务	模型20 车辆运输服务
收入参照组:2万元以下	10万元以上	0.024* (0.012)	0.093*** (0.022)	0.130*** (0.028)	0.021 (0.030)	-0.124*** (0.024)	-0.133*** (0.027)	-0.051* (0.027)	-0.076*** (0.021)
教育程度参照组:初中及以下	高中/中专/技校/职高	0.119*** (0.029)	-0.033 (0.025)	0.133*** (0.030)	0.091*** (0.029)	-0.036 (0.034)	0.230*** (0.023)	0.092*** (0.034)	0.015 (0.024)
	大专	0.194*** (0.028)	-0.011 (0.024)	0.244*** (0.029)	0.378*** (0.028)	0.209*** (0.032)	-0.163*** (0.019)	0.243*** (0.032)	-0.002 (0.023)
	本科	0.244*** (0.028)	-0.047* (0.023)	0.187*** (0.027)	0.283*** (0.026)	0.238*** (0.031)	-0.226*** (0.015)	0.314*** (0.031)	-0.035 (0.022)
	硕士及以上	0.216*** (0.030)	-0.041* (0.024)	0.172*** (0.029)	0.341*** (0.029)	0.261*** (0.033)	-0.224*** (0.019)	0.304*** (0.033)	0.003 (0.025)
家中有成员需要照料		0.059*** (0.008)	0.028*** (0.007)	-0.051*** (0.013)	-0.035*** (0.013)	-0.102*** (0.010)	0.023** (0.011)	0.052*** (0.012)	0.031*** (0.009)
有孩子		0.083*** (0.016)	0.050*** (0.016)	0.042* (0.025)	0.170*** (0.026)	0.006 (0.021)	-0.074*** (0.023)	-0.278*** (0.025)	-0.051** (0.020)
样本量		2549	2549	2549	2549	2549	2549	2549	2549

注：①采用二元 Logit 模型进行分析，汇报各变量平均边际效应并提供聚类标准误；②显著性水平：* $p<0.1$，** $p<0.05$，*** $p<0.01$。

四　结论与启示

本章基于收集到的关于人工智能对就业影响的调查问卷数据，通过实证研究得到如下几点主要研究结论。第一，29.51%的就业者认为自己的工作将会被人工智能取代，提高个人受教育水平以及获得代表技能水平的职业许可证书能够让就业者对自己的工作前景更乐观，说明人力资本投资能够有效缓解人工智能对工作的替代压力。从其他人口学特征来看，男性、年轻、已婚以及拥有城市户籍的就业者对自己的工作前景更为乐观，从事人文社科领域的就业者相比自然科学领域和其他领域的就业者倾向于认为自己的工作有被人工智能取代的风险；而就收入水平而言，相较于低收入者和高收入者，中等收入者面临较大的失业压力，这意味着人工智能的确可能带来岗位的极化。第二，从雇佣类型来看，与正式雇员相比，自家农业生产经营、家庭工作者倾向于认为自己的工作不会被人工智能取代，而个体工商户/私营企业主、临时雇员和兼职雇员对自己的工作前景则持相对悲观的态度。第三，从行业分类来看，相对于金融、财会和保险业，农、林、牧、副、渔业，信息传输、软件和信息技术服务业，房地产业、医疗卫生、医疗保健，教育以及公共管理、社会保障和社会组织的就业者倾向于认为自己的工作不会被人工智能取代，而交通运输、仓储和邮政业，批发零售业，居民服务、修理和其他服务业的就业者则表现出较强的失业担忧。第四，消费者视角下的分析表明，养育孩子、照顾老人/病人、幼儿服务以及教育类服务不太可能被人工智能技术取代，因为消费者更多地希望由人类劳动者来提供这些服务，而一般家务（做饭、打扫、洗衣服等）、车辆运输等服务则容易被人工智能技术取代。而性别、年龄、户籍、婚姻状况、收入、教育水平、工作状态、家中是否有成员需要照料以及是否有孩子等因素都在不同程度上影响着人们对于人工智能技术能否替代各项人类服务的态度。

本章的政策意义如下。第一，通过提升个人受教育水平以及获得代表技能水平的职业许可证书能够有效缓解人工智能对工作的替代压力，因此，国家应当大力推动教育体制改革，在重视高等教育投资、开设与人工智能相关课程、培养与人工智能时代新兴产业相适应的高素质人才的同时，支持高校以外的社会培训机构开展相应的技能培训，在高度关注毕业生就业问题之外也重视农村进城务工人员对智能时代工作前景的担忧。面临智能时代新技术带来的冲击，政府要积极引导农村进城务工人员接受技能培训，提高农村进城务工人员技能水平以适应智能时代就业需求，降低其失业风险。第二，人工智能对岗位的破坏效应和替代效应同时存在，不同行业间的失业风险存在较大差异，要全面认识到人工智能技术可能引发的岗位需求变化，并在此基础上甄别人工智能技术的应用会创造或破坏哪些行业的就业岗位。从本章的研究结论来看，交通运输、仓储和邮政业，批发零售业，居民服务、修理和其他服务业可能会面临较大失业风险，国家应当重点关注以上行业劳动者的转岗和再就业问题。第三，随着人工智能时代的到来，个体工商户/私营企业主、临时雇员和兼职雇员对自己工作前景的态度不如正式雇员乐观，为解决劳动力市场分化背景下创业者和非正式雇员就业不稳定、容易受到技术进步冲击等问题，需要打破制度藩篱，建立统一开放的劳动力市场，完善法律法规保障创业者及非正式雇员的合法权益，尽可能降低非正式雇员和创业者在技术冲击下的失业风险。第四，鉴于消费者在老人/病人照护、幼儿服务以及教育类服务等方面存在较强的人工偏好，因而可以大力培养和上述服务类型相关的专业性人员，不断发展和完善与之对应的劳动密集型服务产业，增强劳动力与市场需求之间的匹配程度。

第十八章　平台经济下"受众商品论"再审视*

——基于马克思主义政治经济学视角

随着 20 世纪 60 年代发展起来的计算机、软件、微电子、互联网和移动电话以及 21 世纪初的大数据、云计算、人工智能、物联网、区块链、虚拟现实等信息通信技术（ICTs）的广泛应用，信息在社会中扮演了愈加重要的角色，信息的生产、处理与传递成为新的生产力与生产方式。当前，信息的重要载体是存储在计算机系统中的数据，对数据的收集、处理和传递需求催生出一种全新的生产组织形式——互联网平台[①]。互联网平台连接了大规模的不同主体，为其提供信息交流和商品交易的空间，并催生出了许多新的经济形态，如强调使用权而非所有权的"共享经济"形态；实现供给与需求全面、实时对接的"按需经济"形态或"产销合一"形态；开展灵活就业的"零工经济"形态；等等。这些依托互联网平台而产生的新经济形态已经延伸到各个领域，具有全社会的普遍意义，因此有学者将其统称为"平台经济"[②]。

正如邱林川指出的，"今天的互联网就像当年的大西洋，它是资本

---

* 本章作者：陆茸、葛浩阳。原载于《新闻与传播研究》2022 年第 1 期。

① ［加拿大］尼克·斯尔尼塞克：《平台资本主义》，程水英译，广东人民出版社 2018 年版，第 49 页。

② 谢富胜、吴越、王生升：《平台经济全球化的政治经济学分析》，《中国社会科学》2019 年第 12 期。

的场域、剥削劳工的场域，也是社会的场域、抵抗的场域和阶级形成的场域"[1]。随着平台经济的崛起，国内外政治经济学学者对平台经济中劳动与资本、价值与剩余价值、剥削与抵抗等维度的考察正全面展开。其中，传播政治经济学学者广泛使用达拉斯·斯麦兹（Dallas Smythe）提出的"受众商品论"（Audience Commodity Theory）这一经典分析框架，将互联网平台视为一种新的传播媒介进行政治经济学批判研究。"受众商品论"使"受众"或"用户"成为平台经济中的活跃主体，为互联网平台的政治经济学研究开辟了独特的理论视角。"受众商品""受众劳动"等概念也高频出现在当前国内外互联网平台政治经济学研究的文献当中，正如传播政治经济学学者文森特·曼泽罗尔（Vincent Manzerolle）指出的，斯麦兹的"受众商品论"在"2000年中期以来兴起的对 web 2.0 的新实践和广泛称赞中，重新获得了重要意义"[2]。

我国学者在进行互联网平台的政治经济学研究中，也常常使用传播政治经济学"受众商品论"中的"受众商品""受众劳动"等概念。不少学者认同传播政治经济学学派的理论观点，认为平台中的"受众"或"用户"为平台进行了生产"受众商品"的"受众劳动"，并创造出价值和剩余价值，受到了平台的剥削。但是，他们在使用这些概念、术语、观点的同时，往往未对其背后的理论基础即"受众商品论"本身进行详细考察，也未对"受众商品论"在当前平台经济中的适用性进行反思。因此，笔者尝试从马克思主义政治经济学的视角，对传播政治经济学"受众商品论"的产生、发展与争论做出一个梳理与评析，以期使我国学者进一步了解"受众商品论"的理论内涵与理论限度，并更好地开展我们自身的互联网平台政治经济学研究。

---

[1] 邱林川：《告别 i 奴：富士康、数字资本主义与网络劳工抵抗》，《社会》2014 年第 4 期。

[2] Vincent Manzerolle, "Technologies of Immediacy/Economies of Attention: Notes on the Development of Mobile Media and Wireless Connectivity", in Lee McGuigan and Vincent Manzerolle eds., *The Audience Commodity in a Digital Age: Revisiting a Critical Theory of Commercial Media*, New York: Peter Lang, 2014, pp. 207–227.

一 传统媒体时代：斯麦兹的"受众商品论"及其发展

斯麦兹是传播政治经济学学派的奠基人之一，他在20世纪50年代提出了"受众商品论"的理论雏形，在1977年发表的论文《传播：西方马克思主义的盲点》中正式提出了系统的"受众商品论"[1]。斯麦兹提出的"受众商品论"，通过探究资本主义大众媒体生产出的商品的本质——"受众商品"，来揭示媒体、受众与广告商三者之间的隐蔽关系。同时，通过"受众商品"的引入，斯麦兹将原本仅仅被视为意识形态工具的大众媒体，扣入垄断资本主义生产与再生产过程当中，使之成为促进价值与剩余价值实现的关键环节，展现了大众媒体为垄断资本主义体系发挥的重要经济功能。自此，"受众"便走入了传播政治经济学的理论视野，"受众这个词随时间的推移已经嵌入到大众传播研究的文献当中"[2]。

斯麦兹"受众商品论"的提出，始于对西方马克思主义研究盲点的思考："西方马克思主义者的分析忽视了大众传播体系的政治和经济意义……马克思主义者和那些援用马克思主义术语的激进社会批评家们往往将大众传播体系的意义定位于其生产'意识形态'的能力，他们认为，意识形态这种看不见的'胶着剂'使资本主义得以成为整体……然而，对于马克思主义者而言，这种解释无法令人满意。对于唯物主义者来说，研究大众传播体系首先要提出的问题应该是，大众传播体系'对于其服务的资本发挥了哪些经济方面的作用'，并尝试解释大众传播体系在资本主义生产关系再生产中的角色。"[3] 简而言之，斯麦兹认为，西方马克思主义的盲点在于对大众传播体系发挥的经济功能的忽视。

---

[1] Dallas Smythe, "Communication: Blindspot of Western Marxism", *Canadian Journal of Political and Social Theory*, 1977, 1 (3), pp. 1–27.

[2] Vincent Mosco, Lewis Kaye, "Questioning the Concept of the Audience", in Ingunn Hagen and Janet Wasko eds., *Consuming Audiences? Production and Reception in Media Research*, New Jersey: Hampton Press, 2000, pp. 31–46.

[3] Dallas Smythe, "Communication: Blindspot of Western Marxism", *Canadian Journal of Political and Social Theory*, 1977, 1 (3), pp. 1–27.

斯麦兹的这一盲点批评，主要针对两个西方马克思主义流派。一是具有媒介产品意识形态批判传统的法兰克福学派。其主要思想是大众传播体系通过生产文本使现有社会秩序中立化、自然化和合法化，起到塑造意识形态的作用。主要研究意识形态是如何被编码到媒体文本如书籍、期刊、广告、电影和新闻当中去的。二是马克思主义传播（媒介）政治经济学学派（Marxist Political Economy of the Communication/Media）。这一学派倾向于关注媒体制度、媒体所有权和垄断、媒体的兼并与合并、媒体监管、媒体与政府的关系以及媒介工作者的雇佣安排等问题，具有一定局限性[1]。在这两个流派的研究中，大众媒体中的"受众"或"观众"都被排除在了分析之外。

斯麦兹试图从大众媒体生产出的"商品"出发，来寻找西方马克思主义盲点的突破口。他认为："马克思主义关于资本主义观点的根源，是必须探究客观的现实性，这就意味着有必要对资本主义生产的'商品'作出客观定义"，对于大众传播体系而言，一个先决问题是，"这些由广告支持、大规模生产的媒介产品，其商品形式是什么？"[2] 有别于法兰克福学派唯心论者将信息、影像、娱乐、态度、教育和操纵等作为大众媒体生产出的商品，斯麦兹指出大众媒体生产出的商品是被以往研究忽视的"受众"，即"受众商品"。斯麦兹认为，"受众"是一种能够在市场上被生产者（大众媒体）和消费者（广告商）交易的商品。大众媒体传输给受众的信息、娱乐等内容，实际上是一种刺激物（礼物或免费午餐），目的是要获取潜在的受众成员并维持其忠诚度，从而生产出"受众商品"。

斯麦兹指出，大众媒体能够生产出"受众商品"并将其出售给广告商，媒体从广告商那里获得的货币当量的价值即"受众商品"的交换价值或价格。这一交换价值是由市场调研公司如尼尔森公司（A. C. Nielsen）根据"受众商品"的规格即受众的人口统计特征来制定

---

[1] Eran Fisher, "Class Struggles in the Digital Frontier: Audience Labour Theory and Social Media Users", *Information Communication and Society*, 2015, 18 (9–10), pp. 1108–1122.

[2] Dallas Smythe, "Communication: Blindspot of Western Marxism", *Canadian Journal of Political and Social Theory*, 1977, 1 (3), pp. 1–27.

的，包括："年龄、性别、收入水平、家庭构成、城市或农村居住地、种族特征、房屋所有权、汽车拥有量、信用卡持有情况、阶级；此外，若要满足兴趣爱好或影迷球迷杂志广告商的需要，则还要加上受众在摄影、模型电动车、赛车、集邮、DIY 手工艺品、国外旅行等方面的资料……"[1]

在斯麦兹的理论中，"受众商品"的使用价值，是广告商能够购买并使用"受众商品"为其进行"受众劳动"。斯麦兹指出，"受众劳动"的本质是为广告商进行产品营销，即营销劳动，"广告商购买受众商品，并将其用于产品营销。受众为其买主即广告商从事的工作，就是学会购买特定'品牌'的消费品，并相应地花费其收入。受众的这种劳动创造了对广告商品的需求，这正是垄断资本主义广告的目的所在"[2]。正是在"受众劳动"的意义上，斯麦兹指出，在大众媒体十分发达的垄断资本主义社会中"大多数人的非睡眠时间都是劳动时间"[3]，因为受众无时无刻不浸润在媒体广告的宣传当中。

斯麦兹进一步指出，大众媒体生产并出售给广告商的"受众商品"的实质，并非是受众的"注意力"，而是一种"受众力"（Audience-power）。"我认为，在关于这个问题讨论的不成熟阶段，我们会形成这样的观点——广告商购买的似乎是受众的注意力。但劳动者在工作中获得报酬，马克思主义者应该说雇佣者购买的是'劳动力'，还是'照管机器所需要的灵巧的动手能力和注意力'？我在这里所说的被生产、被购买、被使用的受众，实际上指的是'受众力'。"[4] 可见，斯麦兹理论中的"受众商品"更为具体地来说是一种"受众力商品"，这一"受众力商品"概念的提出，是类比马克思理论中的"劳动力商品"概念。

---

[1] Dallas Smythe, "Communication: Blindspot of Western Marxism", *Canadian Journal of Political and Social Theory*, 1977, 1 (3), pp. 1–27.

[2] Dallas Smythe, "Communication: Blindspot of Western Marxism", *Canadian Journal of Political and Social Theory*, 1977, 1 (3), pp. 1–27.

[3] Dallas Smythe, "Communication: Blindspot of Western Marxism", *Canadian Journal of Political and Social Theory*, 1977, 1 (3), pp. 1–27.

[4] Dallas Smythe, "Communication: Blindspot of Western Marxism", *Canadian Journal of Political and Social Theory*, 1977, 1 (3), pp. 1–27.

在马克思的理论中，劳动力商品具有独特属性，劳动力商品的使用价值即劳动是产生价值和剩余价值的源泉。在斯麦兹的理论中，"受众力商品"的使用价值即为广告商进行"受众劳动"或"营销劳动"，这一劳动能够为垄断资本主义创造出大规模的需求和消费，从而加速垄断资本主义流通过程中商品价值与剩余价值的实现，为垄断资本主义的生产与再生产发挥重要作用。斯麦兹"受众商品论"的基本逻辑如图18-1所示。

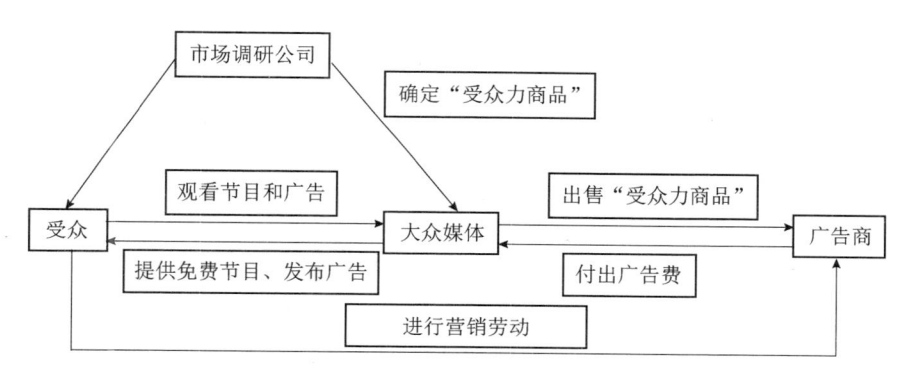

图 18-1 斯麦兹"受众商品论"基本逻辑

斯麦兹的"受众商品论"极大地修正了以往的马克思主义媒介研究，媒体不再仅仅被视为构建资本主义意识形态的工具，而是通过生产并向广告商出售"受众力商品"，使垄断资本主义社会中绝大多数人的闲暇时间都成了为资本工作的劳动时间，使他们在媒体中进行的听阅等行为都成了为资本进行的营销劳动。这一劳动为垄断资本主义创造出巨大需求，促进了垄断资本主义价值与剩余价值的实现。大众媒体作为生产"受众力商品"、动员"受众劳动"的关键主体，在垄断资本主义生产与再生产过程中发挥了重要作用。正如曼泽罗尔指出的，"斯麦兹通过强调受众在流通领域实现和保存剩余价值的必要作用，将大众传播、观念意识和沟通能力置于大规模工业生产和消费的同一框架内"[①]。但

---

① Vincent R. Manzerolle, "Mobilizing the Audience Commodity 2.0: Digital Labour and Always-on Media", *Media and Digital Labour: Western Perspectives*, 2018, pp. 1-14.

是，仔细考察可以发现，斯麦兹的"受众商品论"至少存在以下两点理论缺陷。

第一，斯麦兹的理论仅仅对"受众商品"或"受众力商品"的交换价值进行阐释，而缺乏对其价值本身的说明。在马克思主义政治经济学中，商品的价值是凝结在其中的人类抽象劳动，它只有通过一种商品同另一种商品相交换的量的关系或比例才能得到表现，即商品的交换价值是商品价值的表现形式。并且，马克思明确指出，商品的交换价值作为价值的表现形式，只能由商品的价值本性来决定，而不是相反，"商品的价值形式或价值表现由商品价值的本性产生，而不是相反，价值和价值量由它们的作为交换价值的表现方式产生。但是，这正是重商主义者和他们的现代复兴者费里埃、加尼耳之流的错觉，也是他们的反对者现代自由贸易贩子巴师夏之流的错觉"①。在这里，斯麦兹似乎有着与"重商主义者和他们的现代复兴者"或"现代自由贸易贩子"之流同样的错觉，认为"受众商品"的价值本性产生于其价值表现，因而仅仅对"受众商品"的交换价值进行论述，而忽略了对"受众商品"价值和价值量本身的讨论。

对于斯麦兹的理论，需要追问的是，"受众商品"或"受众力商品"的价值是如何决定的，其中凝结了哪些劳动者的抽象劳动？既然斯麦兹的"受众力商品"是类比马克思主义政治经济学中"劳动力商品"概念而提出的，那么"受众力商品"的价值决定是否类似于"劳动力商品"的价值决定？在马克思主义政治经济学中，劳动力商品的价值是由"生产从而再生产这种独特物品所必要的劳动时间决定的"，它可以归结为生产和再生产劳动力所需的一定量生活资料的价值，包括维持劳动者本人所必需的生活资料价值、劳动者子女生活资料价值和劳动者的教育费用②。那么类似地，决定"受众力商品"价值的要素又有哪些？斯麦兹并未对此作出任何说明，而实际上这也是很难做出合理阐释的。总之，仅仅论述"受众商品"或"受众力商品"的交换价值，而略去

---

① [德] 马克思：《资本论》第一卷，人民出版社2004年版，第76页。
② [德] 马克思：《资本论》第一卷，人民出版社2004年版，第198—200页。

对其价值本身的讨论,这样的理论阐释是不完整的。

第二,对"受众劳动"是否生产出价值和剩余价值的判断存在矛盾。一方面,斯麦兹指出"受众劳动"的本质是为广告商进行的营销劳动,在马克思主义政治经济学看来,营销劳动是属于纯粹流通领域的劳动,它仅仅涉及商品形态的转化即商品买卖,而不涉及商品生产,因此不会生产出任何价值和剩余价值,而是促进价值和剩余价值的实现,"状态的变化花费时间和劳动力,但不是为了创造价值,而是为了使价值由一种形式转化为另一种形式"①。实际上,传播政治经济学学者曼泽罗尔也正是这样来解读斯麦兹的"受众商品"和"受众劳动"的,"受众商品和受众劳动实际上并不直接生产剩余价值。而流通领域剩余价值的保存和实现,则是通过资本的介入,具体调动受众的沟通、合作和认知能力"②。另一方面,斯麦兹却又想将"受众劳动"作为直接生产出价值和剩余价值的劳动来处理,"当我们把广告支出与消费商品、服务的零售创造的'附加值'对比时,就可以找到评估受众商品的功效以及受众创造的剩余价值"③。这就导致了其理论逻辑上的不自洽。

之后的许多学者意识到了斯麦兹理论中存在的这些问题,并试图做出修正。他们沿斯麦兹提出的理论思路,从探寻大众媒体生产出的"商品"出发,同样指出大众媒体能够生产出一种"受众商品",但他们对"受众商品"的界定与斯麦兹有着根本的不同。斯麦兹将"受众商品"界定为"受众力商品","受众力商品"的使用就是"受众劳动","受众力商品"是先于"受众劳动"而存在的;之后的学者大多放弃了斯麦兹将"受众商品"界定为"受众力商品"的尝试,而是将其作为"受众劳动"生产出的商品,作为"受众劳动"的结果而存在,即"受众劳动"生产出"受众商品"。如此,上述斯麦兹理论中的两个问题似乎得到了解决,"受众劳动"成了生产商品的劳动,能够生产出"受众

---

① [德]马克思:《资本论》第二卷,人民出版社2004年版,第147页。
② Vincent R. Manzerolle, "Mobilizing the Audience Commodity 2.0: Digital Labour and Always-on Media", *Media and Didital Labour: Western Perspectives*, 2018, pp. 1–14.
③ Vincent R. Manzerolle, "Mobilizing the Audience Commodity 2.0: Digital Labour and Always-on Media", *Media and Didital Labour: Western Perspectives*, 2018, pp. 1–14.

商品"价值和剩余价值,"受众商品"的价值决定问题也得到了说明。但在接下来的考察中我们会发现,这样的理论构造方式也存在诸多不足。

苏特·杰哈利(Sut Jhally)和比尔·利文特(Bill Livant)将斯麦兹的理论进行了一定程度的修正,并提出了"观看时间商品理论"。他们认为,如果从媒体角度观察,"媒体向广告商出售的是观看时间",因此大众媒体生产并出售给广告商的"受众商品"的本质是一种"观看时间商品"。在他们的理论中,受众不再是为广告商进行营销劳动,而是为媒体进行"观看劳动",这一劳动生产出了能够被大众媒体占有的"观看时间商品",大众媒体通过将"观看时间商品"出售给广告商而获得剩余价值。

首先,类似于劳动力的出售,观众出售"观看能力"给媒体。观众获得电视节目,媒体获得"观看能力"的使用价值即"观看"。这里,媒体付出可变资本 v 用来制作吸引观众的节目以购买观众的"观看能力"。其次,媒体使用观众的"观看能力"使其进行"观看劳动",生产出"观看时间商品"。观众的"观看劳动时间"可分为"社会必要观看时间"和"剩余观看时间"两部分。"社会必要观看时间"即观众观看电视节目的时间,在这一时间内观众创造出补偿媒体付出的可变资本 v(即电视节目制作成本)的价值;"剩余观看时间"即观众观看广告的时间,在这一时间内观众创造出剩余价值 m。最后,大众媒体因其对通信手段的所有权占有并出售观众生产的"观看时间商品"给广告商,获得剩余价值。此外,大众媒体可以通过缩短必要观看时间即节目时间来获得绝对剩余价值,通过重组观众群体或重组观看过程来获得相对剩余价值[1]。

举例来说,电视台等商业媒体首先通过制作或购买节目来吸引观众观看,然后以高于制作或购买节目的价格收取广告费。电视台向30分钟电视剧支付40万美元每集(v),这个节目实际时长24分钟,广告时

---

[1] Sut Jhally, Bill Livant., "Watching as Working: The Valorization of Audience Consciousness", *Journal of Communication*, 1986, 36 (3), pp. 124–143.

长 6 分钟。若这 6 分钟被分成 12 个 30 秒的广告，每个广告售价 10 万美元。那么，电视台每 30 分钟获得的广告收入为 120 万美元，每 30 分钟获得的剩余价值（m）为 80 万（120 万 – 40 万）美元。杰哈利和利文特"观看时间商品理论"的基本逻辑如图 18 – 2 所示。

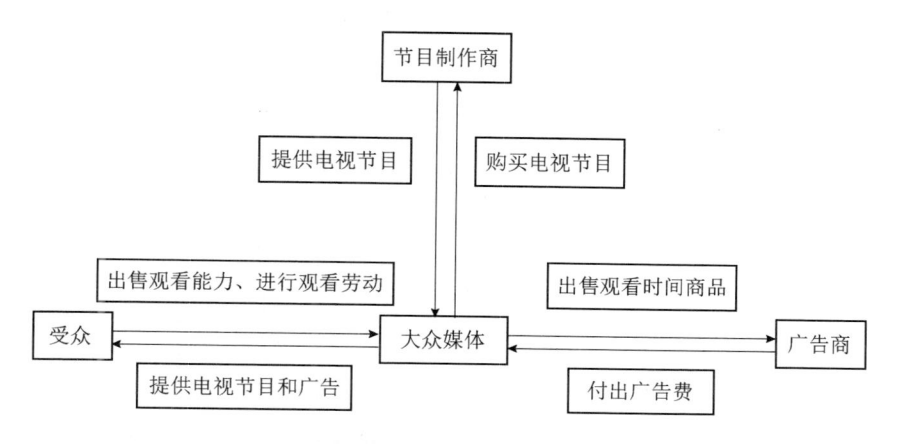

图 18 – 2　杰哈利和利文特的"观看时间商品理论"

通过对"受众商品"具体内涵的不同界定，杰哈利和利文特似乎弥补了斯麦兹理论中对"受众商品"价值决定问题的缺失。在他们的理论中，大众媒体生产并出售给广告商的"受众商品"不再是一种"受众力"而是受众的"观看时间"，"观看时间商品"的价值是由观众付出的观看劳动时间决定的。但正如马克思指出的，"一个十二小时工作日的价值是由什么决定的呢？是由一个十二小时工作日中包含的 12 个劳动小时决定的；这是无谓的同义反复"[1]。杰哈利和利文特认为"观看时间商品"的价值是观看劳动时间，这仅仅是一种无意义的同义反复而已。他们对"受众商品"的这种界定并没能真正解决斯麦兹理论中存在的问题，反而制造出了新的问题。例如，在他们的理论中，受众首先要将"观看能力"出售给媒体，杰哈利和利文特指出这一"观看能力商品"的交换价值是媒体制作或购买电视节目付出的可变资本 v，但同样需要追问的是，这一"观看能力商品"的价值又是如何决定

---

[1] [德] 马克思：《资本论》第一卷，人民出版社 2004 年版，第 613 页。

的？他们并未对此作出说明。

并且，杰哈利和利文特对大众媒体获得的剩余价值来源的论述存在矛盾：一方面，在他们的"观看时间商品"理论中，观众的观看劳动是生产商品即"观看时间商品"的劳动，这一劳动能够为媒体直接生产出价值和剩余价值；另一方面，杰哈利和利文特又将媒体获得的剩余价值或利润视为以租金形式对工业资本剩余价值的分享，"媒体资本（如广播公司）从工业资本中获得剩余价值的一部分，作为接触观众而支付的租金。这种租金与其生产成本（如付给媒体行业中工人的工资）之间的差额构成了它的利润"①。正如布莱斯·尼克松（Brice Nixon）所言，虽然杰哈利和利文特强调广告商支付给媒体的广告费是租金，媒体获得了工业资本剩余价值的一部分，但实际上他们并没有把租金理解为对工业资本剩余价值分配的范畴，而是从生产范围内讨论它。尼克松进一步指出，"这大概是由于他们认为，在理论上把观看视为工作或劳动，要求他们在生产范围内工作，在生产范围内资本会在劳动创造出剩余价值后占有它。但他们没有考虑到媒体资本对剩余价值的占有不是通过生产来实现的，也没有考虑到媒体资本家与受众劳动者的关系不是工业资本家与劳动者之间的关系"②。这里，杰哈利和利文特实际上与斯麦兹一样，都想将"受众劳动"作为直接生产出价值和剩余价值的劳动来处理，只不过杰哈利和利文特试图通过将"受众劳动"界定为生产商品的劳动即生产领域的劳动，来从理论逻辑上说明这一点。但是，当他们进一步讨论媒体获得的剩余价值来源时，却遇到了矛盾，大众媒体获得的剩余价值究竟是由"受众劳动"直接创造的，还是分配领域对工业资本剩余价值的一种分享？杰哈利和利文特并没有很好地说明这一点。

此外，学者艾伦·米汉（Eileen R. Meehan）还注意到了收视率的

---

① Sut Jhally, Bill Livant, "Watching as Working: The Valorization of Audience Consciousness", *Journal of Communication*, 1986, 36 (3), pp. 124–143.

② Brice Nixon, "Toward a Political Economy of 'Audience Labour' in the Digital Era", *Triple Communication Capitalism & Critique Open Access Journal for a Global Sustainable Information Society*, 2014, 12 (2), pp. 713–734.

作用，提出"收视率商品"概念。她认为，在传播领域同时存在信息商品、受众商品和收视率商品这三种商品。它们没有一个是错误的，但没有另外两个，其中任何一个商品单独来看都不是完整的，因此需要探索一个整合三种商品的解释框架①。

二 社交媒体时代：商品化究竟是什么

21世纪以来，随着信息通信技术的广泛应用，社交媒体平台逐步成为与报纸、广播、电视等传统媒体比肩，甚至有超越之势的新媒体形式，如微信、微博、脸书（Facebook）、谷歌（Google）等。社交媒体平台是如今传播政治经济学的重要研究对象，斯麦兹的"受众商品论"是传播政治经济学学者广为采用的经典分析框架。相较于传统媒体，社交媒体平台的主要特征是，用户在信息的发布与传播中起到了极为重要的作用。在传统媒体中，观众通常是被动地接收媒体机构发布的信息，而社交媒体平台中的用户可以主动地创建、发布和传播信息，"受众与传统机构传播者几乎是在平等的基础上运作"②。

有学者认为，社交媒体平台中用户的这一特征，挑战了斯麦兹"受众商品论"中"电视媒体强迫观众观看"的假设，而这种"强迫性"正是受众的观看成为劳动的前提③。但更多的学者认为，用户主动创建和发布信息，恰恰证明了他们在消费平台内容的同时也为平台进行了生产活动。例如，尼克尔·科亨（Nicole S. Cohen）指出，用户在消费社交媒体平台免费服务的同时为平台生产出了绝大部分内容和文化生态④；大卫·比尔（David Beer）和罗杰·伯罗斯（Roger Burrows）指出，"Web 2.0的关键特性可能是，用户在生成和浏览在线内容时，参

---

① Meehan R. Eileen, "Ratings and the Institutional Approach: A Third Answer to the Commodity Question", *Critical Studies in Media Communication*, 1984, 1 (2), pp. 216–225.
② Philip M. Napoli , "Revisiting 'Mass Communication' and the 'Work' of the Audience in the new Media Environment", *Media, Culture & Society*, 2010, 32, p. 505.
③ Matt Carlson, "Tapping into TiVo: Digital Video Recorders and the Transition from Schedules to Surveillance in Television", *New Media & Society*, 2006, 6 (1), pp. 97–116.
④ Nicole S. Cohen, "The Valorization of Surveillance: Towards a Political Economy of Facebook", *Democratic Communiqué*, 2008, 22 (1), pp. 5–22.

与到生产和消费过程中，比如标记、博客、发布和共享"①。因此，许多学者将斯麦兹的"受众商品论"发展到了社交媒体平台中，认为用户为平台进行了"受众劳动"并生产出"受众商品"。但是，不同学者对"受众商品"具体内涵的界定有所不同。

菲利普·南波利（Philip M. Napoli）指出，"斯麦兹认为受众为广告商工作"和"杰哈利和利文特认为受众为媒体工作"之间的早期划分，在新媒体环境中被架起了桥梁。在新媒体环境中，受众为二者工作。一方面，受众贡献了媒体平台可以货币化的内容；另一方面，受众通过各种方式协助商品营销，从制作广告到参与网络口碑宣传，再到将品牌信息整合到自己的传播平台中，他们像营销人员一样传播品牌信息②。

康贤进（Hyunjin Kang）和马修·麦卡利斯特（Matthew P. McAllister）将斯麦兹的"受众商品论"发展到了谷歌中。他们指出，谷歌通过全方位的监控实现了对用户广泛的、变革性的商品化。在谷歌平台中，商品化的不仅是用户，还有用户的各种组件，包括其活动数据、聚合意识（关键词趋势）以及社会关系的商品化。相较于传统媒体而言，谷歌通过交互式技术对用户的全面监控强化了用户的商品化水平。它不再需要尼尔森公司等机构对用户人口统计特征进行评估，而是直接监控用户的在线行为，并向每一位用户精准推送他们可能感兴趣的商品或服务。谷歌通过 Adwords、Adsense、DdoubleClick 等项目来为客户提供广告服务，包括关键词搜索广告、外部网站投放广告、横幅和视频广告等。监控用户成为谷歌盈利最关键和最基本的机制，这种机制能够提高广告转化率，从而降低广告成本，使其获得比传统媒体更多的剩余价值，但这一机制也导致用户隐私受到了严重威胁③。谷歌变革性的用户商品化过程如图 18 – 3 所示。

---

① David Beer, Roger Burrows, "Sociology and, of and in Web 2.0: Some Initial Considerations", *Sociology Research Online*, 2007, 12 (5), pp. 1 – 13.

② Philip M. Napoli, "Revisiting 'Mass Communication' and the 'Work' of the Audience in the New Media Environment", *Media, Culture & Society*, 2010, 32, p. 505.

③ Hyunjin Kang, Matthew P. McAllister, "Selling you and your Clicks: Examining the Audience Commodification of Google", *Journal for a Global Sustainable Information Society*, 2011, 9 (2).

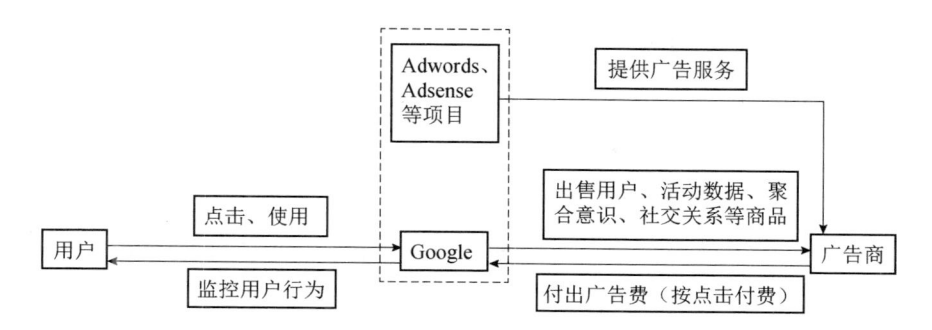

第十八章 平台经济下"受众商品论"再审视

图 18-3 谷歌对用户变革性的商品化过程

同样对谷歌平台做出研究的还有米奇·李（Micky Lee）。他指出，谷歌和其他技术公司的信息商品化，可能促使持批评态度的学者重新思考斯麦兹在盲点辩论中提出的"受众商品"的本质。谷歌与传统电视媒体的主要区别是，它垂直整合了搜索引擎、广告代理和评级系统，这种垂直整合让人们对谷歌究竟销售何种商品产生疑问。他认为，谷歌出售的商品是三种信息——关键词、评级和搜索结果。作为一家广告代理公司，它销售关键词；作为一家评级公司，它销售关键词的统计数据；作为内容提供商，它销售搜索引擎。谷歌将原本没有价值的信息转化为了市场上的商品，使其具有价值和交换价值。广告主不再像传统媒体时代中购买广播广告的时段或购买印刷广告的版面，而是在谷歌的 AdWords 上竞价关键词，一旦用户输入关键词就会触发相应的广告。广告主可以根据自己的需求，出价购买任意多的关键词，为每一次点击或每一千次展示的成本出价。广告排名由质量分数和竞价价格决定，广告与用户输入的关键词越相关，其质量分就越高，质量分和价格越高，广告排名就越靠前。同时，李也指出，其研究没有终结对盲点问题的探讨，"这并不是说该分析可以代表所有形式的在线广告。盲点的持续光照需要对不断变化的新媒体环境进行进一步研究"①。

埃兰·费舍尔（Eran Fisher）研究了 Facebook 平台，他指出在社交

---

① Micky Lee, "Google Ads and the Blindspot Debate", *Media Culture & Society*, 2011, 33 (3), pp. 433-447.

媒体平台中"被商品化的是用户之间的熟识、社交和友谊",这是一种"关系"的商品化。他以 2011 年一场关于 Facebook "受赞助内容"广告项目①的法律诉讼为例进行说明。这起诉讼的原告是美国 Facebook 用户群体,他们指控 Facebook 使用他们的名字、照片和身份等通过"受赞助项目"为产品和服务做广告,却没有征得他们的同意,也没有支付报酬。在这场诉讼中,用户认为自己是为广告商从事营销劳动并创造了经济价值,而他们创造的价值被 Facebook 无偿占有并获取利润。最终,Facebook 与用户达成 2000 万美元的和解协议。费舍尔认为,法院的这一判决支持了用户的观点,为受众劳动理论提供了强有力的法律确认,"它表明受众理论不仅是一个理解社会现实的抽象框架,也是真实的社会行为,因而具有具体的政治意义","让我们把社交媒体看作一个为价值而斗争的场所"。费舍尔指出,"用户的存在——在社交媒体上的自我表现和日常生活——变得具有经济价值,并被商品化","被商品化的是 Facebook 用户之间的互相熟识、社交和友谊","是一种具有交换价值的关系"②。

曼泽罗尔分析了互联网驱动移动设备(Internet-enabled Mobile Devices, IMDs)如移动电话中的受众商品,并将其命名为移动的"产销者商品"(Prosumer Commodity)。他指出,IMDs 不仅意味着传播技术的革新,它更是一个移动产销者商品的动员平台,"当技术革新不断地从总体上调整人类传播能力的时候,受众商品是在这个过程中产生的最关键的抽象概念"。移动产销者商品通过移动设备中的应用软件服务构建出来,"IMDs 所具有的强化协作和传播的能力始终贯穿无处不在的数字化媒体的聚合关系之中,并由此产生了产销者商品"。曼泽罗尔进一步指出,"这些设备对'免费'时间的殖民化增加了用户生成内

---

① "受赞助内容"广告项目(Sponsored Stories Advertising Programme)是 Facebook 推出的一种新广告形式。好友"赞"一个品牌、签到、评论等活动,可以融入广告的推广内容中并出现在你的 Facebook 主页。在这种方式下,广告是由用户"赞"出来的,其核心是由用户决定广告内容。

② Eran Fisher, "Class Struggles in the Digital Frontier: Audience Labour Theory and Social Media Users", *Information Communication & Society*, 2015, 18(9–10), pp. 1108–1122.

容,并获得了很多潜在的、有价值的个人数据。这可以被用来将个人信息商品化,以及强化、合理化和个性化市场营销和广告数据作为斯麦兹'免费午餐'的诱饵来换取用户注意力","作为生产和交付给广告主的主要商品,货币化的逻辑取决于观众的注意力"[1]。可见,曼泽罗尔认为,在互联网驱动移动设备中,商品化的是用户注意力和用户信息(数据)。

可以看出,在互联网社交媒体时代,不同学者对互联网平台生产出的"受众商品"的界定存在很大差异。但从总体趋势来看,随着传播媒介由传统的报纸、广播、电视走向基于互联网的社交媒体平台,传播政治经济学学者对媒体生产出的"受众商品"的界定也逐渐从较为抽象的"受众力商品""观看时间商品"到更为具体的"信息商品""数据商品"等。学者克里斯蒂安·福克斯(Christian Fuchs)是将斯麦兹的"受众商品论"应用于社交媒体平台的集大成者。他将斯麦兹的"受众商品"发展成了社交媒体平台中的"互联网产销者商品"(Internet Prosumer Commodity),系统地考察了社交媒体平台、用户与广告商三者之间的关系。接下来,我们将对福克斯的"互联网产销者商品理论"进行详细考察。

三 福克斯的"互联网产销者商品理论"

福克斯的"互联网产销者商品理论",集中体现在他的著作《数字劳动与卡尔马克思》(*Digital Labor and Karl Marx*)中。福克斯认为,传播媒介为大众提供了文化消费和社会交流的平台,同时也是一种创造利润的方式。他将斯麦兹的"受众商品论"与马克思的理论相融合,将用户作为一种生产者引入社交媒体平台的价值和剩余价值创造中,试图对社交媒体平台中的生产关系进行全面考察。

首先,福克斯指认了社交媒体平台中用户与传统媒体中观众的区别。他指出,传统媒体中的观众是被动的观看者,而互联网平台中的用

---

[1] Vincent Manzerolle, "Mobilizing the Audience Commodity 2.0: Digital Labour and Always-on Media", *Ephemera: Theory & Politics in Organization*, 2010, 10, pp. 455 – 469.

户则更具主动性，是平台内容的创造者，"传统大众媒体上的受众商品与互联网上的受众商品的区别在于，在互联网上，用户也是内容生产者，存在用户生成内容，用户从事的是永久性的创意活动、传播、社区建设和内容生产"①。福克斯认为，斯麦兹的"受众劳动"与"受众商品"概念非常适合于描述具有主动性的平台用户，"在 Facebook 上传照片和其他图片、在墙上发帖和评论、向联系人发送邮件、结交朋友或浏览其他资料的用户构成了一种受众商品，被出售给广告商"②。福克斯借鉴阿尔文·托勒夫（Alvin Toffler）在 20 世纪 80 年代早期提出的"生产消费者"概念③，将斯麦兹的"受众商品"发展成了社交媒体平台中的"互联网产销者商品"。在托勒夫的语境中，"生产消费者"意味着生产者和消费者之间界限的模糊，福克斯认为社交媒体平台中的用户是"信息的消费者同时也是信息的生产者"④，"既是技术服务的消费者，又是数据、商品、价值和利润的生产者"⑤，在身份上实现了生产者与消费者的合一，因此，"更好的说法是互联网生产消费者商品化"⑥，"在企业社交媒体的情况下，受众商品是一种互联网生产消费者商品"⑦。

福克斯同时指出，社交媒体平台给用户提供了一种交流的手段，却没有将访问或内容作为商品出售，"但他们没有站在商品形式之外，而是将用户数据商品化"⑧。用户创造的数据信息包括他们"上传的数据、社交网络、兴趣、人口统计数据、浏览和互动行为"⑨，"社会关系、个

---

① Christian Fuchs, *Digital Labor and Karl Marx*, New York: Routledge Press, 2013, p. 100.
② Christian Fuchs, *Digital Labor and Karl Marx*, New York: Routledge Press, 2013, p. 100.
③ [美] 阿尔温·托勒夫：《第三次浪潮》，朱志焱等译，生活·读书·新知三联书店 1983 年版。
④ Christian Fuchs, *Digital Labor and Karl Marx*, New York: Routledge Press, 2013, p. 93.
⑤ Christian Fuchs, *Digital Labor and Karl Marx*, New York: Routledge Press, 2013, p. 89.
⑥ Christian Fuchs, *Digital Labor and Karl Marx*, New York: Routledge Press, 2013, p. 93.
⑦ Christian Fuchs, *Digital Labor and Karl Marx*, New York: Routledge Press, 2013, p. 100.
⑧ Christian Fuchs, *Digital Labor and Karl Marx*, New York: Routledge Press, 2013, p. 89.
⑨ Christian Fuchs, *Digital Labor and Karl Marx*, New York: Routledge Press, 2013, p. 90.

人资料数据、用户生成的内容和交易数据（浏览行为）"①，等等。福克斯认为，这些数据是用户在互联网平台上进行消费活动的结果，用户的消费活动是一种生产数据商品的劳动，用户的全部消费时间都是生产数据商品的劳动时间，"在 Facebook 和 Twitter 上，该服务的消费过程需要所有的在线交流和使用时间。所有这些时间不仅是劳动力再生产时间，同时也是生产数据商品的劳动时间"②。社交媒体平台在"使用条款"和"隐私政策"的帮助下获得了数据商品的所有权，并将其出售给广告商而获得利润。

社交媒体平台出售给广告商的"互联网产销者商品"的交换价值是平台获得的货币价值（广告费），使用价值是"由商品和交换价值形式所支配的大量个人数据和使用行为"③。报纸、广播、电视等传统媒体的受众商品化总是基于对受众率和特征的统计性评估，而互联网监控则为社交媒体平台提供了用户兴趣和活动的准确刻画。监控，是社交媒体平台资本积累模式的一个固有特征④。社交媒体平台和第三方广告客户会持续监控和记录用户的个人数据和在线活动，确定互联网产销者的特征（兴趣和使用行为）和规模（特定利益群体中的用户数量），也可以确定哪些人是某个消费群体的一部分，哪些人应该成为特定广告的目标，以进行精准的广告投放。福克斯指出，"企业对生产消费者永久性产生的使用价值（如个人数据和交互作用）的监控，使有针对性的广告能够吸引生产消费者消费和购物。它还旨在为公司和他们所提供商品的利益而操纵生产消费者的欲望和需要"，"社交媒体用户是商品化的双重对象：他们本身就是商品，通过这种商品化，他们的意识在网络

---

① Christian Fuchs, *Digital Labor and Karl Marx*, New York: Routledge Press, 2013, p. 95.
② Christian Fuchs, *Digital Labor and Karl Marx*, New York: Routledge Press, 2013, p. 89.
③ Christian Fuchs, *Digital Labor and Karl Marx*, New York: Routledge Press, 2013, p. 101.
④ Christian Fuchs, "Conference Report: The 4th ICTs and Society Conference: Critique, Democracy and Philosophy in 21st Century Information Society", *Nordicom Information*, 2012, (3 - 4), pp. 89 - 99.

上以广告的形式永久地暴露在商品逻辑之下"[1]。

对于社交媒体平台的生产过程,福克斯作出了详细分析。首先,社交媒体平台投资货币（M）用于购买资本（C）,包括购买技术（服务器、计算机等基础设施）的不变资本（c）和购买劳动力（有薪员工）的可变资本（v_1）两部分。接着,进入生产过程 P_1 和 P_2。P_1 是不生产最终销售的商品,而为用户生产出免费社交媒体平台的过程。这一过程中,平台雇佣工人为平台搭建起具体的社交媒体环境,他们在必要劳动时间创造出相当于可变资本（v_1）的价值,在剩余劳动时间为平台创造出一部分剩余价值。P_1 生产过程是 P_2 生产过程的前提。P_2 是生产出"互联网产销者商品"或"数据商品"（C'）的过程。这一过程中,用户为平台生产出"互联网产销者商品"或"数据商品",平台以高于其投入资本的价格将"互联网产销者商品"或"数据商品"出售给广告商而获得货币（M'）。M' 与 M 的差额,即社交媒体平台获得的剩余价值,这一剩余价值的一部分是由平台雇佣员工创造的,另一部分由社交媒体平台中的用户创造。所不同的是,平台用户的劳动是无酬的,因此用户的所有劳动时间都是为平台创造剩余价值的时间[2]。并且,福克斯指出,由于社交媒体平台拥有相当大规模的用户数量和用户上网时间,平台获得的绝大部分剩余价值都来自使用平台的用户,这意味着当代资本主义剥削已经超越了传统雇佣劳动的范畴,"当代资本主义中的人每天花很多的工作时间通过无偿的抽象劳动为资本创造价值。因此我们可以说,生活已经成为一个工厂,这家工厂不局限于雇佣劳动的范畴,而是延伸到了日常生活"[3]。福克斯社交媒体平台生产过程如图 18-4 所示。

---

[1] Christian Fuchs, *Digital Labor and Karl Marx*, New York：Routledge Press, 2013, p. 101.

[2] Christian Fuchs, *Digital Labor and Karl Marx*, New York：Routledge Press, 2013, p. 102.

[3] Christian Fuchs, *Digital Labor and Karl Marx*, New York：Routledge Press, 2013, p. 104.

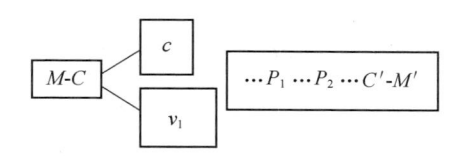

第十八章 平台经济下"受众商品论"再审视

$$M-C\begin{matrix}c\\v_1\end{matrix}\cdots P_1 \cdots P_2 \cdots C'-M'$$

图 18-4 福克斯社交媒体平台生产过程

以上就是福克斯"互联网产销者商品理论"的基本观点。在福克斯的理论中，用户在社交媒体平台价值生产过程中起到了核心作用，社交媒体平台获得的价值和剩余价值主要来自用户付出的无酬劳动。但是，正如英国学者乌苏拉·胡斯（Ursula Huws）指出的："这些讨论都略过了一些问题，即什么样的活动能称为'劳动'？想当然将一切活动都看作劳动的做法是否可行？"[1] 笔者曾对福克斯将用户的活动看作生产"数据商品"的劳动的观点作出讨论，指出从人类劳动具有的"目的性"来看，用户在互联网上留下数据的活动，并不是一种以生产数据商品为目的的劳动。在马克思主义政治经济学看来，人类劳动，抛开不同的社会形式，首先是一种专门的、使特殊的自然物质适合于特殊人类需要的、有目的的生产活动[2]。而我们在互联网平台上进行各种活动的目的，是社交、娱乐、消费等，而非生产出携带我们信息的数据。并且，用户留下的原始数据是杂乱无章的，不具有任何使用价值，只有经过一系列的清洗、分类、挖掘、分析之后的数据才能提供有用的信息，成为具有使用价值和价值的商品。因此，数据商品是由互联网平台雇用的对原始数据进行处理、分析的数据工程师及相关劳动者生产出的，而非使用平台的用户[3]。

福克斯将用户的活动看作一种生产"数据商品"的劳动，并以此来考察社交媒体平台中的价值、剩余价值及生产关系的理论思路，一方

---

[1] Ursula Huws, "The Underpinnings of Class in the Digital age: Living, Labour and Value", *Das Argument*, 2013, 56 (3), pp. 408-420.

[2] ［德］马克思：《资本论》第一卷，人民出版社 2004 年版，第 56 页。

[3] 陆茸：《数据商品的价值与剥削——对克里斯蒂安·福克斯用户"数字劳动"理论的批判性分析》，《经济纵横》2019 年第 5 期。

面源于他对马克思劳动理论片面、机械的理解，另一方面源于他对传播政治经济学"受众商品论"的依赖。作为一名传播政治经济学学者，福克斯承袭了斯麦兹"受众商品论"的理论路径，将"受众"作为大众媒体价值创造过程中的积极参与者，认为受众付出了"受众劳动"，并生产出能够被媒体无偿占有并出售给广告商的"受众商品"。福克斯将社交媒体平台中的这一"受众商品"界定为"互联网产销者商品"或"数据商品"，并急于将"受众"或"用户"纳入"互联网产销者商品"或"数据商品"的价值创造过程，从而找错了"数据商品"的真正生产主体。

其实，在福克斯的理论中，用户为平台创造出的"受众商品"一直是二重物——"互联网产销者商品"或"数据商品"。福克斯虽然将斯麦兹的"受众商品"发展为了社交媒体平台中的"互联网产销者商品"，但他没有对"互联网产销者商品"做出更为清晰的界定，它是指用户自身作为一种商品？还是指斯麦兹意义上的"受众力"？抑或"受众注意力"？这是需要继续追问的。同时，在"互联网产销者商品"的旁侧，福克斯引入了一种新的商品——"数据商品"。与抽象的"互联网产销者商品"不同，"数据商品"是一种更为具体的实实在在的商品。笔者认为，福克斯在这里已经触及了一定的客观事实，即用户数据已经成为可被互联网平台收集、分析并出售的新的商品，它对于研究互联网平台中的生产关系十分重要。但是，由于福克斯难以摆脱传播政治经济学"受众商品论"这一理论传统的束缚，使他在抽象的"互联网产销者商品"与具体的"数据商品"之间徘徊，并最终找错了"数据商品"价值的真正创造主体，从而未能正确揭示社交媒体平台剩余价值的来源及其中的生产关系。

四 结语

自斯麦兹1977年正式提出"受众商品论"以来，受众便走入了传播政治经济学的研究视野。斯麦兹指出，大众媒体通过提供免费节目吸引受众观看而生产出"受众商品"，并将其出售给广告商而获得利润。之后的传播政治经济学学者纷纷借鉴斯麦兹的这一理论框架，将大众媒体生产出的"受众商品"发展成"观看时间商品""收视率商品"等不同的商品形式;到了新媒体时代,又提出"数据商品""信息商品""关键词商品"等社交媒体平台生产出的更为具体的商品。虽然这些学者都遵循斯麦兹提出的从大众媒体生产出的"商品"出发来进行研究的理论思路,但对"受众商品"的不同界定导致了他们理论上的巨大差异,以及他们对大众媒体中生产关系的不同理解。

虽然在传统媒体时代,面对大多数西方马克思主义者仅仅将大众媒体视为资本主义意识形态的工具,斯麦兹提出"受众商品论"来对媒体发挥的经济功能进行研究,具有十分重要的历史意义。但正如学者余斌指出的,"受众商品理论注意到了人们在观看广告时的时间耗费,想对这样耗费的时间进行政治经济学的分析,其尝试是有积极意义的。但其结论并不符合政治经济学的原理"[1]。并且,吕新雨也指出,"面对社交网络和平台霸权的崛起,以及由此而产生的大量的产销合一和玩工的数字劳动的现象,批判传播理论的分析容易陷入一种罗生门式的表述,或过于复杂而沦入话语的纠缠的陷阱……困难的是如何在传播政治经济学的受众理论框架中来解释这一现状。受众劳动理论作为传播政治经济学的核心概念,也是聚讼纷纭的理论深水区"[2]。

笔者认为,传播政治经济学"受众商品论"的分析之所以陷入了"罗生门式的表述"和"沦入话语的纠缠的陷阱",是由于其理论本身存在一种逻辑循环。正如胡斯指出的,"受众商品论"中存在一种逻辑循环,如果价值是从某种活动中明显地产生的,那么人们倾向于从商品源头寻找它;反过来,任何能被描述为商品的东西,一定是由某种生产劳动产生的结果[3]。的确,许多使用"受众商品论"的传播政治经济学学者,正是陷入了这种逻辑的循环构造——在大众媒体的价值创造过程

---

[1] 余斌:《"数字劳动"与"数字资本"的政治经济学分析》,《马克思主义研究》2021年第5期。

[2] 吕新雨:《导言》,载姚建华主编《数字劳工:产销合一者和玩工》,商务印书馆2019年版,第3页。

[3] Ursula Huws, "The Underpinnings of Class in the Digital age: Living, Labour and Value", *Das Argument*, 2013, 56 (3), pp. 408–420.

中，必定存在某种商品，即"受众商品"；"受众商品"必定是由某种劳动创造的，即"受众劳动"。

实际上，斯麦兹等传播政治经济学学者试图从大众媒体生产出的"商品"出发，来研究媒体发挥的经济功能，这样的理论思路本身并没有问题。然而，"辩证法强调事物是普遍联系的，但也反对在进行理论分析时滥用事物之间的联系"①，斯麦兹等传播政治经济学学者正是在理论建构中滥用了事物之间的普遍联系，仅仅因为媒体能够使受众花费一定的时间来观看广告，就认为媒体生产出了"受众商品"，并将受众的观看活动视为一种劳动。按照这样的思路，难道我们驻足观看路边的广告牌的活动，也算是一种劳动吗？显然，这种理论建构方式是不符合唯物辩证法和唯物史观的，当然也不能得出符合马克思主义政治经济学原理的结论，反而会使理论本身陷入唯心主义的自我建构中而缺乏历史客观性。

如今，面对信息技术的突破式发展，互联网社交媒体平台能够生产出一种实实在在的可被认识的商品——数据商品。福克斯等学者通过将数据商品纳入传播政治经济学的分析，算是为这种逻辑循环找到了某种客观现实上的突围，但又由于他们难以摆脱对"受众商品—受众劳动"这种逻辑循环路径的依赖，导致其最终未能找到数据商品的真正生产者，也未能正确揭示互联网社交媒体平台中的生产关系。因此，我们对互联网平台的政治经济学分析，不应盲目照搬传播政治经济学"受众商品论"的理论逻辑和理论观点，而应回归到马克思主义政治经济学的基本理论与方法中去。

---

① 余斌：《"数字劳动"与"数字资本"的政治经济学分析》，《马克思主义研究》2021年第5期。

第十九章　数据商品的价值与剥削[*]
——对福克斯用户"数字劳动"理论的批判性分析

随着信息技术的突破式发展，人类的一切实践活动能够被全面、实时地记录下来，形成可用于分析的"大数据"。以数据为关键要素的数字经济正在形成，人们的行为数据日益被纳入资本主义商品经济的范畴，成为可被互联网平台企业收集、分析并出售的新的商品。对于数据是如何具有价值的，以及其中体现了怎样的剥削关系，西方传播政治经济学派代表人物克里斯蒂安·福克斯，沿用了近年来在西方学界兴起的"数字劳动"研究范式，率先对数据商品的价值创造和剥削机制展开分析。福克斯的研究虽然把数据带入了政治经济学的批判领域，但其观点有待商榷。本章试图从马克思主义政治经济学的视角对福克斯的用户"数字劳动"理论做出批判性分析，进而阐明数据商品价值的真正创造主体与剥削关系，以期引起更多学者对此问题的关注。

一　研究背景

西方传播政治经济学学者丹·席勒（Dan Schiller）较早地从马克思主义政治经济学视角关注数据商品问题。他将数据当作信息的一种特殊形式，研究了"信息是如何、什么时候以及为什么具有经济价值的"；提出信息的价值并非源于主流经济学认为的"作为一种有用资源的内在

---

[*] 本章作者：陆茸。原载于《经济纵横》2019 年第 5 期。

特质",而是源于其"向商品的转变",是"作为一种有用资源在商品化过程中对其产生和交流所付出社会劳动的重新衡量";并指出"资本主义是一种不断把社会劳动和社会生活各个领域纳入资本积累领地的扩展性秩序",1970 年前后美国产能过剩的危机加速了信息的商品化过程,企业和政界试图通过重组信息和通讯产业以恢复利润①。

丹·席勒虽然将劳动价值论拓展到信息传播领域,并从宏观上描述了不同信息的商品化过程,但缺乏更为具体的信息商品生产过程研究。作为如今最重要的信息载体的数据商品,其价值同样源自"社会对人的贡献的一种评价"②,但这种贡献(即劳动)的创造主体是谁,其中又体现了怎样的剥削关系?对此,西方传播政治经济学学者克里斯蒂安·福克斯(Christian Fuchs)认为,数据商品的价值是由互联网用户创造的,人们在互联网上的浏览、分享、点击等行为,都是一种生产数据商品的"数字劳动",互联网平台企业无偿占有了用户生产出的数据商品并借此获得巨额利润。在这一过程中,互联网平台企业实现了对用户的剥削,并且这种剥削已经超越了资本主义雇佣劳动的范畴。而要消灭这种剥削,只有建立一种"共产主义"的互联网模式③。

福克斯的这一用户"数字劳动"理论虽然为马克思主义政治经济学批判开辟了新的研究视角④,并在一定程度上反驳了近年来自治主义的马克思主义者对劳动价值论的诘难⑤,但其理论本身有待商榷。用户在互联网上留下数据的活动能否被看作一种劳动?数据商品的价值究竟

---

① [美]丹·席勒:《信息拜物教——批判与解构》,邢立军等译,社会科学文献出版社 2008 年版,第 1—12 页。
② 赵磊:《劳动价值论的历史使命》,《学术月刊》2005 年第 4 期。
③ Christian Fuch,*Digital Labor and Karl Marx*,New York : Routledge Press,2014,pp. 96 – 121.
④ 谢芳芳、燕连福:《福克斯数字劳动概念探析》,《马克思主义与现实》2017 年第 2 期。
⑤ 一些自治主义的马克思主义者认为,在"知识社会"或"认知资本主义"及"社交媒体"兴起的背景下,马克思主义劳动价值论和价值规律对当代资本主义来说已经过时。例如,哈特(Minchael Hardt)和奈格里(Antonio Negri)认为,"作为价值基本度量单位的劳动时间单位如今已毫无意义";威塞隆(Carlo Vercellone)认为,知识在生产中日益重要,以至于价值"不能再以直接从事生产的劳动时间来衡量",创造性知识成为如今"价值的主要来源"。参见克里斯蒂安·福克斯《卡尔·马克思与当代媒介和文化研究》,《国外理论动态》2017 年第 6 期。

是由谁创造的？资本主义的剥削是否已经超越了雇佣劳动的范畴？基于此，本章在介绍福克斯用户"数字劳动"理论的基础上，对用户在互联网上的活动是否是一种创造数据商品的"劳动"进行理论探讨，并从马克思主义政治经济学的视角，剖析数据商品价值创造的真正主体与剥削关系，对数据所有权问题和"隐私悖论"做简要讨论，为深入实施我国的大数据战略提供建议。

二 福克斯用户"数字劳动"理论

克里斯蒂安·福克斯对数据商品价值创造的研究，承袭了近年来兴起的"数字劳动"研究范式和传播政治经济学学派奠基人达拉斯·史麦兹（Dallas Smythe）的"受众商品"理论。他认为，用户在互联网社交平台的浏览、点击、分享等行为都是一种无酬的"数字劳动"，这种劳动生产了具有一定使用价值和价值的"数据商品"或"受众商品"。数据商品被互联网平台企业无偿占有，并售卖给广告客户进行精准广告投放，进而获得巨额利润。用户的上网时间都是为平台资本家创造剩余价值的劳动时间，工作和闲暇的界限已模糊，用户受到无限剥削。同时，互联网平台资本家对用户无酬劳动的剥削已经超越了传统雇佣劳动的范畴，成为当今资本主义必不可少的新型剥削形式。"当代资本主义的全球化推倒了雇佣劳动工厂的围墙。社会已经变成一个工厂，因为资本在没有无酬劳动的条件下就不能生存"，"社会工人和社会工厂让人们超越一个以工资为核心的价值、劳动和剥削范畴"，"无酬劳动可以延伸到不同的领域……生活在当代资本主义中的人类每天花很多的工作时间通过无偿的抽象劳动为资本创造价值，生活已经成为一个工厂，这家工厂不局限于雇佣劳动的范畴，而是延伸到了日常生活。"[①]

福克斯的理论有两个重要支点——"数字劳动"和"受众商品"理论。"数字劳动"作为一种新的劳动形式加以研究，始于意大利学者蒂兹纳·泰拉诺瓦（Tiziana Terranova）。她在 2000 年发表的文章《免

[①] Christian Fuch, *Digital Labor and Karl Marx*, New York: Routledge Press, 2014, pp. 107–121.

费劳动：数字经济的生产文化》中，开创性地研究了互联网中的免费劳动，并冠以"数字劳动"的名称。这种免费劳动被定义为"自愿与无酬并存、享受与剥削并存，它包括建立网站，修改软件包，阅读和参与邮件列表以及在 MUD 和 MOOs 上构建虚拟空间的活动"[①]。此后，欧美学者兴起了对互联网上"数字劳动"的研究。他们的理论路径虽然有所不同，但基本上都认可在数字资本主义时代，人们的劳动形式已发生改变，劳动时间和休闲时间的传统划分已被颠覆，用户在互联网上（尤其是在社交平台）的活动是一种创造价值的劳动。这种劳动是消遣的、享受的，甚至有学者将其命名为"玩劳动"（Playbor）[②]。福克斯继承了这一理论，系统阐述了用户在互联网社交平台上的数字劳动，并结合传播政治经济学奠基人史麦兹的"受众商品"理论，认为用户的数字劳动创造了一种被平台资本家无偿占有的"受众商品"或"数据商品"。

1977 年斯麦兹在其论文《传播：西方马克思主义的盲点》中，为分析广播电视等媒体中的广告模式，首次明确提出了"受众商品"的概念。他认为，人们观看电视节目的时间是一种创造价值的劳动时间，观看电视节目的观众被当作一种"受众商品"卖给了广告客户，媒体获得了大量的利润，而观众受到了剥削[③]。福克斯认为，斯麦兹的"受众商品"概念很适合用来描述如今互联网社交平台对其用户的剥削，并将"受众商品"概念发展成"互联网产销者商品"。互联网上的用户不再是被动的节目观看者，而是内容的主动创造者，他们在进行消费活动的同时又是数据商品的生产者[④]。

值得注意的是，福克斯对用户"数字劳动"所生产的究竟是"受

---

① Tiziana Terranova, "Free Labor: Producing Culture for the Digital", *Economy Social Text*, 2000, 18 (2), pp. 33–58.

② Julian Kücklich, "Precarious Playbor: Modders and the Digital Games Industry", *Fibre Culture Journal*, 2005, 1 (5).

③ Dallas Smythe, "Communication: Blindspot of Western Marxism", *Canadian Journal of Political and Social Theory*, 1977, 1 (3), pp. 1–27.

④ Christian Fuchs, "Coference Report: The 4th ICTs and Society Coference: Critique, Democracy and Philosophy in 21st Century Information Society", *Nordicom Imformation*, 2012, 34 (3).

众商品"（互联网产销者商品）还是"数据商品"，并未作明确区分。在其叙述过程中，这两个概念有时在同一意义上使用，如"社交媒体企业把用户数据商品售卖给广告客户"，"用户被作为一种商品卖给了广告商"；有时又在属种关系上使用，如"网络产销者商品包含用户生成内容、交易数据"[1]。"受众商品"（互联网产销者商品）是指用户自身作为一种可出售的商品，而"数据商品"指携带用户信息的数据成为一种商品，二者的内涵和外延并不等同。这种概念上的混淆体现了福克斯理论逻辑上的不一致。

"数字劳动"理论是西方学界近年来兴起的对马克思劳动价值论的新发展，相关争论持续至今。福克斯对用户"数字劳动"的研究正是建立于这一范式之上。我国学术界对该理论的跟踪、评价还相对欠缺，"数字劳动"理论也尚未进入大多数学者的视野。周延云和闫秀容首次系统介绍了国外"数字劳动"理论和福克斯的用户"数字劳动"理论的研究进程，提出应将这一理论进行中国化的发展[2]。谢芳芳和燕连福认为，福克斯理论中存在"扩大了阶级分析的范畴从而削弱了阶级划分的意义"及"无限剥削观点与马克思利润率下降规律相矛盾"等缺陷[3]。吴欢和卢黎歌在"数字劳动"和数字商品价值的基础上，进一步探究了数字商品价格的形成机制[4]。夏玉凡试图从马克思"生产性劳动"视角对福克斯的数字劳动理论提出质疑[5]。本章认为，用户生成数据的活动究竟能否被看作一种劳动，是首先应当厘清的问题。

---

[1] Christian Fuch, *Digital Labor and Karl Marx*, New York：Routledge Press, 2014, pp. 102–103.

[2] 周延云、闫秀荣:《数字劳动和卡尔·马克思——数字化时代国外马克思劳动价值论研究》，中国社会科学出版社2016年版，第269页。

[3] 谢芳芳、燕连福:《"数字劳动"内涵探析——基于与受众劳动、非物质劳动、物质劳动的关系》，《教学与研究》2017年第12期。

[4] 吴欢、卢黎歌:《数字劳动、数字商品价值及其价格形成机制——大数据社会条件下马克思劳动价值论的再解释》，《东北大学学报》（社会科学版）2018年第3期。

[5] 夏玉凡:《传播政治经济学视域中的数字劳动理论——以福克斯劳动观为中心的批判性探讨》，《南京大学学报》（哲学·人文科学·社会科学版）2018年第5期。

三 产生数据的活动是劳动吗

马克思在《资本论》第一卷中,对人类劳动有过深刻论述。抛开不同的社会形式,劳动是一种"专门的、使特殊的自然物质适合于特殊的人类需要的、有目的的生产活动",是一种具体的使用价值的创造者,是"人和自然之间的物质变换即人类生活得以实现的永恒的自然必然性"①。可见,人类劳动是一种"有目的"的活动,是按照自身的需要去改造自然物质。正如马克思所举的例子:"蜘蛛的活动与织工的活动相似,蜜蜂建筑蜂房的本领使人间的许多工程师感到惭愧。但是,最蹩脚的建筑师从一开始就比最灵巧的蜜蜂高明的地方,是他在用蜂蜡建筑蜂房以前,已经在自己的头脑中把它建成了。"人类劳动所得到的结果,"在这个过程开始时就已经在劳动者的表象中存在着,即已经观念地存在着","他不仅使自然物质发生形式变化,同时他还在自然物中实现自己的目的,这个目的是他所知道的,是作为规律决定着他的活动方式和方法的,他必须使自己的意志服从这个目的"。马克思还将"有目的的活动和劳动本身",归结为劳动过程的简单要素之一②。

目的作为一个哲学范畴,指"行为主体根据自身的需要,借助意识、观念的中介作用,预先设想的行动目标或结果",特点是,"行为的目标或结果可以观念的形态预先存在,成为引起人们行动的原因,指导或规定人的行为,协调和组织行动,以实现预定的结果"③。人类的劳动,就是为了使劳动对象发生预定的变化,以适应人类的生存需求。在劳动过程开始之前,劳动者对自己劳动结果有着清晰的认知和预期,并且整个劳动过程都受这种目标的支配。而在互联网上产生数据的各种活动,目的并不是要生产出携带我们信息的数据商品。在购物网站购物的目的是要获得自身所需要的商品,而非生产消费数据;在社交网站分享动态、与朋友聊天,目的是要满足社交需求,而非生产社会关系数

---

① [德] 马克思:《资本论》第一卷,人民出版社2004年版,第56页。
② [德] 马克思:《资本论》第一卷,人民出版社2004年版,第208页。
③ 冯契:《哲学大辞典》,上海辞书出版社2001年版,第1038页。

据；在视频网站观看电影，目的是娱乐和休闲，而非创造偏好数据。在物联网和智能设备普及的今天，睡眠数据、心率和血压数据、运动数据、交通数据等都可以被企业收集、分析并出售给广告客户，难道睡眠、心跳、日常活动也是一种以生产数据商品为目的的"劳动"吗？斯麦兹正是在这个意义上定义"受众劳动"和"受众商品"的，"一天的24小时都是工作时间"[①]。因此，从人类劳动所具有的"目的性"看，用户在互联网上产生数据的各种活动，并不是一种"以生产数据为目的"的劳动，睡眠、心率、血压等人的生理活动更难以被称为劳动。福克斯对劳动的这种界定体现了他对《资本论》中"劳动"概念和劳动价值理论片面、机械地理解。如此，不仅难以继承和捍卫马克思的劳动价值论，反而扩大了马克思生产劳动者的范畴，使包括资本家在内的所有互联网用户即"受众"，都成了生产数据商品的劳动者，只能消解无产阶级和资产阶级间的真正对立。

随着资本主义生产方式的不断演进，尽管工人的生活越来越多地受到了资本的影响和支配，但并不能把一切的人类实践活动都称为劳动，也不能断言资本主义剥削已经超越了传统雇佣劳动的范畴。福克斯"数字劳动"和"受众商品"的理论建构模式，一方面源于传播政治经济学奠基人斯麦兹试图将"物质性"引入传播领域的研究，"这种物质性正在于受众的劳动被利用并且作为商品出售给广告商"[②]；另一方面是由于"受众商品"理论形成于以电视和广播为主导的传统媒体时代。如今，信息技术的不断发展使人们更能清晰地看到，广告客户实际购买的是用户的行为数据，而非"受众"本身。福克斯对用户数字劳动的结果——"受众商品"和"数据商品"概念的混淆，也反映出其既意识到数据商品的重要性，又难以抛开传播学派理论传统的思想矛盾。

[①] Dallas Smythe, "Communication: Blindspot of Western Marxism", *Canadian Journal of Political and Social Theory*, 1977, 1 (3), pp. 1–27.

[②] Dallas Smythe, *Counterclockwise: Perspective on Communication*, Boulder, Colo.: Westview Press, 1994, pp. 266–291.

四　数据商品的价值创造与剥削关系

在现代计算机系统中，数据被定义为"描述事物的符号记录"，"描述事物的符号，可以是数字，也可以是文字、图形、图像、音频、视频等，数据有多种表现形式，它们都可以经过数字化后存入计算机"[1]。近年来，伴随着信息技术的突破式发展以及摩尔定律[2]驱动的各种存储器容量的成倍增加，更广泛的数据能够被计算机收集和分析。据IBM测算，每人每天产生的数据约有2.5艾字节，这意味着世界上90%的数据是在过去两年产生的[3]。数据量的积累最终导致质的变化，"大数据"（Big Data）概念应运而生。大数据并不是指数据存储规模的简单增长，而是"各类数据集合的汇总，包括一些结构化和非结构化数据，一些由物理数据元转换为在线数据集的数据集，以及事务型和非事务型数据库"[4]。一些数据公司将大数据的特征概括成"3V"，即大量（Vast）、多样性（Variety）和及时性（Velocity）[5]。

用户在互联网平台上留下的原始数据是杂乱、有噪声和不一致的。首先要将大量的原始数据进行清理，消除噪声并删除不一致的数据；进而，使用数据挖掘和机器学习技术，才能从海量的数据中挖掘出有用的信息。只有经过处理后的数据才能成为具有使用价值和价值的商品，未经整理和分析的杂乱的原始数据不具有任何使用价值，因此也不具有价值。"没有一个物可以是价值而不是使用物品。"[6]"有用性"是商品和服务价值存在的条件，没有用的东西不具有任何价值。仅从这一点来

---

[1] 王珊、萨师煊：《数据库系统概论》第五版，高等教育出版社2014年版，第4页。
[2] 摩尔定律，是由英特尔创始人之一的戈登·摩尔（Gordon Moore）提出的。内容为：积体电路上可容纳的晶体管数目，约每隔两年会增加一倍。经常引用的"18个月"的说法，是由英特尔首席执行官大卫·豪斯（David House）提出的，即预计18个月芯片的性能将提高一倍（即更多的晶体管使其更快）。
[3] 约翰·桑希尔：《呼之欲出的数据资本主义》，FT中文网，http://www.ftchinese.com/story/001071093? Archive。
[4] [美] 帕姆·贝克：《大数据策略》，于楠译，清华大学出版社2016年版，第1页。
[5] Beyer Mark, "Gartner Says Solving 'Big Data' Challenge Involves More Than Just Manage Volumes of Data", https://www.gartner.com/newsroom/id/1731716。
[6] [德] 马克思：《资本论》第一卷，人民出版社2004年版，第54页。

看，产生不具有任何使用价值的原始数据的互联网用户，也不可能是数据商品的生产者和价值创造者。

价值是商品中"无差别的人类劳动的单纯凝结"，价值量由"所包含的'形成价值的实体'即劳动的量来计量。劳动本身的量是用劳动的持续时间来计量"①。数据商品的生产过程，即从数据库的建立到数据的清理、分类，再到数据的挖掘，甚至是机器学习算法的编写，都需要耗费相当长时间的人类劳动。"在 Google，至少有四成的工程师天天在处理数据。"② 可见，数据商品的价值源于互联网平台雇佣的数据工程师付出的劳动。同时，处理数据所耗费的劳动是复杂的脑力劳动。正如马克思所言："比较复杂的劳动只是自乘的或不如说多倍的简单劳动，因此，少量的复杂劳动等于多量的简单劳动。"③ 数据工程师在同样的时间内创造的价值，要多倍于简单劳动所创造的价值。此外，数据工程师的活劳动使生产过程中所消耗的计算机设备、电等生产资料的旧价值也转移到数据商品中。最终数据商品的价值可表示为 $W = c + v + m$；其中，c 代表生产过程中不变资本的价值，v 代表可变资本的价值，m 代表生产出的剩余价值。

马克思在《资本论》中所论述的资本主义社会中的剥削，指的是资本家对雇佣劳动创造的剩余价值的无偿占有。在数据商品的生产过程中，数据工程师生产的剩余价值被平台资本家无偿占有。这体现了互联网平台资本家对其雇佣劳动者的剥削，而非是福克斯所论述的对互联网平台用户的剥削。这种剥削仍属于资本主义雇佣关系的范畴。而且互联网平台资本家往往通过延长劳动时间的手段获得高额的绝对剩余价值。在互联网行业，加班已成为非常普遍的现象。"996"工作制度（即员工的工作时间为早上 9 点到晚上 9 点，一周上班 6 天）和各种变相的加班措施，使近年来互联网行业员工"过劳死"事件不断发生。据艾瑞咨询对多个互联网公司员工所做的"睡眠质量"调查显示，51.5% 的

---

① ［德］马克思：《资本论》第一卷，人民出版社 2004 年版，第 51 页。
② 吴军：《智能时代：大数据与智能革命重新定义未来》，中信出版集团 2016 年版，第 247 页。
③ ［德］马克思：《资本论》第一卷，人民出版社 2004 年版，第 58 页。

员工超过 23 点上床,平均睡眠时间是 6.7 小时;66.7% 的员工经常加班;38.7% 的员工反映压力很大①。

五 数据所有权归属与"隐私悖论"

在大数据的应用过程中,有两个备受关注的问题:数据的所有权归属和"隐私悖论"。欧洲法律界较早地对数据所有权归属问题展开讨论。占主导地位的是一种基于经济分析的方法和标准,即数据的所有权界定以完善市场经济、避免市场失灵为目标②。主流经济学针对数据所有权的归属对市场经济可能造成的影响展开了学术探讨。一些学者认为,数据是公司收集的人们在互联网上活动所产生的"自然废气",所有权和收益权应归企业所有(Data as Capital,DaC),这可激发企业家才能、鼓励创新;另一些学者认为,把数据看作能给用户带来收益的个人财产(Data as Labor,DaL),能够提高用户数据的产出质量,使数据在神经网络和其他学习算法中更好地发挥作用,恢复数据经济中扭曲的收益分配关系,建立高效的数据市场。两种观点还考虑了未来人工智能(AI)社会人类的工作被大量取代的情况。DaC 支持者认为,采取"全民基本收入"政策和保留 AI 无法取代的岗位,能够应对失业;DaL 支持者认为,未来人们将从事创造数据的工作,并以此获得收入,形成一个"数据工作阶级"③。两种观点的支持者都认为能够建立一个高效的数据市场,所以并未达成一个一致的结论。在实践中,也尚未有一个国家对数据的权属做出明确界定。

此外,在大数据发展的今天,消费者个体无时无刻不在被观察、被分析、被监测,隐私的丧失成为人们关注的焦点。尤其在 2018 年 3 月,

---

① 《"996"成互联网行业潜规则 绝大多数没有加班费》,网易财经,http://money.163.com/16/0911/06/C0LMD0BD002580S6.html。

② Josef Drexl,Reto M. Hilty,Jure Globocnik 等:《马克斯·普朗克创新与竞争研究所就欧盟委员会"关于构建欧洲数据经济征求意见书"的立场声明》,《电子知识产权》2017 年第 7 期。

③ Imanol Arrieta Ibarra,Leonard Goff,Diego Jiménez Hernández,et al.,"Should we Treat Data as Labor? Moving Beyond 'Free'",*American Economic Association Papers & Proceedings*,2017,1(1)。

Facebook 被曝出严重的信息泄露事件后，很多学者都对大数据的应用与人类隐私的"悖论"展开探讨①。2018 年 5 月 25 日，欧盟正式生效的《通用数据保护条例》（General Data Protection Regulations，GDPR）虽然规定各类组织在使用个体数据时，必须征得数据主体的"同意"，并设计了保护数据隐私的问责机制，明确了数据主体对个人数据使用的知情权、访问权、更正权、可携带权、删除权等一系列权利②。但实际上，这一条例并未真正解决隐私与大数据应用之间的矛盾：用户为了使用互联网，不得不"同意"平台对个人数据的收集和使用；在技术层面，个人也难以悉知互联网平台企业对自身数据的运用程度，更难以访问、删除和携带个人数据；此外，企业摆脱数据管控的运动也已经开始，这将是一场持久的拉锯战。在互联网不断延伸的今天，人们都已变成"透明人"，不仅消费习惯被熟知，日常活动受到监视，甚至连"选择"也将受到操纵和利用。美国学者肖沙娜·朱伯夫将其形容为一种全新的资本主义形式——"监控资本主义"③。

  其实，对于大数据带来的"隐私悖论"，马克思早在 100 多年以前就以其辩证唯物主义和历史唯物主义的科学方法指出了症结所在——"同机器的资本主义应用不可分离的矛盾和对抗是不存在的，因为这些矛盾和对抗不是从机器本身产生的，而是从机器的资本主义运用产生的。"④ 面对大数据对人类构成的种种威胁，其症结并不在于技术本身，而在于其资本主义的运用方式。为了解决这一矛盾，只有超越资本主义私有制和市场经济，实现数据的共享。区块链等技术已经为实现这种共享提供了一定的技术手段。"未来的一个人的数据很可能不保存在 Facebook、阿里巴巴、腾讯这些大型互联网公司，而是保存在一个公共的区

---

① 李梅：《"裸"之殇：智慧生活中的自主性与秩序性——聚焦 Facebook 数据泄露事件》，《探索与争鸣》2018 年第 5 期。
② 欧盟《通用数据保护条例》（GDPR）（汉英对照），瑞栢律师事务所译，法律出版社 2018 年版。
③ 肖沙娜、朱伯夫：《谷歌智能帝国：超级公司开启全球监控资本主义时代》，观察者网，https://www.guancha.cn/economy/2016_03_21_354506.shtml。
④ [德] 马克思：《资本论》第一卷，人民出版社 2004 年版，第 508 页。

块链上。"① 并且大数据本身正意味着预测性②。通过对大数据的收集和分析,能够精准、快速地预测出消费者的需求,使生产者能够超越以"市场"和"价格"为中介的"试错"的生产模式,实现生产与消费的全面对接,超越"伪均衡"的市场经济模式③,实行有计划的社会生产。

六 结语

数据商品的价值并非由互联网用户即"受众"创造,用户也并未受到互联网平台的剥削。从人类劳动具有的"目的性"看,用户在互联网上留下数据的各种活动,并不是一种"以生产数据为目的"的劳动。并且用户留下的原始数据是杂乱无章的,不具有任何使用价值,只有经过分析、处理后的数据才能提供有用信息,成为具有使用价值和价值的商品。可见,数据商品的价值,源于互联网平台雇佣的数据工程师处理数据付出的劳动。平台通过对数据工程师剩余劳动的占有实现剥削,这种剥削仍未超越资本主义雇佣劳动的范畴。大数据的所有权之争与隐私保护问题也并非源于大数据本身,而是源于大数据的资本主义的运用方式。这表明,资本主义的生产关系已成为"大数据"这种新的生产力发展的桎梏。

我国作为社会主义国家,应充分发挥自身具有的制度优势,在充分保障数据工程师等数字劳动者权益的同时,继续深入实施国家大数据战略。首先,发挥数据的基础资源作用,构建以数据为关键要素的数字经济。不断"推动实体经济和数字经济融合发展,推动互联网、大数据、人工智能同实体经济深度融合","推动制造业加速向数字化、网络化、智能化发展"④,运用大数据建设我国现代化经济体系。其次,运用大

---

① 涂子沛:《数文明》,中信出版社 2018 年版,第 17 页。
② [英]维克托·迈尔-舍恩伯格、肯尼思·库克耶:《大数据时代》,盛杨燕、周涛译,浙江人民出版社 2013 年版,第 16 页。
③ 赵磊:《市场经济能自动实现均衡吗?——基于马克思主义政治经济学的逻辑》,《西部论坛》2019 年第 2 期。
④ 习近平:《审时度势精心谋划超前布局力争主动 实施国家大数据战略加快建设数字中国》,《人民日报》2017 年 12 月 10 日。

数据保障和改善民生,使大数据在教育、医疗、就业、交通等方面的应用落地实施,尽快惠及人民、服务人民。再次,自觉运用大数据提升国家治理现代化水平,"建立健全大数据辅助科学决策和社会治理的机制,推进政府管理和社会治理模式创新,实现政府决策科学化、社会治理精准化、公共服务高效化"[1]。最后,以马克思主义理论为指导,加强"以人民为中心"的数据治理规则研究,在推进数据资源整合和开放共享的同时,保证数据安全。

---

[1] 习近平:《审时度势精心谋划超前布局力争主动 实施国家大数据战略加快建设数字中国》,《人民日报》2017年12月10日。